A HISTÓRIA DO MUNDO

A HISTÓRIA DO MUNDO

HISTÓRIA PARA A CRIANÇA CLÁSSICA

SUSAN WISE BAUER

VOLUME

4

EDIÇÃO REVISADA COM
NOVOS MAPAS, ILUSTRAÇÕES E CRONOLOGIAS

A ERA MODERNA

Do Império de Vitória ao Fim da União Soviética

FI
LO
CA
LIA

ILUSTRAÇÕES JEFF WEST | MAPAS SARAH PARK
TRADUÇÃO RODRIGO MALTEZ NOVAES

Título original: *The Story of the World: History for the Classical Child - Volume 4: The Modern Age From Victoria's Empire to the End of the USSR*

EDITOR Edson Manoel de Oliveira Filho
PRODUÇÃO EDITORIAL Editora Filocalia
PREPARAÇÃO DE TEXTO Nestor Turano Jr.
CAPA E PROJETO GRÁFICO Daniel Justi
ILUSTRAÇÃO DE CAPA André Stefanini
DIAGRAMAÇÃO Mauricio Nisi Gonçalves | Nine Design
REVISÃO Luciane H. Gomide

Dados Internacionais de Catalogação na Publicação (CIP) de acordo com ISBD

B344h Bauer, Susan Wise

A História do Mundo – Volume 4: Do Império de Vitória ao Fim da União Soviética / Susan Wise Bauer ; traduzido por Rodrigo Maltez Novaes ; ilustrado por Jeff West. - São Paulo : Filocalia, 2021.

632 p. : il. ; 17cm x 21cm. (História do Mundo)

Tradução de: The Story of the World: History for the Classical Child - Volume 4: The Modern Age From Victoria's Empire to the End of the USSR

Inclui índice e apêndice.

ISBN: 978-65-88143-04-9

1. História. 2. História do mundo. I. Novaes, Rodrigo Maltez. II. West, Jeff. III. Título.

2021-3865 CDD 909
CDU 94(100)

Elaborado por Vagner Rodolfo da Silva - CRB-8/9410
Índice para catálogo sistemático:
1. História do mundo 909
2. História do mundo 94(100)

Editora Filocalia Ltda.
Rua França Pinto, 509 • São Paulo • SP • 04016-032 • Telefone: (5511) 5572 5363
atendimento@filocalia.com.br • www.editorafilocalia.com.br

Este livro foi impresso pela Gráfica Ipsis em dezembro de 2021. Os tipos são da família Caonopee, Magneta e Verlag. O papel do miolo é o Pólen Soft 80 g., e o da capa, cuchê fosco 150 g.

PREFÁCIO

Os quatro volumes da *História do Mundo* devem ser lidos por crianças ou em voz alta pelos pais para os filhos. Cada um dos três primeiros volumes aumenta ligeiramente em dificuldade. Embora os alunos mais velhos possam certamente usá-los, o público principal do volume 1 é composto de crianças da 1ª à 4ª série. Para o volume 2, o público principal é da 2ª à 5ª série; e para o volume 3, da 3ª à 6ª série. Este volume é direcionado aos alunos da 4ª à 8ª série.

Os três primeiros volumes (que cobrem a história de aproximadamente 5000 a.C. até 1850) são projetados para que irmãos possam usá-los juntos; portanto, um aluno da primeira série certamente poderia usar o volume 2 se sua irmã da terceira série também o estivesse usando.

No entanto, eu não estudaria este volume em particular com crianças abaixo da quarta série. Quase todos os eventos que moldaram o século XX – quero dizer os que estabeleceram as fronteiras dos países e ditaram a maneira como esses países se relacionam – envolveram violência. Como acadêmica, escritora, historiadora e mãe de filhos de quatro anos, até o ensino fundamental fiz o possível para contar essa história de maneira apropriada à idade. Por causa dessa tentativa, este volume é menos sugestivo que os três anteriores. Eu sempre tentei contar a história como uma crônica, para trazer à tona a cor e o fio narrativo dos eventos. Mas, com a história atual, eu me peguei voltando continuamente para um tom mais prático e menos dramático. Os eventos do século XX – o bombardeio de Hiroshima, os expurgos de Stalin, para citar apenas dois – são bastante dramáticos. Transformados em crônica, eles seriam muito pesados.

Apesar de sua natureza violenta, não acho que esses eventos devam ser ignorados pelos pais de crianças pequenas. Um aluno da quarta série ouve as notícias no rádio do carro, na TV ou na conversa dos mais velhos. Ele ouve as palavras (terrorismo) e sente a preocupação dos adultos ao seu redor. Um aluno do quarto ou quinto ano que tem uma vaga ideia do que está acontecendo no mundo merece ser iniciado no caminho da compreensão. A forma do mundo hoje não é aleatória; foi formada por um padrão muito definido de acontecimentos. Negar a uma criança a compreensão desse padrão seria verdadeiramente condená-la a temer, porque a guerra, a inquietação e a violência parecem totalmente aleatórias.

Mesmo neste livro, a violência não é aleatória. É alarmante, mas não aleatória. Ao ler, você verá repetidamente o mesmo padrão: uma pessoa ou um grupo de pessoas rejeita a injustiça ao se rebelar e tomar as rédeas do poder. Assim que essas rédeas estão nas mãos dos rebeldes, os rebeldes se estabelecem, as vítimas se tornam tiranos, os combatentes da liberdade se tornam os ditadores. O homem que grita por igualdade em uma década expurga, na década seguinte, aqueles que gritam contra ele. Analisar a história de maneira mais simples, para que os estudiosos iniciantes possam entendê-la, revela essa repetição de forma clara.

Muitas vezes, enquanto pesquisava para este livro, lembrei-me das palavras de Alexander Solzhenitsyn, que passou onze anos nos campos de trabalhos forçados da União Soviética e que, quando foi subjugado, finalmente entendeu que a revolução nunca extingue a opressão. Solzhenitsyn escreveu:

> Na intoxicação dos sucessos juvenis, eu me senti infalível e, portanto, era cruel. No excesso de poder eu era um assassino e um opressor. [...] E foi somente quando eu acabei deitado na palha podre da prisão que senti dentro de mim as primeiras agitações do bem. [...] Mesmo no melhor dos corações, permanece [...] um pequeno canto do mal desenraizado. Desde então, comecei a entender a verdade de todas as religiões do mundo: elas lutam com o mal dentro de um ser humano. [...] E desde então, entendi a falsidade de todas as revoluções da história: Elas destroem apenas os portadores do mal contemporâneo a elas.

A revolução destrói as estruturas; mas os homens que constroem o próximo conjunto de estruturas não conquistaram o mal que vive em seus próprios corações. A história do século XX é, repetidamente, a história de homens que lutam contra tiranos, vencem a batalha e depois são dominados pela tirania não conquistada em suas próprias almas.

Uma observação sobre precisão: os historiadores variam muito em questões como o número de baixas de guerra em qualquer conflito, o tamanho dos exércitos e até datas específicas nas quais os tratados foram assinados ou a independência declarada. Como este é um texto básico para jovens estudantes, decidi (de maneira bastante arbitrária) usar a *Enciclopédia Britânica* como a autoridade final em datas e números.

Não existe um único método aceito de transliteração para nomes em árabe e chinês. Eu escolhi usar o sistema Pinyin para a maioria dos nomes chineses, a menos que outra transliteração seja extremamente conhecida (Manchúria em vez de Pinyin Dongbei, por exemplo). Em geral, segui a *Britânica* em busca de nomes em outros idiomas.

Susan W. Bauer
Charles City, março de 2005

A Inglaterra de Vitória

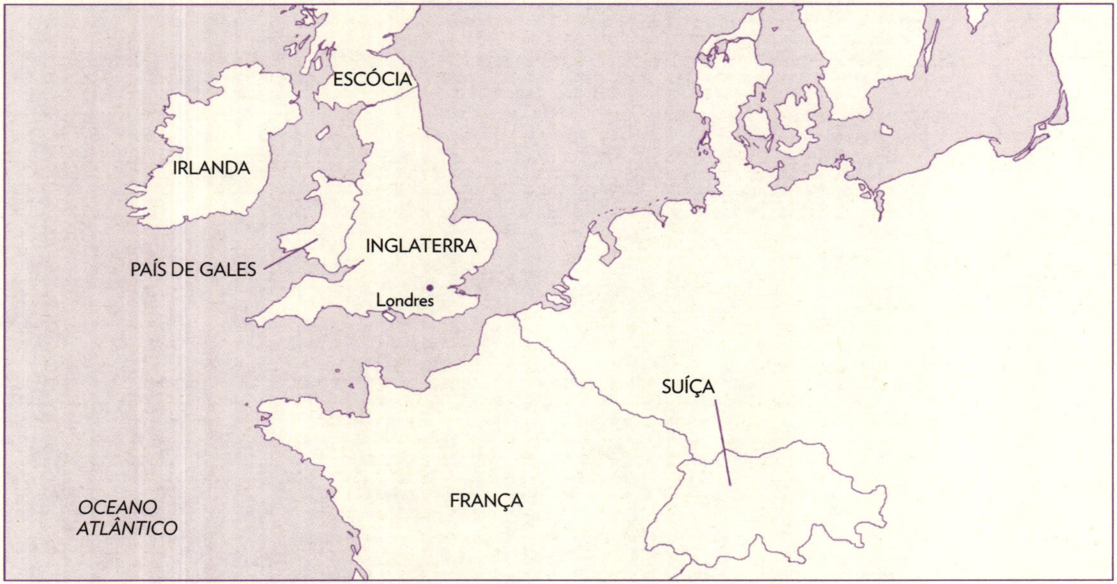

CAPÍTULO

1

O IMPÉRIO DA GRÃ-BRETANHA

A INGLATERRA DE VITÓRIA

O verão havia chegado à Inglaterra. O sol brilhava sobre os telhados quentes, cobertos de fuligem e as ruas cheias de Londres. O Rio Tâmisa brilhava à luz da manhã. Em um espaço aberto, verde, no centro da cidade, se encontrava uma enorme caixa de vidro, como um brinquedo reluzente na grama.

Sob o teto de vidro da caixa, uma tropa do exército marchava em círculos, formando um caminho na grama. O soldado mais jovem olhava nervosamente para o teto de vidro.

– Vai entrar em colapso a qualquer momento! – ele sussurrou para o soldado na frente dele.

– Silêncio! – berrou o sargento à frente da tropa. – Esquerda! Direita! Esquerda, direita, esquerda! Batam os pés! Marchem até que caia em suas cabeças!

O jovem soldado encolheu os ombros e pisou mais forte. O teto tremia – mas as paredes estavam firmes. Finalmente, o sargento parou seus homens. Eles marcharam durante uma hora e não conseguiram abalar o prédio de vidro. A rainha Vitória e seu marido, o príncipe Alberto, ficariam felizes!

Vitória era rainha da Grã-Bretanha, um país composto por quatro países menores (Inglaterra, Escócia, Irlanda e País de Gales), todos unidos. Em menos de um ano, Vitória e Alberto planejavam convidar o mundo inteiro para a capital da Grã-Bretanha, Londres, para a maior exposição já realizada: A Grande Exposição das Obras da Indústria de Todas as Nações. Países de todo o mundo trariam suas invenções, suas máquinas e seus bens para essa exposição. Mas uma exposição tão grande precisava de um edifício enorme para abrigar todos esses artefatos.

O príncipe Alberto examinou 245 projetos diferentes para edifícios – e rejeitou todos eles. Finalmente, ele encontrou a sala de exposições perfeita: um prédio de vidro feito de quase 300 mil metros de vidro, instalados sobre 4 mil toneladas de colunas e vigas de ferro. Esse prédio de vidro havia sido projetado por um homem chamado Joseph Paxton, um jardineiro que passara anos construindo estufas. Era maior do que qualquer prédio da Inglaterra e brilhava ao sol como uma joia.

Mas quando o povo de Londres soube do edifício de vidro, eles se opuseram. Se grandes multidões se amontoarem sob o teto de vidro, sacudindo o chão com os pés, o prédio poderia desabar e matar todos os que estivessem embaixo.

Então Joseph Paxton construiu um modelo menor de seu prédio de vidro e pediu à tropa de soldados que pulasse e passasse por debaixo dele, sacudindo o chão. O modelo permaneceu de pé. Então os planos para construir a estufa gigante poderiam seguir em frente!

Não havia tempo a perder. A grande exposição estava prevista para abrir em menos de nove meses. Todos os fabricantes de vidro na Inglaterra foram chamados para ajudar. Milhares de placas de vidro e centenas de barras e colunas de ferro foram levadas para um espaço verde aberto no centro de Londres, chamado Hyde Park. Lá, o ferro e o vidro foram montados em uma enorme estufa que cobria dezenove acres – o mesmo espaço que dezessete campos de futebol. Uma enorme cúpula foi erguida, grande o suficiente para que os olmos imponentes do parque pudessem caber dentro do prédio. O prédio de Paxton, o Palácio de Cristal, estava pronto para a exposição.

Países de todo o mundo trouxeram 13 mil artefatos diferentes. Vasos e chapéus da Rússia, móveis da Áustria, ferramentas agrícolas dos Estados Unidos, roupas e bordados luxuosos feitos na Prússia, roupas e armas refinadas da França e relógios suíços enchiam os corredores. Havia estátuas e imagens, uma mina de chumbo em tamanho natural, os primeiros modelos gigantescos de dinossauros, tabletes cuneiformes recém-descobertos na antiga terra da Assíria e uma fonte de centenas de metros de altura.

Em 1º de maio de 1851, a rainha Vitória e o príncipe Alberto chegaram em sua carruagem real para abrir o primeiro dia da Grande Exposição. O Palácio de Cristal brilhava ao sol. Bandeiras flutuavam do telhado. A luz do sol inundou as paredes de vidro e iluminou a rainha quando ela entrou no

A rainha Vitória compareceu à Exposição Universal no Palácio de Cristal

domo central. Quando ela entrou, um coral enorme começou a cantar o *Coro da Aleluia*.

Vitória e Alberto atravessaram o Palácio de Cristal, admirando as belas roupas, os móveis e as engenhosas invenções de outros países. Mais tarde, a rainha Vitória escreveu em seu diário:

"Ficamos bastante deslumbrados com os mais esplêndidos xales e lenços [indianos]... [e] coisas turcas encantadoras, incluindo sedas muito finas. [...] [E] havia muitas facas *Bowie*, feitas inteiramente para americanos, que nunca saem sem uma."

Mas Alberto e Vitória ficaram ainda mais satisfeitos com os artefatos de todas as partes do Império Britânico – um império que se estendia por todo o mundo. Condenados australianos da colônia britânica da Austrália enviaram chapéus feitos de folhas de palmeira. A Nova Zelândia britânica enviou madeira entalhada. As fábricas britânicas da Índia enviaram belas sedas e algodão. A colônia britânica do Canadá enviou um novo tipo de carro de bombeiros. Em todo o Palácio de Cristal, os visitantes se maravilhavam com as máquinas britânicas: uma enorme locomotiva, um sino de mergulho, modelos de navios a vapor, guindastes, bombas-d'água, arados e ceifeiras, e modelos arquitetônicos de pontes e edifícios.

A *verdadeira* razão da Grande Exposição foi mostrar ao mundo inteiro quão poderoso e moderno era o Império Britânico. A própria Inglaterra era apenas uma pequena ilha na costa da Europa. Mas os governadores britânicos estavam encarregados das colônias e territórios britânicos no Canadá, Austrália, Nova Zelândia, Índia, África do Sul e muitos outros lugares. O império de Vitória era tão grande que os britânicos diziam: *O sol nunca se põe no Império Britânico!* Não importava onde a luz do sol brilhasse enquanto a Terra viajava ao seu redor, os raios aqueciam terras governadas pelos britânicos.

As colônias britânicas enviavam carvão, seda, peles e outros bens valiosos à Grã-Bretanha. Mas os britânicos não expandiram seu império apenas pelo lucro. Eles tinham certeza de que poderiam melhorar todas as partes do mundo – se conseguissem assumir o controle global. O inglês Cecil Rhodes escreveu:

"Somos a melhor raça do mundo e [...] quanto mais do mundo conquistarmos, melhor será para a raça humana."

A Grande Exposição deixou isso claro! Apenas metade do Palácio de Cristal foi entregue a exposições do resto do mundo. A outra metade estava cheia de mercadorias britânicas. Os 6 milhões de visitantes que compareceram à Grande Exposição puderam ver exatamente o que os britânicos pensavam de si mesmos: a Grã-Bretanha era tão poderosa quanto o resto do mundo. O historiador e escritor britânico Thomas Babington Macaulay exclamou:

"[A Grande Exposição foi] uma visão maravilhosa. [...] Não consigo imaginar que os césares jamais tenham realizado um espetáculo mais esplêndido."

Assim como os césares do Império Romano, os reis e rainhas da Grã-Bretanha haviam espalhado suas leis, seus costumes e sua língua pelo mundo.

Mas, assim como os romanos de antigamente, os britânicos logo teriam de lutar para manter seu império unido.

A REVOLTA DOS SIPAIS

Pouco depois do final da Grande Exposição, a Grã-Bretanha se viu travando uma guerra na Índia – uma guerra na qual o imperador de 84 anos, Bahadur Xá, seria forçado a se esconder em uma tumba enquanto combatentes lutavam do lado de fora.

Muito antes de Bahadur Xá nascer, comerciantes ingleses que queriam comprar sedas, algodão e chás raros da Índia pediram permissão ao imperador da Índia, Jahangir, para construir pequenos assentamentos chamados *postos comerciais* ao longo da costa da Índia. Esses assentamentos seriam lugares seguros para o desembarque de seus navios.

Jahangir concordou. Assim, os comerciantes, unindo-se a um grupo chamado Companhia das Índias Orientais, começaram a construir seus postos comerciais. Por cem anos, a Companhia das Índias Orientais continuou construindo postos comerciais em toda a Índia. Cada vez mais ingleses e mulheres se estabeleceram em torno dos postos comerciais. Os postos comerciais colocaram armas nos muros para

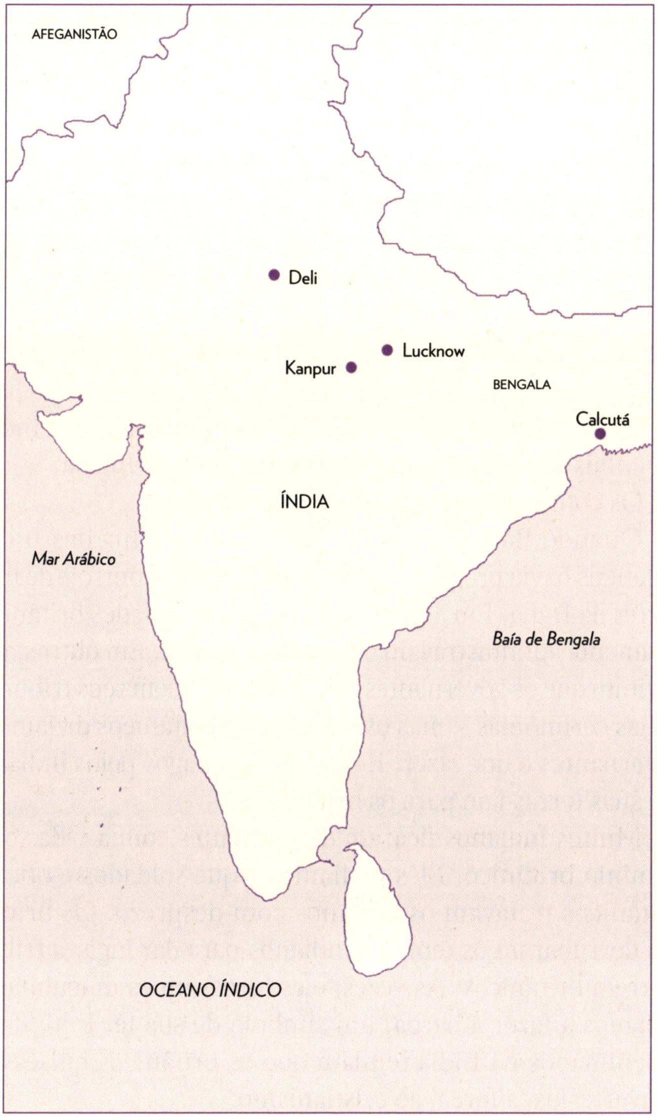

A Índia durante a Revolta dos Sipais

defender os colonos e começaram a se parecer cada vez mais com cidades inglesas!

Uma das maiores dessas *cidades inglesas*, Calcutá, ficava na costa nordeste da Índia, na província de Bengala. O governador de Bengala começou a ficar preocupado com esse grande assentamento de ingleses armados, bem no meio de seu país. Ele decidiu que era hora de os ingleses partirem, então montou um exército e marchou para lutar contra eles.

Mas os comerciantes da Companhia das Índias Orientais não queriam deixar Calcutá. Eles contrataram um exército de soldados ingleses e um general inglês e revidaram. Quando derrotaram o exército indiano, a Companhia das Índias Orientais assumiu o controle do governo de Bengala.

Os comerciantes se tornaram governantes.

Quando Bahadur Xá nasceu, a Companhia das Índias Orientais havia progressivamente assumido o controle de mais partes da Índia. Em alguns lugares, as autoridades britânicas realmente administravam o governo da Índia. Em outros, permitiram que os governantes locais controlassem seus tribunais e suas cerimônias – mas os *conselheiros* britânicos diziam aos governantes o que fazer. E os impostos pagos pelos indianos em suas terras iam para os britânicos.

Muitos indianos ficaram descontentes com a vida sob o domínio britânico. Eles podiam ver que soldados e oficiais britânicos tratavam os indianos com desprezo. Os britânicos derrubaram os templos indianos para dar lugar a trilhos de trem britânicos. Às vezes, eles forçavam os muçulmanos indianos a fazer a barba, um símbolo de sua fé. E hindus e muçulmanos na Índia temiam que os britânicos quisessem convertê-los, à força, ao cristianismo.

Quando o pai de Bahadur Xá finalmente morreu, muito velho, Bahadur Xá se tornou o imperador da Índia. Ele já tinha sessenta anos. Mesmo sendo imperador, ele tinha de fazer exatamente o que a Companhia das Índias Orientais mandava. A empresa até mesmo lhe pagava um salário!

Em 1856, quando Bahadur Xá tinha 81 anos e já *governava* a Índia havia 21, a Companhia das Índias Orientais cometeu um grande erro.

A Companhia tinha três grandes exércitos para ajudar a controlar os 300 milhões de pessoas da Índia. Os oficiais do exército eram todos britânicos, mas muitos dos soldados eram indianos natos, hindus e muçulmanos, que haviam concordado em trabalhar para a Companhia das Índias Orientais. Esses soldados nativos eram chamados de *sipais.*

Em 1856, os britânicos aprovaram uma lei declarando que qualquer soldado que pertencesse ao exército britânico na Índia poderia ser enviado de navio para lutar em outro país. Os soldados hindus ficaram horrorizados. Um hindu devoto só poderia manter-se cerimonialmente limpo se pudesse cozinhar sua própria comida e pegar sua própria água para tomar banho, e isso era impossível a bordo de um navio. Um soldado hindu que embarcava em um navio britânico e depois voltava para casa frequentemente descobria que seus parentes e amigos se recusavam a comer com ele.

Então, algo ainda mais perturbador aconteceu. A Companhia das Índias Orientais comprou um novo e moderno tipo de rifle chamado Lee-Enfield e anunciou que o exército começaria a usá-lo. Logo, a notícia se espalhou pelas fileiras dos sipais: *Não use o rifle! Eles estão novamente tentando nos transformar em cristãos!*

Sipais Hindus

Para entender o que isso significa, é necessário saber que naqueles dias, quando um soldado carregava um rifle, ele primeiro carregava a pólvora e depois as balas. Isso levava tempo! Mas em um rifle Lee-Enfield, as balas e a pólvora eram encapsulados juntos em um pacote de papel lubrificado chamado cartucho. Tudo o que o soldado precisava fazer era morder a ponta do cartucho, despejar a pólvora no rifle e enfiar a bala.

Pois bem, os sipais sussurravam um ao outro que a graxa usada para revestir os cartuchos havia sido feita de gordura animal. Hindus devotos ficaram horrorizados com a ideia de que a gordura das vacas pudesse tocar seus lábios. Para eles, as vacas são animais sagrados, que nunca devem ser comidos. Os muçulmanos ficaram igualmente enojados com a ideia de que poderiam ter de colocar gordura de porco na boca. No Islã, os porcos são impuros.

Imediatamente, o governo britânico anunciou que soldados hindus e muçulmanos poderiam fazer sua própria graxa com óleo vegetal. Mas era tarde demais. Os sipais já estavam zangados com seus superiores britânicos, que os chamavam de *porcos* e por outros termos humilhantes. Portanto, eles estavam convencidos de que os cartuchos eram uma tentativa deliberada de destruir sua fé hindu e muçulmana.

Os sipais começaram a se rebelar por todo o noroeste da Índia. Eles anunciaram que Bahadur Xá, agora com 82 anos, era seu comandante-chefe. Bahadur Xá era velho demais para lutar – mas ele assistiu aos rebeldes tomarem o controle de Deli, expulsarem os britânicos da cidade de Kanpur e depois cercarem a cidade de Lucknow.

Mas os britânicos não tinham intenção de perder a Índia. A Companhia das Índias Orientais marchou rumo à Índia com novas divisões de soldados britânicos bem treinados e sitiou Deli. Os rebeldes lutaram desesperadamente para manter sua cidade. Um em cada três soldados britânicos que cercaram Deli foi morto. Mas finalmente os britânicos entraram através das muralhas. Eles encontraram Bahadur Xá escondido na tumba de seu grande antepassado Humaium e o arrastaram para ser julgado por traição. Bahadur Xá foi considerado culpado e enviado para viver, sob guarda, em uma cidade distante, onde morreu, cinco anos depois, aos 87 anos.

O governo britânico declarou que a Índia não teria mais um imperador. Mas a Companhia das Índias Orientais também não governaria a Índia. A Grã-Bretanha estava farta do regime incompetente da Companhia das Índias Orientais.

Se a Companhia não tivesse tratado os sipais tão mal, talvez a Revolta dos Sipais nunca tivesse ocorrido.

A rainha Vitória, então, tomou a Índia da Companhia das Índias Orientais e anunciou que a Índia era agora uma colônia da Grã-Bretanha, governada diretamente pela rainha e pelo Parlamento com a ajuda de um oficial chamado vice-rei da Índia. A rainha Vitória prometeu que todos os britânicos se esforçariam para tornar a Índia um lugar melhor para os indianos.

Mas a Índia não pertencia mais aos indianos. Tornara-se britânica. Por toda a Índia, os indianos continuavam esperando o dia em que recuperariam seu próprio país.

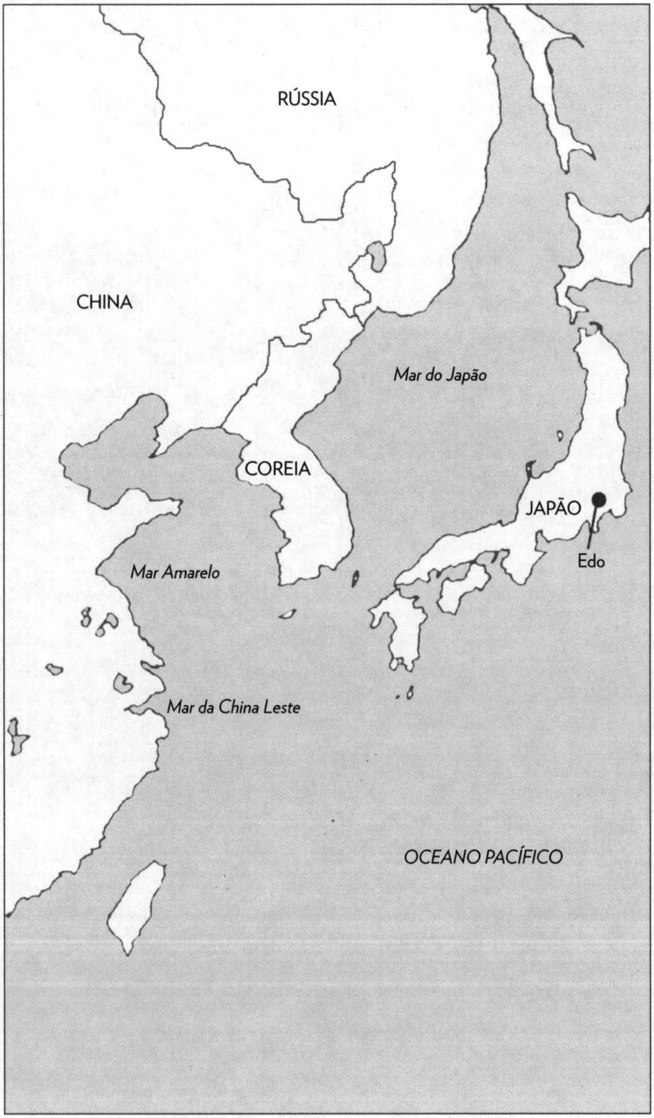

O Japão Reabre

CAPÍTULO

2

O ORIENTE CONTRA O OCIDENTE

O JAPÃO REABRE

Do outro lado do mundo, havia outro império insular. Mas esse império não queria se espalhar pelo mundo. Queria manter o resto do mundo fora.

As quatro ilhas do Japão eram governadas por um xogum, um general militar que herdou sua posição. Por duzentos anos, esse xogum era da família Tokugawa. Os xoguns Tokugawa temiam que os missionários cristãos, vindos ao Japão, convertessem os japoneses ao cristianismo e destruíssem a fé budista tradicional. Eles tinham ainda mais medo de que exércitos estrangeiros seguissem os missionários e invadissem o Japão.

Os xoguns Tokugawa decidiram que seria melhor manter todos os cristãos fora do Japão. De fato, seria ainda mais seguro manter todos de países ocidentais (países da Europa ou das Américas) fora do Japão. Os japoneses tinham tudo o que precisavam para viver. Eles não precisavam de ideias ocidentais, nem de missionários ocidentais, nem de bens ocidentais.

Os xoguns aprovaram leis proibindo os japoneses de viajar para terras estrangeiras. Um pescador japonês que fosse desviado e desembarcasse em uma costa estrangeira nunca poderia voltar para casa. Os comerciantes ocidentais não podiam desembarcar em portos japoneses. Apenas alguns navios holandeses tinham permissão de desembarcar em uma ilha artificial no porto mais importante do Japão, e isso era permitido apenas uma vez por ano.

Por quase duzentos anos, os japoneses seguiram seus próprios costumes, pescaram em suas próprias costas e não tiveram nada a ver com o Ocidente. Mas, embora comerciantes e missionários do Ocidente não pudessem entrar no Japão, os livros ocidentais foram traduzidos para o japonês e trazidos para o país. O xogum, os guerreiros que o obedeciam (os *samurais*) e outras pessoas instruídas no Japão conheciam ideias ocidentais como a democracia (governos nos quais o povo de um país se autogoverna, em vez de obedecer a um rei ou rainha). Eles ouviram falar da tecnologia ocidental (descobertas científicas usadas para fabricar máquinas e outras invenções). Com o passar do tempo, cada vez mais japoneses começaram a pensar que manter o Japão separado do resto do mundo talvez não fosse uma boa ideia.

Mas, antes que os japoneses pudessem abrir suas próprias portas para o Ocidente, os Estados Unidos da América decidiram arrombar as portas.

Em uma tarde quente de agosto de 1853, os japoneses que moravam perto da baía de Edo estavam ao longo das margens olhando para o mar. Eles ouviram rumores alarmantes de quatro navios enormes dos Estados Unidos, carregados de armas, navegando em sua direção. Os navios já haviam sido apelidados de *Navios Negros* pelos pescadores japoneses que os viram passar.

Navios a vapor vindos dos Estados Unidos chegam ao Japão

Logo, quatro manchas pretas apareceram longe na baía. Enquanto os japoneses observavam, os navios se aproximaram e ficaram maiores. Dois deles eram navios a vapor novos e poderosos. Os japoneses nunca tinham visto navios a vapor antes. Eles sussurraram entre si: *Dois dos navios estão em chamas!*

Todos os quatro navios, carregados de canhões, baixaram âncoras e permaneceram com as armas apontadas para as margens. Os marinheiros americanos estavam enfileirados no convés, prontos para a ação, armados com mosquetes e sabres.

O que esses estrangeiros queriam? Lenta e nervosamente alguns barcos japoneses navegaram da costa e se aproximaram dos navios. Mas os americanos não permitiram ninguém a bordo. Vários japoneses corajosos tentaram subir nas correntes que se estendiam dos navios para a água, mas os americanos acenaram com os sabres para mantê-los afastados.

Enquanto isso, o líder da expedição, comodoro Matthew Perry, estava em sua cabine, esperando.

Matthew Perry tinha uma tarefa difícil. Os comerciantes americanos queriam comprar sedas e cerâmicas refinadas do Japão, e algo ainda mais importante: carvão. Os motores a vapor precisavam de carvão para continuar funcionando, e as ilhas do Japão possuíam bastante carvão natural. Assim, o presidente dos Estados Unidos, Millard Fillmore, enviou Matthew Perry ao Japão com uma carta, pedindo ao Japão que abrisse seus portos a navios americanos.

Os Estados Unidos já haviam pedido ao Japão que negociasse com eles. Mas o capitão americano que levara o pedido fora muito amigável – tão amigável que os japoneses decidiram que ele era fraco demais para se levar a sério. Eles se recusaram a ouvi-lo e o mandaram embora.

Matthew Perry não tinha a intenção de cometer o mesmo erro. Ele disse a seus homens para manter os japoneses afastados dos navios até que eles mandassem um oficial verdadeiramente importante até ele. Os americanos disseram aos japoneses que tentaram embarcar:

"Trazemos uma carta do presidente dos Estados Unidos ao imperador do Japão. Mas só podemos entregá-la a um oficial de alto escalão do imperador."

Os japoneses voltaram para a costa para conversar sobre isso. Eles viram que os americanos não entendiam como o Japão era governado. O Japão tinha um imperador, mas, embora os japoneses acreditassem que o imperador era quase divino, ele realmente não governava no Japão. O xogum tinha todo o poder.

Finalmente, os japoneses decidiram escrever uma carta assegurando a Matthew Perry que o governador de uma cidade próxima, um homem chamado Toda, era um oficial de alto escalão do imperador. Eles assinaram a carta em nome do imperador e a entregaram aos americanos. Quando os americanos viram esse papel forjado, concordaram em desembarcar e entregar a carta do presidente a Toda.

Então, Matthew Perry chegou à praia com seus oficiais e uma banda militar. Os japoneses o escoltaram para uma sala com tecidos roxos pendurados e cortinas de musseline, onde Toda estava sentado, parecendo muito sério. Matthew Perry entregou a carta do presidente, fechada em uma caixa de pau-rosado com dobradiças douradas. E então os americanos partiram, com sua banda tocando "Yankee Doodle".

Toda achou a cena muito engraçada. Mas ele e os outros japoneses sabiam que a carta do presidente era séria. Antes de partir, Matthew Perry alertou os japoneses que voltaria em um ano para obter uma resposta, e que seria melhor que a resposta fosse sim.

Os japoneses sabiam que não podiam lutar contra Matthew Perry e seus Navios Negros. O Japão tinha apenas alguns canhões ao longo da costa e alguns deles não funcionavam mais. Os samurais, os guerreiros do Japão, não eram mais os soldados ferozes que haviam sido antes. Eles haviam sido transformados em oficiais do governo, não guerreiros. Uma escola de samurais até permitia que seus alunos praticassem passeios a cavalo dentro de casa em cavalos de madeira em dias de chuva, para que não precisassem se molhar!

Quando Matthew Perry voltou ao Japão em 1854, os japoneses concordaram em assinar um tratado comercial com eles. Não muito tempo depois, França, Espanha e outros países europeus assinaram seus próprios tratados com o Japão. O Japão não estava mais fechado para o Ocidente.

A GUERRA DA CRIMEIA

No mesmo ano em que Matthew Perry navegou do Ocidente para o Oriente, no meio do caminho eclodiu uma guerra entre o Ocidente e o Oriente.

A guerra começou quando dois países discutiram sobre as chaves de uma igreja. Obviamente, as chaves da igreja não começaram a guerra. Elas serviram mais como um palito de fósforo. Um pequeno palito de fósforo não pode causar muito dano sozinho, mas, se você colocá-lo embaixo de uma pilha de lenha seca, acabará com uma enorme fogueira. A guerra que começou em 1853 eclodiu porque os países envolvidos já estavam prontos para lutar entre si; havia muitos pedaços de *lenha seca* esperando para serem acesos.

O primeiro pedaço de *lenha* foi jogado na pilha pelos turcos. Os turco-otomanos governavam a terra da Palestina, onde ficavam as cidades de Jerusalém e Belém, e também a cidade de Constantinopla (que os turcos haviam renomeado para Istambul). Todas as três cidades eram importantes para os cristãos. E, embora os turcos fossem muçulmanos, eles não queriam irritar as nações cristãs da Europa, mantendo os cristãos longe de lugares sagrados. Assim, o governante da Turquia deu à Inglaterra, França e a vários outros países permissão para cuidar de diferentes locais sagrados na Palestina.

O segundo pedaço de *lenha* foi colocado por Nicolau I, o *czar* (regente) da Rússia. Nicolau I estava determinado a capturar a cidade de Istambul (que os russos ainda chamavam de Constantinopla) para a Rússia. A Rússia não tinha como enviar navios para o Mar Mediterrâneo. Mas, se ela possuísse Constantinopla, os navios russos poderiam navegar da costa sul da Rússia, através do Mar Negro, passando por Constantinopla e entrando no Mediterrâneo. Esses navios poderiam transportar mercadorias russas – e soldados russos! Nicolau I estava procurando alguma desculpa para atacar os turcos e tomar Constantinopla deles.

O terceiro pedaço de *lenha* era o medo que a Inglaterra tinha da Rússia. Nicolau I queria que os britânicos lutassem com ele contra os turcos, e ele estava disposto a dividir qualquer terra que conquistasse com seus aliados britânicos. Mas os ingleses achavam que os russos eram selvagens e brutos. Nicolau I visitou a rainha Vitória em Londres, esperando impressioná-la com sua sabedoria. (Ele teve o cuidado de dizer à rainha que o príncipe Alberto tinha um *ar muito nobre*, pois sabia que Vitória gostava de ouvir o marido sendo elogiado.) Mas depois que Nicolau saiu, a rainha retrucou:

– Ele tem uma mente incivilizada!

E um de seus oficiais de governo alertou:

– Acredito que se esta nação bárbara [Rússia], inimiga de todo progresso... uma vez conseguisse se estabelecer no coração da Europa, seria a maior calamidade que poderia ocorrer sobre o ser humano.

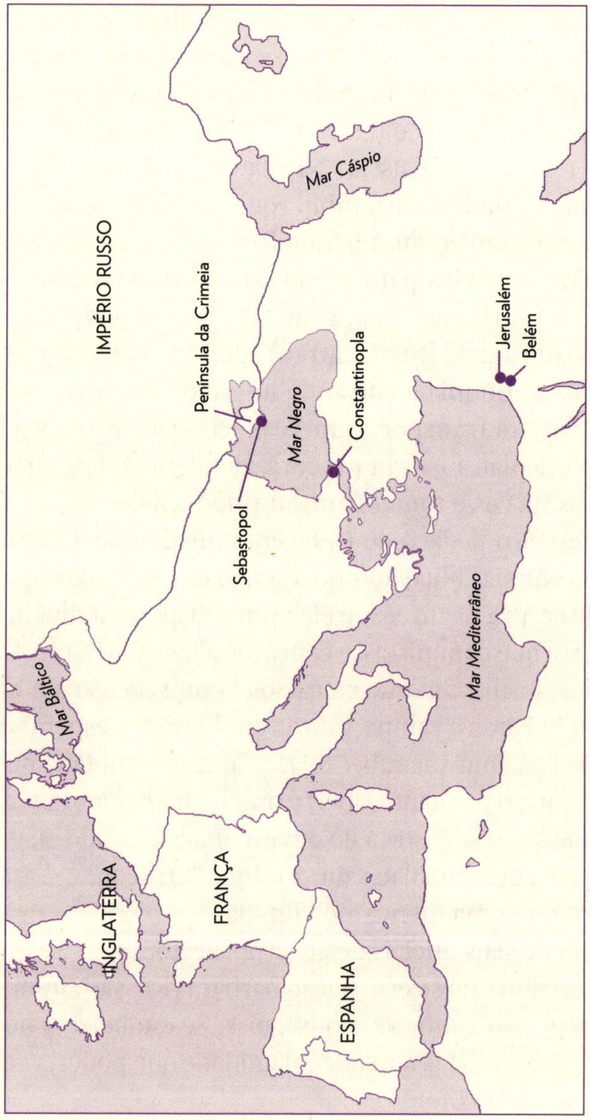

A Guerra da Crimeia

O quarto pedaço de *lenha* foi jogado na pilha pela França. A França não gostava dos turcos, mas pelo menos os turcos eram um império fraco e desorganizado. A Rússia, por outro lado, havia se tornado um país enorme e ameaçador, não muito distante. Se a Rússia atacasse os turcos, talvez a França fosse a próxima! Então os franceses também decidiram tentar fazer amizade com os ingleses. O rei da França, Luís Filipe, viajou para a Inglaterra para visitar Vitória, apenas dois meses depois de Nicolau I. Os franceses e os ingleses eram inimigos havia centenas de anos; Luís Filipe foi o primeiro rei francês a visitar o monarca inglês desde 1356 (e, em 1356, o rei francês foi arrastado para a Inglaterra como prisioneiro de guerra!). Mas Luís Filipe conseguiu agradar a rainha Vitória. Ela ofereceu um banquete para ele, com os pratos de ouro usados para seus convidados favoritos.

Agora que a lenha estava colocada, o fósforo estava pronto para ser aceso.

Cristãos russos e franceses começaram a discutir entre si sobre quem deveria proteger a Igreja da Natividade em Belém, onde acreditavam que Jesus havia nascido. O rei da França disse ao governante da Turquia que os navios de guerra franceses atacariam Constantinopla se os franceses não tivessem as chaves da igreja. Quando Nicolau soube disso, ele respondeu que marcharia e atacaria os turcos se os franceses *pegassem* as chaves!

E foi exatamente isso que ele fez. O exército russo invadiu a parte norte do Império Turco. Os franceses, com medo de que a Rússia se tornasse maior e ainda mais forte, lançaram seu próprio ataque contra os russos. E os britânicos se juntaram aos franceses.

No primeiro ano de guerra, franceses e britânicos conseguiram expulsar os russos do Império Turco. Mas os dois países decidiram enfraquecer ainda mais a Rússia. Juntas, França e Grã-Bretanha estavam determinadas a capturar a cidade russa de Sebastopol.

Sebastopol fica ao norte do Mar Negro, em um pequeno pedaço de terra que se projeta da Rússia chamado Península da Crimeia. Os russos mantiveram seus navios de guerra em Sebastopol. Se os exércitos franceses e britânicos pudessem capturar Sebastopol, a Rússia nunca seria capaz de ter navios de guerra no Mar Mediterrâneo.

Assim, os exércitos britânico e francês marcharam em direção a Sebastopol. Mas os russos reagiram ferozmente. Os soldados britânicos e franceses tiveram que cavar trincheiras, travar uma batalha, avançar um pouco mais, cavar mais trincheiras, travar outra batalha e avançar um pouco mais – por meses e meses. Eles passaram tanto tempo na Península da Crimeia que toda a guerra ficou conhecida como Guerra da Crimeia. E, conforme a guerra da Crimeia prosseguia, o exército britânico tornou-se cada vez mais desorganizado. Ninguém parecia capaz de levar comida e roupas para as tropas. Os suprimentos enviados para a Península da Crimeia ficavam empilhados, estragando, a apenas alguns quilômetros de soldados famintos que usavam uniformes retalhados se desintegrando. E em uma das batalhas mais famosas da Guerra da Crimeia, a Batalha de Balaclava, oficiais britânicos ordenaram que soldados montados avançassem contra uma força russa muito maior, em vez de esperar por reforços. Os soldados obedeceram, e quase todos foram mortos. O ataque se tornou famoso posteriormente no poema "O Ataque da Brigada Ligeira":

> Alguém havia errado.
> A eles não cabia resposta,
> A eles não cabia questionar,
> A eles restava apenas *fazer* e morrer.
> Ao vale da morte
> Seiscentos cavalgaram.

Mas, embora os britânicos não fossem muito organizados, os russos não eram muito melhores. O general-chefe de Nicolau cometeu um erro horrível após o outro. Por fim, o filho de Nicolau, Alexandre, demitiu o general e nomeou outro. Quando Nicolau I ouviu o que seu filho havia feito, ele teve um derrame de raiva, e morreu pouco depois.

Apenas alguns meses após Alexandre assumir o controle da Rússia, britânicos e franceses finalmente conseguiram capturar Sebastopol. Mais de 100 mil russos foram mortos ou feridos ao defendê-la! Alexandre sabia que era hora de a Rússia desistir de lutar. Então, em 1856, ele concordou em assinar um tratado de paz chamado Paz de Paris. A Rússia recuperaria Sebastopol, mas somente após o retorno das terras turcas aos turcos. E a Rússia teve de prometer não manter navios de guerra no Mar Negro.

A Rússia não podia mais sonhar em ter uma frota russa no Mar Mediterrâneo. As ambições da Rússia foram extintas – por enquanto.

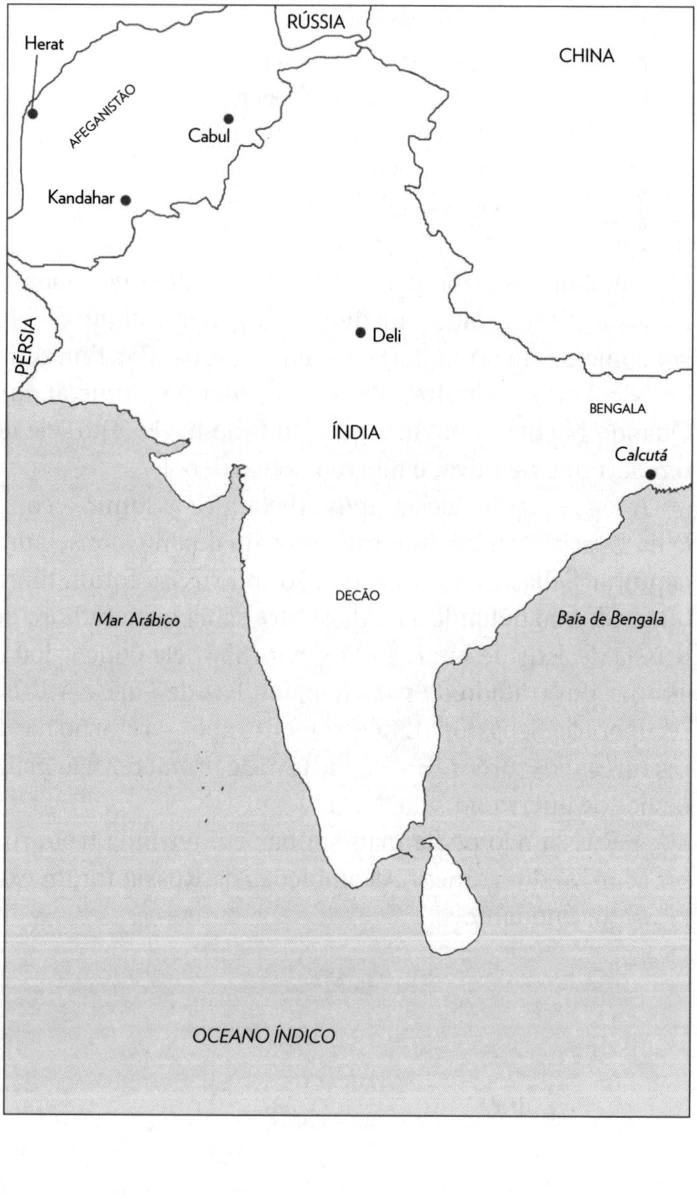

O Grande Jogo

CAPÍTULO

3

INVASÕES BRITÂNICAS

O GRANDE JOGO

Apenas três anos após o término da Segunda Guerra do Ópio, outro rei, em outro país, conseguiu expulsar os britânicos e todos os outros invasores estrangeiros de sua terra natal. O nome do rei era Dost Mohammad Khan, e ele governou no Afeganistão, um país rochoso e seco que ficava comprimido entre a Rússia, ao norte, e a Índia, ao sul.

Quando Dost Mohammad se tornou o líder, o Afeganistão já havia sido invadido várias vezes. Primeiro, os mongóis haviam tomado o país. Então, um príncipe da Índia, chamado Babur, havia adicionado parte do Afeganistão ao seu Império

Indiano. A Pérsia, que ficava ao longo da fronteira oeste do Afeganistão, invadiu para tomar o restante do Afeganistão.

Duzentos anos depois, um heroico chefe afegão chamado Mirwais Kan Hotak expulsou os persas. A princípio, Mirwais Kan havia servido os persas, tendo até morado na corte real de lá. Mas então o *xá* persa (rei) designou um governador persa cruel e implacável para administrar a terra de Mirwais Kan, a cidade oriental de Kandahar. Mirwais Kan viu seu povo sofrendo, preso e morto sem motivo. Assim, ele convidou o governador e seu guarda-costas para um piquenique no campo e matou os dois. Então, Mirwais Kan liderou um exército em Kandahar e expulsou os persas de seu país.

Mas, quando Mirwais Kan morreu, após seis anos de governo, os persas invadiram o Afeganistão novamente.

Outro herói surgiu para afastar os invasores estrangeiros. Ele era um afegão que havia servido como guarda-costas do xá persa. Ele lutou contra os persas, expulsou-os de seu país e governou por 26 anos sobre todas as diferentes tribos que viviam no Afeganistão, ficando conhecido como Durrani, o que significa pérola, porque seu governo era tão valioso quanto uma joia para o povo do Afeganistão.

Enfim, Durrani morreu, e as tribos começaram a discutir sobre quem deveria ser o próximo rei. Finalmente, um soldado conseguiu assumir o controle de Cabul, a maior e mais importante cidade do Afeganistão. O nome dele era Dost Mohammad Khan.

A princípio, Dost Mohammad Khan era *khan*, ou chefe, apenas na cidade de Cabul. Mas ele passou os dez anos seguintes lutando para expandir seu poder pelo território circundante. Por fim, os outros líderes do Afeganistão concordaram em reconhecê-lo como seu líder. Eles lhe deram o título de *amir*, ou comandante, porque seria sua tarefa liderar o povo afegão na guerra contra seus inimigos.

Dost Mohammad era um habilidoso guerreiro e general; um homem alto, de olhos atentos e enérgico, que preferia roupas simples de soldado a roupas chiques da corte. Mas ele logo aprendeu que lutar sozinho não protegeria o Afeganistão de uma invasão. Para manter seu país independente, Dost Mohammad teria que planejar e tramar.

Veja bem, o Afeganistão ficava bem entre a Rússia e a Índia, controlada pelos britânicos. Rússia e Grã-Bretanha eram inimigas. Nenhum país queria que o outro controlasse o país entre suas duas fronteiras. Assim, a Rússia e a Grã-Bretanha tentaram convencer Dost Mohammad a assinar uma aliança. As estratégias russas e britânicas para controlar o Afeganistão ficaram conhecidas como o Grande Jogo.

A primeira jogada no Grande Jogo veio da Rússia. O governo russo convenceu a Pérsia a se juntar à Rússia em uma invasão do oeste do Afeganistão. O exército russo-persa, combinado, poderia facilmente superar o oeste do país e depois marchar em direção a Cabul, onde Dost Mohammad governava. Mas quando os britânicos viram esse exército em movimento, eles enviaram uma mensagem ao xá da Pérsia. A mensagem alertou os persas de que, se a invasão continuasse, a Pérsia seria considerada inimiga da Grã-Bretanha – e sofreria as consequências.

O xá da Pérsia não tinha muito medo de Dost Mohammad. Mas ele não queria fazer inimigos de todo o Império Britânico! Todos os soldados persas se retiraram do Afeganistão. A Grã-Bretanha venceu a primeira partida no Grande Jogo.

Bom, os britânicos arriscaram uma jogada própria. Eles planejaram emprestar muito dinheiro a Dost Mohammad, para que ele pudesse usá-lo para contratar soldados com o objetivo de lutar contra os persas e os russos. Isso manteria os russos fora do Afeganistão. Isso também colocaria Dost Mohammad em dívida.

"Um empréstimo em dinheiro", escreveu um diplomata britânico, "nos daria uma grande influência sobre ele!"

Em vez de pegar o dinheiro, Dost Mohammad decidiu que ele também se juntaria ao Grande Jogo. Ele disse ao governo britânico que o Afeganistão seria amigo e aliado da Grã-Bretanha desde que os soldados britânicos o ajudassem a expulsar os indianos que ainda viviam nas partes do sul do Afeganistão.

Quando o governo britânico recusou, Dost Mohammad pediu ajuda aos russos. Devido a isso, os britânicos ficaram com raiva.

"Está na hora", anunciou um oficial britânico, "de interferir decididamente nos assuntos do Afeganistão."

Em vez de ajudar Dost Mohammad a expulsar os indianos de lá, os britânicos enviaram *sipais* (soldados indianos sob comando britânico) e soldados ingleses da Índia para o norte, para o Afeganistão. Esse exército indo-britânico marchou através da selva do Afeganistão até chegar à cidade-fortaleza que protegia o reino de Dost Mohammad. Dost Mohammad havia colocado o filho no controle dessa fortaleza, mas seu filho havia se esquecido de emparedar todos os portões. Quando o exército indo-britânico descobriu que um dos portões não estava emparedado, eles o explodiram, capturaram a fortaleza e depois invadiram o centro do reino de Dost Mohammad, a cidade de Cabul.

Dost Mohammad queria ficar e lutar, mas seus soldados, vendo a esmagadora força britânica, começaram a abandoná-lo e ele teve que fugir para a Índia!

Enquanto isso, o exército indo-britânico ocupou a cidade de Cabul e ficou cada vez mais impopular. Eles comiam a comida que pertencia aos afegãos, pegavam o que quisessem dos mercados e tratavam o povo de Cabul com desprezo.

Finalmente, os afegãos estavam fartos. Em Cabul, afegãos enfurecidos mataram um oficial britânico antes que soldados chegassem para protegê-lo. Então eles cercaram a sede do exército. Quando outro oficial britânico chegou para acalmar as coisas, os rebeldes o mataram também.

O exército indo-britânico decidiu que era hora de deixar Cabul. Mas agora o inverno havia chegado. Os soldados marcharam para o sul, em direção à Índia, com frio congelante, com combatentes afegãos os seguindo e atacados pela retaguarda. Quatro dias depois, mais de 4 mil soldados britânicos morreram. Apenas 120 restaram. Quando esse minúsculo restante se aproximou da fronteira, os rebeldes fizeram um ataque final contra eles. Apenas um homem ferido escapou. O exército que invadiu o Afeganistão havia sido completamente destruído.

Os britânicos desistiram da ideia de conquistar o Afeganistão, mas eles estavam zangados com o massacre de seu exército. Tropas de soldados britânicos marcharam rumo ao Afeganistão, queimando, matando e saqueando. Quando destruíram dezenas de aldeias e mataram centenas de afegãos, eles se retiraram. Foi o fim da vingança deles.

Dost Mohammad voltou da Índia, mas seu reino havia encolhido. Os persas haviam se aproveitado do caos para invadir o oeste. Outros senhores da guerra haviam tomado parte do país. A cidade de Cabul era tudo o que restava pra Dost Mohammad.

Mas Dost Mohammad era um homem paciente. Ele passou mais de quinze anos reconstruindo lentamente seu reino. E, como sabia que outra guerra com a Grã-Bretanha só enfraqueceria ainda mais o Afeganistão, decidiu fazer as pazes com seu inimigo.

Em 1855, doze anos após a desastrosa invasão britânica do Afeganistão, Dost Mohammad assinou um tratado com a Grã-Bretanha. Esse tratado prometia que ele não atacaria os britânicos e que os britânicos ficariam fora do Afeganistão. Quando a Revolta dos Sipais eclodiu na Índia, dois anos após a assinatura do tratado, Dost Mohammad manteve sua parte do tratado. Ele não foi à Índia se unir aos sipais contra os britânicos.

"Se Dost Mohammad se voltasse contra os britânicos", disse um general britânico depois, "não vejo como qualquer parte do país ao norte de Bengala poderia ser salva."

Enquanto isso, Dost Mohammad continuou expandindo seu território. Ele adicionou Kandahar ao seu reino e deu-lhe a um de seus filhos para governar. Então, em 1863, ele expulsou os persas restantes do oeste de seu país.

Finalmente, o Afeganistão estava livre de invasores.

Duas semanas depois, Dost Mohammad morreu, tarde da noite, em sua própria cama. Ele governou um Afeganistão independente por catorze dias.

VAGANDO PELA ÁFRICA

Longe do Afeganistão, um missionário escocês estava prestes a aprender sobre o continente africano. Seu amor pela África abriria o caminho para mais uma invasão.

Era uma noite fria de primavera na Escócia, e David Livingstone estava cansado de estudar para o curso de medicina. Ele se levantou, espreguiçou-se e olhou em volta de seu pequeno quarto. Ele estava pronto para uma pausa.

No final da rua, um missionário dava uma palestra especial sobre a África. Livingstone não sabia nada sobre esse continente misterioso e inexplorado. Decidiu que iria ouvir as aventuras do missionário antes de voltar aos livros.

O missionário Robert Moffat contou histórias e mais histórias de sua vida na África enquanto David Livingstone ficava fascinado. Moffat havia anos vivia em uma cidade chamada Kuruman, a oitocentos quilômetros da costa sul da África. No extremo sul da África, holandeses, britânicos e outros europeus já estavam vivendo e negociando; eles construíram uma cidade movimentada chamada Cidade do Cabo, na costa, e também povoaram todos os arredores da Cidade do Cabo.

Mas ao norte de Kuruman ficava o resto do enorme continente africano: centenas e centenas de quilômetros que nenhum europeu jamais havia visto.

"Frequentemente, enquanto eu olhava para as vastas planícies do norte", Robert Moffat disse à plateia, "eu vi, ao sol da manhã, a fumaça de mil aldeias onde nenhum missionário jamais esteve!"

Ao ouvir aquelas palavras, David Livingstone teve um grande desejo de visitar aquelas mil aldeias, de cuidar dos doentes e de pregar o cristianismo.

Um ano depois, Livingstone havia terminado os estudos e se tornado médico. Ele embarcou em um navio e zarpou para a África. Quando chegou ao porto da Cidade do Cabo, encontrou centenas de europeus, construindo postos comerciais e

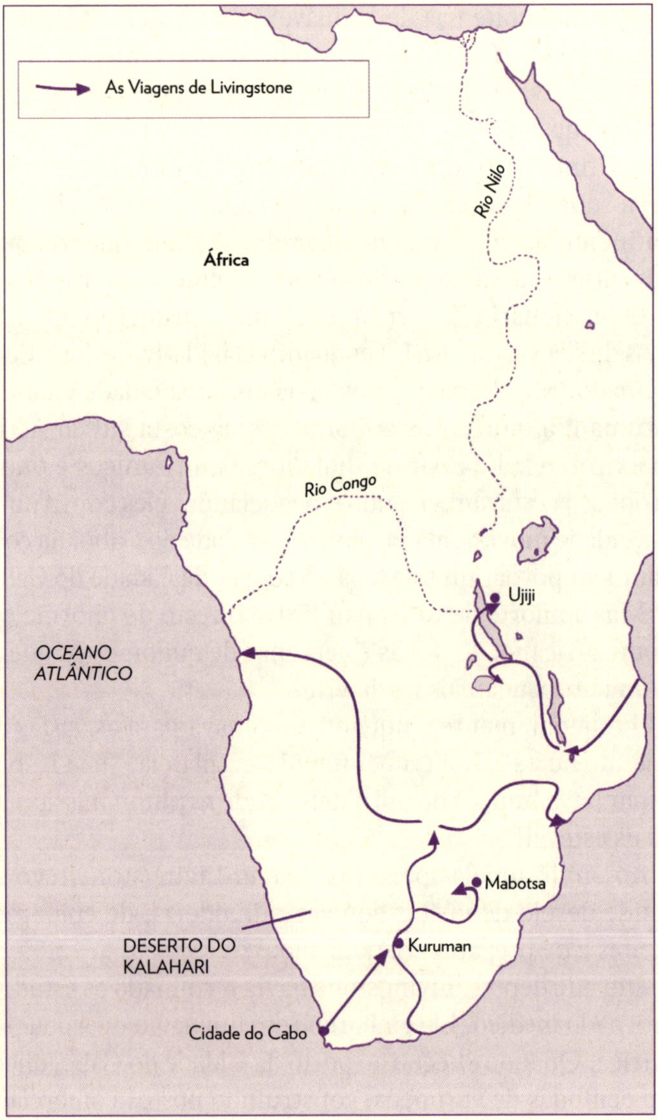

As viagens de
Livingstone na África

assentamentos ao longo da costa da África. Mas Livingstone estava ansioso para se afastar dos europeus, em direção ao coração misterioso do continente. Ele viajou lentamente para o norte, aprendendo a sobreviver como um africano. Moeu a farinha do pão à mão, comeu lagartas e gafanhotos cozidos e desfrutou de uma das grandes iguarias da África: um sapo enorme que vivia na terra e coaxava alto antes da chuva.

– É quase do tamanho de uma galinha! – escreveu Livingstone em seu diário.

À medida que aprendia cada vez mais sobre a África, Livingstone passava a odiar o comércio de escravos (a prática de tirar africanos da África e vendê-los como escravos para outros países). Embora o comércio de escravos fosse ilegal, os comerciantes de escravos ainda visitavam a costa da África e levavam os africanos para a escravidão.

David Livingstone esperava pôr um fim no comércio de escravos. Ele pensou que, se continuasse explorando a África, poderia encontrar rios e outras rotas comerciais que chegassem ao centro do continente. Se os europeus pudessem chegar facilmente ao centro da África, poderiam entrar e negociar com os africanos por marfim, sal e outros bens, em vez de escravos.

As explorações de Livingstone quase o mataram. Três anos após sua chegada, ele estava morando em Mabotsa, uma cidade a leste das areias ardentes do deserto de Kalahari. Por semanas, o povo de Mabotsa estava perdendo suas vacas por causa de leões que invadiam seus currais. Livingstone concordou em sair com seus companheiros africanos para assustar os leões.

Mas, enquanto ele carregava sua arma, um leão apareceu atrás dele, sorrateiramente. Ele saltou sobre Livingstone, derrubou-o no chão, agarrou seu ombro e o sacudiu para frente e para trás. Mais tarde, Livingstone escreveu:

"[A sacudida] causou uma espécie de sonho, no qual não havia sensação de dor, nem sentimento de terror... um estupor semelhante ao que parece ser sentido por um rato após a primeira sacudida do gato."

Dois dos amigos africanos de Livingstone atiraram no leão com seus rifles. O leão virou-se e os atacou, mas, antes que pudesse matar qualquer um dos homens, ele cambaleou e caiu.

O braço de Livingstone estava quebrado. Mas ele se recusou a voltar para casa. Ele queria continuar procurando as rotas comerciais que acabariam com o tráfico de escravos.

David Livingstone, atacado por um Leão na Savana Africana

Em 1857, no mesmo ano da Revolta dos Sipais, Livingstone escreveu um livro sobre suas explorações chamado *Viagens*

Missionárias. Ele voltou para a Inglaterra para que o livro pudesse ser publicado. Foi um tremendo sucesso. Milhares e milhares de cópias foram vendidas. Os britânicos ficaram felizes em esquecer os problemas na Índia por um tempo e, em vez disso, leram sobre um novo continente emocionante. David Livingstone tornou-se famoso.

Um ano depois, em 1858, o governo da Grã-Bretanha deu a David Livingstone a tarefa oficial de encontrar rotas comerciais na África para os comerciantes britânicos. Os documentos que fizeram de Livingstone um *cônsul* (um oficial do governo britânico) diziam que ele deveria continuar explorando a África, para que a Grã-Bretanha pudesse *promover o comércio e a civilização [na África], com vistas à extinção do tráfico de escravos.*

Então David Livingstone partiu para a África mais uma vez, agora com o apoio de seu país.

Nos quinze anos seguintes, ele continuou explorando a África, mapeando seus rios e lagos e aprendendo sobre suas dezenas de reinos: a terra dos Oromo, dos Masai, dos Burundi, dos Luba e muitos outros. Livingstone passou tantos anos no centro da África que muitas pessoas começaram a se perguntar se ele ainda estava vivo. Finalmente, o jornal americano *The New York Times* enviou um de seus jornalistas, Henry Morton Stanley, para encontrar o explorador desaparecido.

Stanley viajou pela África por semanas até encontrar o famoso missionário em Ujiji, uma vila a leste do Rio Congo. Ele encontrou um homem cujo rosto havia sido esculpido por rugas profundas e bronzeado, como couro, pelo sol. Sua pele parecia se esticar sobre os ossos. Um galho de árvore havia batido em um dos seus olhos e o machucado. O braço esquerdo pendia ao seu lado, retorcido e quase inútil.

Stanley ficou tão impressionado com a presença desse grande homem que decidiu lhe conceder a maior cortesia americana que pôde. Ele foi até David Livingstone, tirou o chapéu e disse:

– Dr. Livingstone, eu presumo?

Stanley se ofereceu para levar Livingstone de volta para casa na Inglaterra, mas o missionário recusou. Ele havia decidido permanecer na África pelo resto da vida. Dois anos depois, David Livingstone morreu em uma cabana na África central. Seus amigos africanos pegaram seu coração e o enterraram debaixo de uma árvore, de acordo com a tradição africana. Depois embrulharam o corpo dele em casca e lona, amarraram-no a uma estaca e o levaram para a costa, para que um navio europeu pudesse levar David Livingstone para casa.

David Livingstone esperava tornar a África mais forte. Mas seus mapas da África tornariam mais fácil que, anos depois, a Inglaterra e outros países europeus entrassem na África e a tratassem exatamente como a Índia havia sido tratada: como uma terra a ser capturada, conquistada e usada.

A Nação da Itália

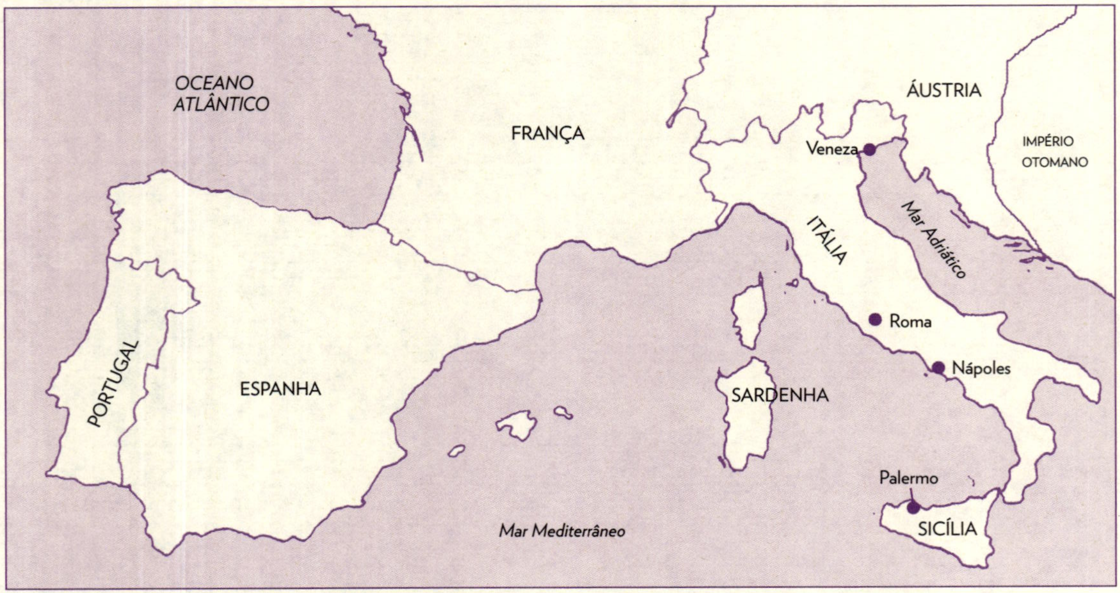

CAPÍTULO

4

RESSURREIÇÃO E REBELIÃO

A *RESSURREIÇÃO* DA ITÁLIA

Em 1850, se você fosse americano, seu líder seria o presidente dos Estados Unidos. Se você fosse espanhol, falaria a língua da Espanha e saudaria a bandeira espanhola. E se você fosse francês, juraria lealdade ao líder da França.

Mas, em 1850, ser *italiano* significava simplesmente que você vivia na península rochosa que se estende até o Mar Mediterrâneo como uma bota. Nessa península, mais de uma dúzia de estados diferentes se espremiam. Cada um tinha suas próprias leis, suas próprias fronteiras e seu próprio príncipe. A maioria desses estados não pertencia a um país chamado *Itália*, mas ao país da Áustria. Não *havia* uma Itália.

– Itália – observou um nobre austríaco – é apenas uma expressão geográfica!

Mas, nos anos entre 1820 e 1860, as pessoas que viviam nos estados italianos começaram a acreditar que *Itália* deveria ser mais do que uma *expressão geográfica*. A Itália deveria ser uma *nação*.

Por toda a península italiana, homens que esperavam se libertar da Áustria e unir os estados italianos em um país começaram a se reunir em sociedades secretas. Essas sociedades tinham nomes como *Sublimi Maestri Perfetti* (Sublimes Mestres Perfeitos) e a *Carbonária*. Eles tinham senhas e códigos secretos, rituais misteriosos e reuniões clandestinas. Seus membros tinham cabelos compridos e barbas grossas. A polícia que patrulhava as ruas italianas vigiava esses rebeldes, esperando prendê-los. Então a polícia os arrastava, não para a cadeia, mas para o barbeiro, para cortar o cabelo.

Se a Itália quisesse libertar-se do domínio austríaco, as sociedades secretas teriam que fazer mais do que reuniões e ter cabelos compridos. Mas, embora todas as sociedades diferentes quisessem que os estados italianos se unissem em uma nação, cada sociedade tinha uma ideia diferente sobre o que essa nação deveria ser. Alguns queriam que a Itália fosse uma república – um país em que os próprios italianos elegessem seus líderes e fizessem suas próprias leis. Outros queriam que os estados italianos se unissem sob a liderança do papa, líder da Igreja Católica Romana, que vivia na cidade italiana de Roma. Outros ainda pensavam que a Itália deveria ser governada por um rei, talvez o rei de Piemonte-Sardenha, o poderoso Estado italiano do norte.

Em 1831, a sociedade secreta chamada *Carbonária* conseguiu unir todas essas sociedades discordantes em uma revolta aberta contra o domínio austríaco. Mas a Áustria enviou soldados para acabar com a rebelião. Centenas de membros da sociedade secreta foram presos. Os líderes foram condenados à forca ou fuzilados.

Um dos líderes, Giuseppe Mazzini, escapou. Ele assistiu horrorizado aos outros líderes da Carbonária serem mortos, mas ele não estava disposto a desistir da luta pela independência. Em vez disso, ele formou outra sociedade, chamada Itália Jovem. Todos os integrantes da Itália Jovem tinham menos de quarenta anos e tinham que possuir um rifle, uma adaga e cinquenta balas. Os jovens italianos sabiam que duzentos anos antes, na época da Renascença, os estados italianos eram livres e poderosos. Os jovens queriam tornar os estados livres e poderosos mais uma vez, mas, agora, unidos em uma república italiana. Esse movimento ficou conhecido como *Risorgimento* (Ressurgimento ou Ressurreição da Itália).

Os príncipes da Itália e os nobres da Áustria tinham medo de Mazzini. Ele acreditava que Deus havia dito a ele para libertar a Itália. Ele sempre usava preto, dizendo: "Estou de luto pelo meu país".

E ele pregava que era moral e certo assassinar líderes tirânicos. Um de seus heróis era Brutus, o senador romano que havia ajudado a matar Júlio César. Logo, a Áustria declarou que ser membro da Itália Jovem era um crime punível com a morte.

Mas a Itália Jovem continuou a crescer. Logo, um jovem marinheiro chamado Giuseppe Garibaldi juntou-se à Itália Jovem de Mazzini. Garibaldi logo se tornaria o braço direito de Mazzini em mais uma revolta contra o domínio austríaco.

Essa revolta começou em 1848. Os combates se espalharam para o norte, até o poderoso Estado de Veneza, e para o sul, até a cidade de Roma. À medida que a luta se tornava mais sangrenta, o papa fugiu de Roma para Nápoles, o reino do sul da Itália, que ainda estava sob controle austríaco. Ele enviou mensagens aos reis católicos romanos de toda a Europa, pedindo-lhes que enviassem seus exércitos para expulsar a Itália Jovem de Roma.

A França respondeu ao chamado do papa. Em pouco tempo, soldados franceses estavam navegando em direção à costa da Itália, esperando desembarcar perto de Roma e marchar até a cidade sem muita resistência. Mas, assim que desembarcaram, eles foram atacados por um exército composto por jovens voluntários italianos. O exército foi comandado por Giuseppe Garibaldi e lutou ferozmente.

"Eles eram tão selvagens quanto os dervixes!", exclamou um oficial francês. "Eles nos arranhavam até com as mãos!"

Mas as tropas francesas eram compostas por soldados bem treinados, ao contrário dos revolucionários inexperientes de Garibaldi. Eles seguiram em direção a Roma. Por três semanas, Garibaldi resistiu. Mas finalmente ele foi forçado a fugir, junto com o resto de seus homens.

No norte, em Veneza, a revolta não teve mais sucesso. O exército austríaco marchou contra os rebeldes. Eles tinham canhões, armas melhores e até os primeiros bombardeiros; os soldados austríacos sobrevoaram Veneza em balões e lançaram bombas sobre os revolucionários abaixo!

Em pouco tempo, Veneza foi forçada a se render. Mazzini escapou da captura e se escondeu na cidade de Londres. Garibaldi fugiu para os Estados Unidos. A Áustria recuperou os estados italianos e o papa voltou a Roma. A revolução republicana havia falhado.

Os revolucionários não haviam perdido a esperança. Mais uma vez, eles começaram a planejar uma guerra de independência. Foram necessários dez anos para recuperar suas forças. Mas, uma década após a revolta fracassada em Roma e Veneza, os italianos tentaram mais uma vez lutar por sua liberdade.

Dessa vez, eles decidiram abandonar a ideia de uma república italiana. Em vez disso, reuniriam os estados italianos em um reino, sob o reinado de um italiano. Esse rei, Vitor Emanuel II, acabara de subir ao trono do Estado de Piemonte-Sardenha ao norte da Itália.

Vitor Emanuel e seus conselheiros lembravam a revolta desastrosa de dez anos antes. Então, ele e seus conselheiros prometeram ao rei da França que, se os soldados franceses mudassem de lado e lutassem pela Itália dessa vez, Vitor Emanuel daria ao rei francês parte de seu próprio reino.

O rei francês concordou. Então os rebeldes formaram um exército no norte. Soldados vieram de toda a Itália para participar. Giuseppe Garibaldi voltou da América e tornou-se um grande general. Mais uma vez, austríacos e italianos entraram em batalha. Agora, os italianos tinham o exército francês na retaguarda. Mas não por muito tempo! Depois de menos de um ano de luta, tantos soldados franceses morreram que o rei da França decidiu se retirar da guerra e fez as pazes com o governo austríaco.

As rebeliões em Roma e Veneza fracassaram. A revolta em Piemonte-Sardenha parecia condenada. Então Giuseppe Garibaldi reuniu mais de mil soldados, colocou-os em navios esburacados e navegou pelo Mar Mediterrâneo até o sul da Itália. Ele invadiria Nápoles, o reino do sul da Itália, e faria uma última tentativa de lutar pela liberdade.

Os navios de Garibaldi desembarcaram nas costas da Sicília, a grande ilha na ponta da península italiana. Ele marchou com seus homens em direção a Palermo, uma das cidades mais importantes da Sicília. Um exército sob comando austríaco já estava a caminho de Nápoles para lutar contra ele.

Mas Garibaldi convenceu os pobres agricultores e camponeses da Sicília de que ele seria capaz de libertá-los da opressão austríaca. Dezenas e depois centenas de sicilianos se uniram ao exército de Garibaldi. Quando os dois exércitos se encontraram em Palermo, os homens de Garibaldi venceram a batalha.

Garibaldi levou seus homens de navio até as margens de Nápoles. Seu exército havia crescido e tinha 30 mil soldados.

Menos de três meses após a chegada de Garibaldi no sul da Itália, seus 30 mil revolucionários confrontaram os soldados da Áustria e de Nápoles no Rio Volturno, no centro de Nápoles. A Batalha de Volturno foi a luta final do *Risorgimento*, e o exército de Garibaldi foi vitorioso! Quando Vitor Emanuel viajou para o sul para celebrar o triunfo, Garibaldi o cumprimentou com estas palavras: "Saúdo o primeiro rei da Itália!".

No ano seguinte, 1861, Vitor Emanuel foi coroado rei da Itália – o primeiro rei da nação da Itália. A Itália não era uma república, como Mazzini esperava que fosse. Mas, finalmente, a Itália era italiana.

A REBELIÃO TAIPING

Na China, um novo tipo de guerra já havia começado – uma guerra não entre países, mas entre os ricos e os pobres da mesma nação.

A China não era o único país onde ricos e pobres lutavam. Mas, na China, a guerra foi liderada por um homem que acreditava que Deus havia ordenado que ele derrubasse o imperador da China.

O imperador pertencia à dinastia Qing, que governava a China havia mais de duzentos anos. A princípio, essa família de imperadores tentou ser poderosa e virtuosa. Os primeiros governantes Qing queriam ser justos e sábios. Um dos primeiros imperadores Qing chegou a escrever leis que deveriam governar a vida de todo cidadão virtuoso e fez o possível para segui-las ele mesmo.

Mas, com o passar do tempo, os imperadores Qing se tornaram menos virtuosos. Em 1850, a corte real estava cheia de luxo, desperdício e corrupção. Oficiais do governo começaram a tirar proveito dos pobres e a usar o dinheiro dos impostos para enriquecer.

Enquanto isso, a China estava crescendo. Entre 1700 e 1850, a população da China *dobrou* – de 150 milhões para 300 milhões de pessoas! Em 1850, todas essas pessoas extras estavam se mudando das cidades lotadas da China para as terras agrícolas mais distantes no norte e oeste. Logo, grupos de recém-chegados às regiões longínquas da China começaram a discutir e a brigar com as pessoas que já moravam lá. As autoridades do governo nessas partes distantes da China às vezes tratavam os recém-chegados com severidade, tributando-os ou expulsando-os.

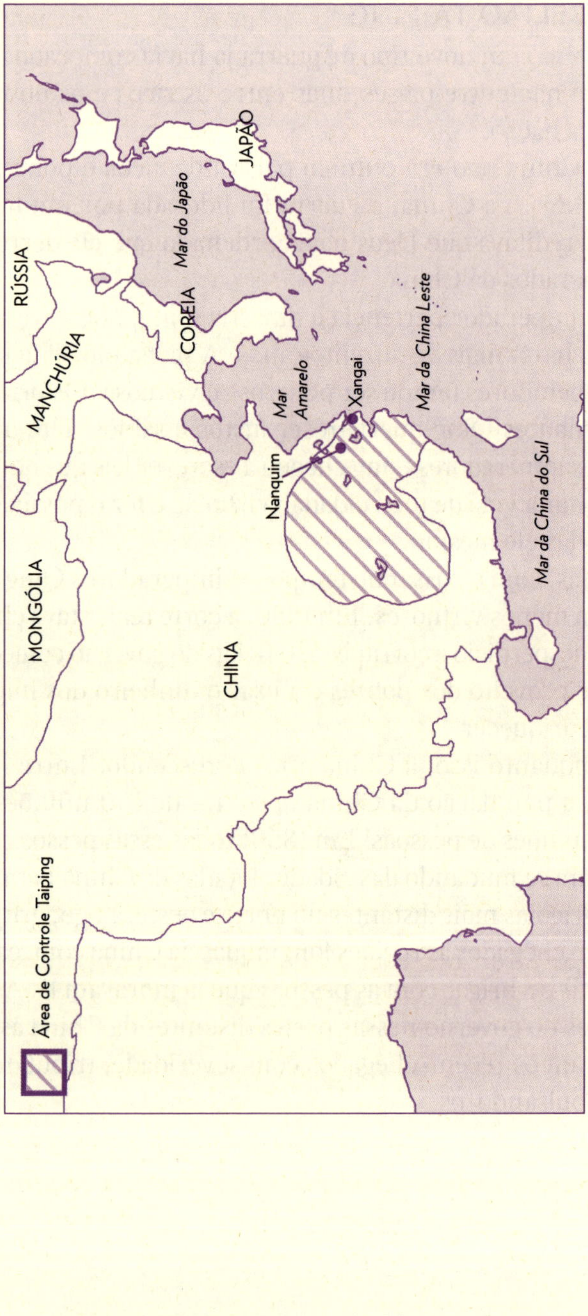

A Rebelião Taiping

E a China estava ficando cada vez mais pobre. Os comerciantes britânicos trouxeram a droga ópio para os portos chineses. *Comedores de ópio* tinham lindos sonhos, mas não conseguiam parar de tomar ópio. Milhões de chineses ficaram viciados. Os usuários chineses de ópio deram aos comerciantes britânicos enormes quantias em dinheiro por ópio. Mas os britânicos não gastaram o mesmo tanto do *seu* dinheiro em produtos chineses, então mais dinheiro estava saindo da China do que entrando nela. O país estava ficando mais pobre. Os trabalhadores chineses não conseguiam encontrar trabalho, e muitas vezes acabavam sem comida. E os impostos estavam aumentando.

Os pobres da China estavam desesperados, famintos e sem esperança. Eles estavam prontos para seguir qualquer um que lhes prometesse uma vida melhor.

O líder que surgiu chamava-se Hong Xiuquan.

Hong veio de Huaxian, ao sul dos dois grandes rios da China. Ele estudou durante muito tempo para fazer o exame que lhe permitiria se tornar um oficial do governo. Na verdade, ele estudou tanto e por tanto tempo que desmaiou de exaustão! Enquanto ele estava inconsciente, teve um sonho estranho. Ele sonhou que um homem idoso de cabelos brancos havia lhe dado uma espada especial e ordenado que ele lutasse contra demônios, e que um irmão mais velho se juntaria a ele para lutar ao seu lado.

Quando ele acordou, Hong tinha certeza de que Deus havia falado com ele em seu sonho. Hong havia aprendido um pouco sobre o cristianismo com os missionários ocidentais em sua cidade natal. Então, ele decidiu que o homem idoso em seu sonho era Deus Pai, que o irmão mais velho era Jesus Cristo – e que o próprio Hong era o irmão chinês mais novo de Jesus, chamado para lutar contra os males que tornavam miseráveis os pobres da China.

Hong começou a contar a seus amigos seu novo chamado. Ele passou a reunir seguidores ao redor. Logo, ele tinha mais de 2 mil discípulos – agricultores pobres, mineiros, produtores de carvão, ex-soldados e camponeses. Eles se autodenominavam adoradores de Deus. Eles se reuniram, concordaram em não usar ópio ou álcool e colocaram todos os seus pertences em um tesouro comum.

Em 1850, os Adoradores de Deus haviam aumentado e se tornado um grupo de quase 20 mil pessoas. Essa enorme congregação de camponeses deixou os ricos proprietários de terras da região muito aflitos! Assim, os proprietários das terras se uniram aos soldados da dinastia Qing e atacaram os Adoradores de Deus.

Hong Xiuquan e seus seguidores

Hong decidiu que esse ataque a seus seguidores simplesmente provava que ele estava realmente lutando contra o mal. Ele anunciou que agora se chamaria Rei Celestial e que seus seguidores eram cidadãos do Reino Celestial de Grande Paz – em chinês, o *Taiping Tianguo.*

Os seguidores de Hong, agora chamados de Taipings, lutaram contra seus agressores com sucesso! De fato, eles capturaram uma pequena cidade murada chamada Yongan, um pouco a oeste da cidade natal de Hong. Eles fizeram de Yongan seu quartel-general militar, organizaram-se em um exército regular com comandantes e soldados e se prepararam para a guerra. Hong disse a seus seguidores:

"Homens e mulheres soldados devem todos agarrar a espada! Juntos, despertem sua coragem; juntos, matem demônios! Tijolos de ouro e casas de ouro esperam por vocês. Até os mais pobres vestirão seda e cetim!"

Essas promessas eram maravilhosas para os camponeses pobres. Inspirados pelas palavras de Hong, os Taipings começaram a marchar para o norte em direção a Nanquim, uma grande cidade chinesa distante ao nordeste. Eles planejavam lutar contra os oficiais corruptos de Qing e destruir o governo que roubava dos pobres. Para mostrar que eles eram inimigos dos Qing, eles deixaram seus cabelos longos, em vez de usar a trança tradicional dos Qing. As pessoas que os viam passar os chamavam de *rebeldes de cabelos compridos.*

Provavelmente, ninguém achou que esse pequeno exército estranho se tornaria importante. Mas algo incrível aconteceu. Os Taipings levaram um pouco menos de um ano para marchar até Nanquim. E, naquele ano, mais de 1 milhão de camponeses chineses se juntaram a eles!

Enquanto marchavam, o crescente exército dos Taipings atacou e matou proprietários injustos e oficiais do governo gananciosos. Queimaram documentos fiscais e destruíram prédios do governo.

"Toda vez que entravam em uma casa rica", escreveu um homem que viu os Taipings com seus próprios olhos, "eles procuravam nela algum tesouro. Mas eles não roubavam dos camponeses. Em vez disso, davam roupas e outros bens que haviam tirado dos ricos para os pobres."

Agora os Taipings não eram mais um pequeno grupo rebelde. Eles eram revolucionários. Eles tinham grandes ideias sobre como a China deveria ser administrada quando os Qing fossem derrubados. Eles planejavam dividir a terra igualmente, com homens e mulheres recebendo partes iguais. Cada família cultivaria e guardaria o necessário para si. Eles colocariam o resto em um armazém público. Nesse novo país, todos os homens e mulheres seriam irmãos e irmãs. Mais tarde, um líder Taiping sugeriria que a China realizasse eleições para seus líderes, como os países ocidentais.

Quando os Taipings chegaram a Nanquim, eles a conquistaram e a tornaram sua capital. Então eles enviaram um exército para atacar Pequim, onde morava o imperador Qing. Eles não foram capazes de capturar Pequim – mas os soldados Qing que vieram enfrentá-los também não foram capazes de retomar Nanquim. As duas forças simplesmente continuaram lutando durante anos.

Em 1860, os Taipings estavam marchando em direção a Xangai. Por um tempo, parecia que essa cidade também poderia cair para os rebeldes.

Mas então a guerra começou a virar contra eles. A Grã-Bretanha assinou um tratado com a China que abriria mais portos chineses aos comerciantes britânicos, assim que a rebelião fosse derrubada. Então, os britânicos começaram a ajudar os Qing a lutar contra os Taipings. Navios a vapor britânicos ajudaram a mover os exércitos Qing para cima e para baixo na costa. Alguns soldados britânicos chegaram a se juntar aos Qing em batalha!

Em 1864, a Rebelião Taiping estava condenada. Nanquim foi capturada. Quando o exército Qing invadiu a cidade, Hong Xiuquan se matou. Cerca de 30 milhões de chineses haviam morrido durante a Rebelião Taiping.

Mas, terminada a revolta, os conselheiros que cercavam o imperador Qing fizeram algumas mudanças. O governo chinês agora ajudaria os camponeses que precisavam se mudar para novas áreas, dando-lhes ferramentas e sementes, e ajudando-os a construir sistemas de irrigação. Os impostos foram reduzidos e oficiais corruptos foram removidos do poder.

A América em 1862, Durante a Guerra Civil

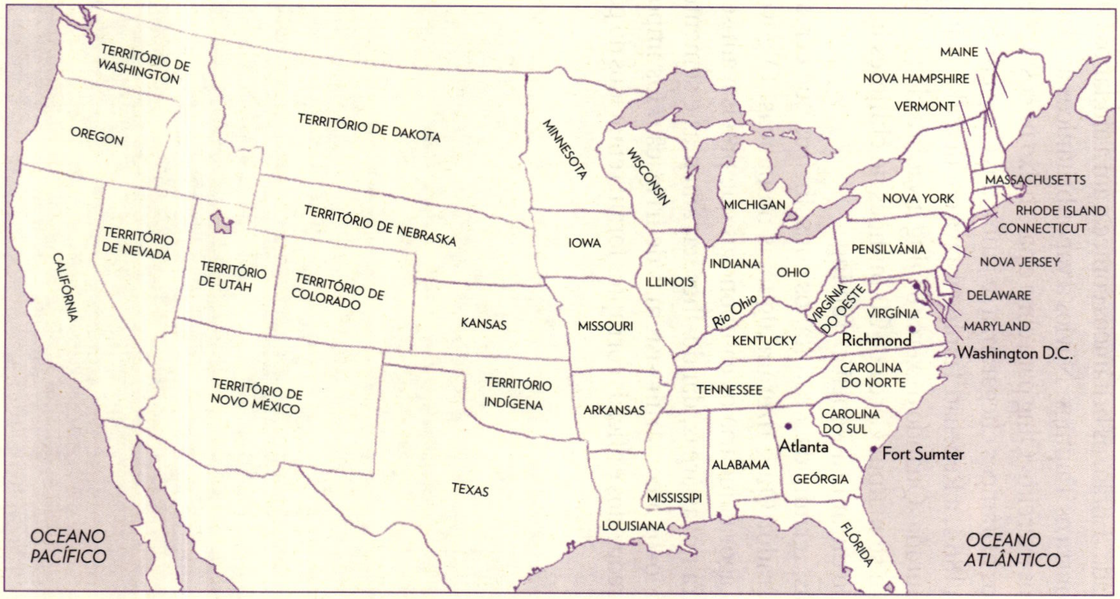

CAPÍTULO

5

A GUERRA CIVIL AMERICANA

SUL CONTRA NORTE

Numa noite fria de abril de 1861, apenas um mês após Vitor Emanuel ser coroado rei da Itália, o presidente dos Estados Unidos estava sentado na Casa Branca, lendo a página manuscrita que estava diante dele. *Eu, Abraham Lincoln, presidente dos Estados Unidos... convoco através desta a milícia dos vários Estados da União... 75 mil...*

Ele suspirou, esfregando uma mão cansada no rosto. Na manhã seguinte, essa proclamação seria publicada em jornais de todo o país. E 75 mil americanos pegariam armas e baionetas e partiriam para lutar contra seus vizinhos.

Mas Abraham Lincoln sentiu que não tinha escolha.

Dois meses antes, sete dos estados da união – Carolina do Sul, Mississippi, Flórida, Alabama, Geórgia, Louisiana e Texas – anunciaram que não mais pertenceriam aos Estados Unidos. Em vez disso, formariam seu próprio país, os Estados Confederados da América.

Os Estados Confederados exigiram que os soldados dos Estados Unidos aquartelados em Fort Sumter, uma base militar na Carolina do Sul, partissem e entregassem o forte aos soldados confederados. Mas os Estados Unidos se recusaram a desistir de Fort Sumter.

Dois dias antes, ainda no escuro, pouco antes do nascer do sol, os soldados confederados começaram a disparar balas de canhão uma atrás da outra contra as muralhas de Fort Sumter. Depois de dois dias completos de disparos, o comandante norte-americano sitiado dentro do forte havia finalmente hasteado a bandeira americana. Agora, a bandeira dos Estados Confederados voava sobre as muralhas de Fort Sumter.

Abraham Lincoln teve que decidir como os Estados Unidos reagiriam. Ele escolheu lutar. Os Estados Unidos usariam a força para reanexar os sete estados rebeldes no país.

Na manhã seguinte, Lincoln publicou sua proclamação. Pessoas de todos os Estados Unidos se reuniram, aplaudindo, fazendo discursos e cantando "The Star-Spangled Banner" (A Bandeira Estrelada). Mas nem todos os estados ficaram satisfeitos com o fato de Lincoln declarar guerra. Dois dias depois, a Virgínia se juntou aos Estados Confederados. Um mês depois, mais três estados – Arkansas, Tennessee e Carolina do Norte – também abandonaram os Estados Unidos e se uniram à Confederação. E ao longo da fronteira entre o norte e o sul, os estados de Kentucky, Missouri, Virgínia do Oeste, Maryland e Delaware enviaram uma mensagem ao presidente. Eles não se uniram à Confederação, mas se recusaram a lutar pelos Estados Unidos. O governador do Missouri disse a Lincoln que a guerra contra o Sul era *ilegal, inconstitucional... desumana e diabólica.* E o governador de Kentucky disse: *Kentucky não fornecerá tropas com o propósito perverso de subjugar suas irmãs – os estados sulistas.*

Os Estados Unidos tinham menos de cem anos – e o país já havia entrado em guerra civil.

Lincoln havia sido eleito presidente no ano anterior, em 1860. E nos Estados Unidos de 1860, todos os estados tinham permissão para decidir por si próprios se algumas pessoas poderiam ou não manter outras como escravas. Nos estados do sul, como Carolina do Sul e Geórgia, a escravidão era legal. Os agricultores ganhavam a vida cultivando enormes campos de tabaco e algodão. E tabaco e algodão precisavam de muitas mãos para limpar, cuidar e colher. Os agricultores só poderiam cultivar essas culturas se tivessem bastante mão de obra barata. Sem escravos, as fazendas do sul entrariam em colapso.

Nos estados do norte, a escravidão era ilegal. Mas estados como Nova York, Pensilvânia e Massachusetts não possuíam grandes campos de cultivo que precisavam ser cultivados. Eles tinham fábricas, engenhos e siderúrgicas.

"É fácil para os nortistas dizer que a escravidão deve ser ilegal", reclamaram os sulistas. "O norte não precisa de escravos para sobreviver!"

Durante décadas, os estados do sul e do norte discutiram sobre a escravidão. Mas o argumento não se transformou em guerra até que novos estados começaram a se juntar aos

Estados Unidos. Os estados do sul queriam que a escravidão fosse legal nesses novos estados, para que os estados do norte ficassem em menor número. E os estados do norte queriam que a escravidão fosse *ilegal* nos novos estados, para que os estados escravistas não esmagassem o resto dos Estados Unidos.

Mesmo antes de se tornar presidente, Abraham Lincoln estava firmemente a favor do norte. Quando lhe perguntaram por que ele não queria que novos estados tivessem escravos, Lincoln replicou:

"Se houvesse uma cama recém-arrumada, para a qual as crianças deveriam ser levadas, e fosse proposto levar um lote de cobras jovens e colocá-las com as crianças, presumo que ninguém diria que havia alguma dúvida sobre como eu deveria decidir." Lincoln acreditava que a escravidão era tão venenosa quanto um ninho de cobras.

Assim que Lincoln se tornou presidente, os estados escravistas do sul começaram a se preparar para deixar os Estados Unidos. Quando eles finalmente deixaram, ou *se separaram*, Lincoln declarou guerra.

A princípio, Lincoln e seus generais acharam que a guerra seria curta. Oficiais do governo e suas esposas assistiram às primeiras batalhas da guerra, como se estivessem assistindo a uma peça de teatro. Eles estavam certos de que a peça terminaria com os soldados dos Estados Unidos de casaco azul (chamados de *soldados da União* porque estavam lutando para manter os estados *unidos*) esmagando os confederados de uniforme cinza.

Mas, em apenas alguns meses, Lincoln percebeu que a guerra não seria vencida tão facilmente. Ele tentou convidar Giuseppe Garibaldi da Itália para liderar seu exército; afinal, Garibaldi acabara de ter uma enorme vitória contra um inimigo feroz! Mas Garibaldi decidiu ficar na Itália. Por fim, Ulysses S. Grant tornou-se general de Lincoln.

No sul, o general da Virgínia Robert E. Lee liderou os soldados confederados à batalha. Robert E. Lee não aprovava a escravidão, mas, quando a Virgínia se separou, ele escolheu ser leal ao seu estado natal.

Um ano após o início da Guerra Civil, Abraham Lincoln anunciou que todos os escravos da Confederação seriam declarados livres em 1º de janeiro de 1863. Esse anúncio ficou conhecido como *Proclamação da Emancipação.* É claro que Lincoln não tinha poder na Confederação – então sua proclamação não mudou nada para os escravos no sul. Mas, ao fazer essa proclamação, Lincoln havia anunciado ao mundo inteiro que a Guerra Civil não era mais uma questão de manter os Estados Unidos unificados. Agora, a guerra estava sendo travada para acabar com a escravidão.

Após a Proclamação da Emancipação, muitos soldados afro-americanos se juntaram ao exército da União

Lincoln precisava garantir ao povo dos Estados Unidos que a guerra era importante – porque centenas de milhares de homens estavam sofrendo e morrendo. Na Batalha de Gettysburg, em 1863, mais de 50 mil homens foram feridos e mortos em apenas três dias de luta. Centenas de cidades foram queimadas e destruídas, incluindo as cidades de Richmond, Virgínia e Atlanta, Geórgia.

Em 9 de abril de 1865, Robert E. Lee percebeu que seu exército confederado estava sem comida e muito fraco para lutar. Ele concordou em se render a Ulysses S. Grant na pequena cidade de Appomattox, na Virgínia. Após quatro anos de luta, a guerra acabou.

A Confederação desmoronou. Os estados do sul foram forçados a se juntar à União, sem seus escravos. Porém, mais de 50 mil homens foram mortos – mais do que em qualquer outra guerra que os Estados Unidos já travaram, mesmo no século XX. No sul, uma geração inteira foi exterminada.

A Guerra Civil salvou a União, mas também mudou os Estados Unidos para sempre.

APÓS A GUERRA CIVIL

Apenas alguns dias depois que Robert E. Lee entregou suas forças a Ulysses S. Grant, Abraham Lincoln acordou tarde da noite, ofegando de medo. Ele se sentou e olhou em volta. Ele estava em seu quarto na Casa Branca. O pesadelo que o acordou era apenas um sonho. Não era real.

Mas, em vez de sentir alívio, Abraham Lincoln ficou assombrado pelo pavor. O sonho tinha sido tão vívido! Ele estava vagando pela Casa Branca. Todo o quarto estava vazio; todo o salão estava deserto. Mas ele podia ouvir lamentos e gemidos.

"O silêncio foi quebrado por... choros e lamentos" Lincoln disse à esposa, quando ela perguntou por que ele estava assustado. "Mas os enlutados eram invisíveis. Fui de sala em sala; nenhuma pessoa viva estava à vista, mas os mesmos sons tristes de angústia podiam ser ouvidos quando passei."

Por fim, Lincoln sonhou que havia chegado ao quarto leste da Casa Branca. Lá ele viu um caixão, sobre cavaletes, vigiado por soldados. Mas o rosto do homem deitado no caixão estava coberto.

– Quem está morto? – Lincoln perguntou.

O soldado mais próximo respondeu:

– O presidente. Ele foi morto por um assassino.

A multidão ao redor do caixão levantou a voz chorando. E então Lincoln acordou.

"Não dormi mais naquela noite", disse ele a um amigo no dia seguinte. "Embora tenha sido apenas um sonho, fiquei estranhamente irritado com isso desde então."

Mas Lincoln tentou esquecer o sonho. Apenas alguns dias depois, em 14 de abril, ele passou o dia se reunindo com seus conselheiros, planejando como os estados confederados derrotados deveriam ser reanexados à União. Era Sexta-Feira Santa (a sexta-feira pouco antes da Páscoa no calendário cristão), e naquela mesma noite ele e a esposa deveriam sair para assistir a uma peça de teatro.

Lincoln não queria ir. Ele ainda estava perturbado com seu sonho, e seu dia de lidar com assuntos de guerra o deixara cansado e triste. Mas as pessoas em Washington estavam comemorando o fim da guerra, e os jornais já haviam anunciado que Lincoln iria ver a peça. O resto da plateia estava ansioso para compartilhar o teatro com o presidente.

Abraham Lincoln, décimo sexto presidente dos Estados Unidos

Então Lincoln decidiu ir. Ele e sua esposa foram de carruagem na noite fria e sombria até o teatro Ford. Eles chegaram pouco antes do início da peça, por volta das nove horas, e caminharam até o camarote – uma área particular especial onde Lincoln podia sentar em uma cadeira de balanço e assistir à peça com conforto.

Um policial chamado John Parker fora designado para ficar na porta que dava para o camarote de Lincoln. Ele deveria impedir que alguém entrasse. Mas depois de meia hora, mais ou menos, Parker ficou tão interessado na peça que deixou o posto, caminhou até o andar principal e sentou-se com a plateia! O camarote de Abraham Lincoln ficou desprotegido.

Do lado de fora, escondia-se um homem que odiava Lincoln e os Estados Unidos.

Ele era um ator chamado John Wilkes Booth. Embora tivesse nascido em Maryland, ele se considerava um sulista. Em vez de lutar na Guerra Civil, ele continuou atuando em peças teatrais. Ele se sentiu culpado porque não havia defendido o sul. Então, agora ele havia arquitetado um plano: ele se redimiria lutando na maior luta de todas – contra Lincoln, o inimigo dos estados do sul.

John Wilkes Booth empurrou a porta do camarote de Lincoln e disparou uma pistola diretamente contra o presidente. Lincoln caiu na cadeira. Booth saltou para o lado do camarote, pronto para pular no palco abaixo. Ele planejava atravessar o palco e sair pela porta lateral do teatro. No beco do lado de fora da porta, ele deixara um cavalo, selado e pronto para fugir.

Mas uma bandeira da União estava pendurada no lado do camarote. O calcanhar de Booth se enroscou. Ele girou no ar e quebrou a perna ao cair no chão.

Arrastando a perna, ele mancou para sair do palco, atravessou a porta e subiu no cavalo. Ele viajou para o sul, na Virgínia, esperando ser recebido como herói pelos virginianos. Mas, embora tivesse parado em várias fazendas, os proprietários não queriam nada com ele. Booth cavalgou cada vez mais fundo no interior da Virgínia, sua perna doendo a cada solavanco dos cascos do cavalo.

No teatro, um médico estava tentando salvar Lincoln. Mas era tarde demais. Lincoln ainda respirava, mas estava inconsciente. No início da manhã seguinte, ele morreu sem ter acordado. Seu corpo foi velado na Sala Leste, onde os soldados o vigiavam e multidões choravam, como em seu sonho.

Doze dias depois, soldados da União que procuravam Booth no campo finalmente o encontraram. Ele estava escondido em um celeiro na Virgínia, em uma fazenda perto do Rio Rappahannock. Os soldados incendiaram o celeiro para expulsá-lo e atiraram nele quando chegou à porta da frente.

No dia em que foi baleado, Lincoln havia dito a outro oficial do governo:

"Se formos sábios e discretos, vamos reanimar os estados e colocar seus governos em uma operação bem-sucedida, com a ordem prevalecente e a união restabelecida... Espero que não haja perseguição, nenhum derramamento de sangue depois que a guerra terminar... Muitas vidas foram sacrificadas."

Mas, embora a guerra acabasse, levaria muitos anos até que os Estados Unidos se tornassem um país saudável novamente. O assassinato de Lincoln mostrou quanto ódio restava no país. Muitos sulistas ainda odiavam os estados do norte. E ainda pior, muitos brancos ainda odiavam os negros.

Em dezembro de 1865, oito meses após a morte de Lincoln, os Estados Unidos aprovaram a Décima Terceira Emenda à Constituição. Isso significava que a Constituição dos Estados Unidos agora incluía estas palavras:

"Nem a escravidão nem a servidão involuntária, exceto como punição por crime do qual a parte foi devidamente condenada, devem existir dentro dos Estados Unidos ou em qualquer lugar sujeito à sua jurisdição."

Em outras palavras, ninguém poderia ser mantido preso e forçado a trabalhar a menos que tivesse sido condenado por um crime e enviado para a prisão. E os estados não podiam mais decidir por si mesmos se a escravidão deveria ou não ser legal. Era ilegal em todos os estados da União!

Os anos após a Guerra Civil foram chamados de período de *reconstrução* para o sul dos Estados Unidos. Mas não houve muita *reconstrução*. Embora a Constituição afirmasse que os escravos deveriam ser libertados, o governo dos Estados Unidos não ajudou esses escravos a conseguir terras onde pudessem viver. Os escravos também não receberam nenhum pagamento pelos anos que passaram trabalhando para seus senhores. Em vez disso, os negros livres do sul, sem um centavo, tiveram que tentar ganhar a vida, geralmente em fazendas pertencentes a fazendeiros brancos – fazendeiros amargurados, porque os Estados Unidos haviam tirado seus escravos. Esses negros livres eram frequentemente tratados tão mal quanto eram durante a escravidão.

A escravidão terminou. Mas levaria muitos anos mais para que os afro-americanos conquistassem todas as liberdades e os privilégios dos brancos.

A Guerra da Tríplice Aliança

CAPÍTULO

6

DUAS TENTATIVAS DE LIBERDADE

O PARAGUAI E A TRÍPLICE ALIANÇA

A Guerra Civil acabara de terminar na América do Norte. Mas, na América do Sul, uma guerra igualmente sangrenta estava prestes a começar.

Em 1865, Francisco Solano López acabara de chegar ao poder no Paraguai. O Paraguai era um pequeno país no centro da América do Sul, comprimido entre dois países muito maiores: Argentina e Brasil. López havia herdado o poder de seu pai, Carlos Antonio López. Carlos Antonio havia se esforçado para fazer do Paraguai um país forte; ele havia construído um exército e preparado seu filho mais velho, Francisco Solano, para herdar seu poder. Mas ele mimou Francisco, tratando-o como um herói quando ele ainda era adolescente, e até fazendo dele um general quando tinha apenas dezoito anos.

Em 1853, quando Francisco tinha 27 anos, seu pai o enviou à França a fim de comprar armas para o exército do Paraguai. Francisco observou o imenso Império Francês e pensou:

"Este é o tipo de império que eu também gostaria de governar!"

Carlos Antonio López avisou o filho:

"Temos um exército forte agora. Mas, quando você se tornar governante, tente não lutar. Em vez disso, tente negociar com os países ao seu redor. Seja diplomático!"

Mas, quando seu pai morreu em 1862, Francisco Solano López decidiu fazer do Paraguai um dos países mais influentes da América Latina – mesmo que isso significasse confrontar os exércitos da Argentina e do Brasil.

López tinha uma tarefa difícil. Ele teria que lutar não apenas com a Argentina e o Brasil, mas também com aqueles que discordavam dele em seu próprio país. Assim como a maioria dos países da América Latina, o Paraguai era povoado por três grupos diferentes de pessoas: descendentes de escravos, índios sul-americanos e *crioulos*. Os crioulos eram colonos espanhóis que nasceram *na* América do Sul, e não na Espanha. Cinquenta anos antes de López chegar ao poder no Paraguai, os crioulos da América do Sul ajudaram a levar suas colônias à independência, libertando-as do domínio espanhol e português. Em 1830, as colônias espanholas e a portuguesas haviam se tornado países independentes: o Brasil, no centro, era um dos maiores.

A Argentina se estendia quase até a ponta do continente. A oeste, ficava o Chile e o Peru, e ao norte, um punhado de estados menores.

Depois que as colônias se tornaram países, os crioulos tomaram o poder. As outras pessoas da América Latina – os índios sul-americanos e descendentes de escravos africanos que haviam sido trazidos para a América do Sul pelos europeus – eram pobres e frequentemente maltratadas. Elas tinham ressentimento de seus senhores crioulos. Os crioulos haviam lutado entre si para se tornarem ditadores de seus próprios países. E os países da América do Sul também lutaram entre si. De fato, o revolucionário italiano Giuseppe Garibaldi ajudou o pequeno Uruguai, comprimido entre o Brasil e a Argentina, a lutar contra um ditador argentino que queria controlá-lo.

Apenas dois anos após Francisco Solano López chegar ao poder no Paraguai, o Uruguai voltou a ser o centro dos problemas. Dois políticos disputavam o controle do Uruguai. O Brasil queria que um dos políticos, um soldado chamado Venancio Flores, vencesse a luta, porque ele se tornaria um aliado e amigo do Brasil. Então o exército brasileiro ajudou Flores a tomar o poder no Uruguai.

Com isso, López ficou indignado. Assim como o Uruguai, o Paraguai estava comprimido entre os grandes países Brasil e Argentina. López não queria que o Brasil decidisse o destino dos países menores da América do Sul! Ele pediu à Argentina para se juntar a ele em uma luta contra o Brasil. Quando a Argentina recusou, López voltou-se para o seu exército. Em 1865, ele marchou com 50 mil soldados pelo Rio Paraguai até a Argentina.

Francisco Solano López

A guerra havia começado. Brasil, Argentina e Uruguai – agora sob o controle do general Venancio Flores, que devia tanto seu poder quanto sua lealdade ao Brasil – uniram-se contra o Paraguai. Essa guerra ficou conhecida como Guerra da Tríplice Aliança.

López, em menor número contra os três exércitos hostis, pretendia obter o controle dos rios que levavam à Argentina e ao Brasil para que ele pudesse navegar e atacar esses países. Então ele começou a planejar uma batalha marítima para assumir o controle de um importante porto fluvial mantido pelo Brasil. Foi uma jogada ousada. O Brasil possuía 33 navios a vapor e doze veleiros. López tinha apenas duas canhoneiras e quinze outras pequenas embarcações. Mas ele sabia que a marinha do Brasil havia sido projetada para navegar no oceano ao largo da costa do Brasil, não no rio. Os navios a vapor funcionavam com hélices e precisavam de águas profundas. López esperava surpreender o exército brasileiro na maré baixa, quando a água estaria rasa e a enorme frota brasileira seria menos capaz de manobrar.

Ele reuniu sua pequena frota, junto com seis barcaças carregadas de canhões que ele planejava rebocar para a batalha. Às nove horas da manhã de 11 de junho de 1865, a marinha paraguaia atacou. Os pequenos navios paraguaios entraram e saíram dos estreitos canais fluviais, evitando os canhões dos navios brasileiros maiores e mais lentos.

Mas, à medida que a batalha prosseguia, o canhão brasileiro começou a encontrar seu alvo. Um navio paraguaio afundou na lama do rio. Bolas de canhão esmagaram as caldeiras de um dos navios a vapor. Outro barco foi atingido por um navio brasileiro armado a ferro.

Quatro horas após o início, a batalha terminou. A frota paraguaia havia sido praticamente destruída. O comandante da frota paraguaia havia sido ferido e morreu alguns dias depois. O Brasil bloqueou os rios que levavam ao Paraguai. Agora, López não podia sair de seu país pela água. Ele estava sem litoral.

No próximo ano de luta, Francisco Solano López perdeu quase 20 mil de seus homens. Uma doença mortal chamada cólera estava se espalhando entre eles, matando ainda mais. Ele estava começando a ficar sem armas, comida e remédios. E a Tríplice Aliança estava mais bem armada que os soldados paraguaios; o exército de López só tinha mosquetes antiquados que nem sempre disparavam, mas o exército da Tríplice Aliança estava usando os novos rifles Lee-Enfield, assim como o exército britânico na Índia.

Logo, López havia sido empurrado de volta para seu próprio país. Então, a Tríplice Aliança invadiu. Agora, López estava lutando para defender sua própria terra! Seu exército se posicionou em Humaitá, uma fortaleza no extremo sul do Paraguai. Durante três anos, o exército paraguaio resistiu à Tríplice Aliança. Mas, em 1868, eles foram finalmente forçados a render a fortaleza. Eles se retiraram para o norte, em direção à capital Assunção. As forças brasileira e argentina marcharam até o Paraguai. Assunção caiu para a Tríplice Aliança em 1869.

Ainda assim, López se recusou a desistir. Ele reuniu um novo exército e continuou lutando. Muitas pessoas acharam que ele agora estava louco. Ele suspeitava de seus oficiais, seu exército e até sua família de traição. Ele ordenou que milhares de paraguaios fossem presos e mortos, incluindo muitos de seus oficiais mais corajosos, os maridos de suas próprias irmãs e até os dois irmãos!

Um ano depois, em 1º de março de 1870, López levou os remanescentes esfarrapados de seu exército para enfrentar um ataque brasileiro em Cerro Corá, no norte de seu país. Ele foi morto no ataque. Finalmente, a guerra acabou. Brasil e Argentina tomaram pedaços do território do Paraguai e soldados brasileiros ocuparam o resto do país.

Centenas de milhares de homens haviam morrido. Só o Brasil havia perdido 100 mil soldados e teve outros 65 mil feridos. Metade da população do Paraguai morreu: morta em batalha, executada por López, ou vencida pela fome e pela doença. As terras agrícolas foram destruídas quando os exércitos invadiram o Paraguai. A fome surgiu. O Paraguai, uma vez forte, havia se tornado impotente.

Ainda hoje, os paraguaios discordam sobre López. Ele foi um patriota, lutando pela liberdade de seu país contra os planos da Argentina e do Brasil? Ou foi ele um ditador insano, assim como um de seus oficiais o chamava, um *monstro sem igual*?

O DOMÍNIO DO CANADÁ

Longe, ao norte da América, outro país conquistou a independência.

O Canadá tornou-se livre em 1867, apenas dois anos após o fim da Guerra Civil Americana. Mas a história da independência do Canadá começa, na verdade, trezentos anos antes, quando colonos franceses e ingleses se estabeleceram no norte da América do Norte. À medida que os assentamentos cresciam, a França e a Grã-Bretanha lutavam pelo controle daquela região. Em 1763, depois de combates árduos, os franceses renderam suas colônias ao domínio britânico.

Os britânicos dividiram sua nova colônia canadense em duas partes. Os colonos de língua francesa estavam no Baixo Canadá, hoje chamado Quebec; os colonos de língua inglesa moravam no Alto Canadá, mais tarde conhecido como Ontário. Ambas as partes do Canadá eram governadas por oficiais de língua inglesa da Grã-Bretanha. Mas os canadenses franceses mantiveram sua língua e seus costumes franceses, mesmo sob o domínio britânico.

Quando a guerra entre a Grã-Bretanha e os Estados Unidos estourou em 1812, nem o Alto nem o Baixo Canadá participaram da luta. A maioria dos canadenses *queria* continuar fazendo parte da Grã-Bretanha.

Mas, depois que a Guerra de 1812 terminou, cada vez mais canadenses começaram a reclamar que a Grã-Bretanha não estava dando a eles a chance de governar a si mesmos.

Essas queixas foram maiores no Baixo Canadá. Os canadenses franceses tinham seu próprio grupo eleito de líderes, a Assembleia do Baixo Canadá. Mas, por lei, o governador inglês do Baixo Canadá tinha a palavra final em todas as questões legais. E ele ignorou todas as sugestões da Assembleia! Um francês alto, bonito e moreno chamado Louis-Joseph Papineau acreditava que o governador deveria ser obrigado, por lei, a prestar atenção à Assembleia eleita. Os canadenses franceses que concordaram com ele formaram um grupo chamado *Patriotes*.

Papineau viajou pelo Baixo Canadá, exortando os canadenses franceses a protestar contra o poder do governador inglês.

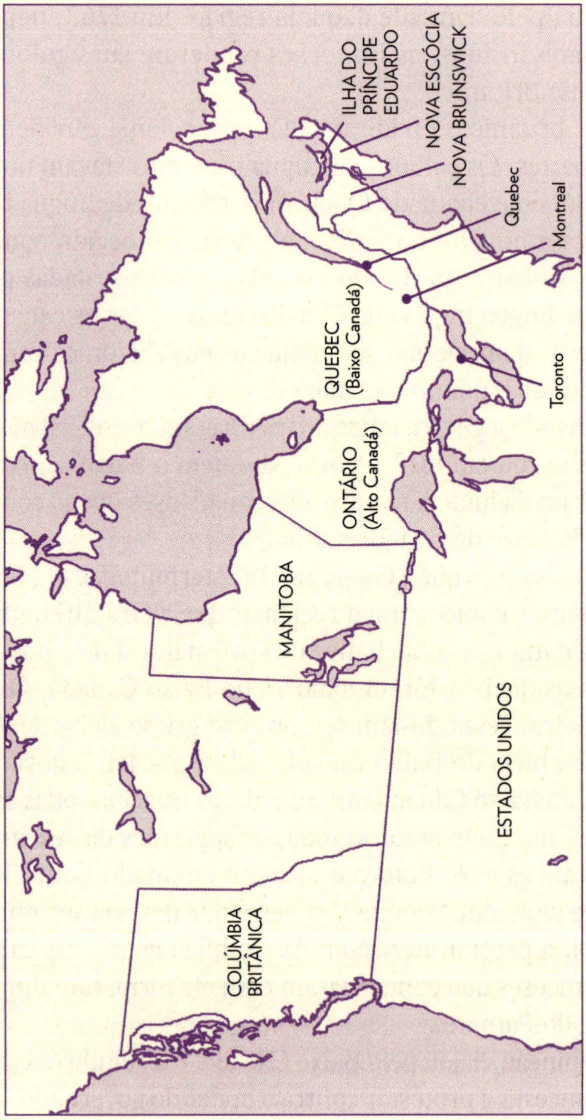

O domínio do Canadá

Seus discursos funcionaram um pouco demais. Em 1837, os *Patriotes* haviam despertado tanta indignação que massas de canadenses franceses planejavam se armar e se rebelar, exatamente como os americanos. Papineau voltou a atravessar a zona rural – mas dessa vez estava pedindo aos canadenses franceses que parassem para pensar antes de começarem a brigar.

Os apelos dele não deram certo. Os canadenses franceses, sob a liderança dos *Patriotes*, estabeleceram sua sede em uma vila com muros de pedra chamada St. Denis, nas margens do Rio Richelieu. Em 23 de novembro de 1837, soldados britânicos marcharam de Montreal, com a intenção de invadir St. Denis e prender os líderes dos *Patriotes*. Mas, depois de menos de um dia de luta, os *Patriotes* haviam expulsado os atacantes.

Os britânicos não iriam desistir tão facilmente. Mais soldados vieram de Montreal, pularam os muros de St. Denis e queimaram a vila.

Imediatamente, um canadense baixo e ruivo no Alto Canadá viu sua chance.

William Lyon Mackenzie, filho de uma família escocesa, reclamava em voz alta havia anos que o governador do Alto Canadá não ouvia a Assembleia do Alto Canadá – assim como o governador do Baixo Canadá ouvia a Assembleia do *Baixo* Canadá. Agora, Mackenzie havia percebido que todos os soldados aquartelados no Alto Canadá haviam ido lutar no Baixo Canadá. Era o momento perfeito para os canadenses do Alto Canadá se rebelarem!

Mackenzie conseguiu reunir uma pequena multidão de canadenses descontentes ao seu redor. O pequeno exército partiu para atacar Toronto. Mas a maioria dos canadenses não queria travar uma guerra contra os britânicos. Quando o grupo de rebeldes de Mackenzie se aproximou de Toronto, milhares de canadenses leais à Grã-Bretanha se reuniram contra eles.

O *exército* desmoronou imediatamente. William Mackenzie fugiu. Ele sabia que seria preso assim que os britânicos o encontrassem, então vestiu seu corpo pequeno com saias e xales femininos e fugiu pela fronteira com os Estados Unidos. No Baixo Canadá, o alto e aristocrático Papineau também fugiu através da fronteira para os Estados Unidos.

A Grã-Bretanha manteve controle de suas colônias canadenses. Mas a rebelião assustou as autoridades britânicas. Eles enviaram um nobre chamado Conde de Durham ao Canadá para estudar como evitar outra revolta. Quando o conde de Durham voltou do Canadá, ele relatou que os canadenses provavelmente nunca mais se rebelariam – desde que as Assembleias tivessem o poder de governar seu próprio país.

Então, os britânicos decidiram reorganizar o governo do Canadá. O Baixo e o Alto Canadá se tornariam uma colônia com um governador britânico. Cada uma das áreas separadas, ou *províncias*, no Canadá também teria seu próprio líder – um *tenente-governador* que ajudaria o governador britânico. Cada província também teria sua própria Assembleia eleita. Todas elas, juntas, enviariam representantes eleitos para uma Assembleia maior – a Assembleia do Canadá Unido.

Os britânicos haviam dado aos canadenses muitas Assembleias eleitas. Mas nenhuma Assembleia tinha o poder de anular o governador de todo o Canadá ou o vice-governador das províncias. Então, os canadenses continuaram escrevendo, falando e discutindo sobre seu direito de se governar.

Finalmente, o tenente-governador da província da Nova Escócia concordou em deixar a Assembleia da Nova Escócia escolher todos os seus conselheiros. Eles lhe diriam como governar. Agora, a Assembleia da Nova Escócia, não o governador, detinha o maior poder na província.

Em pouco tempo, o governador do Canadá e a Assembleia do Canadá Unido seguiram o mesmo procedimento. Aos poucos, as Assembleias eleitas conseguiram ganhar o poder de governar o Canadá.

Na década de 1860, as províncias canadenses estavam conversando sobre se unir a uma *federação.* Ela ainda seria leal à Grã-Bretanha, mas teria sua própria constituição, sua própria Câmara dos Comuns do Canadá e seu próprio Senado canadense.

Os canadenses tinham boas razões para querer uma federação. Muitos canadenses temiam que os territórios a oeste do Canadá – as áreas ainda não formadas em províncias – fossem ocupados pelos Estados Unidos, a menos que os canadenses pudessem se unir e reivindicar esses territórios por um Canadá forte e unido. A maioria dos canadenses não queria pertencer aos Estados Unidos, especialmente desde que a horrível Guerra Civil acabara de terminar. Um pôster do século XIX, encorajando os canadenses a se unirem em uma federação, tinha uma bandeira britânica de um lado com as palavras: *Lealdade à Grã-Bretanha. Proteção...!* Do outro lado, as seguintes palavras foram escritas em uma bandeira americana desbotada: *Determinação Ianque... Anexação! Ruína!* (Anexação significava que os Estados Unidos tomariam o controle de territórios canadenses.)

As províncias discutiram e discutiram sobre a formação de uma federação. Províncias menores, como a Ilha do Príncipe Eduardo, temiam que uma federação desse muito poder às províncias maiores. Mas finalmente Quebec, Ontário, Nova

Escócia e Nova Brunswick decidiram se unir. Uma nova lei, chamada Ato da América do Norte Britânica, transformou essas quatro províncias em um novo país chamado Domínio do Canadá. O Ato da América do Norte Britânica também explicava como os territórios do oeste do Canadá poderiam ser transformados em províncias e depois atraídos para o Domínio do Canadá.

A lei entrou em vigor na segunda-feira, 1º de julho de 1867. Canhões e fogos de artifício foram disparados. Os canadenses fizeram festas em todo o novo Domínio do Canadá. Desfiles e discursos comemoraram o nascimento desse novo país.

Nos três anos seguintes, mais três províncias decidiram se juntar ao Domínio do Canadá: Manitoba, Colúmbia Britânica e Ilha do Príncipe Eduardo. Em 1900, o Domínio do Canadá se estendia até a costa oeste da América do Norte. Os territórios do oeste do Canadá nunca pertenceriam aos Estados Unidos.

Vitória, a rainha da Inglaterra, ainda era a rainha do Canadá. Mas, assim como a Inglaterra era realmente governada não por Vitória, mas pelo Parlamento Britânico, o Canadá agora seria governado por sua própria Câmara dos Comuns e Senado. O Canadá não era livre da Grã-Bretanha, mas era independente.

França – República e Império

CAPÍTULO

7

DOIS IMPÉRIOS, TRÊS REPÚBLICAS E UM REINO

DOIS IMPÉRIOS E TRÊS REPÚBLICAS

Assim como a Grã-Bretanha, a França era um império que governava colônias em todo o mundo. Mas a França nem sempre foi um império. De fato, no ano de 1871, a França já havia sido uma monarquia, um império duas vezes e uma república três vezes! E os dois impérios e três repúblicas haviam se formado em menos de cem anos.

Antes de visitarmos o Império Francês, vamos dar uma olhada para trás e observar essa história instável. Até o ano de 1789, a França era uma monarquia governada por reis da família real Bourbon que alegavam que Deus lhes dera o direito de governar exatamente como quisessem. Mas os franceses queriam ser uma república, assim como os novíssimos Estados Unidos da América. Eles queriam eleger seus próprios líderes e não ter de se submeter à tirania dos reis.

Assim, em 1789, os franceses se revoltaram. Durante a Revolução Francesa, o rei foi executado (junto com milhares de aristocratas) e a França se tornou uma república pela primeira vez. Mas a primeira República Francesa teve muito derramamento de sangue, infelicidade e inquietação. Quando um general do exército chamado Napoleão Bonaparte assumiu o controle do governo e se coroou imperador, a Primeira República da França terminou. Mas muitos franceses ficaram simplesmente agradecidos por alguém estar disposto a impor ordem ao caos da França! Agora Napoleão se tornara imperador Napoleão I e o Primeiro Império Francês começara.

Depois de Napoleão, dois reis da família Bourbon assumiram o trono da França e continuaram a governar o Primeiro Império Francês. Mas o segundo desses reis, Carlos X, retornou aos velhos e maus modos de governar a França. Ele se recusou a ouvir os desejos do povo da França e fez o que quis. Ele até dizia aos jornais o que eles podiam e não podiam publicar.

Mais uma vez, os franceses se revoltaram! Essa revolução ficou conhecida como Os Três Dias Gloriosos, ou *Les Trois Glorieuses*, porque durou apenas de 27 a 29 de julho de 1830. Em Paris, franceses indignados fizeram enormes barricadas sobre eles, virando carroças e caçambas nas ruas, empilhando paralelepípedos, pequenas árvores e grades de ferro arrancadas das fachadas das casas. Eles se esconderam atrás dessas barricadas, atirando no exército francês, que tentava afastar as barricadas e prender os rebeldes. Carlos X foi forçado a fugir para a Inglaterra!

Mas os revolucionários discordaram sobre quem deveria tomar o lugar de Carlos. Muitos franceses, como o Marquês de La Fayette, queriam que a França fosse uma república novamente. La Fayette ajudou os colonos americanos a lutar por sua própria independência do rei britânico. Agora ele também queria ver a França livre de reis.

Mas outro grupo mais forte de franceses queria que a França se tornasse uma *monarquia constitucional*, como a Grã-Bretanha. A França ainda teria um rei, mas esse rei teria que obedecer a um conjunto de leis escritas, em vez de fazer o que quisesse.

Finalmente, La Fayette decidiu ajudar a acabar com a revolução, concordando com uma monarquia constitucional. Ele foi diante de seus seguidores, vestindo a bandeira dos reis franceses em volta dos ombros como um xale, e os convenceu a se unir aos outros revolucionários para colocar um rei de volta no trono francês.

Assim, um dos líderes republicanos, Luís Filipe, tornou-se o novo rei da França. Luís Filipe não deveria ser um governante absoluto, como os reis Bourbon. Em vez disso, ele foi chamado de *Rei Cidadão*, porque deveria agir apenas de acordo com os desejos do povo.

"Ele reina", explicou um de seus apoiadores, "mas ele não governa."

O Primeiro Império ainda existia, mas agora Luís Filipe, o Rei Cidadão, estava à frente. Contudo, durante o tempo que Luís Filipe reinou, os revolucionários franceses que queriam uma república continuavam reclamando, escrevendo e falando sobre os perigos de um rei. Dois revolucionários até tentaram assassiná-lo plantando uma bomba de pólvora na rua, onde passaria um desfile oficial. Quando a bomba explodiu, os cortesãos e soldados ao seu redor foram mortos, mas Luís Filipe sobreviveu.

Após dezoito anos do reinado de Luís Filipe, seus inimigos planejaram uma grande demonstração em Paris. Eles esperavam que a multidão decidisse expulsar o Rei Cidadão e estabelecer uma república novamente na França. Quando Luís Filipe viu a enorme demonstração em massa, ele ordenou que ela fosse cancelada e enviou o exército francês para dispersar a aglomeração.

A multidão que se reuniu ficou furiosa! Mais uma vez, o rei deles estava tentando usar a força contra eles, a fim de conseguir o que queria. Eles atacaram os portões do palácio e invadiram, correndo pelos corredores, quebrando pratos reais, arrancando todo o revestimento dourado dos móveis e revezando-se no trono real. Luís Filipe pulou em uma carruagem e saiu de Paris. Ao ser parado, ele anunciou que seu nome era senhor Smith. Ele saiu da cidade e, como Carlos X antes dele, zarpou para a Inglaterra.

O ano era 1848. O Rei Cidadão se foi, e o Primeiro Império também. Agora a Segunda República teria início.

Os líderes da Segunda República começaram escrevendo uma nova constituição – que se parecia muito com a constituição americana. Ela dizia que todo homem na França poderia votar em um presidente e também em representantes que se reunissem em uma assembleia e fizessem leis. O presidente só poderia governar por quatro anos. Dessa forma, ninguém poderia ganhar muito poder na França.

Mas, quando as primeiras eleições para presidente foram realizadas, algo muito alarmante aconteceu. O vencedor da eleição acabou por ser Luís Napoleão Bonaparte, sobrinho do primeiro imperador francês, o próprio Napoleão!

O sobrinho do imperador Napoleão era o homem certo para ser presidente de uma república francesa? Muitas pessoas ficaram desconfiadas – mas Luís Napoleão obteve milhões de votos a mais do que qualquer outro candidato. Então ele foi empossado como presidente da Segunda República Francesa.

Mas Luís Napoleão não conseguiu convencer a assembleia eleita da França a fazer o que queria. A assembleia não deu a ele todo o dinheiro que queria. E eles não concordaram em deixá-lo concorrer à presidência pela segunda vez.

Em 2 de dezembro de 1851, Luís Napoleão fez a sua jogada. Ele prendeu setenta líderes franceses que discordaram de seus planos. Ele então anunciou que a França tinha uma nova constituição (que ele ajudou a escrever). Essa constituição retirou o poder da assembleia, entregou-o ao presidente e tornou Luís Napoleão o presidente por mais dez anos. Quando o povo de Paris se opôs, Luís Napoleão chamou o exército e prendeu milhares e milhares de manifestantes. Um ano depois, ele próprio se declarou Napoleão III, o imperador da França.

A Segunda República durou apenas cinco anos. Agora o segundo império havia começado.

Napoleão III não tinha a aparência da realeza. Como seu famoso tio, ele era muito baixo; sua linda esposa Eugênia era muito mais alta que ele. Ele usava bigodes longos e cheios, e uma pequena barba no queixo chamada *imperial*. Mas, apesar da aparência, Napoleão III estava determinado a se comportar como um imperador. Ele viajou para a Grã-Bretanha e prometeu à rainha Vitória que ajudaria os britânicos a combater a Guerra da Crimeia contra a Rússia. E, depois que a França e a Inglaterra triunfaram na Crimeia, Napoleão III declarou guerra à Prússia, o país a leste.

Napoleão havia se esforçado muito para fortalecer o exército francês, mas ele não percebeu a rapidez com que os prussianos reagiriam à sua declaração de guerra. Os exércitos prussianos invadiram a França antes mesmo que o exército francês pudesse se organizar para a batalha. O próprio Napoleão estava doente com pedras nos rins e na bexiga. Fraco e com muitas dores, ele partiu para o leste, em direção ao exército prussiano que se aproximava.

Napoleão III e seus soldados encontraram os prussianos na cidade de Sedan, no nordeste da França, em 1º de setembro. Ele logo percebeu que seu exército era menor. Então, jogou-se no meio da luta, esperando morrer em batalha, mas, em 2 de setembro, foi aprisionado junto a quase 100 mil de seus soldados.

Os mensageiros rapidamente levaram a notícia a Paris. Em 4 de setembro, o povo de Paris soube que seu imperador havia sido capturado. Eles comemoraram! Finalmente, a França poderia ser uma república de novo. O Segundo Império havia terminado e a Terceira República poderia começar.

Os líderes da Terceira República fizeram as pazes com a Prússia, que libertou o doente e fraco Napoleão III. Ele também foi morar na Inglaterra, mas ele ainda esperava conseguir reunir um exército, desembarcar nas margens da França e recuperar seu trono.

Mas ele morreu, velho e doente, sem nunca retornar à França. A partir de 1870, a França permaneceu uma república. Napoleão III foi seu último imperador.

O SEGUNDO REICH

Enquanto a França estava se tornando uma república, a Prússia estava se tornando um reino.

A Prússia era um Estado alemão, mas não fazia parte da *Alemanha*. Em 1870, não havia um país chamado *Alemanha*.

Em vez disso, havia 38 diferentes estados de língua alemã espalhados pelo território a leste da França. Esses estados formaram um grupo brando chamado *confederação*.

Você já ouviu a palavra *confederação*. Lembre-se, na Guerra Civil Americana, os estados do sul deixaram a União para formar uma *confederação*. Em uma confederação, os estados concordam em eleger oficiais encarregados de lidar com países estrangeiros e outros assuntos que afetam todos os estados. Mas cada Estado permanece independente, com seu próprio governo e sua própria identidade.

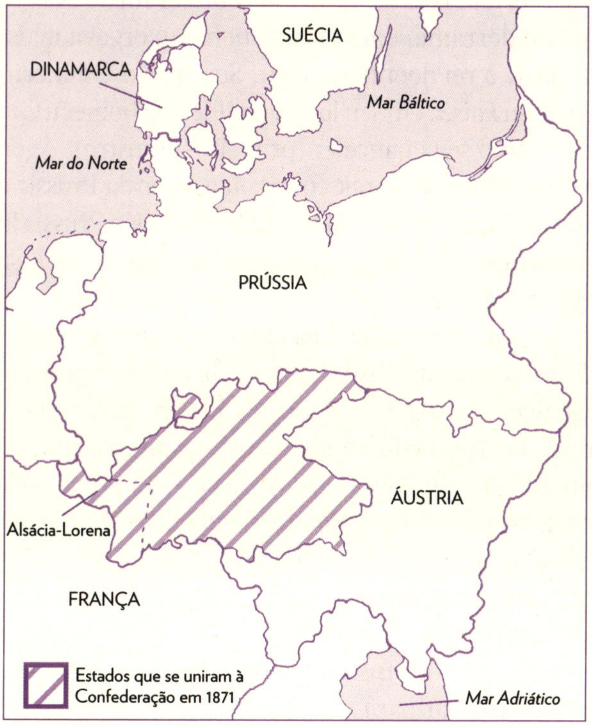

O Segundo Reich

A Prússia pertencia à Confederação Alemã. Era apenas um Estado alemão entre muitos. Mas, em 1847, um homem de ombros quadrados e queixo forte foi eleito para a assembleia prussiana. Seu nome era Otto von Bismarck, e ele estava determinado a fazer da Prússia o Estado dominante da confederação.

Otto von Bismarck serviu no governo prussiano por quinze anos. Durante esse tempo, ele nutriu seu desejo de tornar a Prússia poderosa. Ele queria que a confederação alemã se tornasse um único país alemão, liderado por um poderoso rei prussiano e protegido por um exército prussiano invencível.

Mas o rei da Prússia estava longe de ser forte. Na verdade, ele teve um derrame, e não falava nem enxergava mais.

Em 1861, o rei doente morreu. Seu irmão Guilherme tornou-se rei, ou *kaiser*, em seu lugar. Guilherme nomeou Otto von Bismarck como seu chanceler (primeiro-ministro). Agora que ele era chanceler, Bismarck começou a fazer da Prússia a líder dos estados alemães. Se isso significasse guerra, a Prússia lutaria! Em um discurso emocionante à assembleia prussiana, Bismarck anunciou que a Prússia se tornaria o mais forte dos estados alemães não *por discursos e votos majoritários, mas por sangue e ferro.* Esse discurso rendeu a Bismarck o apelido de *Chanceler de Ferro.*

Logo ficou claro que o Chanceler de Ferro tinha mais poder que o rei da Prússia. Guilherme era um homem educado e sensato, um bom soldado e um rei cuidadoso. Mas ele não era tão ousado quanto Bismarck. Mais de uma vez, quando o rei e o chanceler discordaram, Bismarck ameaçou renunciar e Guilherme rapidamente concordou em seguir os desejos de Bismarck. A liderança de Bismarck ficou conhecida como a *ditadura do chanceler.*

Sob a *ditadura* de Bismarck, a Prússia travou duas guerras antes de se virar para atacar a França. Em 1864, a Prússia juntou-se ao grande Estado alemão da Áustria e atacou a Dinamarca, capturando a parte sul do reino da Dinamarca. A Prússia então insistiu em controlar essa terra recém-capturada. Quando a Áustria se opôs, a Prússia se virou e atacou a Áustria também!

O exército prussiano foi vitorioso. No final da guerra curta e violenta, Bismarck anunciou que a Prússia agora formaria uma nova confederação de estados alemães, uma Confederação da Alemanha do Norte que *não* incluía o Estado da Áustria. A Prússia não queria nenhum outro Estado competindo para liderar a Confederação.

Então a Prússia se virou para enfrentar Napoleão III e a França. Quando Napoleão III foi forçado a se render, a Prússia invadiu o canto nordeste da França, uma área chamada Alsácia-Lorena. E mais quatro reinos alemães ofereceram-se para se juntar à triunfante Prússia na Confederação da Alemanha do Norte.

Em 1871, um ano após a guerra com a França, Otto von Bismarck convenceu os outros estados alemães da confederação a declarar Guilherme da Prússia o *imperador alemão*. Os estados concordaram com certa relutância. Eles não permitiriam que Guilherme se chamasse *Imperador da Alemanha*, porque nenhum dos estados alemães queria pertencer a um país chamado *Alemanha*. Cada Estado queria manter seus próprios príncipes, duques e assembleias. Mas eles permitiram que Guilherme tivesse o título de *Imperador Alemão*, o que significava que ele era o mais importante de todos os outros governantes alemães. E a Confederação ficou conhecida como reino, ou *Reich*.

Por fim, a Prússia era o Estado mais forte de um reino alemão. Esse reino ficou conhecido como o *Segundo Reich*. Os alemães gostavam de pensar que eram os herdeiros do Sacro Império Romano, que eles chamavam de *Primeiro Reino*. É claro que o

Otto von Bismarck, o Chanceler de Ferro

Sacro Império Romano não era um reino liderado pela Prússia. Mas, alegando que seu novo reino alemão era sucessor do Sacro Império Romano, Bismarck e os prussianos sugeriram que Guilherme fosse o sucessor do Sacro Imperador Romano!

Mas Otto von Bismarck, não Guilherme, era o homem mais poderoso do Segundo Reich. Guilherme fez de Bismarck o chanceler real, o que significou que Bismarck nomeava oficiais do governo e decidia como o Segundo Reich agiria em relação aos outros países da Europa. E as ações do reino costumavam ser bélicas.

"Balas mais pontiagudas do que discursos pontiagudos", exclamou Bismarck certa vez.

A dedicação de Bismarck à guerra foi muito prussiana. Outros estados alemães estavam mais interessados em arte, ciência ou aprendizado. Mas os nobres da Prússia sempre se interessaram mais pela guerra. De fato, a Prússia gastava cinco sextos de seu tesouro em seu exército!

Todo o reino da Alemanha se tornava cada vez mais prussiano. O filho de Guilherme, Frederico (que se casou com a filha mais velha da rainha Vitória) ficou perturbado com a esmagadora influência prussiana nos estados alemães. Ele escreveu em seu diário:

> Nesta nação de pensadores e filósofos, poetas e artistas, idealistas e entusiastas, o mundo reconhecerá nada além de um povo de conquistadores e destruidores... em termos de civilização [os alemães] são o povo mais avançado, mas no momento... não somos amados nem respeitados, mas apenas temidos. Somos considerados capazes de toda maldade, e a desconfiança sentida em relação a nós aumenta cada vez mais... Bismarck nos tornou

> grandes e poderosos, mas ele nos roubou nossos amigos, as simpatias do mundo e nossa consciência.[1]

Se Frederico tivesse herdado o trono alemão depois de seu pai, talvez o Império Alemão tivesse se tornado um pouco menos *prussiano*. Mas, à medida que seu pai foi envelhecendo, Frederico começou a adoecer. Ele tinha câncer, mas nunca foi tratado adequadamente. Quando Guilherme morreu, Frederico tornou-se imperador. Ele foi imperador por menos de cem dias antes de morrer também.

Seu filho, Guilherme II, tornou-se o terceiro imperador alemão. Guilherme II era um valentão violento, briguento e de temperamento grosseiro. Ele queria que o Segundo Reich conquistasse outras terras, reivindicasse colônias em todo o mundo e tivesse uma marinha ainda maior que a enorme e poderosa frota da Grã-Bretanha. Guilherme II logo decidiu que até Bismarck era muito cauteloso e cuidadoso. Dois anos depois de herdar o trono, Guilherme II forçou Bismarck a renunciar.

O Segundo Reich foi colocado no caminho da guerra e destruição. Mas seguiria esse caminho sem o homem que ajudara a torná-lo um reino. Bismarck foi morar em uma pequena cidade alemã, onde passava o tempo escrevendo as memórias de seus anos de serviço à Prússia. Ele morreu oito anos depois, antes de poder ver o colapso do Segundo Reich, um colapso que abalaria o mundo inteiro.

---

1 O diário de Friedrich II da Prússia, reimpresso e traduzido em *A Era de Bismarck: documentos e interpretações*, organização de Theodore Hamerow (HarperCollins, 1973).

Ferrovias e Fusos Horários

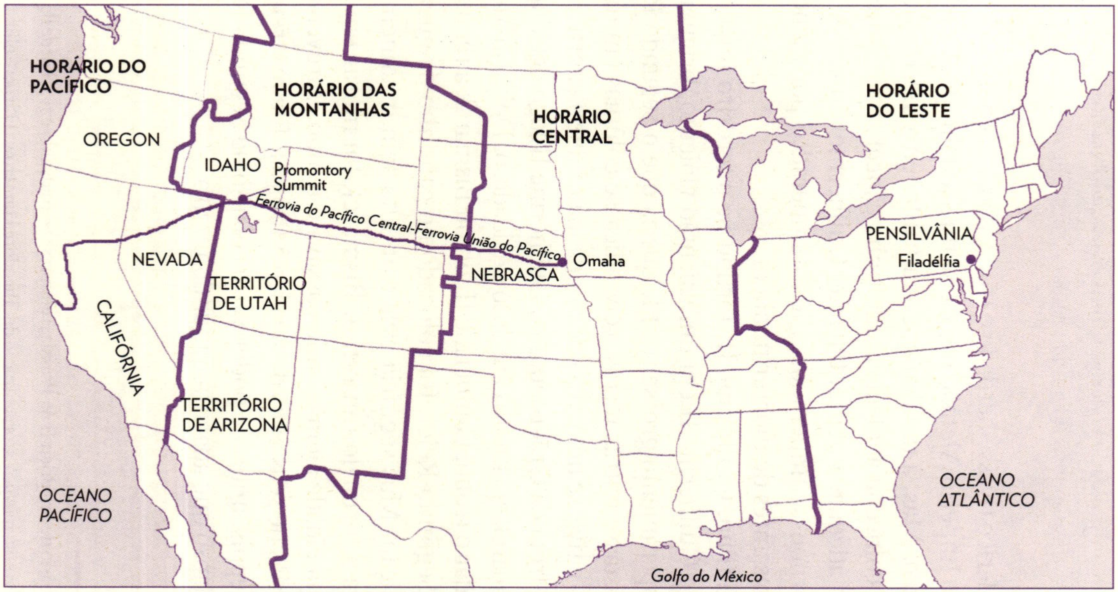

CAPÍTULO

8

TORNANDO-SE MODERNO

TRILHOS, ZONAS E LÂMPADAS

Em uma manhã quente de primavera em Utah, uma multidão de homens e mulheres circulava em torno de duas enormes locomotivas, estacionadas frente à frente em uma ferrovia novíssima. Mas eles não estavam preocupados se elas iam bater. Essas duas locomotivas, apelidadas de *Júpiter* e *Locomotiva 119*, tinham sido pilotadas uma em direção a outra no mesmo trilho, uma do leste e a outra do oeste. Elas se encontraram na Promontory Summit, Utah, em 10 de maio de 1869, e ficaram de frente uma para a outra perante uma lacuna no trilho. Faltava um único pedaço de trilho –

o pedaço que completaria o primeiro trilho a percorrer todo o território dos Estados Unidos.

Dois oficiais da ferrovia deram um passo à frente para ajudar a colocar o último descanso. Era um descanso especial, feito de madeira de louro polida da Califórnia, com quatro furos para os últimos quatro espigões: um espigão de ouro feito pela empresa ferroviária, dois espigões de prata doados pelos estados do Arizona e Nevada e um último espigão de ouro enviado por um jornal em São Francisco, Califórnia.

Os oficiais enfiaram os quatro espigões por quatro furos no descanso de madeira de loureiro e os bateram com um martelo de prata especial. Mas o descanso de loureiro não aguentaria o peso de um trem, de modo que imediatamente o descanso e os espigões especiais foram retirados e enviados para um museu. Um velho descanso ferroviário de pinho antigo foi colocado no lugar. Os dois oficiais se revezaram martelando *de verdade* o último espigão de ferro. O primeiro oficial deu uma grande martelada e bateu no descanso, longe do espigão. Então, o segundo oficial martelou e bateu *fora* do descanso! Um trabalhador ferroviário experiente teve de pegar o martelo e bater no espigão.

A ferrovia que cruzava os Estados Unidos estava terminada. Durante sete anos, 20 mil homens de lugares tão distantes como a China vinham construindo, doze horas por dia, atravessando montanhas com dinamite e estendendo pontes sobre rios e vales. Agora, a ferrovia corria ininterrupta de costa a costa. Antes da construção da ferrovia, um empresário de Nova York que quisesse viajar para a Califórnia tinha de viajar um mês de carruagem ou percorrer toda a costa da América do Sul em um navio a vapor. Agora ele poderia alcançar a costa oposta em apenas cinco dias!

Logo, cada vez mais ferrovias foram construídas no oeste. Os trens transportavam pessoas para cidades onde eles nunca poderiam ter se estabelecido. As empresas ganhavam uma tremenda quantia em dinheiro transportando grãos, gado, carvão e outras cargas para lugares distantes nos Estados Unidos. Trilhos de trem cruzavam as terras selvagens da pradaria.

E as ferrovias também mudaram a maneira como as pessoas marcavam as horas.

Durante muito tempo, cidades de todo o mundo definiam seus próprios relógios olhando o sol. Quando o sol estava no ponto mais alto do céu, era meio-dia. Mas, como a superfície da Terra se curva, o meio-dia para uma cidade na Costa Leste chega mais cedo que o meio-dia em uma cidade um pouco

As ferrovias mudaram a forma como as pessoas viajavam, onde elas viviam, e como elas mediam o tempo

mais a oeste. Em 1869, quando os relógios da cidade de Nova York marcavam 12h, os relógios de Boston marcavam 12h12. E, em uma cidade da Califórnia, poderia ser 8h32 da manhã – ou 8h47. Como os trens, movendo-se rapidamente pelas centenas de quilômetros entre as cidades, poderiam dizer aos passageiros quando chegariam?

Dez anos após o último espigão ter sido martelado no Promontory Summit, um engenheiro ferroviário canadense chamado Sir Sandford Fleming sugeriu que seria uma boa ideia dividir o mundo em 24 fusos horários. Cada uma das zonas se estendia do Polo Norte até o Polo Sul, como uma fatia fina de maçã. Em cada fuso horário, os relógios seriam ajustados no mesmo horário. Agora, Boston e Nova York marcariam o meio-dia exatamente no mesmo momento. E, quando você viajasse de um fuso horário para outro, você se moveria exatamente uma hora à frente ou atrás. Ao meio-dia na Virgínia sempre seria exatamente 9h da manhã em *todas* as cidades da Califórnia e não 9h13 ou 9h21.

Os engenheiros da ferrovia gostaram da ideia de Fleming. Em 18 de novembro de 1883, cidades dos Estados Unidos redefiniram seus relógios para corresponder aos novos fusos horários. O tempo tornou-se *padronizado* – mantido de acordo com as mesmas regras em todos os Estados Unidos (e, afinal, em todo o mundo).

Ferrovias e fusos horários começaram a mudar a maneira como as pessoas no oeste americano pensavam sobre o mundo.

O mundo não parecia mais tão grande quanto antes. Fabricar e vender mercadorias para o maior número possível de pessoas estava se tornando cada vez mais fácil. As cidades e pequenas vilas locais estavam mudando, graças às ideias e invenções que vieram das grandes cidades. E parecia mais simples do que nunca criar invenções que tornariam a vida cada vez melhor. Os Estados Unidos, junto com os outros países do Ocidente, estavam se tornando *modernos.*

Mais uma invenção se uniu às ferrovias e aos fusos horários para tornar o mundo mais moderno. Em 1879, o cientista Thomas Edison apresentou sua nova criação: uma lâmpada que funcionava por eletricidade.

Edison tentou, durante anos, encontrar uma maneira de usar correntes elétricas para iluminar residências e empresas após o anoitecer. Ele e seus assistentes haviam testado 3 mil projetos diferentes! Edison estava tão obcecado com seus experimentos que, no dia de seu casamento, esqueceu que acabara de se casar e foi para o laboratório, deixando a nova esposa sozinha em casa.

Finalmente, Edison conseguiu selar um *filamento* (um fio que podia brilhar com energia elétrica) em um bulbo de vidro hermético. Contanto que nenhum ar alcançasse o filamento, ele não queimaria e continuaria brilhando com a energia elétrica.

As primeiras *lâmpadas* de Edison duraram apenas algumas horas. Mas Edison continuou testando diferentes tipos de filamentos – milhares deles. Ele tentou madeira de nogueira, madeira de cedro, talos de linho, madeira de loureiro e buxo. Ele encomendou de terras tropicais novos e diferentes tipos de madeira. Por fim, as lâmpadas de Edison permaneceriam acesas por 1.500 horas antes que o filamento se queimasse.

Em seguida, Edison e seus auxiliares de laboratório se empenharam no desenvolvimento de um sistema para essas lâmpadas: fios, cabos, geradores, tomadas e tudo o mais necessário para iluminar um edifício inteiro – ou uma cidade inteira. A princípio, os americanos suspeitavam dessas novas lâmpadas. Quando o lojista John Wanamaker decidiu colocar luzes elétricas em sua enorme loja da Filadélfia, os compradores não passavam pelas portas. Eles tinham certeza de que as lâmpadas explodiriam como pequenas bombas a qualquer momento! Mas as lâmpadas não explodiram, e logo cada vez mais lojas, fábricas e até casas estavam usando luzes elétricas.

A invenção humana da ferrovia havia conquistado espaço; agora, não importava se uma empresa estava a centenas de quilômetros de distância das pessoas que compravam seus produtos. A invenção humana dos fusos horários parecia ter vencido o desafio do tempo; agora, as pessoas ajustavam seus relógios de acordo com os fusos horários, e não de acordo com o sol. E as luzes elétricas haviam conquistado a escuridão. O crepúsculo não era mais o fim do dia útil. Agora, as pessoas podiam continuar trabalhando, muito depois do pôr do sol!

A RESTAURAÇÃO MEIJI DO JAPÃO

Com a ajuda de ferrovias, fusos horários e luzes elétricas, os Estados Unidos estavam caminhando para os tempos modernos. O Japão também estava começando a mesma jornada.

Em 1854, quinze anos antes de as locomotivas se encontrarem no Promontory Summit, Matthew Perry havia convencido o Japão a abrir seus portos ao comércio americano. Muitos japoneses, porém, estavam descontentes com o fato de o xogum ter permitido que seus oficiais assinassem o tratado comercial. O tratado deu aos Estados Unidos muitos privilégios no Japão, mas não deu muito aos japoneses. Quatro anos depois, quando um oficial japonês assinou outro acordo que permitia que os americanos se estabelecessem e vivessem no Japão, um grupo de samurais o emboscou e cortou sua cabeça como punição.

Mas, embora os japoneses não quisessem que os Estados Unidos tirassem vantagem do Japão, a maioria dos japoneses também sabia que o Japão não podia mais ficar isolado do Ocidente. Parecia que o xogunato de Tokugawa, que governava o Japão há mais de 250 anos, simplesmente não conseguia lidar com os problemas do Japão moderno.

Doze anos após a assinatura do tratado, o xogum Tokugawa morreu. Um jovem de 29 anos, Tokugawa Yoshinobu, tornou-se xogum em seu lugar. Ele viu que o poder do xogunato estava cambaleando. Imediatamente, começou a fazer alterações. Ele tentou fortalecer a marinha do Japão e prometeu expulsar todos os estrangeiros de lá. Mas era tarde demais para o xogunato. *Daimiôs* rebeldes (nobres japoneses) já haviam se reunido, exigindo que Yoshinobu renunciasse e acabasse com o xogunato Tokugawa para sempre.

Yoshinobu viu que uma guerra civil apenas enfraqueceria o Japão e tornaria seu país ainda menos capaz de enfrentar os Estados Unidos e outros países do Ocidente. Então, em 1868, concordou em renunciar. Ele foi levado para casa e ficou sob guarda. Em seu lugar, os daimiôs colocaram o imperador de dezessete anos no trono do Japão – o imperador que estava completamente impotente desde que os xoguns governavam o país. Edo, a cidade onde os xoguns já haviam governado, foi renomeada para Tóquio e se tornou a cidade imperial do imperador.

Por um ano, os japoneses leais ao xogunato lutaram contra japoneses que eram leais ao imperador. Finalmente, o último exército de partidários xogunatos – mais de 20 mil homens – entrou em um castelo e foi cercado por 30 mil homens das

O Japão durante a Restauração Meiji

tropas do imperador. Então o exército do imperador destruiu o castelo com armas e canhões que eles compraram do Ocidente.

Agora uma nova era havia começado no Japão. O daimiô que ajudou o imperador a recuperar seu trono a chamou de Restauração Meiji, porque insistia que o domínio imperial tradicional do imperador estava sendo restaurado. Mas, na realidade, o imperador não tinha mais poder do que antes. Agora o Japão era governado pelos daimiôs educados que cercavam o imperador e lhe diziam o que fazer.

Esses daimiôs queriam conhecer os costumes do Ocidente para que o Japão pudesse ser igual a qualquer nação ocidental. Então eles enviaram jovens para estudar na Europa, contrataram especialistas franceses para construir um estaleiro no Japão e ensinar os japoneses a construir navios e repará-los. Mineiros americanos foram contratados para mostrar aos japoneses como cavar minas de carvão. Especialistas britânicos foram contratados para construir uma fábrica de fiação e treinar fiandeiros. Em 1872, todos os japoneses foram informados de que precisavam usar roupas ocidentais, não quimonos japoneses, em todas as cerimônias e reuniões oficiais.

E uma mudança ainda mais surpreendente veio a seguir. Menos de dez anos após o fim do xogunato, em 1876, foi dito aos samurais que eles não podiam mais carregar espadas em público. Com isso, eles se revoltaram.

Os samurais sabiam que desistir de suas espadas significava que todo o seu modo de vida estava chegando ao fim. Durante séculos, o Japão havia sido uma sociedade *feudal* – uma sociedade em que cada pessoa servia a alguém em troca de privilégios e favores. O xogum prometeu proteger os nobres do Japão, os daimiôs, e concedeu-lhes terras para viver; em troca, os daimiôs prometeram fornecer ao xogum comida e todas as suas necessidades. Então os daimiôs deram castelos aos samurais, os guerreiros; em troca, os samurais lutavam para protegê-los. Os samurais eram os únicos japoneses que tinham essa tarefa especial de proteger os daimiôs, e, portanto, eram os únicos homens autorizados a portar espadas.

Mas agora não havia xogum. Em vez disso, o Japão tinha um imperador – e, também, um novo exército. Esse exército seria composto de *recrutas* (homens ordenados a servir no exército em troca de dinheiro), não samurais. Como exércitos nos países ocidentais, os soldados no Japão agora deveriam lutar em troca de um salário, não porque devessem uma obrigação feudal a um nobre!

Os samurais não queriam perder seu poder, ou seu direito de viver nos castelos dos daimiôs. Então, quando lhes disseram que não podiam mais usar suas espadas, eles se reuniram em um exército de samurais para lutar contra esse novo exército de camponeses com armas. Eles foram liderados por um guerreiro samurai famoso por sua força, Saigo Takamori.

O novo exército de recrutas foi convocado para enfrentar os samurais. Mas os camponeses com armas eram mais poderosos que os guerreiros japoneses treinados com suas espadas. As fileiras de samurais caíram quando as armas dispararam. Quando ele viu que os samurais estavam condenados, Saigo Takamori se matou. Sua rebelião, a Revolta Satsuma, durou menos de um ano.

Em 1884, o Japão tinha uma nova constituição que havia sido escrita por um estadista japonês que, por ser um grande admirador de Bismarck, viajara para o novo Estado alemão para ver como era administrado. A constituição que ele escreveu tornou o governo japonês muito parecido com o governo alemão. O imperador do Japão era o *chefe de Estado* no Japão, assim como Guilherme II era o rei do Estado alemão, mas um *gabinete* (um grupo de consultores, como um primeiro-ministro) é que fazia políticas para o país. O Japão também teria duas assembleias, compostas por representantes japoneses instruídos e inteligentes. Essas assembleias aprovariam leis para o Japão.

Isso soa familiar? Deveria. O Japão estava começando a adotar a forma de governo usada no Ocidente. Embora esse período da história japonesa seja conhecido como Restauração Meiji, o poder do imperador não foi realmente *restaurado*. O imperador era pouco mais que um símbolo, um símbolo de fidelidade e lealdade ao Japão.

As Índias Orientais Holandesas na Época de Dien

CAPÍTULO

9

MAIS DOIS IMPÉRIOS, DUAS REBELIÕES

AS ÍNDIAS ORIENTAIS HOLANDESAS

Enquanto a França e a Alemanha lutavam para se tornarem fortes, outros dois impérios lutavam para manterem as terras que conquistavam.

No extremo sul do Japão, seis ilhas de bom tamanho ficam entre um arquipélago denso de pequenas ilhas. Hoje, esse aglomerado de ilhas é chamado de arquipélago indonésio. Mas, cem anos atrás, as ilhas eram conhecidas como *Índias Orientais Holandesas.*

Por que essas ilhas no sudeste da Ásia eram chamadas de *holandesas*? Duzentos anos antes, comerciantes da Holanda formaram uma empresa para construir postos comerciais no Oriente, para que os navios holandeses pudessem desembarcar e comprar canela, noz-moscada e pimenta. Assim como a Companhia Britânica das Índias Orientais, a Companhia Holandesa das Índias Orientais construiu alguns postos comerciais na Índia. Mas a maioria dos postos comerciais holandeses foi construída mais a leste, nas ilhas chamadas *Índias Orientais*.

Em pouco tempo, o governo da Holanda assumiu o controle dos portos da Companhia Holandesa das Índias Orientais. E, ao mesmo tempo, o governo holandês também assumiu o controle da maioria das Índias Orientais. Elas se tornariam parte do Império Holandês.

Os holandeses também queriam conquistar a Ilha de Sumatra, situada ao norte das Índias Orientais. Mas os britânicos também queriam a Sumatra. A Grã-Bretanha já havia tomado Cingapura, a cidade que ficava no extremo sul da península que se projetava do continente asiático, quase tocando a Sumatra. Se os holandeses a tomassem, estariam muito perto do território britânico!

Em 1824, os dois países chegaram a um acordo. Os holandeses prometeriam nunca atacar Cingapura e dariam aos britânicos todos os portos e assentamentos holandeses na Índia. Em troca, os holandeses poderiam ficar com a Sumatra.

Mas havia um problema: os holandeses tinham que permitir que o reino de Achém, no extremo norte de Sumatra, permanecesse independente. Dessa forma, Achém seria como uma *zona neutra* (uma área que nenhum país poderia invadir) entre os britânicos em Cingapura e os holandeses na Sumatra.

A princípio, esse arranjo parecia funcionar. As Índias Orientais encheram os bolsos holandeses de dinheiro. As ilhas eram ricas em todo tipo de coisas maravilhosas: ouro, rubis, safiras e carvão para o funcionamento de máquinas a vapor. Os campos úmidos e quentes eram perfeitos para o cultivo de café, chá e seringueiras. Sob o domínio holandês, os agricultores das Índias Orientais tiveram que separar um quinto de suas terras para o cultivo dos holandeses. E eles tinham que passar três dias por semana trabalhando nessa terra, e não por conta própria. Os holandeses sabiam que os agricultores relutariam em gastar tanto tempo trabalhando para seus governantes estrangeiros. Por isso, prometeram aos prefeitos e chefes de todas as partes das Índias Orientais parte do lucro dessas culturas *oficiais*.

Muitas autoridades locais viram uma chance de enriquecer. Forçaram seu povo a trabalhar mais do que os holandeses pediram e, inclusive, concordaram com isso. Em algumas comunidades, os agricultores trabalhavam nas terras holandesas duzentos dias por ano! Os chefes e prefeitos ficaram ricos, os holandeses não sabiam o que fazer com tanto dinheiro, e os fazendeiros que estavam gastando a vida trabalhando ficaram cada vez mais irritados.

Pequenas revoltas irromperam aqui e ali. Logo o governo da Holanda percebeu que o pequeno reino independente de Achém estava incentivando essas rebeliões. Um oficial holandês exclamou: "Achém não passa de um esconderijo de piratas!".

Mas os holandeses não queriam irritar o enorme Império Britânico ao atacar Achém. Assim, em 1871, os holandeses negociaram outro tratado com a Grã-Bretanha, chamado Tratado de Sumatra. Nesse tratado, a Grã-Bretanha deu aos holandeses permissão para governar Achém também.

Em 1873, os holandeses invadiram Achém com 3 mil homens. Eles não sabiam que a luta duraria mais de trinta anos.

O povo de Achém se recusou a ceder. Líderes muçulmanos, capitães do exército, chefes de cidades e até mulheres lutaram intensamente para impedir que os holandeses conquistassem seu país. Uma jovem chamada Tjoet Nyak Dien se tornou uma das guerreiras mais impetuosas de Achém. Seu pai e seu marido eram soldados no exército de Achém. Quando os holandeses tomaram a capital, Dien, o pai e o marido fugiram para as selvas. Lá, eles começaram uma *guerrilha* (uma guerra

Tjoet Nyak Dien liderou o povo de Achém contra os invasores

travada a partir de esconderijos, em vez de um exército organizado em campos de batalha regulares). Quando o marido e o pai foram mortos, Dien assumiu o cargo de comandante da guerrilha. Ela se casou com outro líder guerrilheiro. Eles lutaram lado a lado. No meio da guerra, Dien deu à luz uma menina, e a levou para a batalha também.

Dien e o marido sabiam que, para resistir aos holandeses, os guerrilheiros precisavam de melhores armas e mais munição. Então, juntos, eles pensaram em um plano. Ambos saíram do esconderijo, encontraram um acampamento de soldados holandeses e entraram.

"Queremos nos render!", disseram eles. "Estávamos errados em lutar contra vocês. Por favor, deixe-nos ajudá-los em sua guerra contra nossos compatriotas rebeldes."

Os holandeses ficaram tão satisfeitos com essa *rendição* que deram uma medalha ao marido de Dien e o colocaram no comando de uma unidade militar inteira. O povo de Achém ficou horrorizado. Dien e o marido pareciam traidores do país. Mas os dois estudavam com cuidado a estratégia holandesa, aprendiam a usar suas armas e ouviam atentamente seus planos. Um a um, eles recrutaram soldados achineses para a unidade holandesa. Mas esses soldados eram de fato combatentes da liberdade, guerrilheiros da selva que apenas fingiam ser leais aos holandeses.

Assim que um número suficiente de achineses se juntou na unidade, o marido de Dien levou sua unidade para a batalha e nunca mais voltou! Ele carregou todas as armas, munições e canhões com ele, e os entregou aos achineses. Com a ajuda desses novos suprimentos, os guerrilheiros conseguiram expulsar os soldados holandeses.

Mesmo assim, a guerra se arrastou por anos e anos e anos. Por 24 anos, o marido e a esposa continuaram lutando. Finalmente, o marido de Dien foi morto. A essa altura, Dien tinha 51 anos e passara a maior parte da vida lutando na selva. Estava começando a enfraquecer devido à doença. Ela havia perdido a maior parte da visão e agora havia perdido o marido. Mas ela se recusou a ceder.

Em 1901, após quase trinta anos de guerra, Dien foi capturada pelos holandeses. Eles a colocaram sob guarda, longe de casa. Mesmo no exílio, ela passou a ser conhecida como *Ibu Perbu*: A Rainha.

Dois anos depois, em 1903, os holandeses finalmente conquistaram o controle de Achém. Mas a longa guerra foi muito cara ao governo holandês, que obrigado a gastar todo o dinheiro que ganhara nas Índias Orientais.

O DOENTE DA EUROPA

Era uma manhã fria e escura na cidade russa de São Petersburgo. O vento uivava sobre os telhados esbranquiçados, sacudindo a neve das telhas de madeira e a fazendo rodopiar pelas ruas geladas de paralelepípedos. Estava dez graus abaixo de zero – frio o bastante para congelar os dedos das mãos e dos pés do *embaixador* britânico (um mensageiro ou representante oficial que um país envia para outro). Mas o embaixador estava esperando na sala de audiências do Palácio de Inverno, onde uma enorme fogueira havia sido montada na lareira cavernosa. O fogo aqueceu a sala até ficar quase desconfortavelmente quente.

O embaixador ouviu uma tosse na porta. Ele se levantou. O czar da Rússia mancava em sua direção, com um acompanhante de cada lado.

O czar Nicolau I acomodou-se com cuidado em uma cadeira perto do fogo. Ele estava com febre alta havia vários dias, mas decidiu levantar-se da cama para cumprimentar o embaixador.

Por um tempo, os dois homens conversaram sobre assuntos secundários. Mas Nicolau I tinha algo mais sério em mente. Ele se inclinou para frente.

– Temos um doente em nossas mãos – disse ele.

Por um instante, o embaixador britânico ficou intrigado. O czar estava falando de si mesmo?

– Um doente – repetiu o czar –, um homem gravemente doente. Será um grande infortúnio se um dia destes ele escorregar por nossas mãos, principalmente antes que sejam tomadas as providências necessárias.

Agora o embaixador havia entendido. O czar estava falando do Império Otomano, o extenso país ao sul da Rússia, que ia dos Rios Tigre e Eufrates, por toda a Ásia Menor, até a península grega. Os russos queriam tomar parte do Império Otomano. E eles esperavam que a Grã-Bretanha fosse sua aliada, não sua inimiga, enquanto tomavam as *providências necessárias* para conquistar os turcos.

Por que o czar chamou o Império Otomano de *homem doente*? Por muitos anos, os turco-otomanos estavam ficando cada vez mais fracos. Os *sultões* que governavam os turco-otomanos haviam gastado tanto dinheiro que precisaram emprestar dinheiro de outros países só para pagar os soldados do exército turco. E, embora o sultão ainda afirmasse governar um vasto império, pelo menos três partes desse império começaram a ignorá-lo. As pessoas que viviam na terra montanhosa ao norte da Grécia, que os turcos chamavam de *Bálcãs* (a palavra turca para *montanha*), estavam fazendo exatamente o que

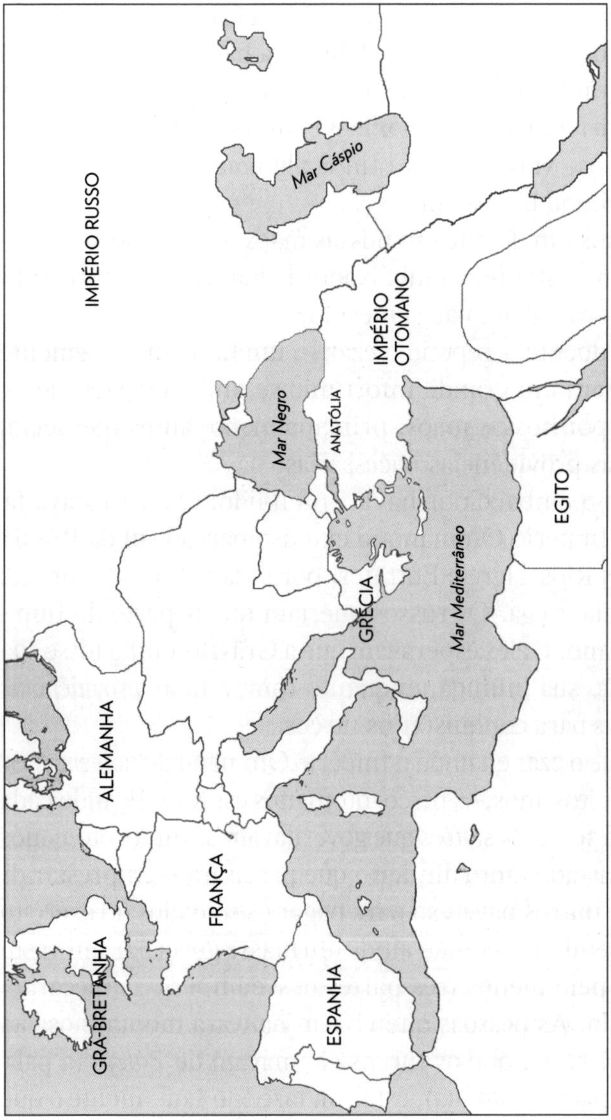

O Império Otomano em declínio

queriam. O mesmo aconteceu com o povo da Anatólia, bem no meio da Ásia Menor. E com os libaneses, na costa leste do Mediterrâneo.

O Império Otomano estava de fato doente! E o embaixador britânico sabia exatamente o que o czar estava dizendo – que era hora de conquistar os otomanos. Mas ele também sabia que a Rússia ficaria maior e mais forte se acrescentasse terras otomanas ao seu próprio território. Sua tarefa era dizer à Rússia o que o governo britânico achava dessa ideia; e a Grã-Bretanha não queria que a Rússia crescesse.

O embaixador sorriu para o czar.

– Um doente deve ser tratado por um médico – disse ele. – Ele deve ser ajudado a se recuperar e não ter seus membros amputados por um cirurgião!

Depois disso, Nicolau soube que a Grã-Bretanha não ajudaria os russos a lutar contra os turcos. De fato, era mais provável que a Grã-Bretanha lutasse *contra* a Rússia. Você se lembra de ler sobre a Guerra da Crimeia? Em 1853, os russos marcharam para o sul em território otomano, na esperança de conquistar parte dele. Mas britânicos e franceses forçaram a Rússia a desistir de toda a terra que tomou dos turcos. Nenhum país queria que a Rússia ficasse maior, ou mais poderosa.

Porém os russos não desistiram da ideia de atacar o Império Otomano; o doente da Europa novamente.

Em 1876, a Rússia teve sua chance.

O sultão dos otomanos, um homenzarrão animado chamado Abdul Aziz, que gostava de festas e de boa comida, estava tendo problemas com a Bulgária. A Bulgária ficava ao sul da fronteira com a Rússia, na costa oeste do Mar Negro. Fazia parte do Império Otomano havia mais de quatrocentos anos, mas o povo búlgaro nunca se contentara com seus senhores otomanos. Eles chamavam o domínio otomano de *jugo turco*.

Jovens revolucionários na Bulgária estavam ocupados pregando que a Bulgária deveria ser independente. Os jovens búlgaros, assim como os jovens italianos que lutaram com Garibaldi, queriam que seu país ficasse livre dos turcos. Em vez disso, eles queriam que a Bulgária tivesse uma constituição moderna, como a constituição dos Estados Unidos.

Em abril de 1876, os revolucionários búlgaros se armaram e se rebelaram contra os turcos. Mas esses revolucionários não eram tão bem organizados quanto os revolucionários da Itália. Eles estavam espalhados por toda a Bulgária em pequenos grupos. Abdul Aziz e seus oficiais não hesitaram. Eles ordenaram que o exército turco marchasse para a Bulgária, matasse os revolucionários e matasse qualquer um que os tivesse ajudado.

Os soldados obedeceram às suas ordens. Muitos búlgaros que *nem conheciam* os revolucionários foram assassinados. Sessenta aldeias foram destruídas. Quando o exército terminou de derrubar a revolta de abril, quase 12 mil búlgaros estavam mortos.

O resto da Europa ficou chocado com esse derramamento de sangue! Na Alemanha, Bismarck disse ao povo alemão que os turcos não deveriam mais ser tratados como parte da Europa. Na Itália, Giuseppe Garibaldi condenou o sultão por sua crueldade. O primeiro-ministro da Grã-Bretanha anunciou que os países europeus deveriam se unir e expulsar os turcos da Bulgária.

Enquanto isso, Abdul Aziz estava com problemas. Seu próprio povo se voltou contra ele. Em 30 de maio, pouco mais de um mês após o derramamento de sangue na Bulgária, rebeldes turcos entraram no palácio no meio da noite. Abdul Aziz correu para fora do quarto em sua enorme camisola, agitando uma espada! Mas, quando ele percebeu que estava em menor número, concordou em desistir do trono.

Quatro dias depois, Abdul Aziz estava morto. Seu médico disse que ele havia cometido suicídio, no entanto, um médico britânico que viu o corpo de Aziz disse que ele havia sido assassinado.

Os otomanos precisavam de um novo sultão. Então eles escolheram Murade V, sobrinho de Aziz. Murade nunca fora inteligente ou corajoso. Quando soube da morte de Abdul Aziz, desmaiou e passou dois dias vomitando. Depois, ficou sentado no novo trono por horas, esfregando o queixo com a mão direita. Em pouco tempo, ficou claro que Murade V havia perdido o juízo.

Então, após apenas 93 dias, os turcos enviaram Murade V para um longo repouso.

O irmão de Murade, Abdulamide II, tornou-se o novo sultão do Império Otomano. Sabia que o império estava falido, cheio de rebeliões e ameaçado pelos outros países da Europa. Ele fez o possível para curar o *doente da Europa* e anunciou que o império teria uma constituição, assim como os países ocidentais modernos. Os turco-otomanos também teriam uma assembleia que se reuniria para fazer leis.

Abdulamide se esforçou muito por seu país. Até o embaixador britânico o elogiou, chamando-o de homem de *disposição bondosa e visões esclarecidas*. Mas mesmo Abdulamide não conseguiu manter os russos afastados. A Rússia havia muito tempo queria terras otomanas e agora o exército russo tinha a desculpa perfeita para uma invasão. O czar apontou que, quando o exército turco destruiu aldeias búlgaras, soldados muçulmanos mataram muitos cristãos búlgaros e que os cristãos da Rússia foram obrigados a ajudar a proteger seus irmãos. O exército russo começou a marchar para o sul em direção às fronteiras otomanas. Milhares de búlgaros correram para se juntar a eles e lutar contra seus opressores otomanos. Quatro meses após o início dos combates, os russos haviam tomado grande parte da terra otomana e estavam chegando perto de Istambul.

Em janeiro de 1878, as forças otomanas começaram a desmoronar. Em março, estava claro que a Rússia havia vencido a guerra. Abdulamide foi forçado a assinar um tratado que daria à Bulgária sua independência. A Rússia tomou parte da Anatólia (a área que às vezes chamamos de *Ásia Menor*). Sob o tratado, o Império Otomano perdeu metade de seu território!

Abdulamide permanecia no trono otomano. Mas o doente da Europa teve a maioria de seus membros amputados, exatamente como os russos queriam. O Império Otomano nunca mais seria uma potência mundial.

A Costa
Sul-Americana Após
a Guerra do Pacífico

CAPÍTULO

10

UM CANAL PARA O ORIENTE E UM DESERTO MUITO SECO

A GUERRA DO PACÍFICO

Na América do Sul, uma guerra de cinco anos estava prestes a começar – uma guerra travada porque dois países brigaram sobre o local mais seco da Terra.

No capítulo 6, lemos sobre a Guerra da Tríplice Aliança, entre a parceria com Brasil, Argentina e Uruguai, lutando contra o Paraguai. Em 1879, catorze anos após a Guerra da Tríplice Aliança ter começado, outra guerra eclodiu entre mais três países da América do Sul.

Dessa vez, os três países estavam do outro lado da América do Sul, ao longo da costa oeste. O Peru era o mais distante ao norte. Encontra-se logo abaixo do equador (a linha imaginária que corre ao redor do centro da Terra). No lado oeste do Peru, o Oceano Pacífico banha centenas de quilômetros de praias. Mas não muito longe da costa, o solo se ergue de repente acima em montanhas. A Cordilheira dos Andes, rochosa e coberta de neve, corre ao longo do meio do Peru como uma espinha dorsal.

Logo abaixo do Peru está a Bolívia, um país menor e mais redondo. Assim como o Peru, a Bolívia tinha uma costa ao longo do Oceano Pacífico. Mas a Bolívia se estende até o centro da América do Sul. Dentro de suas fronteiras existem fazendas, vales e até selvas tropicais.

Logo abaixo da Bolívia, fica o Chile, um país longo e estreito que percorre toda a costa. A Bolívia tem a forma de uma laranja, mas o Chile tem a forma de um macarrão! O Chile é dez vezes mais longo do que largo. Se você colocasse o Chile de lado em cima de um mapa dos Estados Unidos, ele se estenderia da costa leste até a Califórnia. Mas seria tão alto quanto o estado da Pensilvânia.

A guerra começou com uma briga entre o Chile e a Bolívia sobre o Deserto de Atacama – uma faixa de areia desolada e vazia que fica na parte sul da Bolívia e na fronteira norte do Chile. Os dois países nunca haviam decidido realmente a respeito de uma fronteira que atravessasse o deserto. Por que eles se incomodariam? O solo do Deserto de Atacama é feito de sal, areia e lava endurecida. É cinquenta vezes mais seco que o Vale da Morte. O Deserto de Atacama é o lugar mais seco do mundo!

Esse deserto sul-americano é tão seco porque fica em uma *sombra de chuva*. Uma sombra de chuva é um trecho de terra atrás de uma montanha, protegido do vento. Quando uma tempestade sopra em direção a uma sombra da chuva, ela atinge a montanha primeiro. O ar da tempestade se eleva cada vez mais alto, tentando superar a montanha. À medida que sobe, o ar fica mais frio. Toda a água no ar condensa e cai. Assim que o ar chega ao outro lado da montanha, toda a água já caiu. Não resta chuva para cair na sombra de chuva. Os cientistas que testaram o solo do Deserto de Atacama dizem que é tão árido e sem vida quanto o solo de Marte!

O Deserto de Atacama pode não ter água ou vida. Mas tem produtos químicos e minerais. Há cobre por debaixo da areia. O mesmo acontece com o salitre, usado para fazer pólvora. E o com um produto químico chamado *nitrato de sódio*. O nitrato de sódio vem de um lugar nojento; geralmente se forma quando os excrementos de morcegos e aves marinhas se decompõem. Mas é muito útil para fazer fertilizantes e bombas.

Mineiros do Chile iam ao Deserto de Atacama para minar cobre e nitrato de sódio. Mas a Bolívia afirmou que, como parte do deserto pertencia ao país, os mineradores deveriam pagar impostos à Bolívia quando vendessem o cobre e o nitrato de sódio que encontrassem.

Os dois países brigaram pelo deserto. Eles discutiram sobre os impostos e sobre onde a fronteira entre o Chile e a Bolívia deveria ser traçada. Finalmente, a Bolívia ficou tão exasperada com a discussão que as autoridades bolivianas apreenderam todos os edifícios, ferramentas e minerais de uma empresa de mineração chilena que trabalhava no Deserto de Atacama. A Bolívia anunciou que tudo o que a mineradora possuía seria vendido em leilão.

No dia em que o leilão deveria ser realizado, soldados chilenos marcharam até a cidade de Antofagasta e tomaram o controle. Antofagasta era uma cidade boliviana na costa do deserto. Os comerciantes que quisessem carregar o cobre ou nitrato de sódio extraído no deserto poderiam atracar seus navios em Antofagasta e encher seus porões. Ao reivindicar a cidade portuária, o Chile estava reivindicando o direito de controlar o Deserto de Atacama e tudo extraído de suas areias.

Duas semanas depois, a Bolívia declarou guerra ao Chile!

Mas a Bolívia não estava sozinha na luta contra o Chile. Seis anos antes, a Bolívia e o Peru haviam assinado um tratado entre si. Esse tratado prometia que os dois países sempre seriam aliados um do outro, especialmente contra o Chile. Agora, a Bolívia chamou o Peru para ajudar na guerra no deserto.

Mas é muito difícil lutar em um deserto tão seco que nem mesmo as cobras conseguem sobreviver. Em vez disso, os três países travaram sua guerra nas águas do Pacífico, perto da costa. E mesmo que a Bolívia e o Chile tivessem começado a guerra brigando pelo Deserto de Atacama, a guerra no mar – a Guerra do Pacífico – acabou sendo principalmente entre o Chile e o Peru.

O Chile, que tinha tantos quilômetros de costa, possuía uma das marinhas mais fortes da América do Sul. A Bolívia não tinha marinha, enquanto o Peru tinha uma marinha com dois navios de guerra de ferro, o *Huáscar* e o *Independência*.

Logo no início da guerra, o comandante do *Independência* estava perseguindo um navio menor de madeira da marinha chilena. Ele perseguiu o navio menor por cima de um recife afiado e rasgou o fundo de seu navio de ferro! Em um golpe, o Peru havia perdido metade de seus navios de guerra de ferro.

O comandante do *Huáscar*, almirante Miguel Grau, teve mais sucesso. Durante seis meses, Miguel Grau navegou pela costa do Chile, atacando navios chilenos e mantendo os comerciantes afastados dos portos chilenos. Mas finalmente a marinha chilena conseguiu encurralar o *Huáscar* em uma violenta batalha marítima. Miguel Grau foi morto. Seus homens tentaram abrir os esgotos no *Huáscar* para afundá-lo, mas os marinheiros chilenos embarcaram a tempo de salvar o *Huáscar* e levá-lo para o Chile.

Agora, o caminho do Chile para o Peru estava livre. O exército chileno invadiu o Peru. A Guerra do Pacífico transferiu-se para terra!

O presidente do Peru fugiu do país. Soldados chilenos invadiram Lima, capital do Peru, e incendiaram a parte sul da cidade.

Mas o Peru se recusou a se render por mais três anos destrutivos de guerra. Finalmente, o país teve que concordar em assinar um tratado de paz que entregou a parte sul de sua costa ao Chile. A Bolívia também teve que desistir de terras – todo o seu litoral! A partir daquele dia, a Bolívia ficou sem litoral. Não havia como chegar ao mar. E o Chile conquistou os direitos ao Deserto de Atacama e a todas as suas minas. Nos próximos anos, o Chile ganharia muito dinheiro vendendo nitrato de sódio a países que precisavam fabricar explosivos para a guerra.

O Peru sofreu terrivelmente com a Guerra do Pacífico. O país estava endividado e havia perdido milhares e milhares de soldados durante os combates. Após a assinatura do tratado, o povo do Peru ficou tão irritado e infeliz que uma guerra civil eclodiu e continuou durante sete anos.

Um dos navios de guerra feitos de ferro do Peru, o *Huáscar*

E a Bolívia ficou com raiva por ter perdido suas terras ao longo do Oceano Pacífico. No ano de 2004 – mais de cem anos após o término da Guerra do Pacífico –, o presidente da Bolívia continuava insistindo que o Chile e a Bolívia deveriam falar sobre quem realmente possuía a terra ao longo do mar.

O CANAL DE SUEZ

No mesmo ano em que a Guerra do Pacífico começou, o governante do Egito perdeu seu trono.

Quando se pensa no Egito, provavelmente imaginamos múmias enterradas nas profundezas dos lados inclinados das pirâmides. Você imagina hieróglifos escritos nas paredes do templo, barcos de palha descendo o Rio Nilo e faraós usando suas coroas de cobra.

Mas fazia centenas de anos desde que um faraó havia governado o Egito. O Egito tornou-se parte do Império Islâmico na Idade Média. Em meados dos anos 1500, os turco-otomanos haviam assumido o Império Islâmico. O Egito se tornou uma parte longínqua do Império Otomano – uma parte a qual ninguém realmente prestava muita atenção.

Em 1805, um oficial do exército otomano tomou o trono do Egito. Esse oficial, Maomé Ali, afirmou que estava governando em nome do sultão otomano. Mas o sultão otomano era tão fraco que Maomé Ali poderia muito bem fazer o que quisesse. E o que ele queria era tornar o Egito um pouco mais parecido com os países da Europa. Ele trouxe professores universitários da Europa para ensinar estudantes egípcios sobre o Ocidente. Tentou aumentar o Egito, conquistando parte do Sudão (o país que fica ao sul do Egito) e contratou soldados franceses para ir até o Egito e treinar o exército egípcio.

O Egito estava ficando mais forte, mais moderno – e mais parecido com o Ocidente.

Depois que Maomé Ali morreu, seu filho Said Pasha se tornou o governante do Egito. Assim como Maomé Ali, Said Pasha afirmou ser leal ao Império Otomano. Mais uma vez o Império Otomano prestou muito pouca atenção a ele.

Mas Said Pasha tomou uma decisão que logo atrairia a atenção de toda a Europa ao Egito. Ele deu permissão a uma empresa francesa para começar a cavar um canal (um rio artificial que une dois corpos de água) das margens sul do Mar Mediterrâneo, até a ponta esquerda do Mar Vermelho.

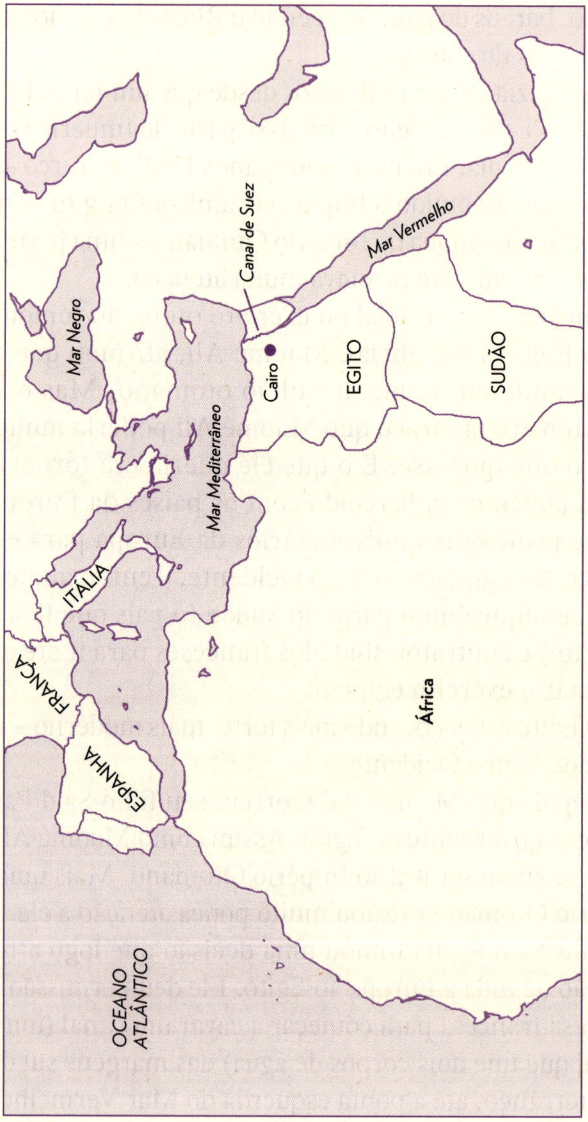

O Egito sob Ismail Pasha

Naturalmente, os países da Europa estavam muito interessados nesse canal – o Canal de Suez. Ele poderia mudar a maneira como os países europeus negociavam com China, Japão e outros países do Extremo Oriente. Em vez de viajar por toda a costa da África, em torno da ponta desse enorme continente e depois seguir para o leste, os navios europeus poderiam navegar do Mar Mediterrâneo direto para o Mar Vermelho e depois virar para o leste. Quando o canal ficasse pronto, ele teria cem quilômetros de comprimento, cerca de seis metros de profundidade, e tornaria a viagem da Europa para o leste 6 mil quilômetros mais curta!

O Canal de Suez levou dez anos para ser concluído. Quando foi aberto, Said Pasha havia morrido. Seu sobrinho, Ismail Pasha, assumira o controle do Egito.

O reinado de Ismail começou bem. Em 1867, quatro anos após ele se tornar o governante do Egito, o sultão do Império Otomano (que ainda afirmava possuir o Egito, mesmo que os otomanos não tivessem muito poder sobre o país) deu a ele o título de *quediva*. Esse título veio da antiga palavra persa para senhor; em turco significava *rei* ou *rei soberano*. Ismail ser chamado de quediva do Egito foi uma grande honra!

Dois anos depois, o quediva Ismail convidou líderes de todo o mundo a celebrar a abertura oficial do Canal de Suez. A imperatriz da França, o príncipe herdeiro da Prússia, o imperador da Áustria e dezenas de outros governantes e embaixadores chegaram para assistir o primeiro navio navegando pelo canal.

"Foi uma cena linda e incrível", escreveu um nobre britânico que viu a abertura com os próprios olhos. "Havia cinquenta navios de guerra com bandeiras de todas as nações da Europa, fazendo salvas de canhão, tocando suas bandas, enquanto a areia [perto do canal] estava coberta de árabes e beduínos em suas tendas vindos de longe e perto com suas famílias, a cavalo e camelo, para participar do maior festival que o Egito havia visto desde a Antiguidade."

Houve fogos de artifício e discursos, bênçãos de padres cristãos e líderes muçulmanos, fogos de artifício e festas. Ismail Pasha planejava fazer uma ópera para os ilustres convidados. O compositor italiano Giuseppe Verdi estava escrevendo uma ópera chamada *Aida*, sobre um soldado heroico do Egito Antigo. Teria sido perfeita para a celebração do Canal de Suez, mas Verdi não a terminou a tempo. Em vez disso, os convidados ouviram sua ópera sobre um palhaço italiano – *Rigoletto*.

O domínio de Ismail Pasha, o quediva do Egito, parecia estar prosperando. Ele tinha grandes planos para tornar o Egito ainda mais forte. Ele queria melhorar as escolas e abriu novas salas de aula para meninas, construiu novas estradas e ferrovias e supervisionou a construção de novas fábricas e tecelagens de algodão. Na época em que, durante a Guerra Civil, se destruíram as plantações de algodão dos Estados Unidos, o algodão egípcio tinha grande demanda. Ele marchou para o Sudão, ao sul do Egito, e conquistou ainda mais do país, de modo que as fronteiras do Egito se estendiam ao longo da costa do Mar Vermelho.

Mas Ismail Pasha gastou muito dinheiro em seus projetos. Ele teve que começar a pedir dinheiro emprestado da França e da Grã-Bretanha. Sob seu governo, o Egito emprestou mais de 10 milhões de dólares! Finalmente, Ismail teve que vender o controle do canal de Suez aos britânicos para angariar dinheiro extra.

Mas mesmo esse dinheiro não pagou as dívidas do Egito. A França e a Grã-Bretanha exigiram controle sobre o tesouro do Egito para que pudessem recuperar seu dinheiro. Esse foi o começo do fim para Ismail Pasha. Agora que ele havia perdido o controle do dinheiro do Egito, ele também perdera o controle do governo do Egito.

Quatro anos depois, britânicos e franceses disseram ao sultão otomano que Ismail Pasha teria que ser deposto.

O sultão otomano acabara de perder sua guerra com a Rússia. Ele não era forte o suficiente para desafiar a França e a Grã-Bretanha. Ele ordenou que Ismail deixasse sua posição. Ismail não resistiu ao sultão, aos franceses ou aos britânicos. Em 1879, ele deixou sua casa, seu palácio e seu país e foi morar no exílio na Itália.

O filho de Ismail, Teufique, tornou-se o quediva – um quediva que tinha que obedecer às ordens britânicas. O exército egípcio ficou cada vez mais infeliz com o controle britânico sobre seu país. Oficiais do exército egípcio tentaram liderar uma rebelião, mas os britânicos marcharam para o Egito com um exército e capturaram o Cairo, capital do Egito. Agora o Egito era um território ocupado. E logo a Grã-Bretanha estendeu seu domínio sobre o Sudão também.

Assim como a Índia, o Egito agora se tornara britânico. O império onde o sol nunca se punha se tornara um pouco maior.

A Austrália Durante a Época de Ned Kelly

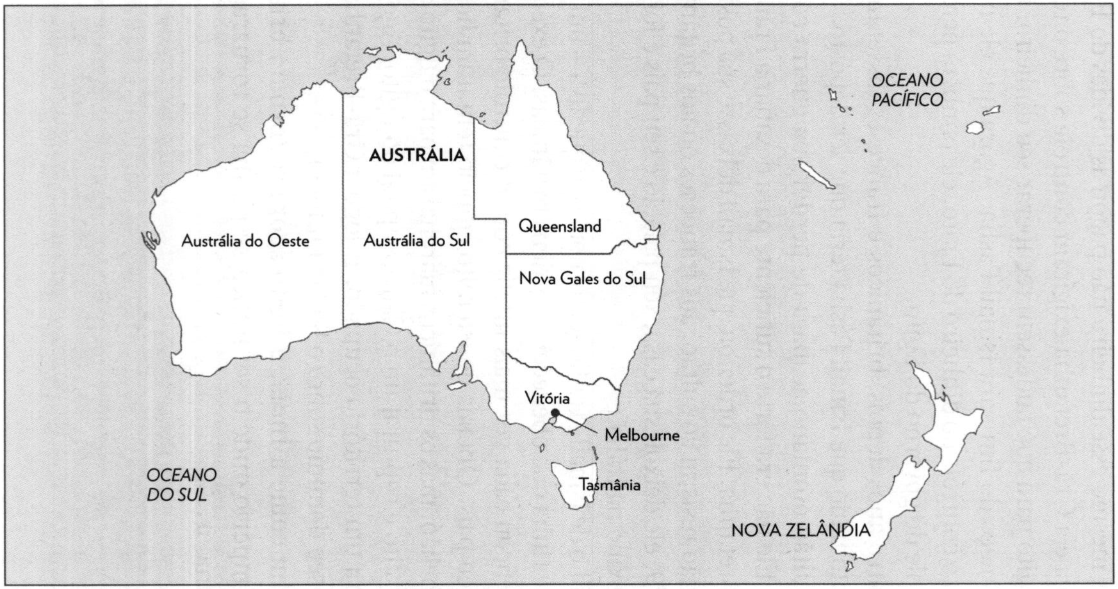

CAPÍTULO

11

AS PARTES LONGÍNQUAS DO MUNDO

O FORA DA LEI DE FERRO

Em uma sufocante tarde quente de junho, cinco homens vestiam armaduras caseiras. Eles prenderam um peitoral feito de peças de arado e vestiram capacetes feitos de baldes com furos para os olhos. Pareciam fingir ser cavaleiros de armadura para uma festa a fantasia.

Mas os cinco homens não estavam se preparando para uma festa. Eles estavam prestes a travar uma batalha desesperada com a polícia australiana. No final, quatro deles estariam mortos – e um seria arrastado para ser enforcado por assassinato.

A Austrália fazia parte do Império Britânico. Mas, naqueles dias, as pessoas na Grã-Bretanha pensavam na Austrália como o quintal do mundo – tão longe que a maioria delas nunca a visitaria. E muitas das pessoas que moravam na Austrália eram criminosos condenados ou filhos de criminosos. Décadas antes, a Grã-Bretanha havia decidido que as prisões britânicas estavam lotadas demais para mais prisioneiros. Para solucionar o problema, prisioneiros britânicos foram colocados em navios e enviados muito, muito ao sudeste, para o continente da Austrália. Lá, vigiados por guardas e governadores britânicos, os prisioneiros plantaram campos, construíram casas e cultivaram alimentos.

A princípio, os prisioneiros lutaram para sobreviver sob o sol abrasador da Austrália. Mas, com o passar do tempo, eles aprenderam quais plantações poderiam cultivar no solo seco e rachado. Muitos conquistaram a liberdade, estabeleceram-se em terras próprias e criaram famílias. Homens e mulheres livres navegaram da Grã-Bretanha para se juntar a eles. Na Inglaterra, um homem pobre não tinha chance de enriquecer. Mas, na Austrália, ele poderia ser dono de sua própria fazenda.

Quando o ouro foi descoberto na Austrália, milhares de garimpeiros vieram de todo o mundo para cavar a terra vermelha da Austrália. Muitos dos mineiros ficaram ainda mais pobres enquanto procuravam desesperadamente por ouro, mas outros encontraram riquezas inacreditáveis. Eles colocavam pepitas de ouro em suas espingardas e as disparavam por diversão e borrifavam pó de ouro na comida de Natal! Uma pepita de ouro desenterrada em Vitória pesava 69 quilos – o peso de uma pessoa.

Dois anos após o início da corrida do ouro, o governo britânico decidiu que não enviaria mais condenados à Austrália, que estava ficando mais rica e mais forte. Em vez disso, os assentamentos da Austrália se tornariam colônias britânicas regulares.

Mas as colônias australianas estavam cheias de problemas. Homens ricos, com ouro e poder, tinham a melhor terra da Austrália para levar suas ovelhas para pastar. Os agricultores pobres frequentemente tinham que sobreviver de pequenas e secas áreas de terra. E muitos australianos acreditavam que oficiais do governo e policiais não se importavam com os direitos dos criadores de ovelhas ou de gado mais pobres.

Homens desesperados se escondiam ao longo das estradas para assaltar as carruagens que levavam ouro das minas para as cidades. Alguns desses bandidos, chamados de *bandoleiros*, tornaram-se tão famosos na Austrália quanto Robin Hood na Inglaterra. Martin Cash foi chamado de Bandoleiro Cavalheiro porque era muito educado com os homens que roubava com armas de fogo. O *Capitão Trovão* roubava dinheiro das pousadas. O *Capitão Luz do Luar* roubava bancos.

Mas o bandoleiro mais famoso de todos foi Ned Kelly.

O pai de Ned Kelly era um prisioneiro que cumprira pena e conquistara sua liberdade. Porém, quando Ned tinha onze anos, seu pai morreu. Sua mãe Ellen teve de criar seus sete filhos e cultivar oitenta acres de terras selvagens da Austrália.

Ned Kelly começou a ter problemas desde muito jovem. Mas não há muita certeza se ele realmente fez todas as coisas pelas quais a polícia o acusou. Quando ele tinha apenas catorze anos, foi preso por roubar um viajante, mas não havia provas suficientes para condená-lo. Um ano depois, ele foi preso novamente por ajudar um bandoleiro. Dessa vez, ele foi preso por seis meses. Apenas algumas semanas após ser libertado da prisão, ele foi preso novamente, dessa vez por aceitar um cavalo roubado de um amigo. Ned protestou: *Eu não sabia que o cavalo tinha sido roubado!* Mas o juiz o mandou de volta para a prisão, agora por três anos.

Não muito tempo depois que Ned Kelly voltou da prisão, um policial chegou à fazenda de Kelly no final de uma tarde quente. O policial anunciou que estava lá para prender o irmão mais novo de Ned, Dan, por roubar cavalos.

Ninguém sabe exatamente o que aconteceu depois. O policial voltou para a delegacia e disse que Ned havia atirado nele e que a mãe de Ned, Ellen, o atacara com uma pá. Mas os vizinhos dos Kelly disseram que Ned estava a quilômetros de distância na época. E Ellen Kelly disse que não havia atacado o policial com uma pá. Na verdade, ela lhe oferecera um jantar!

Mas a polícia decidiu prender Ned e Dan Kelly e acusá-los de tentativa de assassinato. Os dois meninos fugiram de casa e se esconderam nas terras selvagens da Austrália. Então, a polícia prendeu Ellen Kelly e a mandou para a cadeia por três anos.

Ned Kelly, no meio do mato, ficou furioso. Ele acreditava que agricultores pobres como ele nunca seriam tratados com justiça pela polícia. Ele acreditava que o governo sempre estaria do lado dos ricos.

Quando um bando de quatro policiais veio atrás de Ned e Dan Kelly, ambos reagiram. Em um tiroteio em Stringybark Creek, três dos policiais foram mortos.

Ned afirmou que ele atirou nos policiais em legítima defesa.

"Fui obrigado a matá-los", escreveu ele em uma carta, defendendo-se, "ou teria que deitar-me e deixá-los atirar em mim!"

Mas o governo disse que Ned e Dan, com dois amigos que se juntaram a eles no deserto, eram culpados de *homicídio doloso*. Havia uma recompensa de 800 libras pela captura desses quatro bandidos! E qualquer um que os visse poderia matá-los de imediato sem fazer perguntas.

Por quase dois anos, Ned Kelly, seu irmão e seus dois amigos percorreram o sudeste da Austrália com uma gangue de seguidores. Eles roubaram bancos e se esconderam da polícia. Mas, para muitos australianos pobres, Ned Kelly e sua gangue eram heróis porque haviam lutado contra policiais cruéis e injustos e oficiais do governo.

Em junho de 1880, Ned Kelly e sua gangue planejavam explodir os trilhos da ferrovia perto da pequena cidade de Glenrowan. Eles capturaram um hotel em Glenrowan e estabeleceram sua sede lá. Antes que eles pudessem plantar dinamite embaixo dos trilhos, a polícia cercou o hotel.

Ned Kelly e sua gangue estavam preparados para um tiroteio. Eles haviam feito armaduras de ferro com peças de arado! Cada armadura pesava quinze quilos ou mais e poderia parar uma bala. Ned, seu irmão Dan e outros três membros da gangue se cobriram com ferro antes que a polícia atacasse.

Porém, a armadura de Ned Kelly não protegia a região inferior! Durante o tiroteio, foi baleado nas pernas. Ele desmaiou enquanto tentava salvar seu irmão e o resto de sua gangue. Os bandidos foram mortos – exceto Ned. Ele foi capturado pela polícia e levado para a cidade de Melbourne. Lá, Ned Kelly foi julgado por assassinato.

Durante o julgamento, Ned Kelly alegou que ele sempre lutou apenas para se defender. Ele disse ao juiz:

– Eu sou o último homem do mundo que tiraria a vida de outro homem!

Quando o juiz disse:

– Você está acusando as testemunhas contra você de mentir!

Ned Kelly respondeu:

– Ouso dizer. Mas chegará um dia, em uma corte maior que esta, em que veremos quem está certo e quem está errado.

Ned Kelly foi condenado a ser enforcado. Trinta mil australianos assinaram uma petição, pedindo ao governador de Melbourne para salvar Ned Kelly da morte. Mas o governador recusou. Em 1880, Ned Kelly foi executado.

Por cem anos, os australianos escreveram histórias e poemas sobre Ned Kelly. Alguns australianos insistiram que Ned Kelly era apenas um criminoso comum. Mas outros acreditavam que Kelly era um homem corajoso, lutando contra leis injustas que a Grã-Bretanha obrigou os australianos a obedecer.

Vinte e um anos após a morte de Ned Kelly, a Austrália se tornou a Comunidade da Austrália. Assim como o Canadá, a Austrália continuaria sendo parte do Império Britânico – mas os australianos teriam o direito de fazer suas próprias leis e eleger seus próprios líderes.

DIVIDINDO A ÁFRICA

A Austrália estava longe, mas as misteriosas selvas e planícies da África pareciam igualmente distantes. No que dizia respeito à Grã-Bretanha, Alemanha, França e a outros países da Europa, a África era uma terra selvagem, misteriosa e distante.

Depois de David Livingstone, outros exploradores seguiram seus passos. Eles viajaram pelo Rio Nilo até a sua nascente e navegaram pelo amplo Congo até o centro desconhecido da África. Eles encontraram centenas de quilômetros de riqueza: elefantes com presas de marfim, solo cheio de ouro e prata a serem extraídos, calcário esperando para ser extraído, seringueiras, amplos campos perfeitos para algodão, café e chá. Nenhum europeu jamais havia conquistado essas terras. Então, no que diz respeito aos exploradores, *ninguém* as possuía.

França, Alemanha e Grã-Bretanha – para não mencionar Espanha, Portugal e Rússia – construíram cada vez mais postos comerciais nas costas da África. No final da década de 1870, havia muitos comerciantes e missionários europeus na África. Mas a maior parte do próprio continente africano ainda estava sob o controle de chefes e reis africanos.

Então, dois países começaram a querer mais.

Leopoldo, o rei da Bélgica, conquistou mais terras. Mesmo antes de herdar o trono da Bélgica, o príncipe Leopoldo queria que seu pequeno país crescesse, estabelecendo colônias em todo o mundo. Cinco anos antes de se tornar rei, ele disse ao povo:

"Creio que chegou o momento de ampliarmos nossos territórios. Penso que não devemos perder tempo, sob pena de ver as poucas boas posições remanescentes ocupadas por nações mais empreendedoras do que a nossa."

E, apenas um ano depois, ele disse a seus compatriotas:

"Imitem seus vizinhos; viajem além do mar sempre que uma oportunidade for oferecida. Vocês encontrarão postos valiosos para seus produtos, comida para o seu comércio... e uma posição ainda melhor na grande família europeia."

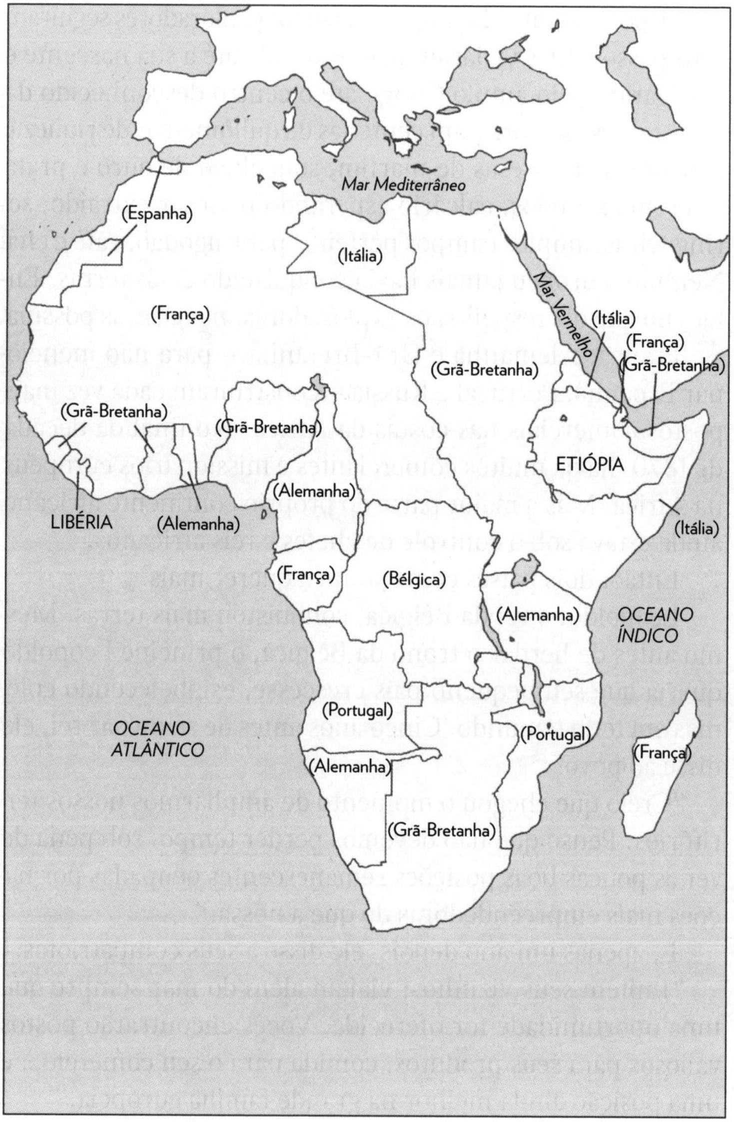

O controle europeu na África após a disputa

Quando o príncipe Leopoldo se tornou o rei Leopoldo II, ele tentou convencer o Parlamento belga a conquistar o centro da África, a Bacia do Congo. O Parlamento recusou. Então, Leopoldo anunciou que iria fundar uma nova instituição de caridade, a *Associação Africana Internacional*, que traria ciência e comércio modernos para a África. Ele contratou Henry Stanley, o explorador que havia entrado na África e procurado por Livingstone, para ajudá-lo a traçar rotas comerciais no Congo. Henry Stanley traçou uma rota de mil milhas de comprimento! Leopoldo II construiu postos comerciais e pequenos consultórios médicos ao longo de todo o percurso, em nome da Associação Africana Internacional. E então ele anunciou que todas as terras não reivindicadas ao longo da rota eram, na verdade, sua própria colônia particular na África.

Os estados alemães não ficaram muito atrás. Em 1880, apenas nove anos depois que os estados alemães concordaram com relutância em reconhecer Guilherme como o *imperador alemão*, o Segundo Reich estava reivindicando terras no leste e no oeste da África para a *Alemanha*.

Os outros países da Europa não pretendiam ficar para trás, enquanto a Bélgica e a Alemanha aproveitavam as riquezas da África. Portugal reivindicou a costa sudeste da África. Os franceses tomaram o controle das terras no oeste, sudoeste e norte e também convenceram os chefes do Alto Congo a assinar tratados de paz, em troca de cortes de tecido e barris de álcool. A Itália assinou um tratado de aliança com a Etiópia, no nordeste da África. E a Grã-Bretanha reivindicou partes da costa sudeste, a ponta sul da África e alguns reinos dispersos ao longo da costa oeste da África.

Todos esses países queriam ainda mais. Os anos após 1880 ficaram conhecidos como *Corrida*, porque muitos países estavam

Esta imagem, de um jornal de 1906, mostra uma cobra com a cabeça do rei belga Leopoldo II estrangulando um trabalhador seringueiro africano

se cotovelando para ganhar o controle da terra africana. Todos os países da Europa acreditavam que qualquer país que possuísse o maior território estrangeiro poderia afirmar ser o mais potente.

Em 1884, a Alemanha convidou o resto da Europa para uma conferência na cidade alemã de Berlim. Nessa *Conferência de Berlim*, representantes de uma dúzia de países diferentes decidiram que seria melhor para todos se França, Alemanha, Portugal, Itália e todos os outros países da Europa não *lutassem* pela África. Afinal, as guerras eram caras. Seria mais simples concordar com alguma maneira de dividir a terra de maneira justa. Afinal, a África tinha muitas terras.

Portanto, na Conferência de Berlim, os países da Europa concordaram que, se algum país construísse postos comerciais e estações missionárias em qualquer área da África, esse país teria *ocupado* a área e poderia reivindicá-la. Nenhum outro país tentaria reivindicar ou atacar tais territórios.

Todos assinaram o contrato e foram para casa satisfeitos com sua solução civilizada e pacífica. Mas essa solução muito civilizada e pacífica ignorou as tribos africanas que *viviam* nesses países ocupados havia milhares de anos. A maioria dos europeus pensava que os africanos que viviam nas planícies e selvas de seu continente não eram totalmente humanos – que certamente não eram inteligentes o suficiente para controlar sua própria terra. Para os europeus, os africanos eram como crianças que tinham que ser vigiadas, guiadas e controladas.

Embora a Conferência de Berlim devesse impedir a guerra, na verdade *causou* cem anos de infelicidade e rebelião na África. Quando um país europeu *ocupava* parte da África, desenhava linhas em torno de sua nova *colônia* e nomeava-a, como *Somália Britânica* ou *Rodésia*. Mas, muito antes de os europeus começarem a traçar linhas em torno de colônias, as tribos africanas já haviam feito alianças e travado guerras entre si. Quando os países europeus começaram a estabelecer novas fronteiras para novos países, muitas vezes traçavam linhas que dividiam tribos amigas umas das outras e uniam tribos hostis dentro das mesmas fronteiras.

Em 1900, todas as milhas da África – exceto a Etiópia, na costa leste, e o pequeno país da Libéria, na costa oeste – haviam sido reivindicadas por um país europeu. O enorme continente da África havia sido dividido: Alemanha, Itália, Grã-Bretanha, Portugal, Espanha e França haviam tomado cada centímetro quadrado.

Um escritor afro-americano chamado W. E. B. Du Bois estava na adolescência quando a Conferência de Berlim terminou. Ele observou as mudanças que os europeus trouxeram para a África, quando construíram postos comerciais e estações missionárias e ocuparam a África. Como adulto, ele escreveu:

> Os investidores invasores que queriam mão de obra barata nas minas de ouro, nas minas de diamantes, nas minas de cobre e estanho, nas florestas de azeite e nos campos de cacau, seguiram os missionários. A autoridade da família foi dividida; a autoridade e a tradição do clã desapareceram; o poder do chefe foi transmutado para o governo do comissário do distrito branco... No final do século XIX, a degradação da África era tão completa quanto os meios humanos organizados podiam fazê-lo.

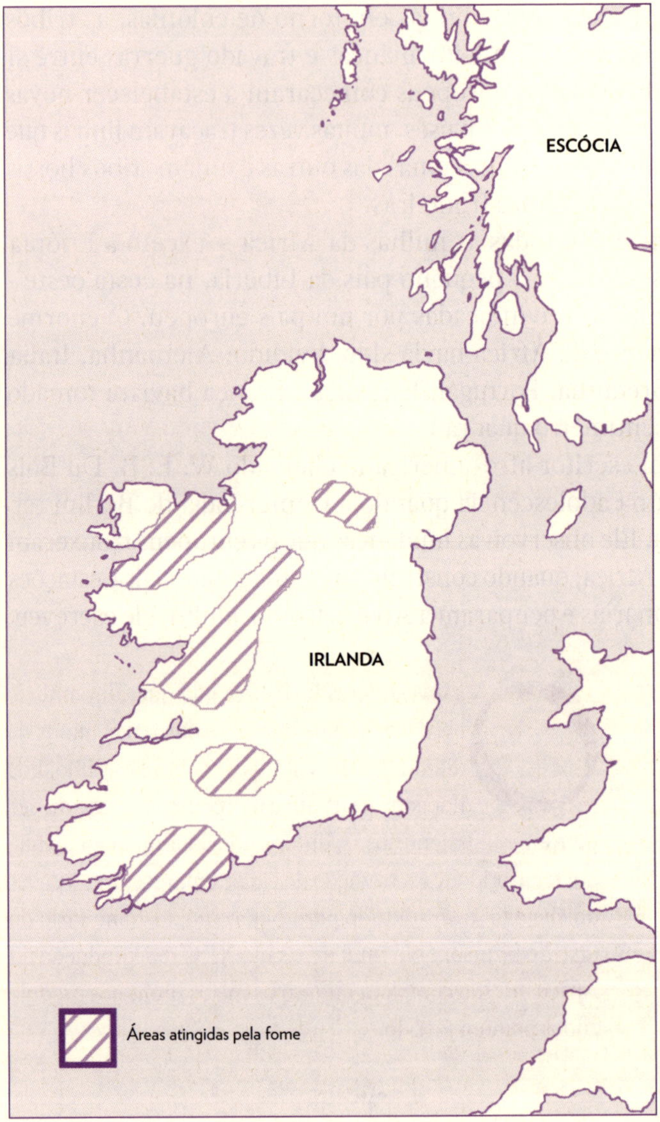

A Irlanda Durante a Grande Fome

CAPÍTULO

12

UNIÕES INFELIZES

OS CONFLITOS DA IRLANDA

Enquanto a Grã-Bretanha estava reivindicando terras africanas, enfrentava problemas muito mais perto de casa. A ilha da Irlanda, na costa da Inglaterra, exigia o direito de se governar e os britânicos estavam recusando.

A briga entre a Irlanda e a Inglaterra já durava centenas de anos. Em 1541, o rei inglês Henrique VIII havia conquistado a Irlanda. Embora Henrique VIII tenha se tornado protestante, a maior parte da Irlanda permaneceu católica.

Os reis e rainhas protestantes que vieram depois de Henrique VIII não trataram bem os católicos da Irlanda.

Os governantes protestantes tomaram terras dos católicos e as deram aos súditos protestantes. Disseram aos católicos que não podiam comprar terras, nem mesmo herdá-las de seus parentes. Os católicos não tinham permissão para se alistar no exército. E, mesmo que a Irlanda tivesse seu próprio Parlamento, somente protestantes irlandeses podiam participar.

Em 1801, o governo britânico dissolveu o Parlamento da Irlanda. A partir de então, os irlandeses teriam de enviar seus representantes ao Parlamento britânico. A Irlanda havia perdido ainda mais sua independência, mas tempos ainda piores estavam chegando.

Em 1845, relatos de um novo problema estranho começaram a se espalhar por toda a Europa. As plantas de batata na Holanda começaram a escurecer e murchar. Sob os caules, as batatas estavam apodrecendo no solo. Logo, as plantas de batata na França e na Grã-Bretanha estavam apodrecendo também.

Os agricultores da Irlanda chamavam essa doença da batata de *morrinha* ou *praga*. Eles esperavam desesperadamente que a doença não se espalhasse para a Irlanda. Centenas de milhares de agricultores irlandeses estavam na verdade vivendo em fazendas de proprietários britânicos que moravam na Inglaterra. Eles cultivavam trigo e aveia para seus proprietários – e batatas para si. As colheitas de trigo e aveia eram enviadas para a Inglaterra para serem vendidas. Apenas as batatas permaneciam na Irlanda. Se elas apodrecessem, os irlandeses teriam muito pouco para comer.

Numa manhã de setembro de 1845, um fazendeiro irlandês em seu campo afundou a mão na terra para verificar suas batatas. Seus dedos encontraram apenas um mingau podre e macio. Desesperado, ele começou a cavar. Um fedor horrível saiu do solo. Todas as batatas debaixo do caule grosso haviam apodrecido.

A praga havia chegado à Irlanda.

A maioria das pessoas não percebeu que as batatas estavam morrendo por causa de doenças. Algumas achavam que a eletricidade ou a fumaça do trem havia envenenado o solo. Outras culparam a podridão nos excrementos de pássaros. Mas o que todos viram foi que a Irlanda não tinha batatas para comer e nenhuma para plantar no ano seguinte.

A safra de batata falhou novamente no ano seguinte, e no próximo ano e também no outro. Ninguém sabia como acabar com a praga da batata. As pessoas na Irlanda começaram a morrer de fome às centenas, depois aos milhares e depois às centenas de milhares. Morreram tantas pessoas em uma cidade que a igreja local construiu um caixão com fundo falso. Quando o caixão era levado para uma cova, o corpo caía do fundo na cova para que o caixão pudesse ser reutilizado. Viajantes em toda a Irlanda encontraram homens e mulheres mortos em casas, caídos ao lado da estrada e em campos.

Mas, na Inglaterra, muitos ingleses, membros do Parlamento, não acreditavam que os irlandeses estavam realmente morrendo de fome. Afinal, os irlandeses estavam sempre se preocupando com nada! Os proprietários britânicos não prestaram atenção ao sofrimento dos agricultores que alugavam suas terras. Quando os homens famintos não podiam pagar o aluguel, os proprietários os despejavam (os obrigavam a deixar suas casas).

Muitos proprietários estavam fazendo algo ainda mais cruel. Embora as batatas apodrecessem, as plantações de trigo e aveia ainda estavam crescendo. Mas, em vez de permitir que os agricultores famintos comessem essa comida, os proprietários ingleses insistiam que fosse enviada da Irlanda para a Inglaterra, como sempre. Um irlandês que viveu durante a praga da batata, John Mitchel, escreveu sobre estar na costa da Irlanda, cercado de pessoas famintas, chorando enquanto navios cheios de comida zarpavam em direção à Inglaterra.

Nem todos os ingleses ignoraram a situação da Irlanda. O primeiro-ministro da Inglaterra, Robert Peel, sabia que algo tinha que ser feito. Ele acreditava que a Irlanda precisava comprar comida barata dos Estados Unidos e de outros países, para que os irlandeses pudessem sobreviver até que a praga da batata terminasse.

Mas havia um problema. Trinta anos antes, o Parlamento britânico havia aprovado leis chamadas *Leis do Milho.* Essas leis diziam que qualquer pessoa na Irlanda ou na Inglaterra que comprasse comida de outro país teria que pagar um imposto enorme por isso. As Leis do Milho foram destinadas a proteger os agricultores britânicos. E, como os grãos cultivados na Irlanda e na Grã-Bretanha ficaram muito mais baratos que os grãos trazidos de outro país, os comerciantes britânicos provavelmente comprariam dos agricultores britânicos.

Robert Peel achava que a fome era uma boa razão para revogar (se livrar) das Leis do Milho. Certamente, ele pensou, o Parlamento veria que os irlandeses precisavam comprar comida barata de outros países. Mas o Parlamento recusou. Os membros do Parlamento disseram a Robert Peel que a Inglaterra deveria deixar a Irlanda em paz para resolver seus próprios problemas.

Robert Peel continuou insistindo na revogação das Leis do Milho. Por fim, ele venceu a luta. O Parlamento concordou em se livrar do imposto. Mas, antes que muitos grãos pudessem chegar à Irlanda, Robert Peel perdeu sua posição como primeiro-ministro. Sua ajuda para a Irlanda o tornara muito impopular. E o próximo primeiro-ministro não estava tão preocupado com os irlandeses quanto Robert Peel. De fato, ele exclamou que os irlandeses estavam morrendo de fome porque não estavam trabalhando o suficiente para se ajudar.

Cinco anos após o início da praga, os agricultores começaram a ver novamente batatas saudáveis em seus campos. Em 1850, a praga acabou. Mas a Irlanda mudou para sempre. Quase 1 milhão de irlandeses estavam mortos. Outro milhão deixou suas casas e foi para outros países; mais de 800 mil foram para os Estados Unidos. Na própria Irlanda, o ódio ao domínio inglês se tornou ainda mais forte. Cada vez mais irlandeses começaram a exigir o direito de se autogovernar – o direito de fazer suas próprias leis e manter seu próprio Parlamento, assim como o Canadá e a Austrália.

Mais uma vez, o Parlamento britânico resistiu. Dessa vez, eles se uniram a muitos protestantes irlandeses. Os protestantes temiam que um Parlamento irlandês fosse majoritariamente católico – e que os protestantes sofressem. Eles queriam que a Irlanda ficasse sob o governo protestante da Inglaterra.

Durante anos, os debates continuaram.

Em 1886, o primeiro-ministro da Grã-Bretanha, William Gladstone, finalmente pediu ao Parlamento que votasse em uma lei que daria à Irlanda o poder de autogoverno. Essa lei, o *Projeto de Lei de Governo da Irlanda*, não a tornaria independente da Grã-Bretanha, no entanto, permitiria que os irlandeses tivessem controle sobre seus assuntos domésticos (questões que tinham a ver com a vida na Irlanda e que apenas afetavam os irlandeses).

Gladstone e seus apoiadores esperavam que o Projeto de Lei de Governo da Irlanda ajudasse a curar parte do ódio entre a Irlanda e a Inglaterra. Uma famosa caricatura publicada em um jornal, pouco antes de o Parlamento britânico votar no Projeto de Lei de Governo da Irlanda, mostra uma mulher alta e bonita chamada *Britannia* (representando o Império Britânico) parada em uma encruzilhada sob dois sinais de trânsito. Uma placa diz *Autogoverno* e aponta para uma estrada onde William Gladstone está parado. Gladstone está segurando um ramo de oliveira da paz, com um rótulo amarrado a ele que diz *Liberdade, Amizade.*

Mas, acima da cabeça da Britannia, outro sinal aponta na direção oposta. Diz *Coerção Perpétua.* Isso significava que, se os britânicos continuassem governando os assuntos da Irlanda na Inglaterra, eles sempre teriam que usar a força para fazer os irlandeses seguirem suas leis inglesas. No caminho para a coerção perpétua, está outro político, um homem que era contra o autogoverno segurando um par de algemas.

Quando o Projeto de Lei de Governo da Irlanda foi apresentado ao Parlamento, seus membros votaram contra. A Grã-Bretanha havia escolhido o caminho da coerção perpétua. E essa decisão levaria a cem anos de caos, rebelião e violência na Irlanda.

OS BÔERES E OS BRITÂNICOS

Era uma noite quente de fevereiro na cidade sul-africana de Mahikeng. As casas surradas, com telhado de zinco, estavam silenciosas. A luz da lua brilhava nos telhados de metal e caía sobre uma vala profunda e negra cavada em torno da cidade, com um muro de barro erguido do outro lado. Além do muro de barro, as tendas de um exército acampado se estendiam, até onde os olhos conseguiam ver.

Dentro de sua sede – um edifício de madeira com um telhado de zinco simples –, o comandante britânico de Mahikeng estava sentado, escrevendo instruções. Ele estava nessa pequena cidade havia quase quatro meses. Os soldados acampados do lado de fora não deixavam passar comida. E o povo de Mahikeng tinha muito pouco para comer.

Portanto, era vital que o cavalo que morrera naquela tarde fosse usado corretamente. O comandante, Robert Baden-Powell, estava listando todas as maneiras pelas quais o cavalo poderia ser comido. Ele escreveu:

> 1. Envie a crina e a cauda ao hospital para encher colchões e travesseiros.
>
> 2. Envie as ferraduras para a fundição, para serem derretidas e fazer balas.
>
> 3. Ferva a pele, a cabeça e os pés o dia todo e, em seguida, pique tudo e acrescente tempero. Então nós podemos comê-lo. Vamos chamá-lo de força.
>
> 4. Pique toda a carne de cavalo, enfie nos intestinos e cozinhe; então teremos salsichas para alimentar os homens.
>
> 5. Ferva os ossos em sopa e sirva a sopa às pessoas da cidade.
>
> 6. Depois que os ossos estiverem cozidos, bata-os em pó e misture-os com a farinha – isso fará com que a farinha dure mais.

Robert Baden-Powell largou a caneta e recostou-se na cadeira. Ele podia ouvir o som de armas do lado de fora dos muros. O cerco poderia continuar por meses ainda, mas, se o povo de Mahikeng pudesse comer cavalos, talvez eles sobrevivessem até que o exército britânico chegasse para resgatá-los.

A Guerra dos Bôeres

Por que Mahikeng estava sitiada?

Para entender isso, temos que voltar alguns anos. Você se lembra da *Corrida* pela África? Nos anos seguintes a 1880, os países europeus decidiram dividir a África entre si. A maioria dos governos europeus ignorou as tribos africanas que já moravam lá e simplesmente reivindicou a terra para si.

Mas os europeus já viviam havia mais de cem anos no sul da África. Esses europeus, chamados de *bôeres*, eram descendentes de homens e mulheres holandeses que já haviam trabalhado no porto comercial holandês chamado Cidade do Cabo. Esses holandeses cultivavam as terras sul-africanas e estabeleceram uma colônia holandesa chamada Colônia do Cabo.

Cem anos depois, os britânicos marcharam para a Colônia do Cabo e a ocuparam. Agora, a Colônia do Cabo era território britânico e tinha que seguir as leis britânicas. Mas uma dessas leis irritou os bôeres. O governo britânico decretou que todos os escravos da Colônia do Cabo seriam libertados e que os africanos livres seriam autorizados a possuir propriedades.

Muitos dos bôeres acreditavam que Deus queria que todos os africanos fossem escravos de brancos. Eles se recusaram a viver em uma colônia onde os negros viveriam ao lado de brancos, como homens e mulheres livres. Milhares de bôeres deixaram a Colônia do Cabo, viajaram para o norte e se estabeleceram em duas novas colônias sul-africanas chamadas Estado Livre e Transvaal. Eles começaram a se chamar *africânderes*, em vez de bôeres, para mostrar que não eram mais colonos holandeses, mas sim africanos de ascendência europeia.

A Grã-Bretanha estava muito ocupada lidando com suas outras colônias para se preocupar com o Estado Livre e o Transvaal, então o governo britânico concordou em reconhecer o

Estado Livre e o Transvaal como países sul-africanos independentes. De qualquer forma, essa terra que os bôeres haviam reivindicado não parecia ser muito valiosa. Era seca e rochosa.

Um dia, no entanto, um garoto que cuidava de ovelhas ao longo das margens do Rio Orange ficou entediado e vagou ao longo da margem, coletando pedras bonitas. Ele colocou uma pedra brilhante no bolso para levar para casa e mostrar aos pais. Sua mãe deu a bela pedra a um vizinho que havia gostado dela.

A pedra era um diamante enorme.

Quando os garimpeiros foram olhar as margens e o leito do Rio Orange, encontraram mais diamantes, espalhados pela terra e entre as pedras. Uma enorme mina chamada Grande Buraco foi escavada na fazenda de dois irmãos chamados Nicolaas e Diederick De Beer. Milhares de diamantes foram extraídos do Grande Buraco. Hoje, a empresa Minas Consolidadas De Beers ainda é a empresa de diamantes mais famosa do mundo. O Grande Buraco agora é um museu, onde você pode escalar o buraco no solo e ver o diamante que começou tudo – agora chamado de *Diamante Eureca*.

A corrida dos diamantes levou milhares e milhares de mineiros aos campos e margens dos rios da África do Sul. A terra onde os diamantes foram encontrados ficava entre as duas colônias bôeres, o Estado Livre e o Transvaal, e a Colônia do Cabo, administrada por britânicos. Nem os bôeres nem os britânicos a reivindicaram, então os britânicos anunciaram que a terra pertenceria ao Império Britânico. Agora, os britânicos controlavam a Colônia do Cabo e os campos cheios de diamantes da África do Sul. O poder britânico estava crescendo!

No ano de 1886, não muito tempo depois que os campos de diamantes foram descobertos, os mineiros encontraram ouro no país bôer, Transvaal. Logo, o governo bôer de Transvaal percebeu que os depósitos de ouro eram enormes – quase metade do ouro que se sabia existir no mundo inteiro.

Mas custaria muito dinheiro para construir minas grandes o suficiente para tirar todo aquele ouro do solo. Ninguém no Transvaal tinha tanto dinheiro assim. Então o governo fez um acordo com os britânicos. Garimpeiros e empresários britânicos poderiam entrar no Transvaal e extrair o ouro, desde que seu povo ficasse com parte dele.

Apenas quatro anos após o acordo, o governador britânico da Colônia do Cabo, Cecil Rhodes, enviou oficiais britânicos ao norte do Transvaal e do Estado Livre para construir outra colônia – uma colônia britânica chamada Rodésia, em sua homenagem – do outro lado dos estados bôeres. Agora, o Transvaal e o Estado Livre estariam comprimidos entre duas potências britânicas. Os empresários britânicos já estavam no Transvaal, minerando ouro e se intrometendo na política local. E então Cecil Rhodes deu permissão a seus funcionários para invadir o próprio Transvaal.

O povo do Transvaal podia ver que os britânicos pretendiam dominar seu país e o Estado Livre também. Assim, em 1899, os africânderes do Transvaal e do Estado Livre declararam guerra à Grã-Bretanha. Os britânicos chamaram essa guerra de *Guerra dos Bôeres*.

Dois dias após o início da guerra, soldados africânderes cercaram a pequena cidade de Mahikeng. Mahikeng era uma cidade ferroviária situada no território britânico da Colônia do Cabo, logo acima da linha do Transvaal. O comandante britânico em Mahikeng, Robert Baden-Powell, ficou surpreso com a invasão. Ele só tinha mil homens

Um "escoteiro" transportando mensagens durante o Cerco de Mahikeng

com ele, e os africânderes eram lutadores ferozes. Mas ele estava determinado a não se render. Ele ordenou que seus homens cavassem trincheiras pela cidade e jogassem a terra nas paredes para proteger Mahikeng. Quando os africânderes começaram a atirar na cidade, Baden-Powell construiu fortes falsos dentro das trincheiras, para que os africânderes atirassem nos fortes falsos em vez de nos prédios que continham pessoas. Ele mandou seus homens saírem à noite para gritar nos campos de africânderes com um megafone de lata, para que ninguém pudesse dormir! E, como ele precisava de todos os homens para lutar, recrutou jovens rapazes dentre os habitantes da cidade para atuarem como mensageiros e ajudantes. Esses *escoteiros* foram o início dos escoteiros modernos.

Fora de Mahikeng, a guerra estava indo mal para os britânicos. Em dezembro, após dois meses de luta, os soldados britânicos perderam três grandes batalhas em uma semana. Em Mahikeng, o cerco continuou, continuou, continuou – por 217 dias! Demorou tanto tempo, que os dois lados concordaram em estabelecer os domingos como dias de cessar-fogo. No domingo, ninguém atiraria em ninguém. Dessa forma, os dois lados poderiam descansar, cozinhar e jogar.

Depois de sete meses, os reforços britânicos finalmente chegaram a Mahikeng, expulsaram os africânderes e libertaram o povo de Mahikeng. Na Inglaterra, os britânicos ficaram tão felizes que festejaram a noite toda, por toda a Grã-Bretanha. Nos anos seguintes, os britânicos criaram o verbo *to maffick* para significar *festejar com muito barulho e muita comemoração.*

Agora a maré da batalha havia mudado. Os africânderes começaram a se render. Os britânicos tomaram o controle das cidades no Transvaal e no Estado Livre. A guerra estava prestes a terminar.

Mas, quando chegou ao fim, a Grã-Bretanha se comportou de uma maneira que deixou muitos britânicos com vergonha de seu governo. Embora os combates entre o exército africâner e o exército britânico tivessem terminado oficialmente, pequenos grupos de guerrilheiros africânderes vagavam pelo campo, atacando campos e soldados britânicos. Esses ataques continuaram por dois anos. Os britânicos pareciam incapazes de detê-los.

Portanto, o governo britânico ordenou que todas as famílias que viviam nas áreas onde os guerrilheiros vagavam fossem reunidas e detidas em campos de concentração. As autoridades britânicas suspeitavam de que essas famílias estavam fornecendo comida, água e armas para as guerrilhas. Esses *campos de concentração* mantinham todos os africânderes que pudessem apoiar as guerrilhas em uma pequena área, onde os britânicos podiam vigiá-los.

Havia 66 desses *campos de concentração* para brancos e cinquenta para negros. A vida nos campos era horrível. Nenhum dos africânderes era bem alimentado, mas os campos dos negros eram piores; todos os dias, os britânicos gastavam menos de um centavo por pessoa em comida para seus prisioneiros negros. Doenças como sarampo, catapora e pneumonia dizimaram os campos, matando milhares. Vinte mil africânderes brancos morreram nos campos. Segundo os registros britânicos, 14 mil negros africanos também morreram, mas os britânicos não registraram cuidadosamente todas as mortes nos campos negros. Provavelmente, muitos mais morreram.

Em 1902, os africânderes e os britânicos assinaram um tratado chamado Paz de Vereeniging. Essa *paz* uniu todas as colônias em uma única nação, sob controle britânico, chamada União da África do Sul. Mas, dentro dessa União da África do Sul, viviam três grupos que se odiavam – brancos britânicos, africânderes brancos e negros africanos. A paz de Vereeniging formou uma nação sul-africana na qual haveria pouquíssima paz.

O Brasil sob o
Reinado de Pedro II

CAPÍTULO

13

O IMPERADOR ANTIQUADO E O SULTÃO VERMELHO

A REPÚBLICA DO BRASIL

Enquanto os bôeres e os britânicos brigavam na África do Sul, o país sul-americano do Brasil expulsava seu imperador.

O Brasil havia sido governado por apenas dois imperadores em sua curta história. O primeiro imperador do Brasil, Pedro I, era filho do rei de Portugal. Quando Pedro era pequeno, o Brasil não era nem um país. Era uma colônia portuguesa.

Pedro cresceu na colônia do Brasil. Quando tinha 23 anos, seu pai (o rei de Portugal) lhe deu a função de governar o Brasil. Um ano depois, Pedro liderou o Brasil na declaração de independência de Portugal – e de seu pai. Ele se tornou Pedro I, o primeiro imperador de um Brasil independente.

O novo país do Brasil estava cheio de ricos proprietários de escravos, poderosos proprietários de plantações, nobres portugueses, oficiais militares ambiciosos e políticos que queriam mais poder para si e menos para o imperador. Não importava o que Pedro fizesse, alguém sempre o criticava. Pedro I conseguiu governar esse país inquieto por apenas nove anos, até que tumultos nas ruas da capital brasileira, o Rio de Janeiro, eclodiram. Brasileiros infelizes gritaram que Pedro I ainda era muito leal a Portugal e que ele não estava dando liberdade suficiente ao seu povo. Pedro I juntou seu dinheiro, seus pertences e a maioria de sua família, pegou um navio de guerra britânico no porto e partiu. Os brasileiros disseram depois que Pedro I havia deixado apenas uma colher de prata no palácio inteiro!

Mas Pedro I tinha deixado mais do que uma colher de prata para trás. Ele havia deixado seus ministros de Estado – e também seu filho de cinco anos. O menino tinha um nome maior do que ele: Pedro de Alcântara João Carlos Leopoldo Salvador Bibiano Francisco Xavier de Paula Leocádio Miguel Rafael Gabriel Gonzaga, pela Graça de Deus e Aclamação Unânime do Povo, Imperador Constitucional e Defensor Perpétuo do Brasil. Em suma, Pedro II.

Aos cinco anos, Pedro II não estava exatamente pronto para ser o Imperador Constitucional e o Defensor Perpétuo do Brasil. Então, três dos ministros de seu pai formaram um comitê para ajudá-lo a governar até que ele fosse mais velho. Eles fizeram questão de que ele fosse tratado e educado adequadamente. O pequeno Pedro II se empenhou nos estudos. Ele aprendeu francês, hebraico, árabe e outras línguas. Adorava ler e escrever e gostava particularmente de estudar ciências.

Em 1841, aos quinze anos, Pedro II assumiu o controle de seu país.

Assim como o pai, Pedro II descobriu que o Brasil era um país muito difícil de governar. O Brasil tinha cinco tipos diferentes de pessoas vivendo nele. A maior parte da terra e a maior parte do dinheiro eram de famílias descendentes de colonos portugueses. As tribos indígenas da América do Sul que viviam no Brasil antes da chegada dos portugueses perderam a maior parte de suas terras; a maioria desses indígenas trabalhava como operários pobres para os portugueses ricos. E, como a escravidão ainda era legal no Brasil, o trabalho mais difícil era realizado por milhares de africanos escravizados.

Além desses três grupos de pessoas, havia um quarto grupo: imigrantes da Europa. Os europeus pobres já vinham ao Novo Mundo havia anos à procura de uma vida melhor. Muitos deles foram para a América do Norte e se estabeleceram nos Estados Unidos. Mas muitos outros foram para a América do Sul. Os colonos alemães, italianos e poloneses haviam se mudado para o Brasil onde se estabeleceram – e cada vez mais chegavam todos os anos.

Depois que a Guerra Civil Americana terminou, um quinto grupo de colonos chegou ao Brasil – agricultores de algodão americanos que haviam perdido suas plantações. Eles partiram do sul da América do Norte para tentar a sorte no cultivo de algodão no Brasil. Ainda hoje existe a cidade de Americana no Brasil. Americana foi fundada por um agricultor de algodão do Alabama que levou sua família ao Brasil para começar uma nova vida. Hoje, é possível encontrar brasileiros em

Americana que têm sobrenomes americanos como Norris e Jones. Em junho, é celebrada uma grande festa chamada *Junina*, na qual uma banda brasileira toca música brasileira com banjos do sul dos Estados Unidos, enquanto jovens homens e mulheres brasileiros dançam.

Pedro II acreditava que o Brasil só poderia prosperar se todos os cinco grupos de pessoas tivessem a oportunidade de trabalhar, levar uma boa vida e receber educação. Ele incentivou as empresas brasileiras a construir fábricas e ferrovias modernas, fundou novas escolas, implorou que trabalhadores qualificados de outros países se instalassem no Brasil, viajou a outros países europeus para ver suas invenções científicas e suas fábricas. Também foi aos Estados Unidos. Na Filadélfia, ele foi ver o novo telefone inventado por Alexander Graham Bell. Quando Bell o convidou para usar o telefone, Pedro II pegou o fone e disse no bocal: *Ser ou não ser.* Ele provavelmente foi o primeiro cidadão do Brasil a usar o telefone! Ele ficou tão satisfeito com a invenção que, quando voltou para o país, colocou um telefone em sua casa de verão.

Mas o mais importante é que, Pedro II se empenhou em abolir a escravidão.

O pai de Pedro odiava a escravidão, chamando-a de *câncer* no Brasil. Pedro II era um grande admirador do presidente americano Abraham Lincoln, e ele concordava com Pedro I. A escravidão teria que acabar.

Contudo, muitos dos poderosos proprietários de plantações no Brasil usavam escravos para administrar suas fazendas e colher seus cultivos. Eles não estavam dispostos a desistir de sua mão de obra gratuita. O imperador teve que abolir a escravidão muito lentamente. Nove anos depois de seu reinado,

Pedro II e seu governo tornaram o comércio de escravos ilegal no país, para que africanos escravizados não pudessem mais ser trazidos da África para o Brasil. Vinte e um anos depois, o governo brasileiro começou a declarar os escravos do Brasil livres. Dezessete anos depois disso, em 1888, o governo de Pedro assinou uma lei que tornava a escravidão ilegal.

Em 1888, Pedro II havia sido o imperador do Brasil por 47 longos anos. Durante a maior parte de seu reinado, ele foi um governante popular. O povo do Brasil era mais próspero do que quando ele assumira o trono. As novas escolas de Pedro também cumpriram sua tarefa. Mais homens e mulheres aprenderam a ler e escrever no Brasil do que em qualquer outro país.

Mas então cada vez mais brasileiros começaram a reclamar de seu imperador. Os donos das plantações não queriam desistir de seus escravos. Os soldados do exército brasileiro achavam que não estavam sendo bem pagos. E os prósperos agricultores, comerciantes e lojistas do Brasil começaram a acreditar que nenhum país moderno deveria ter um rei. Em vez disso, o Brasil deveria ser uma república, com uma constituição própria.

Em 1889, um ano após a escravidão se tornar ilegal, Pedro II percebeu que não seria mais capaz de manter seu trono. Agora ele tinha 62 anos. Ele passara a vida trabalhando para tornar o Brasil um país rico, livre, instruído e moderno – um país moderno que não queria mais ser governado por um imperador antiquado.

Tarde da noite, Pedro II reuniu seu Conselho de Estado. Ele disse aos seus membros que estava indo para a cama. De manhã, ele queria ouvir a decisão final: deveria ficar no Brasil e manter sua coroa?

Quando Pedro se levantou na manhã seguinte, o Conselho de Estado se decidiu. Estava na hora de o Brasil se tornar uma república. O imperador e sua família deveriam deixar o país, mas eles tinham 24 horas para reunir seus pertences.

"Estou indo embora", respondeu Pedro II, "e vou embora agora."

Imediatamente, ele reuniu sua família e partiu do Brasil, rumo a Paris.

Dois anos depois, o velho imperador pegou a gripe. Ele morreu alguns dias antes do Natal, em 1891. O Brasil acabara de escrever sua nova constituição quando Pedro II foi enterrado em Portugal.

Em 1971, o corpo de Pedro II foi trazido de volta ao Brasil e enterrado em um local de honra. Finalmente, o Brasil estava pronto para elogiar o segundo imperador por todos os anos que passou servindo seu país. Ele se tornara um herói brasileiro, mesmo que a era dos imperadores tivesse desaparecido.

ABDULAMIDE, O VERMELHO

A última vez que visitamos o Império Otomano, no ano de 1878, o sultão Abdulamide II ocupava o trono. O império havia acabado de perder mais da metade de seu território. Os oficiais que deveriam comandar o império estavam mais interessados em viver vidas confortáveis e luxuosas do que cumprir suas tarefas. Outrora o império mais poderoso do Oriente, o Império Otomano era agora conhecido como o *doente da Europa*.

Embora estivesse doente, o Império Otomano ainda cobria toda a Ásia Menor, estendia-se sobre a antiga terra da Mesopotâmia, corria ao longo do Golfo Pérsico e controlava toda a costa leste do Mar Vermelho. Ainda era um império, e Abdulamide II queria torná-lo um *grande* império mais uma vez.

Mas Abdulamide tinha um problema. Metade de sua mente concordava com as ideias novas e modernas de que as pessoas de um país têm o direito de se governar. Mas a outra metade de sua mente gostava da ideia do sultão como o governante inquestionável do Império Otomano, um homem poderoso que podia decretar o que o império faria, sem oposição.

Quando lemos sobre Abdulamide antes, falamos sobre sua vontade de permitir que os turcos tivessem uma constituição e uma assembleia como um Parlamento ocidental. Mas a constituição turca não durou muito. Havia dois problemas com a constituição. Primeiro, Abdulamide insistiu que a constituição incluísse um parágrafo chamado *Artigo 113*. Ele dizia que o sultão poderia deportar (enviar para fora do império) qualquer um que ele considerasse *prejudicial ao Estado*. Isso significava que Abdulamide poderia enviar qualquer um que discordasse dele para outro país e proibi-lo de voltar. Segundo, durante séculos, o sultão otomano havia sido honrado e obedecido como o poder supremo na Terra. Embora muitos turco-otomanos desejassem um governo mais ocidental, quando o sultão deles fazia um decreto, era muito difícil para eles ignorá-lo!

A constituição otomana durou exatamente um ano. Então Abdulamide ordenou que fosse dissolvida. Agora ele governaria como um sultão antiquado, sem constituição ou Parlamento que limitasse seu poder.

No início, Abdulamide usou seu poder antiquado para fazer muitas melhorias no império no estilo ocidental. Ele ordenou que ferrovias fossem instaladas e cabos fossem

O massacre na Armênia

montados para que os otomanos pudessem usar a nova invenção ocidental, o telégrafo. Ele melhorou a grande Universidade de Istambul. Ele mudou algumas das leis do império para torná-las mais modernas.

Mas Abdulamide também governou com mão de ferro. Ele organizou uma enorme rede de espiões que escutava qualquer conversa sobre rebelião ou revolta; qualquer um que criticasse o sultão poderia esperar por uma visita da temida polícia secreta. Ele ordenou que seus soldados marchassem e atacassem rebeldes contra o sultão em vários lugares diferentes dentro do Império – especialmente no leste.

Uma dessas rebeliões eclodiu na Armênia.

A Armênia ficava ao norte da Ásia Menor, entre o Mar Cáspio e o Mar Negro, ao sul da fronteira com a Rússia. Várias centenas de anos antes, a Armênia havia sido capturada e dividida entre o Império Otomano e o Império Persa. Então os russos capturaram a área persa do país. Isso significava que as pessoas que se autodenominavam armênias viviam em parte sob o domínio russo e em parte sob o domínio do sultão otomano. Mas os armênios que viviam no Império Otomano nem sempre eram bem tratados. Eles eram cristãos, não muçulmanos. As leis do Império Otomano significavam que eles tinham que pagar mais impostos do que muçulmanos. Eles não tinham os mesmos direitos que os muçulmanos. E as autoridades otomanas encarregadas da Armênia frequentemente tratavam mal os armênios, expulsando-os de suas casas e tomando suas terras. Os armênios odiavam esse tratamento. Em 1894, eles se armaram para revidar.

A Rússia queria que Abdulamide respondesse à rebelião, dando aos armênios melhor proteção e mais direitos.

Mas Abdulamide não gostou da Rússia dizendo a ele o que fazer. Ele acreditava que a Rússia estava tramando com a Grã-Bretanha e outros países europeus para incentivar rebeliões contra ele. Os países da Europa, ele pensou, já haviam conseguido *cortar os pés e as mãos* do Império Otomano. Agora, se incentivassem a rebelião na Armênia, *cortariam a barriga do país.*

Ele não estava disposto a deixar isso acontecer.

Então Abdulamide enviou seus soldados para a Armênia e ordenou que lutassem contra os rebeldes. Ele também ordenou que acabassem com a revolta matando armênios não apenas na Armênia, mas onde quer que estivessem, por todo o império. Na sua opinião, os armênios eram traidores. Era mais provável que fossem leais à Rússia do que aos turcos. A deslealdade deles era como uma doença que infectaria o resto do Império Otomano.

Muitos armênios foram mortos pelos soldados de Abdulamide. Outros foram forçados a marchar para fora do território turco e morreram de fome e cansaço na longa caminhada. O assassinato durou três anos. Ninguém sabe exatamente quantos armênios foram mortos, mas pelo menos 100 mil homens, mulheres e crianças morreram.

Abdulamide não tinha aprendido com o destino de Abdul Aziz! Mais uma vez, ele deixou os países da Europa certos de que os turcos eram selvagens e não queriam entrar na Era Moderna. Alguns anos antes, o embaixador britânico elogiou Abdulamide por sua *disposição gentil e pontos de vista esclarecidos.* Ninguém na Grã-Bretanha concordaria com isso agora!

Abdulamide concordava com algumas visões ocidentais, mas o massacre armênio deixou bem claro que ele ainda se apegava às ideias do passado. Ele estava determinado a manter seu território e governá-lo com autoridade absoluta.

Embora ele quisesse impedir que o doente da Europa ficasse mais doente, seus métodos severos não apenas tornaram o império mais doente, mas chegaram perto de matá-lo. O punho de ferro de Abdulamide e sua confiança no medo e na espionagem para manter seu poder já o haviam tornado impopular entre os turcos que queriam que seu país fosse mais moderno – principalmente com estudantes universitários que estavam aprendendo sobre as ideias do Ocidente. E quando Abdulamide ordenou o massacre armênio, ele se tornou ainda mais impopular com esses pensadores de vanguarda. Muitos turcos chamavam Abdulamide de *Abdulamide, o Vermelho*, porque ele havia derramado muito sangue.

Abdulamide, o Vermelho

Em 1889, estudantes de Medicina começaram a formar uma conspiração para se livrar de Abdulamide. Eles queriam mudar as leis do Império Otomano para que, em vez de ser um país sob o poder de um sultão islâmico que governasse pela lei muçulmana, o império dos turco-otomanos se tornasse um país chamado *Turquia.* Esse país seria governado por leis seculares (leis não baseadas em crenças religiosas). O povo da Turquia seria leal ao seu país, não a um sultão. Seu *slogan* seria *Liberdade, Justiça, Igualdade, Fraternidade* – ideias que aprenderam com as revoluções francesa e americana. Logo, eles recrutaram outros estudantes da Universidade de Istambul e de outras faculdades para se juntarem a eles. Eles se autodenominavam *Comitê de União e Progresso.* Mas outros os chamavam de *Jovens Turcos.*

Abdulamide não admitiria a revolta dos Jovens Turcos, assim como não admitira a rebelião na Armênia. Logo, sua polícia secreta planejava prender os líderes do movimento. Os líderes dos Jovens Turcos tiveram que fugir de seu país.

Mas eles foram para Genebra e Paris, cidades onde outros turco-otomanos que haviam sido exilados de seu país pelo artigo 113 viviam. Eles organizaram os turcos que não viviam mais no Império Otomano em um movimento que queria mudar o império e se livrar de Abdulamide, o sultão vermelho.

A Rússia sob o Governo de Alexandre III

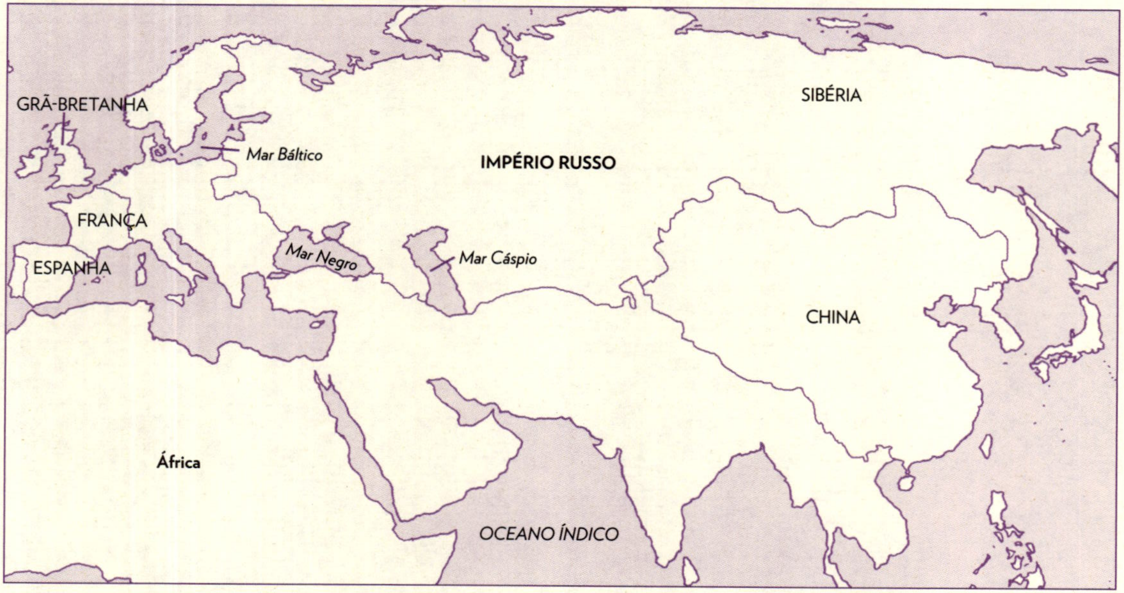

CAPÍTULO

14

DOIS CZARES E DOIS IMPERADORES

O PENÚLTIMO CZAR DA RÚSSIA

Assim como o sultão do Império Otomano, o czar da Rússia ainda se agarrava ao seu poder como o governante absoluto de seu imenso país.

Em 1889, ano em que o último imperador do Brasil deixou seu país e zarpou para a França, o czar da Rússia era Alexandre III da família real Románov. Ele herdara o trono da Rússia de seu pai, Alexandre II.

Alexandre II foi o czar que enviou soldados russos para atacar o Império Turco e tomar as terras turcas. Mas, embora fosse um czar da guerra, Alexandre II também tentara tornar a Rússia um pouco mais ocidental e um pouco mais moderna. Ele construiu ferrovias e novas escolas, concedeu aos editores e escritores de jornais mais liberdade para dizer o que quisessem, deu às cidades da Rússia permissão para se governarem. Ele até decretou que qualquer pessoa acusada de um crime tinha o direito de ser julgada por um júri (um grupo de pessoas comuns, como elas), em vez de ser sentenciada por um juiz; assim, juízes poderosos e corruptos não podiam condenar injustamente pessoas inocentes.

Mas apenas três anos após a vitória russa sobre os turcos, Alexandre II foi morto por dois assassinos, que jogaram uma bomba em sua carruagem enquanto ele era conduzido pelas ruas de São Petersburgo.

Alexandre III tornou-se czar no lugar de seu pai. Ele tinha 36 anos, um homem enorme – um metro e oitenta – com ombros largos e uma grande barba escura. Ele viu o pai ser morto por seu próprio povo e, durante todo o seu reinado, Alexandre III teve medo de que ele também fosse assassinado.

Assim que se tornou czar, Alexandre III começou a tirar as novas liberdades do povo russo. Ele cancelou o decreto de Alexandre II de que as cidades poderiam se governar. Ele deu aos nobres da Rússia poderes especiais, incluindo o direito de oprimir os camponeses pobres que trabalhavam em suas terras. Qualquer um que se opusesse a ele ou o criticasse seria enviado para o norte gelado da Rússia – a temida terra da Sibéria, onde as temperaturas caíam para trinta graus abaixo de zero no inverno e não ficavam acima de zero mesmo em agosto. Mais tarde, foi dito: "Alexandre decidiu desfazer tudo o que seu pai fez".

Os nobres da Rússia aprovaram o poder ilimitado de Alexandre. No ano de 1891, depois de dez anos de reinado de Alexandre III, um de seus oficiais escreveu um longo ensaio em louvor à sua grandeza. No ensaio, o nobre citou um poema antigo:

> Nosso Czar Branco é um rei acima dos reis...
> Todas as hordas se curvaram diante dele,
> Todas as tribos se submeteram a ele,
> Porque o Czar Branco é rei dos reis.

Então ele escreveu: *[O czar possui] o favor invisível de um poder brilhante e espiritual, criando e mantendo tudo o que está ao seu redor... A Rússia é a fonte e o centro de um poder invencível... a mais preciosa de nossas tradições nacionais – autocracia.* Ele estava dizendo que o poder ilimitado do czar (*autocracia*) era o que tornava a Rússia potente.

Naturalmente, os nobres da Rússia ficaram felizes em acreditar que o czar tinha poder divino e que seu poder deveria ser ilimitado. Sob o domínio de Alexandre III, os nobres tinham privilégios, riquezas e poder!

Mas os pobres da Rússia eram miseráveis.

Para os camponeses, agricultores e trabalhadores da Rússia, Alexandre III era um tirano cruel. A escritora russa Mary Antin, que morava em uma vila judia entre o Báltico e o Mar Negro, escreveu que até as crianças sabiam das crueldades de Alexandre – mas ninguém criticava o czar, porque tinham medo da polícia de Alexandre:

> Na sala do seu pai pendia um grande retrato colorido de Alexandre III. O czar é um tirano cruel – era sussurrado quando as portas estavam trancadas e as persianas fechadas, à noite... e ainda assim seu retrato era visto em um lugar de honra na casa de seu pai. Você sabia o porquê. Parecia bom quando policiais ou oficiais do governo vinham a negócios. O czar estava sempre nos mandando ordens – você não deve fazer isso e não deve fazer aquilo – até que restasse muito pouco que pudéssemos fazer, exceto prestar homenagem e morrer. Um comando positivo que ele nos deu: você deve amar e honrar seu imperador. Em todas as congregações, deve-se fazer uma oração pela saúde do czar, ou o chefe de polícia fechará a sinagoga. Em um aniversário real, toda casa deve hastear uma bandeira, ou o proprietário será arrastado para uma delegacia... O czar sempre recebia o que lhe era devido, não importa se isso arruinava uma família.

Os judeus da Rússia eram tratados ainda pior do que outros russos pobres. Eles pagavam mais impostos; eles eram forçados a viver em certas áreas da Rússia e não eram autorizados a se mudar para onde quisessem. Pouquíssimas crianças judias russas eram autorizadas a frequentar a escola, e aquelas que frequentavam descobriam *que sua vida escolar era uma luta contra a injustiça dos instrutores, tratamento rancoroso de colegas e insultos de todos.*

Alexandre III era czar havia sete anos quando assassinos tentaram matá-lo, assim como a seu pai. Ele estava no vagão da ferrovia real com sua família quando uma bomba explodiu sob os trilhos. O vagão da ferrovia saltou dos trilhos, cambaleou e caiu, o teto desabou para dentro e as janelas quebraram. Por um momento, nada se moveu nos destroços. E então o telhado amassado estremeceu e começou a abrir. A enorme figura de Alexandre levantou-se da carruagem em ruínas, os ombros largos apoiados sob o teto. Ele o segurou até que sua família pudesse rastejar por baixo do metal retorcido. Nenhuma pessoa foi morta!

Mas os médicos acharam que os machucados e a tensão de levantar o teto danificaram o corpo de Alexandre. Ele foi czar por mais seis anos, porém foi ficando gradativamente mais fraco e mais doente. Quando ele morreu em 1894, deixou a Rússia cheia de camponeses pobres e famintos, nobres orgulhosos e dominadores e trabalhadores infelizes.

Seu filho Nicolau II herdou o trono e um país de súditos descontentes. Alguns russos queriam um governo ocidental de representantes eleitos, como os Estados Unidos e o Canadá. Outros queriam que o povo trabalhador da Rússia pudesse controlar a terra e o governo de seu próprio país.

Como Nicolau II lidaria com essa Rússia problemática?

Ele não tinha ideia! Quando soube da morte de seu pai, Nicolau empalideceu.

"O que vou fazer?", ele disse ao mensageiro que trouxe a notícia. "Não estou preparado para ser o czar. Não sei nada sobre como governar!"

Talvez Nicolau II não estivesse preparado para ser o czar, mas ele não teve escolha. Ele assumiu o cargo de governar a Rússia. Ele não sabia que seu pai Alexandre III tinha sido o penúltimo czar.

ETIÓPIA E ITÁLIA

Até agora, a maior parte da África estava sob o domínio dos países europeus. Grã-Bretanha, França, Alemanha, Portugal e Bélgica haviam conquistado a maior parte do continente. Apenas dois países africanos permaneciam livres do domínio europeu. Na costa oeste, a Libéria, um país formado pelos Estados Unidos como lar de escravos libertos, tinha o direito de se governar. Mas a Libéria era um protetorado do governo americano, o que significava que, sempre que a Libéria queria negociar com outro país, precisava obter permissão dos Estados Unidos. Portanto, embora a Libéria não fosse governada por outro país, não era verdadeiramente independente.

Do outro lado do vasto deserto do Saara, no extremo leste da África, ficava o país da Etiópia – a única parte da África que permanecia verdadeiramente livre.

A Etiópia, cheia de montanhas e planícies, às vezes era apelidada de *o telhado da África* porque era muito mais alta do que as terras ao seu redor. Bem no meio da Etiópia, corre um enorme vale chamado Vale da Grande Fenda. E, embora a maior parte da Etiópia seja bastante alta, a terra mais baixa da superfície da Terra também é encontrada na Etiópia, em uma extremidade do Vale da Grande Fenda. Lá, o solo se desbastou e afundou e afundou e afundou até ficar a 103 metros abaixo do nível do mar – tão profundo que a lava ferve logo abaixo da superfície e borbulha pela terra. Esse local baixo, chamado de Depressão Danakil, é quente demais para um termômetro normal. Um termômetro explodiria antes que pudesse registrar uma temperatura! A terra em si é colorida de verde, azul e laranja pelos minerais no solo. Um europeu, olhando espantado para a Depressão de Danakil, a chamou de *o inferno da criação*!

Mas a maior parte da Etiópia, longe de ser um *buraco do inferno*, era um prêmio que pelo menos um país europeu estava ansioso por vencer. O governo italiano estava de olho no único país africano livre.

A Etiópia logo teria que se proteger contra a invasão italiana. Mas, antes que os etíopes pudessem enfrentar essa ameaça, precisavam resolver um problema: o país deles tinha dois imperadores.

Um desses imperadores, chamado Joanes IV, era de uma região norte da Etiópia chamada Tigre. O outro, Menelique II, era do centro da Etiópia, de uma região chamada Shewa. Joanes e Menelique alegavam que, por direito, eram o imperador da Etiópia, e que mereciam o tradicional título etíope de *Rei dos Reis*.

Mas Joanes e Menelique não se atreviam a iniciar uma guerra aberta entre si. A Itália pairava nas fronteiras da Etiópia. No sul, a Grã-Bretanha estava ficando cada vez mais forte. A oeste, a Bélgica estava ganânciosamente expandindo seu território na África. Se uma guerra civil começasse na Etiópia, com os etíopes gastando seu dinheiro e energia lutando entre si, esses países europeus poderiam simplesmente invadir e tomar o controle.

Joanes e Menelique já haviam tentado fazer alianças com diferentes países europeus. Os soldados britânicos haviam ajudado Joanes a se livrar do imperador etíope que veio antes dele para que ele pudesse tomar o trono. E Menelique estava comprando armas da Itália e da França. Ele até enviou um padre cristão etíope até esses dois países, para ajudá-lo a negociar bons preços por armas.

Joanes e Menelique sabiam que essas alianças facilitariam o controle da Etiópia pelos países europeus. Então eles fizeram

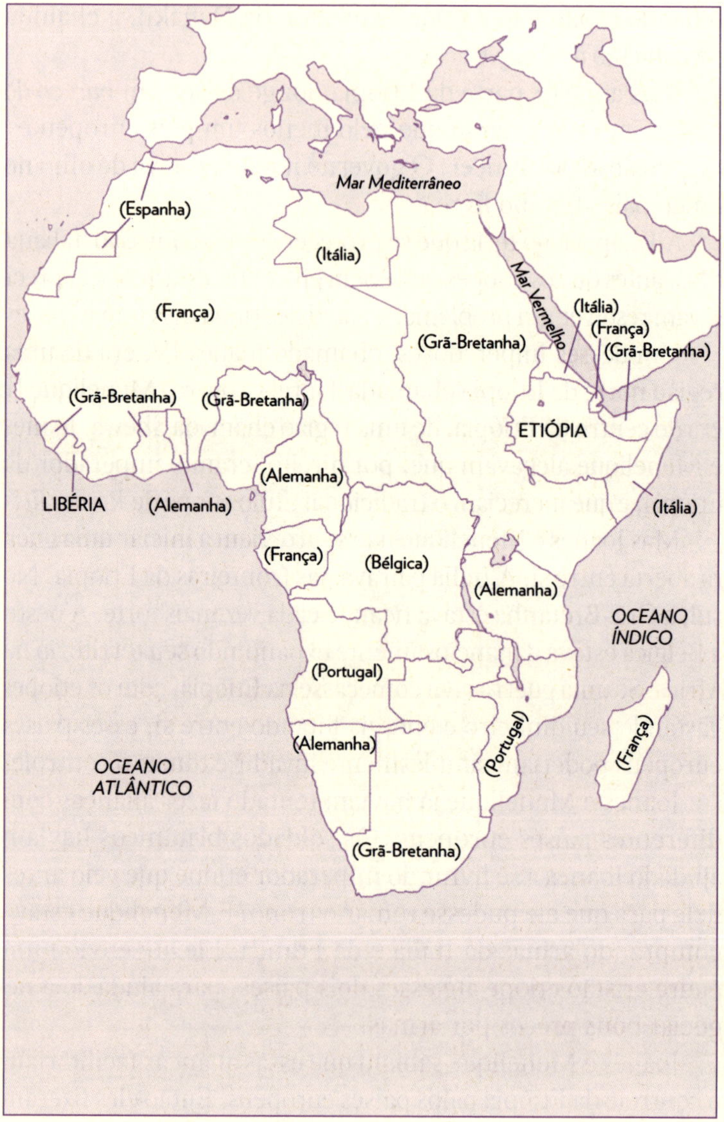

Etiópia e Itália

um acordo entre si. Eles decidiram que Joanes teria o título de Rei dos Reis. Mas Menelique seria o rei do centro da Etiópia. E os dois homens concordaram em ser aliados e lutar lado a lado se um exército europeu invadisse.

Durante seu reinado como Rei dos Reis, Joanes conseguiu combater uma invasão egípcia da Etiópia, mantendo seu país livre do controle dos egípcios ao norte. Enquanto isso, Joanes e Menelique governavam os próprios territórios. Eles foram educados um com o outro. Eles conspiraram um contra o outro, mas tentavam não ser descobertos. Eles fizeram acordos com oficiais do exército italiano e britânico, a fim de obter mais armas. E cada um esperava que o outro caísse morto.

Em 1889, Menelique conseguiu seu desejo. Joanes IV liderou seus soldados na batalha contra invasores do oeste e foi baleado. Pouco antes de morrer, pediu: "Coroe meu filho rei!".

Menelique não tinha nenhuma intenção de permitir que o filho de Joanes se tornasse Rei dos Reis. Instantaneamente, ele se declarou imperador. O exército de Joanes, que havia desmoronado depois que Joanes foi morto, estava muito desorganizado para impedi-lo.

Menelique começou seu reinado tentando proteger seu país dos italianos. Apenas alguns meses após a morte de Joanes IV, Menelique fez um acordo com os italianos. Ele lhes permitiu tomar uma pequena área costeira como colônia italiana, desde que concordassem em respeitar a independência da Etiópia.

Mas Menelique havia sido enganado. O tratado que ele assinara com a Itália tinha duas versões. A versão escrita no idioma de Menelique dizia que, se ele quisesse, Menelique poderia pedir conselhos da Itália para lidar com outros países.

Mas a versão escrita em italiano dizia que ele *precisava* pedir a permissão da Itália antes de negociar com qualquer outro país.

Esse tratado transformou a Etiópia em um protetorado da Itália, o que tornaria a Etiópia como a Libéria – um país que não era verdadeiramente livre. Os italianos enviaram cópias desse tratado à Grã-Bretanha, Alemanha e Bélgica para provar que a Itália agora controlava a Etiópia. Quando Menelique pediu ajuda à rainha Vitória da Inglaterra, ela se recusou a lidar com ele – porque os países europeus concordaram em não interferir nos territórios uns dos outros.

Menelique tinha apenas uma escolha. Ele teve que ir à guerra para rejeitar o tratado.

Os italianos reuniram seus soldados na costa que Menelique havia dado à Itália como colônia. Eles marcharam para a Etiópia, sem esperar muita oposição. Todo o exército italiano tinha menos de 15 mil homens.

O exército etíope na Batalha de Adowa

Mas Menelique estava pronto para eles. Ele já havia negociado marfim africano com traficantes de armas europeus em troca de armas modernas. Agora ele usava essas armas para armar seus próprios soldados – e reuniu um exército de mais de 100 mil homens.

Quando os italianos encontraram os etíopes em um lugar montanhoso chamado Adowa, ficaram horrorizados ao ver que estavam em menor número – de cinco para um! Eles tinham mapas tão ruins que não sabiam onde se esconder ou como fugir do imenso exército etíope. E quando a batalha começou, uma enorme tempestade caiu e confundiu ainda mais os italianos.

Quase três quartos do exército italiano foram mortos. Os outros fugiram. Os homens de Menelique começaram a persegui-los, mas Menelique os chamou de volta. Ele permitiu que os sobreviventes italianos retornassem à costa. Menelique sabia que os italianos ficariam com vergonha de atacar novamente.

Eles realmente ficaram envergonhados. De fato, o governo italiano em Roma concordou em assinar um tratado real reconhecendo a independência da Etiópia. Menelique também convenceu a Grã-Bretanha e a França a assinar tratados semelhantes. Agora, todos os três países se observariam. Se a Itália, a Grã-Bretanha ou a França tentassem invadir a Etiópia, os outros dois impediriam – porque esses países não queriam que nenhum dos outros ganhasse mais poder na África.

A Batalha de Adowa, em 1896, provou ser a única vez em que um país africano foi capaz de combater invasores europeus. Sozinha na África, a Etiópia manteve seu poder. E Menelique II ganhou o título *Leão da África*.

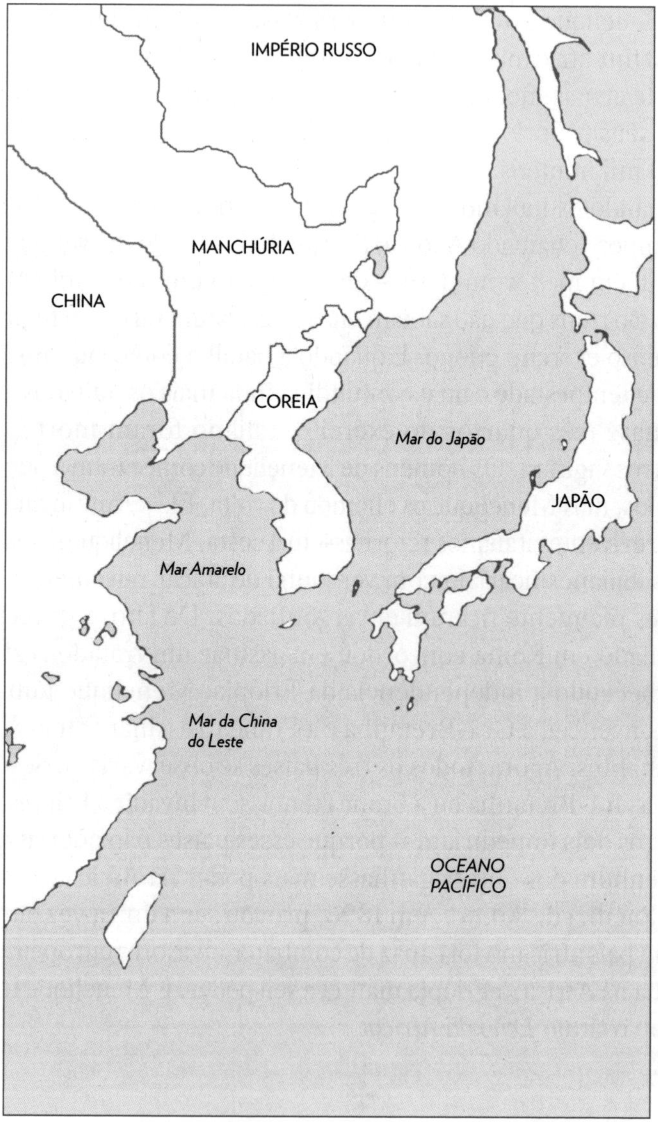

As Fronteiras do País Antes da Guerra Sino-Japonesa

CAPÍTULO

15

PEQUENOS PAÍSES COM GRANDES INVASORES

O CAMPO DE BATALHA COREANO

Você pode estar pensando que há uma guerra em quase todos os capítulos deste livro. Isso está muito próximo da verdade! As guerras fazem parte da história desde o início. Mas na Era Moderna, quando países de todo o mundo começaram a construir ferrovias e estradas, e a usar vapor para movimentar trens e navios, ficou muito mais fácil fazer funcionar um grande número de soldados e armas. As guerras entre países começaram a aumentar. Mais soldados lotaram os campos de batalha, com armas mais poderosas e causaram muito mais destruição.

A próxima guerra da Era Moderna explodiu entre o vasto país da China e o Japão, perto da costa leste da China. A última vez que visitamos a China, a enorme Rebelião Taiping acabara de terminar, e o imperador Qing mal conseguira manter seu poder. Quando lemos pela última vez sobre o Japão, o xogum havia acabado de ser removido do poder; o imperador Meiji havia retomado seu trono, mas o país também elegera uma assembleia para ajudá-lo a governar e redigiu uma constituição, como uma democracia ocidental.

Embora a China fosse muito maior que o Japão, o Japão estava se tornando cada vez mais forte, e a dinastia Qing da China estava se tornando cada vez mais fraca. Em 1894, o Japão desafiou o poder da China e uma guerra começou. Porém, a guerra não foi travada no Japão ou na China. Foi travada na Coreia.

O pequeno país da Coreia ficava entre esses dois vizinhos hostis, em uma península que se projetava da província chinesa da Manchúria, no Mar do Japão. O rei da Coreia, rei Gojong, governava com a ajuda de sua esposa, a rainha Min.

De fato, muitas pessoas achavam que a rainha Min era a verdadeira governante da Coreia. Gojong, 26º rei da dinastia real Joseon da Coreia, tornou-se rei quando tinha apenas onze anos. Por ser tão jovem, havia um regente para governar por ele. O regente assumiu o controle do país e de Gojong. O jovem Gojong se acostumou a fazer o que lhe diziam.

Aos catorze anos, disseram-lhe que era hora de ele se casar. Sua noiva já havia sido escolhida. Ela era uma dama de quinze anos da corte chamada Min.

Gojong fez como lhe foi dito. Min acabou sendo muito diferente do plácido e obediente Gojong. Ela era uma jovem inteligente, com força de vontade e muito mais ambiciosa que o marido de catorze anos.

Min não gostou do regente que governava para o rei Gojong. Ela não gostava da maneira como ele tratava o marido e não gostava das ideias dele sobre como o país deveria ser administrado. Por muitos anos, a Coreia tratou a China como um país *irmão mais velho* ou *pai*. A Coreia negociava apenas com a China e enviava embaixadores apenas para a China e não para outro país qualquer. A Coreia ficou conhecida como o *País Eremita* porque lidava apenas com a China. O regente do rei Gojong queria manter esse arranjo antiquado. Min, porém, junto com muitos outros coreanos, achou que havia chegado a hora de a Coreia começar a negociar com outros países, especialmente com o Japão.

Durante os primeiros sete anos de seu casamento, Min fez o que podia para garantir que o maior número possível de parentes conseguisse postos no governo coreano como ministros, oficiais do exército e outras patentes. Quando ela tinha 22 anos, Min convenceu o marido de que estava na hora de ele assumir o poder. Todos os parentes dela concordaram. O regente não teve escolha a não ser renunciar. O rei Gojong agora governava em seu próprio nome, mas a rainha Min era a líder mais poderosa do palácio.

Muito em breve, o rei Gojong e a rainha Min assinaram um tratado comercial com o Japão, para que os navios japoneses pudessem atracar em três portos coreanos para comprar ferro e carvão da Coreia. Mas a Coreia também queria permanecer amiga da China. Então a China e o Japão fizeram um acordo. Como nenhum país almejava que o outro assumisse o controle da Coreia, eles concordaram que a Coreia seria protegida pela

Rainha Min da Coreia

China e pelo Japão, e que nem o Japão nem a China poderiam enviar soldados para a Coreia sem o acordo do outro país.

Por um tempo, esse acordo pareceu funcionar. Mas, em 1894, o rei Gojong enfrentou um problema. Um novo grupo religioso chamado Donghak, no sul da Coreia, começou a juntar armas e planejar uma rebelião. Assim como a Rebelião Taiping na China, a Rebelião Donghak foi iniciada por camponeses pobres que estavam infelizes com a própria vida e zangados com seus líderes. O rei Gojong não queria que a Rebelião Donghak se tornasse uma enorme guerra civil. Então, ele enviou uma mensagem para a China, pedindo soldados chineses para ajudar a derrotar os rebeldes.

O imperador Qing concordou. A China pegou emprestado um navio de guerra britânico, carregou-o de soldados e os enviou ao oceano para navegar rumo ao sul, em direção à Coreia. Quando os japoneses descobriram que a China estava enviando soldados para a Coreia, sem sua aprovação, os japoneses ficaram indignados. A China havia quebrado seu acordo com o Japão! Os japoneses acreditavam que os chineses pretendiam capturar a Coreia e, portanto, os soldados japoneses afundaram o navio britânico com os soldados chineses a bordo.

Isso significava guerra.

Em 1º de agosto de 1894, China e Japão haviam declarado guerra. A Ruerra *Sino-Japonesa* (chinesa-japonesa) havia começado. Mas a guerra não ocorreu na China ou no Japão. Soldados chineses e japoneses se confrontaram na Coreia e lutaram em solo coreano.

O exército da China acabou não sendo páreo para os soldados modernos do Japão, armados com armas ocidentais. Em menos de oito meses, o Japão marchou do sul da Coreia até a própria China. A China teve que concordar em assinar um tratado de paz que deu à Coreia total independência da China e também deu ao Japão grandes territórios que já haviam pertencido à China. Países europeus como Alemanha, França, Rússia e Grã-Bretanha aproveitaram a fraqueza da China para tomar outras partes do território chinês, o que, às vezes, foi chamado de *Luta pela China*.

Enquanto isso, e a Coreia?

Embora a Coreia fosse agora completamente independente da China, havia muitos soldados japoneses ainda ocupando terras coreanas. Muitos coreanos ficaram satisfeitos em ver os japoneses na Coreia, porque acreditavam que o Japão se tornaria um forte aliado da Coreia. Mas a rainha Min estava preocupada com o Japão. Ela duvidava de que a Coreia continuasse livre. Em vez disso, temia que o Japão primeiro tomasse seu país e depois o dominasse.

A rainha Min enviou mensagens aos russos perguntando se eles se tornariam aliados da Coreia contra a China e o Japão. Quando os japoneses e os coreanos pró-japoneses souberam da tentativa da rainha Min de aliar a Rússia do lado dela *contra* o Japão, o destino da rainha foi selado.

No início de uma manhã de outubro de 1895 – apenas algumas semanas após o término da guerra –, três assassinos invadiram o palácio da rainha. Eles a mataram e depois fugiram para o Japão. Quando outros países protestaram que o Japão deveria punir os assassinos, os japoneses julgaram os culpados em um tribunal público e depois anunciaram que não havia provas suficientes para condená-los.

Quinze anos após a morte da rainha Min, o Japão tornou a Coreia parte do Império Japonês. Os medos da rainha Min se tornaram realidade; a Coreia havia perdido sua independência e o Japão havia dominado seu pequeno país.

A GUERRA HISPANO-AMERICANA

Ao largo da costa da China, ao sul do Japão e da Coreia, fica outro pequeno país: um conjunto de ilhas chamadas Filipinas. Lá, um menino chamado José Rizal nasceu em uma família muito rica. Os pais de José queriam dar a ele o melhor de tudo, incluindo a melhor educação. Então, quando José tinha idade suficiente, ele foi para a faculdade de maior prestígio nas Filipinas. Depois, seus pais o enviaram para a universidade – na Espanha.

Por que na Espanha? Porque as Filipinas faziam parte do Império Espanhol.

À medida que José Rizal crescia, lia e estudava, ele começou a acreditar que o domínio espanhol sobre as Filipinas era injusto. Por que esse país europeu, a tantos milhares de quilômetros de distância, deveria dizer aos filipinos como administrar seu país? O povo das Filipinas – como o Canadá, Achém, Irlanda, Etiópia e muitos outros países – tinha o direito de se governar.

José Rizal não iniciou uma revolução ou organizou rebeldes em uma sociedade secreta que se oporia contra os espanhóis. Em vez disso, ele escreveu um romance chamado *Não Me Toques*. Caso você lesse esse romance, poderia achar que é simplesmente uma história de amor sobre um jovem chamado Crisóstomo Ibarra e uma linda garota chamada María Clara. Mas o romance tinha uma mensagem oculta. Em *Não Me Toques*, José Rizal descreveu o governo espanhol como cruel, injusto e opressivo. Os filipinos que leram o romance

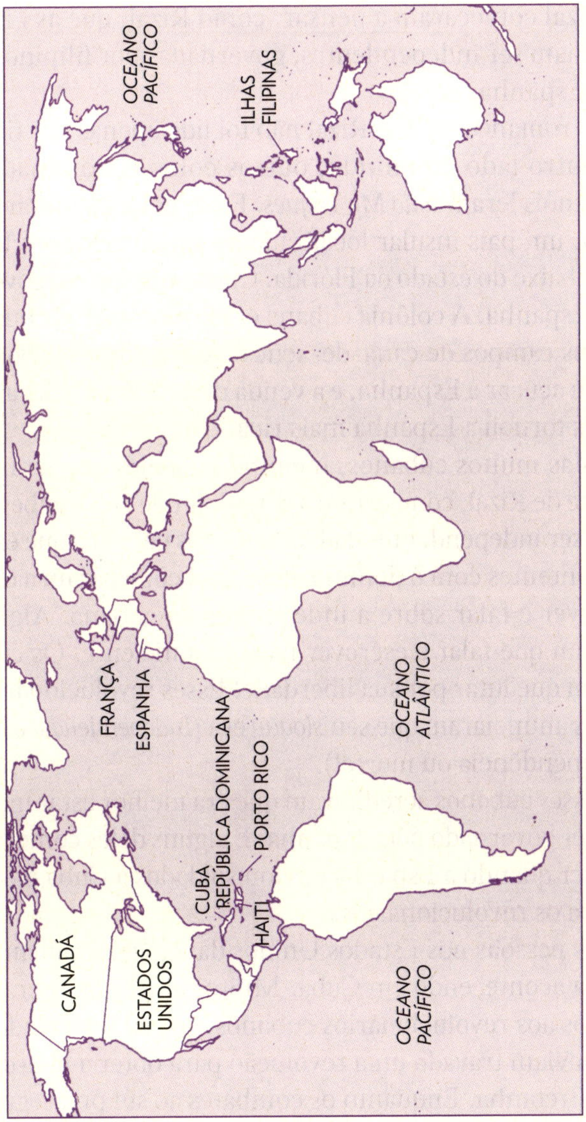

A Guerra Hispano-Americana

de Rizal começaram a pensar, como Rizal, que as Filipinas deveriam ser independentes, governadas por filipinos e não pela Espanha.

O romance de José Rizal não foi lido apenas por filipinos. Do outro lado do mundo, outros colonos dominados por espanhóis leram *Não Me Toques*. Esses colonos moravam em Cuba, um país insular localizado ao sul dos Estados Unidos, logo abaixo do estado da Flórida. Cuba também era governada pela Espanha. A colônia cubana era importante porque tinha muitos campos de cana-de-açúcar. Cuba fornecia boa parte de seu açúcar à Espanha, e a venda de açúcar cubano a outros países tornou a Espanha mais rica.

Mas muitos cubanos, incluindo aqueles que leram o romance de Rizal, começaram a acreditar que eles também deveriam ser independentes da Espanha. Os cubanos que estavam descontentes com o domínio espanhol começaram a discutir, escrever e falar sobre a independência cubana. Alguns decidiram que falar e escrever não era suficiente. Os cubanos teriam que lutar por sua liberdade! Esses revolucionários violentos anunciaram que seu *slogan* era *¡Independencia o muerte!* (Independência ou morte!).

Esses cubanos acreditavam que era melhor estar morto do que ser governado pela Espanha. E alguns deles começaram a morrer quando a Espanha enviou soldados a Cuba para lutar contra os revolucionários.

As pessoas nos Estados Unidos da América sabiam o que estava acontecendo em Cuba. Muitos americanos eram simpáticos aos revolucionários cubanos. Afinal, os Estados Unidos haviam travado uma revolução para obter a liberdade da Grã-Bretanha. Enquanto os combates ao sul prosseguiam, o

Congresso dos Estados Unidos declarou em nome do povo dos Estados Unidos que Cuba deveria ser livre e independente da Espanha. Jornais americanos publicavam artigos sobre a *crise cubana* em suas primeiras páginas, dia após dia.

Às vezes, esses jornais faziam a crise cubana parecer ainda pior do que era. Os maiores jornais americanos, pouco antes de 1900, eram o *New York Journal*, de propriedade de um empresário chamado William Randolph Hearst, e o *New York World*, de Joseph Pulitzer. Hoje, um prêmio muito distinto dado a repórteres de jornais que fazem um excelente trabalho tem o nome de Joseph Pulitzer – o *prêmio Pulitzer*.

Hearst e Pulitzer descobriram que, nos dias em que as histórias sobre Cuba eram publicadas nas primeiras páginas do *New York Journal* e do *New York World*, as pessoas compravam mais jornais. Então, os dois jornais começaram a publicar matérias sobre Cuba, mesmo quando não havia muitas notícias sobre a *crise cubana*. Às vezes, essas histórias sobre Cuba eram exageradas. Às vezes, eram apenas mentiras! Os jornais chegaram a fazer entrevistas com *testemunhas oculares* falsas, que alegaram ter visto soldados e oficiais espanhóis tratando os cubanos com uma crueldade terrível. William Randolph Hearst enviou um artista chamado Frederic Remington a Cuba e disse-lhe para enviar desenhos de eventos tão sombrios e macabros que os americanos implorariam aos Estados Unidos que entrassem em guerra em nome de Cuba. Quando Frederic Remington protestou que os espanhóis não estavam realmente tratando os cubanos *tão* mal e que não havia necessidade de iniciar uma guerra, Hearst respondeu: "Você fornece as imagens e eu fornecerei a guerra".

Por que Hearst e Randolph estavam ansiosos por guerra? Porque, durante as guerras, centenas de milhares de pessoas compravam jornais para descobrir o que estava acontecendo.

Hearst e Pulitzer estavam dispostos a fazer qualquer coisa para vender jornais, incluindo inventar histórias, entrevistas e imagens. Alguns jornais menores os copiaram. Mas outros editores ficaram com nojo. Um disse que o jornalismo (redação de jornal) simplesmente se tornara *uma variedade de novas mentiras*.

Então, algo verdadeiro e digno de notícia realmente aconteceu. Em 15 de fevereiro de 1898, após vários anos de *crise cubana*, um navio de guerra dos Estados Unidos chamado *Maine* explodiu em um porto cubano. Morreram 260 americanos. Autoridades espanholas disseram que a explosão tinha sido um acidente. Algo dentro do *Maine* deve ter pegado fogo e explodido o navio. Mas as autoridades americanas insistiram que o *Maine* havia explodido por causa de uma bomba plantada por um espião espanhol.

Até hoje, ninguém sabe exatamente o que destruiu o *Maine*, embora a maioria dos especialistas acredite que provavelmente não foi uma bomba espanhola. Mas, em 1898, a maioria dos americanos estava disposta a acreditar que os espanhóis haviam explodido deliberadamente um navio americano. Os jornais tinham uma oportunidade maravilhosa de vender mais cópias. Jornal após jornal publicavam histórias sobre como os espanhóis haviam atacado soldados dos Estados Unidos. As histórias pediam que o Congresso dos Estados Unidos declarasse guerra à Espanha. As manchetes diziam: *Lembre-se do Maine*! O *New York Journal* imprimiu 1 milhão de cópias de seu jornal, implorando que os Estados Unidos atacassem a Espanha.

Em 19 de abril de 1898, o Congresso dos Estados Unidos votou a favor da guerra com a Espanha. Essa guerra não aconteceria apenas em Cuba. Em vez disso, os navios dos Estados Unidos atacariam a marinha espanhola em todo o mundo, onde quer que os navios de guerra espanhóis navegassem.

Isso incluía as Filipinas!

O secretário assistente da Marinha, o homem que ajudaria a guiar os navios de guerra dos Estados Unidos enquanto organizavam seus ataques, chamava-se Theodore Roosevelt. (Mais tarde ele se tornaria presidente.)

Theodore Roosevelt ordenou que navios americanos navegassem para as Filipinas, atacassem a frota espanhola ancorada ali e destruíssem os navios espanhóis. Enquanto isso, soldados americanos e espanhóis lutavam em Cuba. O próprio Theodore Roosevelt liderou em Cuba um bando de soldados apelidados de *Rough Riders.* A batalha mais famosa travada pelos *Rough Riders* ocorreu em 1º de julho, quando Roosevelt e seus homens subiram uma colina chamada San Juan, expulsando o exército espanhol.

Filipinas e Cuba não eram os únicos lugares em que americanos e espanhóis estavam brigando. Os Estados Unidos também enviaram 18 mil soldados para desembarcar na ilha de Porto Rico, perto de Cuba. Porto Rico também fazia parte do Império Espanhol.

Mas, antes de a luta se intensificar em Porto Rico, a Espanha concordou em se render. Em 10 de dezembro de 1898, a Espanha e a América assinaram um tratado chamado Tratado de Paris. Esse tratado decretou que Porto Rico, Cuba, Filipinas e outra pequena ilha chamada Guam não pertenceriam mais à Espanha. Mas nenhum desses países ganhou sua independência. Em vez disso, eles passariam a ser governados pelos Estados Unidos da América!

O povo das Filipinas ficou particularmente zangado com isso. Eles declararam que não seriam governados pelo presidente americano. Em vez disso, queriam seu próprio presidente, um homem chamado Emilio Aguinaldo. Aguinaldo disse aos Estados Unidos que estavam agindo de maneira *violenta e agressiva* contra o povo das Filipinas. Quando os Estados Unidos se recusaram a dar às Filipinas total independência, Emilio Aguinaldo declarou que as Filipinas estavam agora em guerra com os Estados Unidos.

Mas as forças de Aguinaldo não eram fortes o suficiente para combater as tropas americanas. Em 1901, soldados americanos invadiram as Filipinas e capturaram Aguinaldo. Ele teve que concordar em prestar um juramento de lealdade aos Estados Unidos e se aposentar como presidente das Filipinas. Em troca, o Congresso americano concordou que as Filipinas seriam governadas por dois grupos de legisladores. Um grupo seria formado por líderes filipinos, eleitos pelo povo das Filipinas. Os membros do outro grupo seriam selecionados pelo Congresso americano.

Na guerra hispano-americana e nos combates que se seguiram, mais de 200 mil filipinos morreram. As Filipinas estavam livres da Espanha e tinham seu próprio governo. Mas esse governo existia à sombra de um país maior e mais forte – os Estados Unidos.

Conquistando o Oeste nos Estados Unidos da América

CAPÍTULO

16

OS ESTADOS UNIDOS EM EXPANSÃO

COLONIZANDO O OESTE

Imagine que você e sua família moram na Pensilvânia, no leste dos Estados Unidos, pouco antes da Guerra Hispano-Americana. Você sempre viveu na Pensilvânia. É o único lar que você conhece. Mas seu pai está tendo problemas para encontrar trabalho, e seus pais ouviram dizer que nos vastos territórios do oeste dos Estados Unidos, os colonos podem começar uma nova vida.

Então eles decidem fazer as malas e seguir para o Oregon, do outro lado da América do Norte.

Você viajará para o Oregon em uma carroça puxada por bois. Os cavalos não conseguem viver da grama da pradaria no oeste, mas os bois conseguem. Dessa forma, você não precisará levar tanta comida para os animais. A maior parte da carroça será preenchida com comida para sua família. Para que você, seus pais e seu irmão mais velho cheguem a Oregon em segurança, você precisará levar centenas de quilos de comida – mais do que cabe na traseira de uma grande caminhonete hoje.

Se você é como a maioria das famílias que estão indo para o Oregon, logo descobrirá que está carregando muita coisa. Quanto mais pertences você levar em sua carroça, mais pesada será a carroça e mais lento será o caminhar dos bois. À medida que avança, você vê que as famílias que viajam à sua frente começaram a jogar coisas fora das carroças: roupas, brinquedos, livros, móveis, até fogões de ferro fundido.

Tantas famílias seguiram a rota de carroça até o Oregon para começar uma nova vida que o caminho para o oeste ficou conhecido como Trilha do Oregon. Hoje, ainda é possível ver marcas no solo, onde milhares de rodas de carroças atravessavam a trilha. A viagem era difícil. Nas famílias numerosas, nem todo mundo podia caber na carroça, então os membros da família se revezavam andando ao lado dos bois. Frequentemente, andavam descalços, com os pés arranhados e com bolhas, na chuva. Alguns *pioneiros* (pessoas que viajaram para o oeste nos anos 1800) morreram atingidos por raios! Outros foram feridos por pedaços gigantes de granizo, do tamanho de toranjas. Muitos ficaram doentes. Se pegassem a doença misteriosa e mortal chamada cólera, eles morreriam em poucas horas. Suas famílias enterrariam os mortos ao lado da trilha e seguiriam em frente.

Todas as noites, os pioneiros acampavam ao lado da trilha. Todas as manhãs, eles se levantavam antes do amanhecer e acendiam uma fogueira. Sem uma fogueira, não haveria café da manhã quente. Mas, quando as carroças chegavam às vastas planícies do oeste, havia poucas árvores e galhos com os quais fazer fogo. Às vezes, os pioneiros encontravam uma cadeira ou mesa que outra carroça havia jogado fora e acendiam a fogueira com essa mobília. Porém, frequentemente, eles coletavam esterco seco de búfalo, que os colonos chamavam de *lascas de búfalo*. O esterco queimava quase tão bem quanto madeira.

Indígenas Lakota caçando búfalos para alimentar a aldeia

Às vezes, nem as lascas de búfalo eram encontradas. Então, os colonos comiam a comida crua. Um ministro chamado Samuel Parker, que seguiu a trilha do Oregon até o oeste, escreveu:

"Pão seco e bacon eram o nosso café da manhã, almoço e ceia. Cozinhávamos o bacon quando conseguíamos obter lenha para o fogo; mas, quando nada além da grama verde podia ser visto, comíamos bacon sem cozinhar."

A viagem para o oeste levava seis meses. Mas, apesar da longa e difícil jornada, milhares e milhares de americanos decidiram seguir a trilha do Oregon. As cidades e estados do leste, de Atlanta na Geórgia, até Boston em Massachusetts, estavam se enchendo. Em muitas cidades, era difícil para os trabalhadores encontrar emprego. E, no campo, era difícil para os jovens agricultores encontrar terras para comprar. Pessoas de Boston, Nova York, Filadélfia, Richmond, Charleston e uma dúzia de outras cidades começaram a se mudar para o oeste.

O governo dos Estados Unidos queria que esses colonos americanos colonizassem o oeste para os Estados Unidos. Assim, quando as pessoas foram para o oeste, oficiais do governo foram com eles e dividiram as enormes terras ocidentais em áreas chamadas *territórios.* Quando 60 mil pessoas se estabelecessem em um território específico, elas poderiam enviar uma mensagem ao Congresso e solicitar que seu território se tornasse um estado. Uma vez que um território se tornasse um estado, os colonos que viviam lá poderiam eleger representantes para o Congresso e ter voz em seu próprio governo. Depois do Texas (que havia sido tomado dos espanhóis pelos Estados Unidos), o primeiro território do oeste a se tornar um estado foi Iowa, em 1846 – muito antes da Guerra Civil! O último foi o Arizona, que se tornou um estado em fevereiro de 1912.

Mas havia um problema. Os territórios do oeste para os quais os colonos estavam viajando não estavam vazios.

Americanos indígenas, chamados de *índios*, moravam lá havia séculos. De fato, muitos dos nomes dos estados e cidades do oeste vêm de palavras indígenas. *Nebraska*, por exemplo, vem de uma palavra usada pela tribo Oto, que significa *água plana. Minnesota* vem de uma palavra usada pela tribo Dakota que significa *água tingida de céu.*

A princípio, os americanos indígenas eram principalmente amigáveis com os colonos. Mas, à medida que cada vez mais pioneiros chegavam, os americanos indígenas começaram a ver que essa imensa invasão os privaria de suas terras. Eles começaram a defender suas aldeias e áreas de caça contra os recém-chegados.

Em resposta, o governo dos Estados Unidos enviou um exército – soldados armados para lutar contra as tribos indígenas americanas com seus cavalos, arcos e flechas. Escaramuças e batalhas foram travadas por todo o oeste. Mas só o tamanho do exército dos Estados Unidos acabou expulsando os americanos indígenas das terras onde eles sempre viveram. Em troca, os Estados Unidos demarcaram algumas regiões chamadas *reservas* e disseram às tribos americanas indígenas que só poderiam viver nessas *áreas reservadas.*

Mesmo depois que as reservas foram criadas, os americanos indígenas continuaram resistindo. No território que hoje é Montana, o líder americano indígena Cavalo Louco, chefe dos *índios* de Lakota, recusou-se a permitir que seu povo fosse levado às reservas. Em vez disso, ele chamou seus guerreiros para se juntar a ele perto do Rio Little Bighorn e revidar. Os soldados dos Estados Unidos que foram enviados para atacar Cavalo Louco e seus homens foram comandados por um famoso soldado chamado George Custer. Ele havia lutado na Guerra Civil. Custer era o homem mais jovem a se tornar general do Exército dos Estados Unidos, porém tinha menos de setecentos homens sob seu comando e ele não sabia que quase 4 mil guerreiros americanos indígenas haviam atendido ao chamado de Cavalo Louco. Quando Custer levou seus homens para a Batalha de Little Bighorn, ele foi morto, junto com centenas de seus homens.

Outro famoso guerreiro americano indígena, um chefe apache chamado Gerônimo, liderou um bando de apaches em uma fuga de sua reserva.

"Nasci nas pradarias onde o vento soprava livre e não havia nada para quebrar a luz do sol", disse ele a seus seguidores. "Nasci onde não havia cercados."

Em vez de aceitar a prisão em uma reserva, Gerônimo e sua banda fugiram. Por um ano inteiro eles travaram uma guerrilha contra os soldados dos Estados Unidos nos territórios que agora pertencem aos estados do Novo México e Arizona. Mas finalmente Gerônimo foi preso. Ele morreu 23 anos depois, sem nunca ter voltado para casa.

A parte oeste dos Estados Unidos não pertencia mais aos americanos indígenas. Em vez disso, os novos estados do oeste tornaram-se o lar não apenas dos americanos do leste, mas também das pessoas que vieram de todo o mundo. Pessoas da Suécia se mudaram para Dakota do Norte e do Sul. Pessoas da Irlanda se mudaram para Montana. Pessoas da China foram para a Califórnia.

A América era agora um país enorme, cobrindo um vasto continente. Os agricultores e pecuaristas que cultivavam grãos e vacas nas planícies do oeste precisavam de uma maneira de levar trigo, milho e carne para os famintos habitantes das cidades no leste. Então, empresários americanos construíram grandes ferrovias. Rapidamente, os trilhos da ferrovia atravessaram o continente. O búfalo que uma vez vagou pelas planícies começou a desaparecer. Os colonos do oeste mataram milhares deles – às vezes, atirando nos búfalos de vagões de trem enquanto os trens passavam pelos rebanhos. Buffalo Bill Cody, um famoso fora da lei e soldado, ganhou seu apelido porque matou mais de 4 mil búfalos em pouco mais de um ano. O búfalo tornou-se uma espécie em extinção – um tipo de animal que corre o risco de desaparecer da Terra.

O oeste americano havia mudado para sempre.

AÇÕES, FILANTROPOS E FORAS DA LEI

Imagine por um minuto que você é muito, muito bom em fazer bombons de chocolate. Toda manhã você se levanta e começa a trabalhar. Você mistura cacau em pó, açúcar, manteiga e leite. Você mexe a mistura sobre o fogão até que fique grossa e cremosa. Em seguida, despeja a mistura de chocolate quente em fôrmas de bombons. Você recheia alguns com marshmallow, outros com amendoins e outros com pedaços de caramelo em outra bandeja. Quando os bombons esfriam, você mergulha alguns deles em cobertura de chocolate branco e despeja caramelo sobre outros. Depois, você pega seus bombons de chocolate em uma bandeja e caminha pela vizinhança, gritando: *Doces à venda!* Seus vizinhos saem e compram os doces por 25 centavos cada. Quando todos os bombons acabam, você volta para casa, contando o dinheiro. Você tem dinheiro suficiente para comprar ingredientes para os doces do dia seguinte e extra para comprar comida para o dia e um novo par de sapatos.

Agora imagine que alguém construa uma fábrica de chocolates na rua. Dez trabalhadores medem e despejam os ingredientes em dez cubas, onde as máquinas os misturam até o chocolate ficar espesso. As cubas despejam o chocolate em moldes, onde mais dez trabalhadores acrescentam amendoins, marshmallows e pedaços de caramelo. Assim que o chocolate esfria, os moldes se viram automaticamente e os chocolates caem sobre uma esteira transportadora. Mais dois operários separam os chocolates quebrados e colocam os outros em caixas sofisticadas.

O dono da fábrica produz tantos chocolates que pode comprar grandes quantidades de cacau, açúcar, manteiga e leite. Como ele compra grandes quantidades, recebe um desconto especial e paga menos do que você por cada ingrediente. E como as máquinas fazem parte do trabalho, ele pode fazer muito mais chocolates do que você, sem ter de pagar muitos ajudantes. De fato, sua fábrica produz tantos bombons de chocolate que ele pode vendê-los por dez centavos cada um e ainda obter lucro.

Quando você caminha pela estrada com seus bombons, descobre que todos os seus vizinhos já compraram doces baratos da fábrica. Você não consegue vender um único pedaço de chocolate! E se você abaixar seu preço para dez centavos cada, não ganhará dinheiro suficiente para comprar comida e sapatos.

O que você pode fazer?

Você desiste da fabricação de chocolate e vai trabalhar na fábrica. Durante todo o dia, você adiciona amendoins aos bombons. Não importa quantos doces você recheie de amendoins, você ganha a mesma quantia em dinheiro por cada hora de trabalho. Até o final do ano, a fábrica fatura 7 mil dólares em lucro. Mas todo o lucro da produção extra de bombons vai para o dono da fábrica, não para você!

Mas então outra coisa acontece.

O dono da fábrica pensa consigo mesmo:

"Se eu pudesse comprar mais dez cubas e mais dez esteiras transportadoras, poderia fazer ainda mais bombons. Isso me custaria 3 mil dólares. Mas, assim que as cubas e as esteiras transportadoras estivessem funcionando, eu poderia fazer muito mais doces e logo ganharia de volta mais de 3 mil dólares em lucro extra! Onde posso conseguir 3 mil dólares?"

O dono da fábrica decide ir conversar com três amigos ricos. Ele diz aos amigos ricos que, se cada um deles lhe der mil dólares, ele lhes dará um décimo da fábrica em troca. Claro, ele não pode realmente separar um décimo da sua fábrica! Mas ele oferece a cada amigo um décimo do lucro da fábrica no final do ano.

Os três amigos concordam. Cada um entrega mais de mil dólares. No final do ano, a fábrica faturou 15 mil dólares em lucro! Cada amigo recebe um décimo disso – 1.500 dólares. O dono da fábrica recebe 10.500 dólares. Ele fica mais rico porque a fábrica ficou maior e seus amigos receberam 1.500 dólares em troca dos mil dólares investidos no início do ano.

Todo mundo está feliz!

Exceto, talvez, você. Você ainda está recebendo exatamente o mesmo salário que recebia quando a fábrica faturava apenas 7 mil dólares em lucro.

Isso é o que começou a acontecer nos Estados Unidos quando o ano de 1900 se aproximava. Duzentos anos antes, a maioria das pessoas ganhava dinheiro trabalhando em casa e vendendo o que ganhavam. Mas, quando as fábricas apareceram, elas produziam os mesmos produtos – rendas, tecidos, arados, martelos, pão – mais baratos do que os trabalhadores domésticos. Os trabalhadores domésticos foram forçados a largar seu negócio e tiveram que ir trabalhar nas fábricas.

Então, os proprietários das fábricas queriam mais máquinas, mais trabalhadores e edifícios maiores. Por isso, pediram aos homens ricos, chamados *investidores*, que lhes dessem dinheiro para fazer melhorias em troca de parte dos lucros no final do ano. Essa participação nos lucros foi chamada de *ações* e os homens ricos se tornaram *acionistas*.

Em nossa história, os amigos ricos que deram dinheiro ao dono da fábrica de chocolate *compraram ações* na fábrica. Como agora eram *acionistas*, eles recebiam parte dos lucros no final do ano. E a fábrica de chocolate não era mais um negócio de propriedade de um único empresário. Era uma *corporação* em que mais de uma pessoa tinha o direito de compartilhar os lucros.

A prática de *comprar ações* tornou-se cada vez mais comum. Um investidor poderia ganhar uma quantia enorme de dinheiro se fosse inteligente e sortudo. Se ele gastasse cem dólares comprando ações em uma empresa que estava prestes a ganhar uma quantia enorme de dinheiro, ele poderia receber mil dólares no final do ano. Mas, se ele investisse cem dólares em uma empresa que não estava muito bem administrada, ele poderia receber apenas dez dólares dos pequenos lucros no final do ano. Ele perderia noventa dólares em vez de ganhar novecentos dólares!

Os acionistas que possuíam parte dos lucros em seis ou sete empresas diferentes poderiam se tornar incrivelmente ricos. Alguns desses ricos acionistas usaram o dinheiro para comprar iates, banheiros de mármore com torneiras de ouro e colares de diamantes. Mas outros acreditavam que era importante para aqueles que lucravam com a compra de ações (o *mercado de ações*) dar dinheiro para aqueles que eram menos ricos.

Um dos mais famosos desses homens ricos chamava Andrew Carnegie. Andrew Carnegie nasceu na Escócia, mas seus pais o levaram para morar na Pensilvânia quando ele tinha treze anos. Andrew começou a trabalhar em uma fábrica de algodão imediatamente! Mas ele estava determinado a se tornar mais do que mão de obra de fábrica. Ele foi para a escola noturna e se esforçou muito em todos os empregos que conseguiu. Quando tinha trinta anos, Andrew Carnegie possuía a maior empresa siderúrgica dos Estados Unidos. No ano de 1900, a Companhia de Aço Carnegie faturou 40 milhões de dólares em lucro. E como Andrew Carnegie possuía mais ações da empresa do que qualquer outra pessoa, ele ganhou mais da metade do lucro – 25 milhões de dólares como salário de um ano!

Andrew Carnegie acreditava que ele deveria doar o máximo possível desse dinheiro. Ele escreveu que era realmente bom para a sociedade que alguns homens se tornassem incrivelmente ricos porque então poderiam fazer o bem para outros.

"Esse, então, é considerado o dever do homem rico", escreveu ele, "[tornar-se] único agente e administrador para seus irmãos mais pobres, trazendo a seu serviço sua sabedoria, experiência e capacidade superiores de administrar, fazendo por eles melhor do que eles poderiam ou conseguiriam fazer por si mesmos."

Em outras palavras, Carnegie acreditava que um homem comum que ficava rico apenas desperdiçava seu dinheiro. Mas um homem que era inteligente o suficiente para ganhar uma riqueza enorme também era inteligente o suficiente para usar esse dinheiro para o bem da humanidade. Por isso, era realmente muito melhor para o país que algumas pessoas fossem pobres (porque isso significava que realmente não tinham a capacidade de gastar dinheiro com sabedoria). Os muito ricos gastariam esse dinheiro em seu nome!

Andrew Carnegie praticou o que ele pregava. Ele doou 350 milhões de dólares para bolsas de estudos, bibliotecas, pesquisas científicas e muitas outras boas causas. Ele ficou famoso como *filantropo* (uma pessoa que doa dinheiro para o bem dos outros).

Mas isso não o tornou popular entre todos. Muitas pessoas se opuseram à ideia de Andrew Carnegie de que os pobres têm menos sabedoria e habilidade que os ricos. Outros apontaram que Andrew Carnegie era rico apenas porque ele passou anos e anos pagando aos homens e mulheres que trabalhavam em suas fábricas de aço um salário minúsculo enquanto ele faturava a maior parte do lucro no final do ano. Carnegie, eles alegaram, não era melhor do que um fora da lei. Como muitos acionistas ricos, Andrew Carnegie roubava o trabalho de outros e ficava com os lucros.

A China no Final da Dinastia Qing

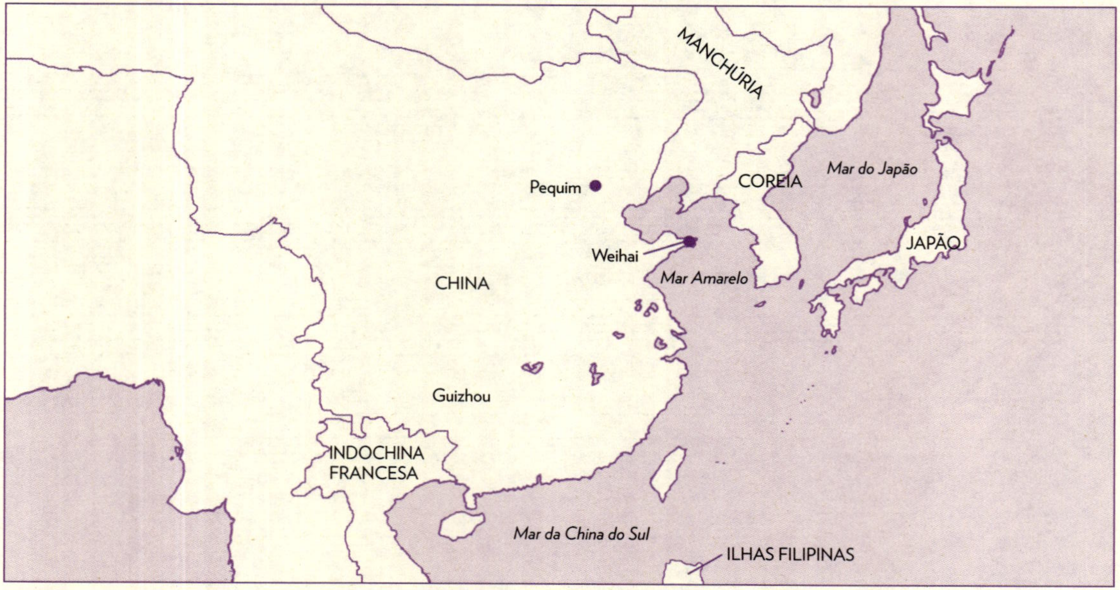

CAPÍTULO

17

CONFLITOS NA CHINA

A REBELIÃO DOS PUGILISTAS

Enquanto os americanos estavam se mudando para o oeste, ocupando terras indígenas, outro tipo de invasão estava ocorrendo no grande país da China.

Por muitos anos, os países europeus, junto com os Estados Unidos, tentavam invadir a China. Após as Guerras do Ópio, a China foi forçada a abrir seus portos a navios americanos e britânicos – e o que quer que esses navios trouxessem com eles. Enquanto a Rússia tentava tomar terras dos turco-otomanos, também tentava entrar na província do norte da China chamada Manchúria. No ano de 1897, os alemães se mudaram para a província de Guizhou, no sul, e a ocuparam, acampando soldados alemães em toda a área. E, em 1898, os britânicos tomaram o controle de Weihai, uma importante cidade portuária no Mar Amarelo.

Para combater as invasões do Ocidente, um pequeno grupo de rebeldes chineses formou uma sociedade secreta. Assim como as sociedades secretas dos Jovens Turcos, dos Jovens Búlgaros e dos Jovens Italianos, essa sociedade era chamada *secreta* porque não era oficialmente reconhecida pelo governo. Era composta por homens e mulheres que eram ferozmente patrióticos (leais ao seu país), mas que não acreditavam que seu governo estava se esforçando para proteger o povo chinês. Essa sociedade secreta chinesa se chamava *Yihhe Quai*, ou *Sociedade de Punhos Justos e Harmoniosos.* Mas os ocidentais apenas a chamavam de *Os Pugilistas*, porque os membros eram muito bons em artes marciais.

Os Pugilistas não eram bons apenas na luta. Eles também acreditavam que podiam ser possuídos por espíritos que lhes davam força e habilidade. Quando eles se preparavam para lutar, entravam em transe e começavam a espumar pela boca. Eles acreditavam que esse ritual os tornava invencíveis, e que espadas e balas simplesmente ricocheteariam neles! E eles também alegavam que milhares de soldados espirituais ressuscitariam dos mortos e se uniriam a eles na luta contra a ocupação ocidental. Quando entravam em batalha, os Pugilistas gritavam: "Acabem com os estrangeiros! Acabem com os estrangeiros!"

Os Pugilistas planejavam começar sua guerra contra estrangeiros atacando os missionários do Ocidente e os cristãos chineses. Eles acreditavam que esses cristãos chineses eram traidores de seu país, porque haviam se convertido a uma religião *ocidental*. Segundo os Pugilistas, os missionários cristãos trouxeram costumes ocidentais para a China e ajudaram a destruir as tradições dos chineses.

Os primeiros ataques foram feitos contra missionários alemães. A Alemanha enviou centenas de missionários para o interior da China, perto do Rio Amarelo. E esses missionários foram muito imprudentes. Em vez de simplesmente pregar o cristianismo, os missionários haviam se envolvido no governo local. Eles haviam prometido aos chineses próximos que, se se tornassem cristãos, os alemães os ajudariam a processar não cristãos em tribunal – e vencer. Isso os tornou muito impopulares com os chineses que já se ressentiam do envolvimento ocidental nos negócios da China.

Missionários alemães foram atacados e mortos. Cristãos chineses que eram amigos dos missionários também foram mortos. E o embaixador da Alemanha na China foi assassinado pelos Pugilistas bem no meio da rua na cidade de Pequim. Ele estava a caminho de uma reunião para reclamar ao governo chinês sobre a violência dos Pugilistas contra os alemães na China!

O governo da China fez muito pouco para impedir os Pugilistas. O próprio imperador se recusou a aprovar os ataques dos Pugilistas. Mas muitos de seus oficiais da Corte o fizeram – e sua tia, Cixi, também.

Cixi era a verdadeira governante da China. Seu título real era *Imperatriz Viúva*. Seu sobrinho, Guangxu, havia herdado o trono e o título de *Imperador*. Mas, quando Guangxu se tornou imperador, ele se tornou impopular muito rapidamente. Em cem dias, Guangxu fez quarenta decretos separados, mudando o governo, a lei, as escolas, os sistemas monetários, o exército e a polícia da China, para que ela fosse mais moderna.

Foram muitas mudanças ao mesmo tempo, especialmente para um país que via o termo *mais moderno* como *mais como os países ocidentais que estão tentando nos dominar.*

Quando Cixi viu quão nervosos os novos decretos de Guangxu deixaram as autoridades chinesas e o povo chinês, ela reuniu o exército, convenceu-os a lutar por ela, executou seis conselheiros de Guangxu e colocou o sobrinho em uma ilha no meio do lago do palácio. Agora ela possuía o poder real na capital de Pequim. E ela odiava os estrangeiros que estavam entrando na China.

Os Pugilistas vagavam pelo país, matando missionários que não conseguiam fugir deles, queimando igrejas e desenterrando trilhos ferroviários. Quase todas as ferrovias da China foram construídas por comerciantes europeus, com dinheiro europeu, para levar trens cheios de soldados europeus, mercadorias europeias e costumes europeus para o interior da China. Destruir as ferrovias era um passo importante para livrar-se da influência europeia na China!

Governos de todo o mundo enviaram mensagens para Cixi, ordenando que ela parasse os rebeldes. Cixi concordou. Ela chamou o exército e os colocou em alerta, mas nunca disse a eles para atacar. Ela gostava do que os Pugilistas estavam fazendo. Embora pudesse fingir obedecer aos países ocidentais afirmando que iria impedi-los, ela não tinha nenhuma intenção de fazê-lo.

À medida que a Rebelião dos Pugilistas aumentava, muitos estrangeiros na China fugiam para a cidade de Pequim. Lá, vários países tinham escritórios chamados *embaixadas.* Elas eram, por tradição, proibidas para autoridades chinesas; eram como pequenos postos avançados de cada país na China.

E elas estavam todas localizadas em uma parte murada da cidade chamada *bairro das delegações*.

Os estrangeiros correram para as embaixadas e fecharam os portões do bairro das delegações. E o fizeram no momento certo. Os Pugilistas já estavam marchando para Pequim, gritando: "Protejam o país! Acabem com os estrangeiros!"

Em vez de deter os Pugilistas com o exército imperial, Cixi os deixou entrar e cercar as embaixadas. Ela declarou que a China estava em guerra com os países do Ocidente.

Agora o bairro das delegações estava sitiado. Havia quase quinhentos diplomatas, jornalistas e missionários estrangeiros lá dentro, junto com cerca de 450 soldados de oito países diferentes. Três mil cristãos chineses também fugiram para o bairro das delegações por segurança. E o complexo também possuía um estábulo com 150 cavalos de corrida. Quando os estrangeiros sitiados ficaram sem comida, eles comeram os cavalos.

Mas as notícias do cerco chegaram ao mundo exterior. Soldados de vários países estavam se preparando para marchar até Pequim para resgatar os estrangeiros. O maior grupo de soldados era da Rússia (que estava muito feliz com uma desculpa para enviar mais russos armados para a China!). A segunda maior divisão de soldados era do Japão. E a terceira maior era dos Estados Unidos.

A esses soldados se juntaram combatentes britânicos e franceses. Dezenove mil homens desembarcaram na costa da China e marcharam em direção a Pequim. Ao longo do caminho, o exército foi atacado por guerrilheiros Pugilistas. Mas os combatentes seguiram em direção a Pequim. Em 14 de agosto de 1900, dois meses após o início do cerco ao bairro das delegações, o exército de estrangeiros chegou a Pequim.

Os Pugilistas, convencidos de que os encantos especiais que usavam e as palavras que recitavam os tornariam invencíveis, foram encontrá-los. Mas os soldados ocidentais mataram os Pugilistas. Eles arrombaram os portões da Cidade Proibida, onde o governo chinês tinha sua sede, invadiram a cidade e queimaram o grande Palácio de Verão – um dos maiores e mais belos edifícios do mundo. Cixi por pouco não escapou. Vestiu-se de camponesa, pegou o sobrinho da ilha no meio do lago do palácio, entrou em uma carroça e saiu da cidade.

Os oficiais do governo que foram deixados em Pequim tiveram que enfrentar o vitorioso exército ocidental! Eles prometeram que, se os soldados voltassem para casa em vez de ficarem em Pequim, os Pugilistas seriam punidos adequadamente. Eles insistiram que a declaração de guerra de Cixi não tinha sido uma declaração oficial *chinesa*. Finalmente, eles assinaram um acordo com onze países estrangeiros, explicando como os Pugilistas seriam punidos. Os chineses concordaram em punir as autoridades que haviam apoiado os Pugilistas, em construir muros mais fortes ao redor do bairro das delegações, em reparar as ferrovias e em pagar 333 milhões de dólares em multas ao resto do mundo.

Mais uma vez, os países ocidentais haviam conseguido assumir o controle dos assuntos chineses. De fato, a Grã-Bretanha assumiu que poderia fazer o que quisesse com a China. Um oficial britânico escreveu que os britânicos tinham três opções após a Rebelião dos Pugilistas. A Grã-Bretanha poderia dividir a China, substituir a dinastia Qing por outra dinastia, ou apenas tentar consertar as coisas com o governante Qing.

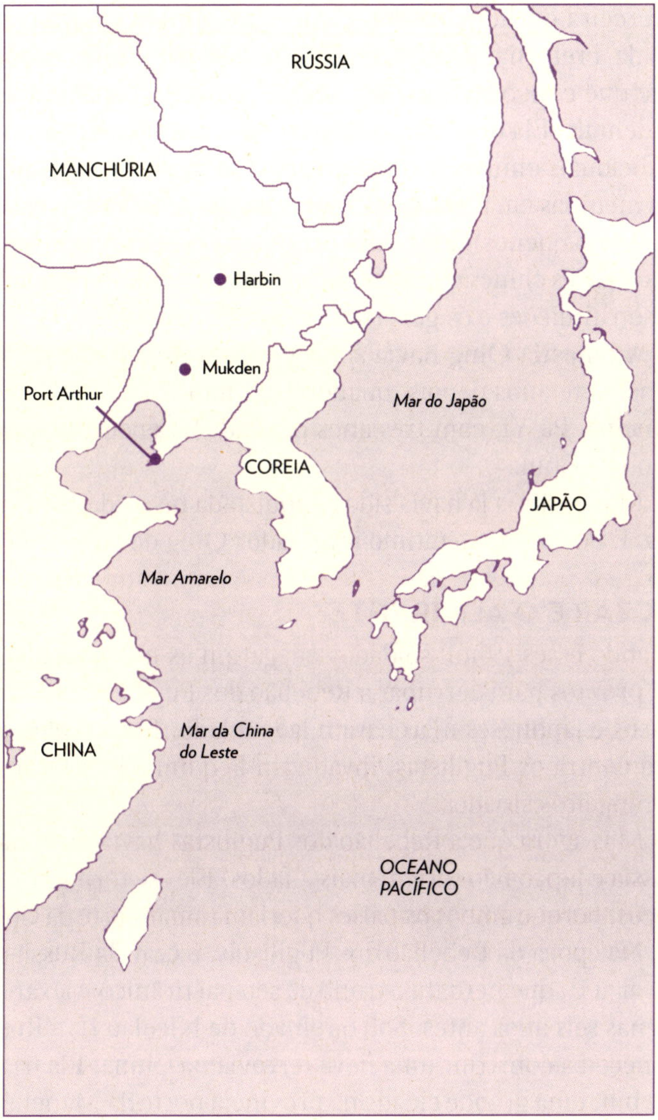

A ascensão do Japão

A terceira opção parecia ser a melhor. Então Cixi foi autorizada a retornar a Pequim como imperatriz Viúva. Mas ela teve que concordar que as escolas agora ensinariam ideias ocidentais. Ela teve que concordar em proibir várias práticas tradicionais chinesas, como amarrar os pés (envolver os pés das meninas em bandagens apertadas para que eles permanecessem pequenos). Ela também teve que concordar em enviar autoridades chinesas ao exterior para estudar e aprender sobre as constituições e os governos de outros países.

A dinastia Qing havia sobrevivido à Rebelião dos Pugilistas. Sete anos depois, quando Cixi morreu de derrame, o príncipe Pu Yi, com três anos de idade na época, herdou o trono da China.

Mas a China já havia sido conquistada pelas ideias ocidentais. E Pu Yi seria o último imperador Qing do país.

O CZAR E O ALMIRANTE

Quando esses 19 mil soldados chegaram às margens da China, prontos para derrubar a Rebelião dos Pugilistas, soldados russos e japoneses marcharam lado a lado. Juntos, eles lutaram contra os Pugilistas, invadiram Pequim e libertaram os estrangeiros sitiados.

Mas agora que a Rebelião dos Pugilistas havia terminado, Rússia e Japão não seriam mais aliados. Eles se tornariam inimigos, porque ambos os países queriam tomar parte da China.

Na época da Rebelião dos Pugilistas, o czar da Rússia era Nicolau II, que herdara o trono de seu pai tirânico Alexandre, apenas seis anos antes. Sob o reinado de Nicolau II, a Rússia começou a construir uma nova ferrovia na China. Ela iria de Harbin, uma grande cidade na província norte da Manchúria, até Port Arthur, no Mar Amarelo. A Rússia havia convencido a China a lhe alugar Port Arthur por 99 anos. Isso significava que, por quase um século, Port Arthur pertenceria à Rússia em troca de uma grande quantia de dinheiro.

Os russos precisavam de Port Arthur. A maneira mais fácil de transportar soldados, comida, tendas e outros suprimentos rapidamente ao longo da costa russa era navegando pelo Oceano Pacífico. E a Rússia só tinha um outro porto que ficava no Pacífico. Aquele porto estava tão ao norte que ficava completamente congelado a cada inverno! Sem Port Arthur, a Rússia não tinha como transportar tropas e suprimentos por via marítima.

A ferrovia era quase tão importante quanto Port Arthur. Quando a ferrovia ficou pronta, os navios russos podiam desembarcar em Port Arthur, cheio de soldados. Os soldados podiam viajar pela estrada de ferro até o centro da Manchúria. Durante anos, soldados russos ocuparam a Manchúria. Agora, a ferrovia permitiria à Rússia aumentar essa pequena força de ocupação em um enorme exército – que poderia invadir e tomar outras partes da China.

Port Arthur e a ferrovia faziam parte do plano da Rússia de tomar terras na Ásia. Após o término da Rebelião dos Pugilistas, Nicolau II decidiu que a Rússia deveria começar conquistando o pequeno país da Coreia.

Não foi a primeira vez que a Rússia considerou a conquista da Coreia. Alguns capítulos atrás, lemos sobre a rainha Min, da Coreia, que se condenou enviando uma mensagem à Rússia, pedindo aos russos que se tornassem seus aliados contra o Japão. Quando os japoneses descobriram isso, se livraram da rainha Min. O Japão não queria que a Rússia se aliasse à Coreia e o Japão certamente não queria perder a Coreia para Nicolau II.

Os japoneses tentaram comunicar isso por intermédio da diplomacia (enviando mensagens educadas para outro país por meio de um embaixador). O Japão enviou seus embaixadores a Moscou com uma mensagem a Nicolau II:

"O Japão apreciaria se o senhor retirasse seus soldados de Port Arthur e também da Manchúria."

O que essa mensagem respeitosa realmente significava era:

"Nem pense em usar esses soldados para invadir a Coreia!"

Nicolau II se recusou a remover os soldados russos em Port Arthur, então o Japão convocou seus embaixadores de volta e disse-lhes que não levassem mais mensagens ao czar. Isso foi chamado de *rompimento das relações diplomáticas.* Quando um país dizia a todos os seus embaixadores para deixar outro país e voltar para casa, costumava ser um anúncio de que uma declaração de guerra estava a caminho!

O czar não estava preocupado. Afinal, durante séculos o Japão havia sido um país antiquado e isolado, sem um exército moderno. Durante a Restauração Meiji, quando o imperador voltou ao trono, o Japão começou a modernizar seu exército. O exército tradicional de samurais havia sido substituído por um novo exército de estilo ocidental – um exército formado por soldados pagos que carregavam armas ocidentais. Mas esse novo exército japonês ainda era novo e os russos não tinham muito medo dele. Os oficiais russos nem disseram aos navios de guerra e tropas em Port Arthur para ficarem em alerta.

"Se um tiro for disparado", observou Nicolau II, "os japoneses, e não os russos, terão que disparar o primeiro tiro."

Ele apenas disse isso porque tinha certeza de que os japoneses não ousariam atacar os navios e soldados russos em Port Arthur. Afinal, os russos tinham a terceira maior marinha do mundo. Somente a França e a Grã-Bretanha tinham mais navios.

Isso foi um erro.

Era 9 de fevereiro de 1904, logo após a meia-noite. Os navios russos estavam ancorados em Port Arthur. A bordo, marinheiros russos estavam ao longo da popa, vigiando. Marinheiros de folga jaziam em seus beliches, dormindo. Os holofotes dos navios de guerra iluminavam a superfície escura da água, revelando nada além do balanço das ondas.

No escuro do oceano, além dos holofotes, os destróieres japoneses estavam navegando silenciosamente em direção ao porto. O comandante da marinha japonesa, almirante Togo, era um homem astuto e destemido. Ele recebeu permissão do governo japonês para iniciar uma guerra – não enviando uma declaração oficial de guerra ao governo russo, mas disparando contra a frota russa. O governo japonês decidiu seguir um conselho tradicional dado frequentemente aos samurais: "Se sua espada é muito curta, dê um passo à frente."

Como o exército deles não era tão forte quanto poderia ser, os japoneses estavam atacando, sem esperar o inimigo atacar primeiro.

Os espiões do almirante Togo haviam lhe dito que os navios de guerra e fortes em Port Arthur estavam esperando um ataque. Os espiões estavam errados. Os russos não esperavam nada. Mas o almirante Togo pensou que todos os navios o aguardavam. Então ele disse a seus capitães que fossem o mais silencioso e secretamente possível. Eles deveriam encobrir as luzes no convés e impedir que quaisquer faíscas saíssem das chaminés do navio a vapor.

O navio de guerra japonês Mikasa

À meia-noite e meia, o capitão do navio japonês principal deu o sinal a seus homens. Um torpedo saiu dos tubos da embarcação e bateu no navio de guerra russo mais próximo. Nas margens, as autoridades russas ouviram explosões e se perguntaram por que os navios de guerra estavam praticando tiro ao alvo no meio da noite. Por horas, ninguém na praia percebeu que um ataque estava em andamento.

Os japoneses dispararam dezesseis torpedos. Apenas três navios russos foram atingidos – mas dois eram os navios de guerra mais valiosos da frota russa.

O ataque em Port Arthur foi apenas o primeiro. O almirante Togo lançou um ataque após o outro à força russa de maior porte, derrotando os navios russos repetidamente. Três meses após o ataque inicial, a marinha japonesa conseguiu destruir o *Petropavlovsk*, o navio-almirante da marinha russa. O almirante que comandava toda a frota russa estava a bordo. O barco afundou e o almirante nunca foi encontrado – apenas seu casaco com as insígnias de almirante nos ombros flutuando na água. Agora a Rússia havia perdido seu comandante mais experiente.

Por 148 dias, navios japoneses mantiveram Port Arthur sitiado. Finalmente, as forças russas em Port Arthur tiveram que se render. Então, o exército japonês marchou contra os soldados russos em terra. Na Batalha de Mukden, a maior batalha terrestre já travada até agora, o exército do czar foi derrotado.

Em 27 de maio de 1905, o restante da frota russa foi destruída pela frota japonesa, ainda sob o comando do almirante Togo. Enormes navios de guerra russos emborcaram e afundaram. Os homens que saltaram deles descreveram a cena como o sol poente banhando de vermelho-sangue os navios de aço emborcados. A guerra acabou e o Japão venceu.

O presidente dos Estados Unidos, Theodore Roosevelt, ajudou a organizar um tratado de paz entre os dois países. A Rússia foi forçada a desistir de todos os planos de invadir a Coreia. Ela também teve que dar ao Japão parte da Manchúria, Port Arthur e vários outros pedaços de terra.

Em agosto de 1905, o tratado entre os dois países foi assinado nos Estados Unidos – na cidade de Portsmouth, em Nova Hampshire. Quatrocentos mil soldados e marinheiros russos haviam morrido, e a guerra custou à Rússia o equivalente a milhões de dólares.

O Japão interrompeu as tentativas da Rússia de expandir rumo a leste até a China. Pela primeira vez, um exército europeu havia sido derrotado por um país asiático. E ficou claro para o mundo inteiro que o Japão, não a China, era agora o mestre do Oriente.

A Luta pela Pérsia

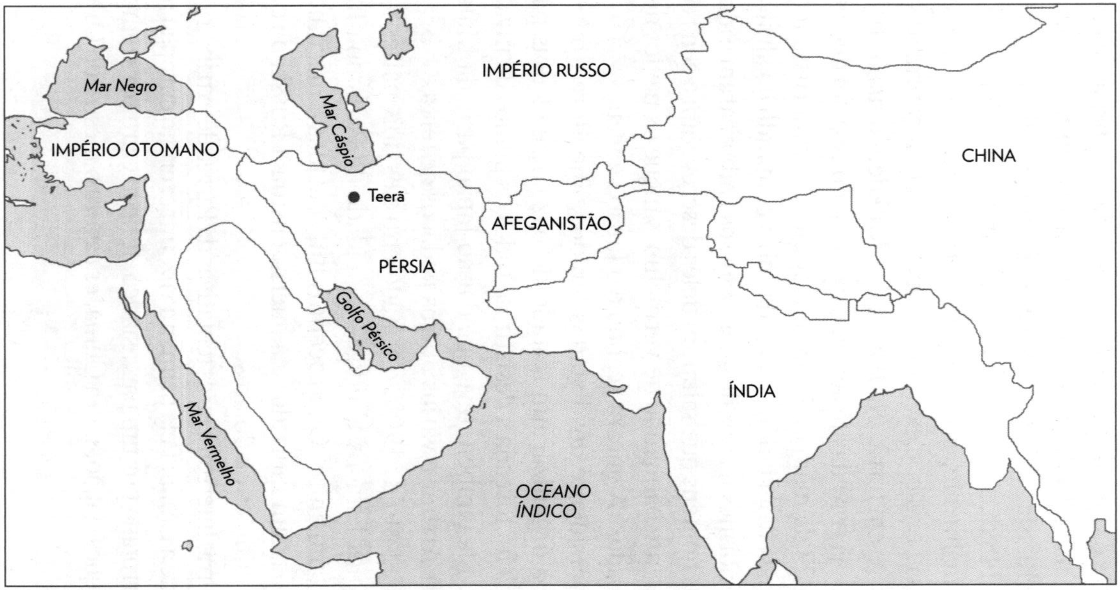

CAPÍTULO

18

A EUROPA E OS PAÍSES DO ORIENTE PRÓXIMO

A PÉRSIA, SEUS INIMIGOS E SEUS *AMIGOS*

A Rússia não conseguiu estender seu poder sobre a China. Mas o czar e seu exército teriam mais sorte um pouco mais a oeste.

Logo abaixo do Mar Cáspio, ficava o antigo império da Pérsia, agora reduzido ao tamanho de um pequeno país. Em um capítulo anterior, lemos sobre as tentativas da Pérsia de invadir o Afeganistão. A Pérsia e a Rússia fizeram uma aliança entre si para que um exército russo-persa pudesse atacar o Afeganistão e colocá-lo sob controle russo. Mas, quando a Grã-Bretanha ameaçou a Pérsia, o xá persa decidiu que seria mais sábio se retirar e deixar que os russos e britânicos brigassem pelo Afeganistão.

Logo, os russos e os britânicos começaram a disputar também a Pérsia.

Durante anos, os russos tentavam rastejar sobre a fronteira norte da Pérsia e tomar suas terras. Embora os persas tenham revidado, foram forçados a ceder parte de suas terras à Rússia. Enquanto isso, os britânicos também tentaram ganhar poder na Pérsia – não a partir da luta, mas a partir da diplomacia. Lembra das mensagens educadas que um país envia a outro por meio de um embaixador? A diplomacia parece cortês e bem-educada, mas geralmente um país concorda com as mensagens educadas de outro país apenas porque os dois países sabem que uma guerra começará se não o fizer.

A Grã-Bretanha pediu educadamente ao xá que deixasse comerciantes britânicos vender e comprar livremente mercadorias na Pérsia, e que cidadãos britânicos entrassem e saíssem da Pérsia sem restrições. O xá teve que concordar. Ele sabia que os soldados britânicos poderiam invadir a menos que a Pérsia fizesse o que a Grã-Bretanha pedia, e a Pérsia não poderia lutar contra russos e britânicos.

A Pérsia ficou presa entre essas duas grandes potências, a Rússia e a Grã-Bretanha: potências que desconfiavam uma da outra e provavelmente entrariam em conflito. A Pérsia também teve que ficar de olho no Império Otomano, que ficava na fronteira oeste. A leste, ficava o país do Afeganistão, que ainda odiava a Pérsia porque os governantes persas dominaram o Afeganistão por tantos anos. A Pérsia estava cercada por inimigos!

Em 1896, o xá da Pérsia morreu. Seu filho, o príncipe herdeiro, Mozafar Adim Xá Cajar, herdou o trono da Pérsia.

Mozafar Adim Xá Cajar tinha 35 anos, mas não sabia muito bem como governar a Pérsia. Durante toda a vida, ele odiou o pai, e passou o maior tempo possível longe dele. Então, seu pai nunca havia lhe ensinado a administrar o país. E quando Mozafar Adim se tornou xá, a Pérsia não estava apenas cercada por inimigos, mas estava endividada. Seu pai gastou muito, muito dinheiro!

Para arrecadar dinheiro para a Pérsia, Mozafar Adim Xá Cajar vendeu uma licença para exploração de um campo de petróleo para um inglês chamado William Knox D'Arcy. Essa licença significava que, em troca de uma grande quantia em dinheiro, o D'Arcy poderia fazer buracos no solo quase em qualquer lugar da Pérsia, à procura de *petróleo.* O petróleo é um líquido espesso que queima rapidamente. É encontrado em imensos poços abaixo da superfície da Terra, geralmente sob camadas grossas de rocha. Às vezes, os poços estão próximos da superfície, mas é mais comum estarem centenas de metros abaixo do solo. Para encontrar petróleo, D'Arcy teve que usar uma broca de aço para cavar a terra, na esperança de encontrar um poço (ou *reservatório*) de petróleo. Ele poderia perfurar duzentos buracos para encontrar um reservatório. E se sua broca finalmente atravessasse a rocha e encontrasse um poço de petróleo, ele poderia explodi-lo para fora do buraco e jorrá-lo no ar, como refrigerante de uma garrafa que foi sacudida.

Além de vender licenças para D'Arcy, Mozafar Adim Xá Cajar emprestou dinheiro da Rússia e da Grã-Bretanha. Ele não usou esse dinheiro emprestado com sabedoria. Em vez disso, ele fez três viagens caras pela Europa, gastou enormes quantias na decoração de seu palácio e em festas luxuosas e

Uma broca encontra um reservatório de petróleo

comprou roupas e joias muito caras para ele e a família. Enquanto isso, a Pérsia afundou ainda mais em dívidas.

O povo persa se rebelou.

Assim como as pessoas de muitos outros países, os persas exigiram uma constituição. Essa constituição colocaria limites no que o xá poderia fazer, para que ele não pudesse emprestar ou gastar dinheiro sem a aprovação do povo persa. Na capital da Pérsia, Teerã, rebeldes armados que queriam que o xá deixasse seu trono estabeleceram sua sede em um santuário. (A tradição persa dizia que o xá não podia enviar seus soldados a um santuário para prender qualquer um que se refugiasse ali, porque um santuário era um edifício religioso.) Outros persas protestavam nas ruas. Os trabalhadores entraram em greve. Teerã estava em caos. Em dezembro de 1906, Mozafar Adim Xá Cajar percebeu que deveria ceder às demandas do povo.

O xá concordou em dar à Pérsia uma constituição. Ele também concordou que a Pérsia teria uma assembleia, como o Parlamento na Inglaterra ou o Congresso nos Estados Unidos. Essa assembleia, chamada Assembleia Consultiva Nacional, ou a *Majles*, ajudaria a governar o país. A constituição e a assembleia retirariam grande parte do poder do xá. Mozafar Adim Xá Cajar estava com problemas de saúde havia algum tempo. Bem, ele ficou tão chateado com as mudanças em seu país que teve um ataque cardíaco e morreu.

Após a morte de Mozafar Adim Xá Cajar, a Rússia e a Grã-Bretanha reivindicaram o controle sobre diferentes partes da Pérsia. Os britânicos insistiram que a Grã-Bretanha tinha autoridade sobre a terra ao longo do Golfo Pérsico. Os russos anunciaram que a parte norte da Pérsia, perto da fronteira com a Rússia, estava sob sua proteção. E a Rússia também queria poder enviar navios russos para os portos persas no Mar Cáspio. Afinal, a Rússia havia perdido Port Arthur, então seu único porto para o Pacífico ainda congelava a cada inverno.

O novo xá da Pérsia, Maomé Ali Xá Cajar, teve que pensar em como lidar com esses dois impérios que brigavam por sua terra. Infelizmente, Maomé Ali Xá Cajar não tinha muito poder para revidar. A Pérsia devia tanto dinheiro à Rússia e à Grã-Bretanha que os bancos britânicos e russos tinham o direito de imprimir e emitir o dinheiro da Pérsia. Até as notas da Pérsia vinham dos estrangeiros dos quais Maomé Ali Xá Cajar queria se livrar! Pior ainda, muitos dos comandantes do exército persa nem sequer eram persas. Eles eram britânicos e russos.

Maomé Ali Xá Cajar achou que assumir um controle mais forte sobre seu país poderia ajudá-lo a lidar com os estrangeiros. Assim, em 1908, ele disse a seu próprio grupo pessoal de guarda-costas, a Brigada Persa dos Cossacos, para dissolver a *Majles*. Maomé Ali Xá Cajar pretendia governar sozinho.

Mas o povo persa ficou tão zangado com as ações do xá que o expulsou do país. Maomé Ali Xá Cajar teve que escapar. Ele correu para a Rússia!

Maomé Ali Xá Cajar deixou para trás seu filho de onze anos, Amade. O jovem se tornou o próximo xá, mas, por ser tão jovem, um regente governaria por ele junto com a *Majles*, que se reuniu assim que Maomé Ali Xá Cajar fugiu para a Rússia.

Enquanto Maomé Ali Xá Cajar estava fugindo, William D'Arcy estava finalmente encontrando petróleo. Ele acabara de perfurar um enorme reservatório de petróleo no sudoeste da Pérsia. Assim que encontrou petróleo, ele vendeu sua empresa ao governo britânico e se aposentou. Agora, o governo britânico possuía uma companhia de petróleo que tinha o direito oficial de extrair o óleo das terras da Pérsia. Essa empresa, a Companhia Anglo-Persa de Petróleo, poderia enviar esse petróleo persa de volta à Grã-Bretanha.

Por que o petróleo era tão importante para os britânicos?

A marinha britânica tinha dois tipos de navios: navios com motores que usavam carvão e navios com motores que usavam petróleo refinado. Em um navio que queima carvão, muitos dos marinheiros tinham que gastar seu tempo jogando o carvão com pás, o que significava que não podiam lutar. Um navio que usava petróleo, por outro lado, só precisava *de alguns homens* para acionar os motores. Os outros homens poderiam ficar armados. Os navios que funcionavam com petróleo também podiam navegar mais rápido e precisavam reabastecer com menos frequência.

A maioria dos navios da Grã-Bretanha usavam carvão. Mas, quando os britânicos descobriram que os alemães estavam construindo navios que usavam petróleo, eles ficaram preocupados. Essa nova marinha alemã seria mais forte e mais rápida que a marinha britânica. A Grã-Bretanha também precisava de navios que usavam petróleo.

O futuro primeiro-ministro da Inglaterra, Winston Churchill, sabia que, se a Grã-Bretanha construísse navios que usavam petróleo, o Império Britânico teria que encontrar uma boa fonte confiável de petróleo. Afinal, a Grã-Bretanha tinha *o melhor suprimento do melhor carvão para vapor do mundo, seguro em nossas minas sob nossa própria terra.* Mas a Grã-Bretanha não tinha petróleo.

– Precisamos transportá-lo por mar – alertou Churchill –, em paz ou em guerra de países distantes.

A menos que a Grã-Bretanha pudesse controlar um país onde o petróleo fora encontrado, os navios britânicos a petróleo poderiam acabar ancorados, sem combustível.

Agora que o petróleo fora descoberto na Pérsia, a Grã-Bretanha tinha duas razões para assumir o controle daquele território. Se os britânicos controlassem a Pérsia, impediria o crescimento do poder da Rússia no leste. E a Grã-Bretanha também seria capaz de usar o petróleo persa como combustível para a marinha britânica.

Enquanto isso, a *Majles* (a assembleia persa) decidiu que era hora de pedir ajuda de outro país. Enviou uma mensagem ao presidente americano William Taft, pedindo aos Estados Unidos que emprestassem à Pérsia dinheiro suficiente para pagar os britânicos e os russos. O presidente enviou uma equipe inteira de banqueiros americanos para descobrir se isso poderia ser feito.

A Grã-Bretanha não ficou feliz com os banqueiros americanos na Pérsia, mas a Rússia ficou furiosa. A Rússia enviou à *Majles* uma mensagem diplomática: "Envie aqueles americanos para casa imediatamente!"

A *Majles* ignorou a mensagem. Portanto, soldados russos marcharam da Rússia, atravessaram a fronteira para a Pérsia, em direção à cidade de Teerã. À medida que os soldados se aproximavam, os banqueiros americanos fugiram do país. A *Majles* se dissolveu e seus membros deixaram Teerã. Agora, o jovem xá da Pérsia reinaria sob a supervisão do czar da Rússia.

A Pérsia permaneceria sob controle russo por mais uma década. Mas os russos permitiram que a Companhia Anglo-Persa de Petróleo continuasse a canalizar petróleo e transportá-lo para fora do país. Eventualmente, a Companhia Anglo-Persa de Petróleo, que ficou conhecida como Petróleo Britânico, se tornaria uma das maiores empresas de petróleo do mundo inteiro.

A BAGUNÇA NOS BÁLCÃS

Se você olhar um mapa do Mar Mediterrâneo, verá a bota da Itália projetando-se na água. Do outro lado de um pequeno trecho de mar, outra península também se projeta no Mediterrâneo, cercada por pequenas ilhas e cheia de rios e enseadas.

Se você estudou história antiga, sabe que a Grécia fica no extremo sul dessa península. Mas a península inteira não é conhecida como *Grécia.* Em vez disso, é chamada de *Península dos Bálcãs.* Ao norte da Grécia há vários outros pequenos países chamados *Bálcãs.*

Até o ano de 1878, grande parte da península balcânica pertencia ao Império Otomano. Se você olhar novamente o mapa, verá a Macedônia (terra natal de Alexandre, o Grande), logo acima da Grécia. Os turco-otomanos conquistaram a Macedônia. Acima da Macedônia, a Albânia (também parte do Império Otomano) fica no lado oeste da península, com o pequeno país de Montenegro logo acima. Por muitos anos, Montenegro conseguiu permanecer independente da Áustria, dos otomanos e de outros países poderosos da Europa e do Oriente.

Ao lado desses dois países, no meio da península, fica a Sérvia, que os turcos também governavam; e a leste, no topo da península, estendendo-se sobre o Mar Egeu, fica a Bulgária.

Ao norte da península, ao longo do Mar Adriático, existem mais dois pequenos países: Bósnia e Croácia. A Croácia havia sido anexada à metade leste da Áustria, anos antes, mas a Bósnia pertencia aos turcos. Os turcos também governaram a Romênia, que ficava acima da Bulgária e logo abaixo da fronteira com a Rússia.

Se você se confundiu, não se preocupe muito. A maioria das pessoas na Europa e nas Américas realmente não tinha uma boa ideia de quem estava governando o quê na Península Balcânica! Essa pequena colcha de retalhos de países continuava sendo conquistada pelos países maiores ao redor. Mas o Império Otomano conquistou mais dos Bálcãs do que qualquer outro país.

Após a guerra entre os turcos e os russos em 1878, os turco-otomanos haviam perdido parte de suas terras na península balcânica. Se você voltar ao capítulo 9, lembrará que os russos marcharam para atacar os otomanos em vingança pela crueldade do sultão com a Bulgária. Quando os russos venceram, o Império Otomano teve de entregar a Romênia e a maior parte da Ásia Menor (chamada *Anatólia* na época) à Rússia. Também teve que concordar em dar liberdade à Bulgária.

Esse arranjo deixou o resto da Europa nervosa. Tornou a Rússia muito maior e também transformou a Bulgária em um grande país independente que sempre seria um aliado leal dos russos. A Rússia estava ficando poderosa demais.

Assim, as grandes potências da Europa – França, Alemanha, Grã-Bretanha e Áustria – disseram à Rússia que poderia manter a Romênia, mas tinha que devolver a Anatólia aos turcos. Eles também decidiram que, como a Bulgária sempre

A Bagunça dos Bálcãs

lutaria do lado da Rússia em qualquer guerra, a Bulgária deveria ser menor. Então, eles forçaram os búlgaros recém-libertados a devolver toda a parte sul do seu novo país aos turcos. O novo e muito menor país da Bulgária seria governado por um príncipe russo chamado Alexandre de Battenberg, sobrinho do czar russo.

Os búlgaros no sul do país – a parte que havia sido devolvida aos turcos – ficaram furiosos. Eles não queriam fazer parte do Império Otomano. Eles queriam ser livres para se juntar ao norte.

Juntas, as partes norte e sul da Bulgária decidiram se reunificar. Os turco-otomanos, desgastados pela guerra, não tentaram detê-los. Mas a Rússia ficou furiosa com essa decisão, porque Alexandre de Battenberg e os búlgaros do norte não haviam pedido permissão à Rússia. Todos os oficiais do exército russo na Bulgária e todos os diplomatas russos receberam ordem de voltar para casa.

Agora que a Bulgária não era mais amiga da Rússia, o resto da Europa não ficou tão preocupado com isso. A Bulgária foi autorizada a permanecer como um país unificado.

Agora a península balcânica havia mudado. A Bulgária era independente e não mais aliada da Rússia. O Império Otomano ainda controlava a Anatólia (Ásia Menor). Montenegro ainda era livre. A Sérvia, que fazia parte do Império Otomano, também foi libertada. A Áustria tomou a Bósnia (então agora a Bósnia e a Croácia faziam parte da Áustria). Os otomanos conseguiram manter a Albânia e a Macedônia.

Apenas alguns anos depois, a Macedônia tentou se libertar dos turco-otomanos. Em 2 de agosto de 1903, os rebeldes macedônios se uniram na cidade de Kruševo e se declararam independentes do domínio turco. Isso ficou conhecido como o Levante do Dia de São Elias.

Aparentemente, os turcos não haviam aprendido nada com a rebelião búlgara. Quando os búlgaros se revoltaram, os turcos mataram milhares e provocaram uma guerra devastadora contra si mesmos. Mas, quando os macedônios se revoltaram, os turcos fizeram exatamente a mesma coisa. O sultão Abdulamide ordenou que soldados turcos marchassem para a Macedônia e matassem os rebeldes.

Essa violência repugnou muitos turco-otomanos e deu aos Jovens Turcos a chance de finalmente se livrar do sultão. Lembre-se, os Jovens Turcos já haviam tentado iniciar uma rebelião contra Abdulamide. Eles foram forçados a fugir do país, mas se reuniram em outras cidades, como Genebra e Paris. Nessas cidades, os turcos exilados estavam planejando a tomada de seu próprio país.

Agora Abdulamide se tornara impopular não apenas com seu povo, mas com o exército otomano. Os Jovens Turcos convenceram o exército a se juntar a eles, exigindo que Abdulamide restabelecesse a constituição turca. Diante de seus próprios soldados, Abdulamide se viu obrigado a concordar. Ele também teve de remontar o Parlamento turco. E então deixou o país.

Os Jovens Turcos, agora no poder, emitiram uma Proclamação ao Império Otomano. Eles anunciaram que o governo passaria a obedecer à *predominância da vontade nacional*. Em outras palavras, faria o que o povo queria. Todos os otomanos com mais de vinte anos poderiam votar. Todos os otomanos, cristãos ou muçulmanos, teriam os mesmos direitos. E os Jovens Turcos tinham planos ainda maiores para o Império Otomano. Eles queriam se livrar das leis islâmicas (leis baseadas na religião muçulmana) que sempre fizeram parte da forma de governo do império. Em vez disso, queriam ter leis *seculares* (leis que não se baseiam em nenhuma religião em particular). Eles enviaram mensageiros para outros países europeus, pedindo conselhos sobre como tornar as fazendas e fábricas turcas mais modernas. Tentaram forçar todos no império a falar turco e esperavam que nessa nova *nação otomana*, todos – cristãos ou muçulmanos – seguissem as mesmas leis, falassem a mesma língua e fossem leais ao mesmo governo.

Isso não funcionou muito bem.

A Macedônia e a Albânia, onde a maioria das pessoas eram cristãs, ainda não queriam fazer parte do Império Otomano, mesmo que afirmasse ser uma *nação otomana* onde cristãos e muçulmanos eram tratados da mesma forma. Mas, embora os Jovens Turcos alegassem que seu governo estava pronto para ouvir os desejos do povo, quando o povo quis ser independente, os Jovens Turcos pararam de ouvir. Eles estavam prestes a enviar o exército turco para manter a nação otomana unida à força.

Ficou claro para o povo da península balcânica que os Jovens Turcos não lhes permitiriam deixar o império da mesma forma como o sultão. Então, após apenas quatro anos de domínio dos Jovens Turcos, os países dos Bálcãs começaram a lutar por sua independência. Sérvia, Bulgária, Grécia e Montenegro se uniram, com a ajuda do governo russo, e tentaram libertar a Macedônia do domínio turco. Juntos, os países conseguiram reunir um exército de 750 mil homens para marchar contra os turcos.

Essa *Primeira Guerra dos Bálcãs* começou em 1912. Em menos de dois meses, o exército otomano, fraco e desorganizado, percebeu que teria que renunciar ao restante de suas terras nos Bálcãs.

A Albânia se tornou finalmente independente. Um príncipe descendente de uma boa família alemã tornou-se chefe do governo albanês e os países da Europa concordaram em reconhecer a Albânia como uma nação livre.

Mas a Macedônia nunca conseguiu sua liberdade. Em vez disso, a *Segunda Guerra dos Bálcãs* começou entre a Sérvia, a Bulgária e a Grécia. Esses três países, que eram aliados contra os turcos, começaram a discutir entre si sobre como dividiriam a Macedônia. Em 1913, soldados búlgaros atacaram seus próprios aliados, tentando tomar uma grande parte da Macedônia à força.

O ataque falhou. Grécia e Sérvia dividiram a Macedônia entre si. A Bulgária só ficou com um pouquinho das terras.

Agora todos os Bálcãs estavam livres dos turco-otomanos. Mas os países da península balcânica ficaram furiosos uns com os outros. A Bulgária começou a fazer uma aliança com o país da Áustria, a fim de aumentar seu próprio poder. A Sérvia, atacada pela Bulgária pela divisão da Macedônia, tornou-se cada vez mais hostil à Bulgária – e à Áustria, o novo amigo da Bulgária.

Em 28 de junho de 1914, um sérvio mostraria o quanto a Sérvia odiava a Bulgária e a Áustria. Ele mataria o herdeiro do trono da Áustria. Mas isso não começaria uma *Terceira Guerra dos Bálcãs*. Em vez disso, começaria a Primeira Guerra Mundial.

A Rebelião na China

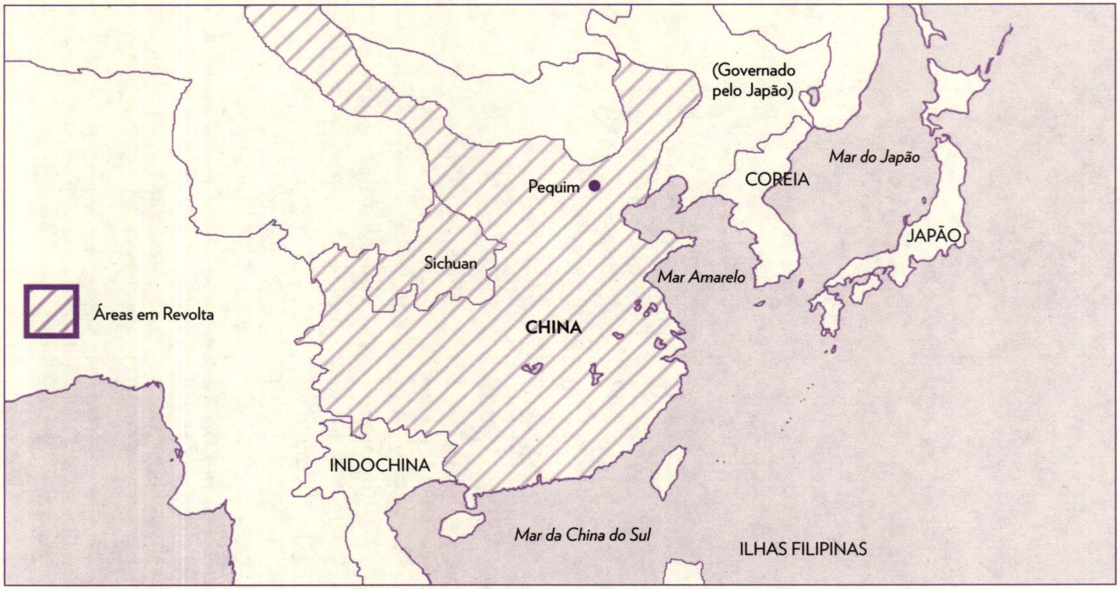

CAPÍTULO

19

CHINA, VIETNÃ E FRANÇA

O ÚLTIMO IMPERADOR

A China estava muito infeliz. Sua população havia crescido tão rapidamente que o país não conseguia produzir comida suficiente para se alimentar. As fábricas, máquinas agrícolas e armas da China eram antiquadas e surradas. A China não podia mais se defender; em vez disso, outros países travaram guerras por suas cidades e 40 milhões de chineses usavam a droga ópio.

Pior de tudo, a dinastia Qing parecia não ter poder algum. Após a Rebelião dos Pugilistas, a China foi forçada a fazer o que os britânicos e franceses ordenavam. Quando a Rússia e o

Japão brigaram por terras chinesas, os Estados Unidos tiveram que intervir para fazer as pazes. Um oficial chinês exclamou:

"Os russos estão nos espionando ao norte, os ingleses estão nos espiando a oeste, os franceses estão nos encarando ao sul, e os japoneses nos olham a leste. Estamos em grande perigo!"

O último imperador Qing não podia fazer nada para proteger seu país desse perigo. Ele tinha apenas três anos de idade.

A imperatriz Cixi havia morrido em 1908. Guangxu, o imperador que a imperatriz do dragão havia removido de seu trono, ainda estava vivo, mas morreu pouco depois. Havia rumores de que Cixi havia deixado instruções para Guangxu ser envenenado, para que seu herdeiro escolhido, o príncipe Qing de três anos, Pu Yi, não tivesse rival pelo seu trono.

Aos três anos, Pu Yi não podia governar a China. Em vez disso, ele morava em seu palácio dentro da Cidade Proibida. Paredes com dez metros de altura o separavam do povo comum da China. O teto de seu palácio era dourado, a cor real. Seus cobertores, pratos, roupas e tudo o mais que ele possuía também eram da cor do ouro.

Até os sete anos de idade, Pu Yi nunca tinha visto outra criança. Dezenas de criados o seguiam por toda parte, carregando roupas extras para o caso de sentir frio ou querer trocar de roupa, e comida para o caso de ficar com fome. Em cada refeição, ele recebia 25 tipos diferentes de alimentos, dispostos em seis mesas, para escolher. Um médico, carregando remédios, o seguia, caso espirrasse ou tossisse.

Pu Yi era tratado como um pequeno deus, mas os verdadeiros governantes da China eram seus regentes. Esses nobres Qing deveriam comandar a China por Pu Yi. A verdade era que os regentes, como a imperatriz que acabara de morrer, tinham que fazer o que a Rússia, o Japão e os Estados Unidos lhes dissessem.

Em 1911, o povo da China finalmente se rebelou contra esse controle estrangeiro.

A revolta começou na província de Sichuan, perto do centro da China. As autoridades da província de Sichuan queriam construir sua própria ferrovia – uma ferrovia que pertenceria aos chineses, não a um país estrangeiro como a Rússia. Muitos comerciantes de Sichuan haviam contribuído com dinheiro para construir a ferrovia. Mas eles não levantaram dinheiro suficiente para começar a construção da ferrovia.

Então os regentes Qing anunciaram que o governo assumiria o projeto de construção da ferrovia.

Isso significava que a ferrovia de Sichuan não pertenceria mais à China. Para terminar a ferrovia, o governo Qing pretendia fazer um acordo com banqueiros franceses, alemães e

O infante Imperador

ingleses para conseguir dinheiro suficiente. Portanto, a ferrovia realmente pertenceria a bancos franceses, alemães e ingleses.

Os oficiais de Sichuan se recusaram a entregar o projeto da ferrovia. Eles anunciaram que não obedeceriam mais aos regentes Qing ou ao governo Qing. Em vez disso, eles estabeleceriam um novo governo chinês – uma república chinesa. A capital dessa nova república chinesa seria a cidade de Nanquim, ao sul de Pequim. O presidente da república seria um médico chamado Sun Yixian.

Sun Yixian (também chamado Sun Yat-sen) havia tentado liderar uma rebelião contra a dinastia Qing em 1895, dezesseis anos antes. Quando seus planos para derrubar o governante Qing foram descobertos, Sun Yixian teve de fugir para salvar a própria vida. Ele foi para o Japão e depois viajou pela Europa. Mas agora ele havia retornado à China como chefe de um grupo de revolucionários que se autodenominavam *Kuomintang* ou *Partido Nacionalista.*

A rebelião de Sichuan se espalhou por toda a China. Os regentes Qing sabiam que não podiam lutar contra a vontade do povo ou contra os membros armados do Partido Nacionalista. Então, em fevereiro de 1912, eles anunciaram que o pequeno imperador abdicaria (deixaria seu trono).

A dinastia Qing havia terminado. Pela primeira vez em milhares de anos, a China não tinha mais um imperador.

Agora, Sun Yixian governava a China. Ele disse ao povo chinês que, em vez de seguir o governo de um imperador, eles deveriam viver de acordo com os Três Princípios do Povo. O primeiro princípio era *democracia*: os chineses deveriam poder votar em seus líderes. O Segundo Princípio era o *meio de subsistência*: todos na China deveriam conseguir um emprego e ganhar o suficiente

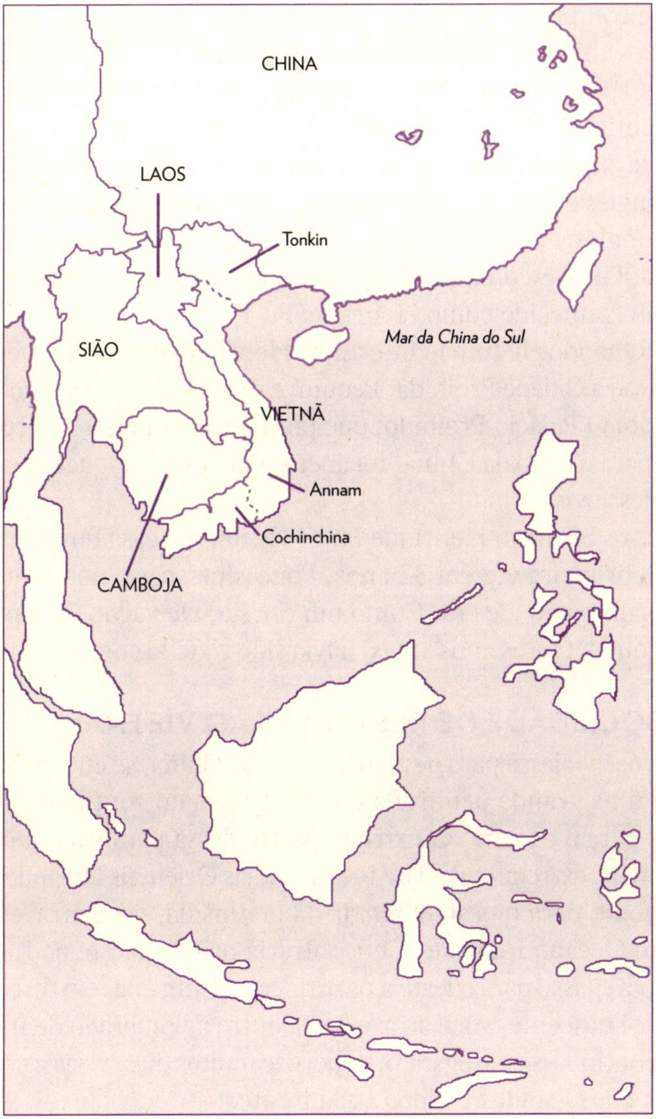

O controle francês da Indochina

para comprar comida. E o Terceiro Princípio era o *nacionalismo*: os chineses, e não os estrangeiros, deveriam dirigir a China.

O pequeno príncipe, com apenas oito anos, foi autorizado a continuar morando em seu palácio. Um oficial britânico o visitava para lhe dar aulas de inglês. Pu Yi gostava das aulas de inglês e perguntou ao seu tutor se ele poderia ter um nome em inglês. O tutor deu a ele uma lista de reis ingleses. Nessa lista, Pu Yi escolheu o nome Henrique. A partir de então, ele ficou conhecido como Henrique Pu Yi.

Quando ele tinha vinte anos, Henrique Pu Yi finalmente deixou a Cidade Proibida, Pequim e seu país. Ele foi morar no Japão. O Palácio Proibido, que por tanto tempo esteve fechado para o povo da China, foi aberto para que qualquer pessoa pudesse visitá-lo.

Aos 52 anos, Henrique Pu Yi visitou sua casa novamente pela primeira vez em 32 anos. Poucas pessoas o notaram ou sabiam quem ele era. Como um turista, ele vagou pelo palácio onde, tantos anos antes, havia sido tratado como um deus.

A SOCIEDADE DE RESTAURAÇÃO VIETNAMITA

Se você viajasse para o sul, descendo da China, se encontraria em uma grande península que se projeta do continente chinês para o oceano. O extremo norte dessa península toca a China; o extremo sul quase toca as Índias Orientais Holandesas. Se fosse para o oeste a partir da península, você atravessaria o Oceano Índico e se encontraria na costa leste da Índia. Se navegasse para o leste a partir dessa península, em direção ao sol nascente, você atravessaria outro aglomerado de ilhas. Se continuasse navegando, depois de muitos dias, veria a costa oeste dos Estados Unidos à sua frente.

Como essa península fica próxima à China e à Índia, era conhecida como *Indochina*. Assim como a Índia havia sido tomada pela Grã-Bretanha e as Índias Orientais pelos holandeses, a Indochina havia sido tomada pelos franceses.

A França, agora governada pela Terceira República, não tinha um grande império. Muito antes da Terceira República, a França havia se estabelecido no Canadá – mas fora forçada a render as colônias à Grã-Bretanha. A França construiu postos comerciais na Índia – mas fora expulsa da Índia pela Companhia Britânica das Índias Orientais.

Mas, na Indochina, a França conseguiu se apegar a um pequeno império.

O lado esquerdo da península, o país do Sião (que hoje chamamos de Tailândia), pertencia em parte à França e em parte à Grã-Bretanha. Mas a França assumiu o governo de todo o lado direito da Indochina – a região que hoje é o Vietnã, Laos e Camboja.

Ao longo da costa leste – o país do Vietnã – os franceses dividiram seu território em três colônias. Eles chamaram a colônia do norte de Tonkin. A colônia do meio chamava-se Annam. E a colônia mais ao sul era conhecida como Cochinchina.

Por cem anos, a dinastia Nguyen de imperadores governou o Vietnã. Os franceses permitiram que o imperador Nguyen permanecesse em seu trono. Mas os franceses, e não o imperador Nguyen, tomavam todas as decisões sobre o governo do Vietnã. Os franceses construíram ferrovias que atravessavam o país e paravam nos portos em sua costa. Os franceses possuíam plantações de arroz, bosques de seringueiras e minas de carvão. Os vietnamitas trabalhavam nessas plantações, bosques e minas ganhando muito pouco. Quase todo o lucro era destinado aos proprietários franceses.

Sob o domínio francês, um grupo muito pequeno de vietnamitas ricos que se aliaram aos senhores franceses também ganhou dinheiro com as plantações. Mas cidadãos vietnamitas, mesmo os mais ricos, não tinham permissão para ocupar empregos importantes. Não é surpreendente que os vietnamitas quisessem que os franceses saíssem de seu país.

O primeiro grupo revolucionário que tentou lutar pela independência do Vietnã foi liderado por um patriota vietnamita chamado Phan Boi Chau. Ele nasceu em 1867 e, ao crescer, viu os franceses ganhando cada vez mais poder sobre seu país. Ele odiava os ocupantes franceses. Como sua família era rica, Phan Boi Chau foi autorizado a frequentar a escola e até ganhou um emprego no governo vietnamita.

Mas isso significava que Phan Boi Chau estaria trabalhando para os franceses. Ele recusou.

Em vez disso, em 1903, formou um grupo chamado Sociedade de Restauração – em vietnamita, *Duy Tan Hoi*. Ele convenceu um príncipe vietnamita da família Nguyen a ingressar na Sociedade de Restauração. Mas toda essa atividade rebelde foi notada pelos franceses. Phan Boi Chau, com medo de ser preso pela polícia francesa, fugiu para o Japão.

Do Japão, Phan Boi Chau – como muitos outros patriotas no exílio – escreveu artigos sobre os males do domínio francês. Ele pediu a outros patriotas vietnamitas que se juntassem a ele no exílio. Ele esperava que, um dia, esse grupo de exilados pudesse atacar os franceses.

Mas os japoneses não queriam irritar a França. Então, em 1908, eles ordenaram que Phan Boi Chau deixasse o Japão. Em vez de retornar ao Vietnã, Phan Boi Chau foi para a

China. Ele renomeou seu grupo revolucionário de *Sociedade de Restauração Vietnamita* ou *Viet Nam Quang Phuc Hoi.*

Da China, a Sociedade de Restauração Vietnamita tentou organizar rebeliões contra os franceses. Mas foi difícil para Phan Boi Chau começar uma revolta enquanto morava em outro país. Nenhuma das rebeliões teve sucesso.

Os chineses perceberam o que Phan Boi Chau estava fazendo. Assim como os japoneses, eles não queriam irritar os franceses. Então, em 1917, eles prenderam Phan Boi Chau e o colocaram na prisão. Em pouco tempo, os chineses concordaram em libertá-lo. Mas ele havia desanimado cada vez mais por causa de seu longo exílio, e agora por causa de sua prisão. Ele até escreveu um artigo sugerindo que talvez fosse melhor para os vietnamitas tentar se dar bem com os franceses. Ele começara a duvidar que os vietnamitas conseguissem expulsar os franceses de seu país.

Alguns anos depois, Phan Boi Chau estava na cidade chinesa de Xangai quando autoridades francesas, visitando a cidade, o reconheceram. Eles ordenaram que ele fosse preso e levado de volta ao Vietnã. Lá, Phan Boi Chau foi julgado por traição e condenado a passar o resto da vida em casa, vigiado por soldados franceses. Ele passou quinze anos sob *prisão domiciliar* antes de morrer.

Phan Boi Chau falhou. Mas, por causa de sua obra, outros vietnamitas começaram a pensar mais seriamente sobre a independência da França. Eventualmente, as sementes da revolução plantada por Phan Boi Chau cresceriam e floresceriam. Por isso, Phan Boi Chau é lembrado hoje como um dos maiores patriotas vietnamitas.

A Revolução Mexicana

CAPÍTULO

20

REVOLUÇÃO NAS AMÉRICAS... GUERRA NO MUNDO

A REVOLUÇÃO MEXICANA

Por volta do ano de 1900, o presidente do México era um homem chamado Porfirio Díaz. Ele era presidente havia mais de trinta anos – o que era estranho, porque a constituição do México dizia que ninguém poderia ser presidente por mais de quatro.

Olhe entre as Américas do Norte e do Sul e você verá uma ponte de terra que as liga. Nesta região, que chamamos de América Central, fica o país do México.

Assim como a América do Sul, essa terra abrigava tribos indígenas americanas antes da conquista e chegada dos *conquistadores* espanhóis. A Espanha conquistou a América Central e lhe deu o nome de *Nova Espanha*. Em 1821, a *Nova Espanha* declarou sua independência da Espanha e se tornou o país do México, com sua própria constituição e seu próprio presidente eleito.

O presidente Díaz foi eleito novamente, e novamente, e novamente. Ele era presidente havia tanto tempo que sua presidência ganhou um nome: *o Porfiriato*. Porfirio Díaz afirmou que ninguém no México queria terminar sua presidência concorrendo contra ele. A verdade é que seus apoiadores faziam visitas a qualquer um que estivesse pensando em concorrer à presidência contra Díaz e os assustavam contra a ideia.

Isso funcionou por trinta anos. Mas agora muitos mexicanos estavam descontentes com o governo de Porfirio Díaz. A maioria das decisões sobre como o México deveria ser administrado era tomada por um pequeno e poderoso grupo de homens muito ricos. Díaz havia tratado cruelmente as tribos da América Central. Ele ordenou que fossem apanhadas e enviadas para trabalhar como escravas nas plantações de tabaco; depois, retirou suas terras e vendeu para seus amigos e empresários estrangeiros. Os pobres mexicanos que não eram índios eram igualmente maltratados. Mesmo trabalhando muito para cultivar suas terras, eles não conseguiam vender a comida que cultivavam por dinheiro suficiente para se alimentar. Quando uma terrível fome assolou o México, milhares começaram a morrer de inanição.

Enquanto isso, os homens poderosos e ricos que possuíam fazendas grandes e modernas ainda estavam regando suas colheitas com irrigação artificial, realizando colheitas saudáveis – e depois enviando a comida para fora do país para venda.

Pessoas de outros países estavam prontas para pagar um bom dinheiro por seus produtos. Por que eles deveriam desperdiçá-lo com os camponeses famintos? Esses mexicanos ricos não pareciam se importar se os pobres de seu próprio país morressem. De fato, para o povo do México, eles pareciam cada vez menos mexicanos e cada vez mais europeus. Muitos deles tinham estudado na Europa. Eles se vestiam como europeus e falavam como europeus. Alguns até começaram a falar francês em vez de espanhol, a língua do México.

Grupos de rebeldes – assim como os Jovens Turcos, os Jovens Italianos e os grupos que se formaram por toda a Europa alguns anos antes – começaram a se unir e protestar. Eles ressaltaram que, durante anos e anos, ninguém ousara concorrer contra Porfirio Díaz. Ele só foi reeleito várias vezes porque não tinha oponente! O México precisava de presidentes que serviriam apenas por um mandato. O México precisava de presidentes que garantissem que todos os mexicanos teriam educação decente, alimentação adequada e salários suficientes para sobreviver.

Em 1910, o presidente Díaz permitiu que outro candidato à presidência concorresse contra ele. Francisco Madero era de uma família rica e tinha uma enorme fortuna. Mas mesmo sendo um homem rico e dono de grandes fazendas, tratava bem seus trabalhadores. Ele garantia que eles tivessem casas decentes, boa comida e água limpa, enviava seu próprio médico para cuidar dos trabalhadores doentes e até usava seu próprio dinheiro para construir escolas para os filhos dos homens e mulheres que trabalhavam para ele. Madero queria que o México se tornasse uma verdadeira democracia – não uma ditadura, dirigida por um presidente que nunca deixasse o cargo.

A bondade de Madero o tornou popular e bastante amado. Quando Díaz viu que Madero poderia vencê-lo em uma eleição, ele mandou Francisco Madero ser preso e jogado na cadeia. No dia da eleição, as autoridades de Porfirio Díaz anunciaram que os mexicanos haviam novamente eleito Díaz presidente.

No dia seguinte a essa eleição falsa, Madero escapou da prisão. Ele deixou o México vestido como ferroviário, em um trem que o levou através da fronteira mexicana até os Estados Unidos. Em San Antonio, no Texas, ele estabeleceu a sede para um grupo revolucionário que lutaria contra o governo do presidente Díaz. Ele usou sua enorme fortuna para comprar armas e enviá-las ao México, para o uso de soldados rebeldes que se uniram para lutar contra o exército mexicano.

Um dos mais famosos desses soldados rebeldes era um homem chamado Doroteo Arango. Ele era um ladrão de gado do norte do México, um bandido que havia sobrevivido roubando e se escondendo. Mas agora havia se tornado um combatente guerrilheiro e ganhado o apelido de Pancho Villa. Pancho Villa reuniu um exército de cerca de trezentos homens, roubou comida e suprimentos suficientes para mantê-los vivos e começou a montar ataques e emboscadas às forças do governo. Outros líderes revolucionários se juntaram a ele. Por todo o México, rebeldes estavam lutando contra forças do governo, conquistando aldeias e expulsando oficiais do governo. A Revolução Mexicana estava em pleno andamento.

Logo, Porfirio Díaz percebeu que não seria capaz de manter o poder por muito mais tempo. Ele tinha oitenta anos e sofria horrivelmente de um abscesso no dente e de outras doenças. Ele mal conseguia sair da cama.

Pancho Villa, guerrilheiro mexicano

No final de uma noite de maio, menos de um ano após o início da Revolução Mexicana, Porfirio Díaz mancava lentamente no escuro, cercado por seus conselheiros. Ele havia concordado em encontrar um grupo de rebeldes fora de Ciudad Juárez. Os automóveis haviam sido estacionados em um círculo, com os faróis brilhando sobre uma mesa onde estava um tratado. Ao assinar o tratado, Díaz prometeu abrir mão de seu poder. Inclinou-se sobre o papel e o assinou devagar, com uma mão trêmula. Seus ajudantes o apoiaram enquanto ele se afastava. No dia seguinte, Porfirio Díaz deixou seu país e se mudou para a França. Ele morreu em Paris quatro anos depois.

Madero marchou para a Cidade do México aplaudido pelo povo. A esposa de um diplomata americano, que assistiu à parada da vitória, escreveu:

As pessoas vieram de longe e de perto, em todo tipo de transporte ou a pé, apenas para vê-lo, ouvir sua voz e até tocar suas vestes para obter ajuda e cura... É uma experiência curiosa ver um povo no momento em que está convencido de que é sua salvação, ver o homem que eles saúdam como Messias entrar em Jerusalém... A única coisa que eles não gritaram foi Rosana.

O povo do México esperava que Madero instaurasse uma verdadeira democracia com paz e prosperidade no México. Infelizmente, Madero se viu com um grande problema. Todos os líderes rebeldes que ajudaram a lutar pela remoção de Díaz tinham ideias diferentes sobre como o México deveria ser reformado. Alguns deles apenas queriam eleições livres. Outros queriam que o governo retirasse as terras de propriedade de empresários estrangeiros e as devolvesse ao povo. E os homens ricos do México, mesmo aqueles que apoiaram a presidência de Madero, queriam o mínimo de mudanças possível.

Por dois anos, Madero lutou para fazer com que todos esses poderes diferentes funcionassem juntos, mas falhou. Novamente, a rebelião eclodiu. Dessa vez, era contra o próprio homem que os rebeldes queriam colocar no poder! Madero se viu enviando o exército mexicano para lutar contra os revolucionários que já haviam sido seus aliados.

Em fevereiro de 1913, os rebeldes invadiram a própria Cidade do México e estabeleceram sua sede no arsenal do governo (o local onde as armas eram armazenadas). As tropas de Madero os cercaram. Por dez dias, os dois lados atiraram um no outro. Bombas explodiram por toda a cidade, queimando casas e lojas. As pessoas que deixaram suas casas provavelmente foram pegas no fogo cruzado. O povo da Cidade do México estava com muito medo de deixar suas casas. Alguns deles acabaram cozinhando e comendo seus gatos de estimação para evitar a fome!

Esses dias ficaram conhecidos como os Dez Dias Trágicos, ou *La Decena Trágica.*

Finalmente, as forças rebeldes invadiram o gabinete do presidente Madero e o arrastaram para fora. Eles o colocaram sob guarda e assumiram o controle da cidade. O líder dos rebeldes, um general chamado Victoriano Huerta, estava agora a cargo da Cidade do México.

Huerta e os outros rebeldes prometeram manter Madero em segurança. Mas, tarde da noite, Madero foi assassinado pelos policiais de Huerta. Ele disse ao povo do México que o ex-presidente havia sido acidentalmente morto enquanto tentava escapar.

Agora, o México estava sob o domínio de Huerta, que era tão ditador quanto Porfirio Díaz o fora! Porém, ele não manteve o poder por muito tempo. O líder rebelde Pancho Villa, que lutou contra Díaz, continuou a lutar contra Huerta. Menos de um ano depois, o próprio Huerta fugiu.

Nos trinta anos seguintes, a guerra civil, assassinatos, lutas e rebeliões continuaram no México. A Revolução Mexicana se livrou de um presidente tirânico – mas não instaurou a paz no México.

A PRIMEIRA GUERRA MUNDIAL

Enquanto o México estava lutando contra seu próprio povo, uma grande guerra estava prestes a se espalhar pela outra metade do mundo. Essa guerra se tornou tão grande que, durante anos, as pessoas na Europa simplesmente a chamaram de *A Grande Guerra*. Hoje, a chamamos de Primeira Guerra Mundial.

A Primeira Guerra Mundial começou nos Bálcãs. Lembra como a Bulgária atacou a Sérvia, quando a península balcânica estava lutando pela independência dos turco-otomanos? A Bulgária, a Sérvia e a Grécia planejavam dividir a Macedônia, mas a Bulgária não achava que estava recebendo terras o suficiente. Após o ataque, a Sérvia e a Bulgária ficaram inimigas e a Bulgária começou a fazer uma aliança com a Áustria (também chamada de *Império Austro-Húngaro*, pois a Áustria era realmente os dois países da Áustria e da Hungria, unidos sob um governante austríaco).

Se a Áustria fosse amiga da Bulgária, a Sérvia seria inimiga da Áustria. Os sérvios também tinham outra queixa contra a Áustria. A Áustria tomou o pequeno país da Bósnia e o tornou parte do Império Austro-Húngaro. Mas as pessoas que moravam na Bósnia eram da mesma raça antiga que as pessoas que moravam na Sérvia. Todas eram *eslavas*. Muitos sérvios achavam que todos os eslavos deveriam se unir e que nenhum deles deveria ser governado por austríacos.

Em 28 de junho de 1914, um assassino sérvio de dezenove anos chamado Gavrilo Princip atirou no arquiduque Franz Ferdinand, o herdeiro do trono austríaco.

O assassinato foi um desastre. Para começar, quase não funcionou. Seis adolescentes, nenhum deles com mais de dezenove anos, haviam planejado jogar uma bomba no carro do arquiduque enquanto passava. Mas o garoto que tinha a tarefa de jogar a bomba errou! A bomba explodiu atrás do para-choque traseiro do arquiduque. Imediatamente, a polícia atacou a multidão e agarrou quem jogou a bomba. Ele tentou

A Europa antes da Primeira Guerra Mundial

engolir uma cápsula de cianeto para se matar, mas não conseguiu colocá-la na boca corretamente. Então, foi preso na mesma hora e arrastado para a cadeia.

Com isso, os outros cinco garotos fugiram. Gavrilo Princip foi a um café próximo para se acalmar. Quando terminou de tomar o seu café, saiu e olhou em volta. Um carro estava vindo em sua direção – o carro do arquiduque, deixando a cena do atentado para levá-lo em segurança. Princip, quase incapaz de acreditar na sorte, sacou uma arma e atirou no carro... matando o arquiduque e sua esposa.

Os líderes da Áustria insistiram que a tentativa de assassinato deveria ter sido planejada pelo governo sérvio. Os líderes sérvios negaram. Mas a negação não adiantou. Em 28 de julho, o Império Austro-Húngaro declarou guerra à Sérvia.

Dois outros países se envolveram imediatamente. A Rússia, aliada dos sérvios, começou a reunir suas tropas para atacar a Áustria. Assim, a Alemanha, aliada da Áustria, declarou guerra à Rússia. Dois dias depois, a Alemanha também declarou guerra à França e começou a marchar em direção à fronteira francesa.

O que a França tinha a ver com os Bálcãs?

Não muito. A verdade é que a maioria dos países da Europa estava pronta para lutar de qualquer maneira. Durante décadas, eles discutiam entre si sobre suas fronteiras, o tamanho de seus exércitos e quem controlava quais colônias na Ásia e na África. Embora a bala que matou o arquiduque tenha sido frequentemente descrita como *a bala que iniciou a Primeira Guerra Mundial,* o assassinato do arquiduque não causou realmente a Primeira Guerra Mundial.

Se você lembra da história antiga, sabe que a Guerra de Troia começou quando um nobre troiano se apaixonou pela bela Helena e a sequestrou. Os gregos começaram a se vingar dos troianos, mas a verdade era que os gregos e os troianos se odiavam havia anos e estavam felizes por encontrar um motivo para a guerra. Helena foi descrita como *o rosto que lançou mil navios*, mas, assim como *a bala que começou a Primeira Guerra Mundial*, Helena foi uma desculpa conveniente para uma guerra.

Quando o exército alemão começou a marchar em direção à França, passou pela Bélgica, que já havia declarado que os belgas não se envolveriam na briga sérvio-austríaca. Agora, a Alemanha estava ignorando uma declaração de *neutralidade* (recusando-se a se juntar a ambos os lados) e invadindo outro país. Com isso, os britânicos começaram a se preocupar. Lembre-se de que a Alemanha estava construindo novos navios a petróleo para sua marinha, e a Grã-Bretanha já estava nervosa com essa crescente frota de navios de guerra. Se a Alemanha fosse deixada em paz, os soldados alemães poderiam dominar toda a Europa.

Em 4 de agosto de 1914, a Grã-Bretanha declarou guerra à Alemanha. A guerra havia realmente começado.

Em pouco tempo, a maior parte da Europa estava em guerra. De um lado, estavam as *potências centrais* – o Império Austro-Húngaro, Bulgária e Alemanha, que logo se juntaram aos turco-otomanos. Do outro lado, estavam as *Forças Aliadas* – Grã-Bretanha, França, Rússia, China, Grécia, Japão, Sérvia e uma coleção de outros países (incluindo a Bélgica, que não era mais neutra).

Ninguém acreditava que essa guerra duraria muito tempo. Afinal, os quatro países das potências centrais estavam desafiando o resto do mundo. Mas durou. A luta continuou e continuou. Países tão distantes como a Austrália e a África do Sul se declararam prontos para lutar. Os soldados canadenses marcharam para lutar em defesa da Grã-Bretanha. Os Estados Unidos foram um dos poucos países poderosos que se recusaram a se envolver.

Os novos e poderosos navios da Alemanha navegavam ao longo da costa britânica, atacando embarcações e navios mercantes britânicos. Em 7 de maio de 1915, um submarino alemão disparou um torpedo contra um navio britânico chamado *Lusitânia.* O navio deu meia-volta e afundou, enquanto os passageiros corriam freneticamente para subir acima do convés. Quase 1.200 pessoas se afogaram.

O resto do mundo ficou furioso. O *Lusitânia* não estava carregando soldados; era um navio de passageiros, cheio de civis. Isso quebrou todas as regras da guerra. Os submarinos alemães poderiam torpedear navios de guerra britânicos, mas deveriam deixar navios civis em paz.

O governo dos Estados Unidos ficou particularmente zangado, porque mais de cem dos passageiros afogados eram cidadãos americanos. Pela primeira vez, os americanos começaram a pensar que talvez os Estados Unidos devessem se envolver na Grande Guerra.

No inverno de 1916, parecia que a guerra nunca terminaria. Então a Grã-Bretanha aprovou uma lei nova e assustadora. Declarou que o governo britânico agora podia ordenar que jovens fossem alistados ao exército e lutassem mesmo que não quisessem. Isso foi chamado de *recrutamento.* Nunca antes a Grã-Bretanha forçou seus homens a entrar em uma guerra.

Os jovens foram corajosamente quando chamados. Mas a guerra era perigosa, cansativa e brutal. No front (o local em que a luta entre os inimigos realmente ocorreu), os soldados britânicos cantavam uma música que era assim:

> Não quero mais entrar nas trincheiras,
> Onde granadas e estilhaços assobiam e rugem.
> Oh, meu Deus, não quero morrer, quero ir para casa.

O recrutamento, é claro, significava que ainda mais homens foram para a guerra. As mulheres tiveram que começar a trabalhar em fábricas e lojas, dirigir caminhões e fazer outros *trabalhos masculinos*. Em 1918, quase 1 milhão de mulheres trabalhavam em fábricas de armas britânicas. Uma garota de dezessete anos chamada Lottie Wiggins, que dirigia um guindaste em uma das fábricas, descreveu as longas horas em seu novo emprego: "[Trabalhamos] doze horas [por dia] de segunda a sábado, depois mudamos para dezoito horas [por dia], entrando às 18h no sábado e trabalhando até às 14h no domingo... [Então] segunda-feira às 6h... retomamos os turnos normais de doze horas."

Enquanto isso, jovens da França e da Grã-Bretanha viajavam para a linha de frente, lutavam corajosamente – e morriam. Em uma batalha de cinco meses travada em Verdun, na França, 300 mil soldados alemães e quase meio milhão de soldados franceses morreram. Em outro ataque chamado Ofensiva do Somme, 400 mil soldados britânicos morreram, tentando expulsar o exército alemão. Na Grande Guerra, a Grã-Bretanha perdeu quase uma geração inteira de jovens, mortos nos combates. Aqueles que sobreviveram estavam,

Mulheres produzindo munição para canhões numa fábrica

em sua maioria, prejudicados por feridas ou pelo puro horror de seus anos de luta.

Mas os Aliados se recusaram a ceder.

Três anos após o início da Grande Guerra, a Alemanha teve uma ideia para encerrá-la. Os alemães enviaram um telegrama secreto, em código, ao embaixador alemão no México, pedindo-lhe para fazer um acordo com o governo mexicano. Se o México lutasse ao lado dos alemães e a Alemanha vencesse, a Alemanha recompensaria o México. Tomaria a terra que os Estados Unidos conquistaram durante a Guerra do México e a devolveria ao México. Essa terra incluía o Novo México, Texas, Utah, Nevada, Arizona, Califórnia e parte do Colorado!

Antes que os alemães realmente pudessem fazer esse acordo, os criptografistas britânicos (profissionais que quebram códigos) conseguiram obter uma cópia do telegrama e decodificá-lo. Os jornais americanos publicaram o conteúdo do telegrama, para que cidadãos americanos de todo o país pudessem lê-lo. Tanto os britânicos quanto os americanos ficaram indignados com essa tentativa furtiva de puxar os Estados Unidos para a guerra.

Em 6 de abril de 1917, os Estados Unidos declararam guerra à Alemanha. Agora, soldados americanos se juntariam aos soldados britânicos, canadenses e franceses, junto com os soldados de uma dúzia de outras nações, na luta contra a Alemanha e seus aliados.

A Revolução Russa

CAPÍTULO

21

UMA REVOLUÇÃO COMEÇA E A GRANDE GUERRA TERMINA

A REVOLUÇÃO RUSSA

No mesmo ano em que os Estados Unidos se uniram aos Aliados, um dos aliados, a Rússia, passou por uma enorme revolução que mudaria o mundo.

Mesmo antes do início da Grande Guerra, o povo da Rússia estava infeliz. A maioria dos russos era de camponeses. Eles viviam uma vida difícil: os nobres da Rússia tinham poder para lhes dar ordens, eles não possuíam a terra que cultivavam, tinham que trabalhar por muitas horas e tinham apenas comida o suficiente para sobreviver.

Enquanto isso, a família real dos Románov estava levando uma vida muito diferente. Nicolau II, sua esposa Alexandra e seus cinco filhos moravam em um imenso palácio, cercados por criados, com toda a comida que eles conseguissem comer. O palácio tinha um Salão Principal com colunas de mármore dourado, e um piso tão liso e polido que os empregados que entravam precisavam usar sapatos especiais para não escorregar e cair. As crianças tinham quartos aconchegantes e uma grande sala de jogos onde prateleiras e caixas de brinquedos esperavam para entretê-las. Nicolau II tinha duas bibliotecas diferentes: a Grande Biblioteca e a Pequena Biblioteca. Muitos de seus livros eram encapados de couro feito à mão e tinham fechaduras de ouro ou prata para prender as capas. Os livros custavam mais do que uma vila inteira de camponeses russos poderia ganhar em um ano. O czar pagava dois bibliotecários para cuidar exclusivamente de sua coleção de livros!

A riqueza dos Románov, comparada com a miséria e dura pobreza de milhões de seus súditos, irritou muitos russos. A família Románov também se tornou impopular com o povo russo por outro motivo. Eles passavam muito tempo com um estranho, místico e impopular monge chamado Raspútin.

Os Románov tinham bons motivos para passar tempo com Raspútin. O único filho de Nicolau e Alexandra, Aleksei, tinha uma doença chamada *hemofilia*. Se você se coçar ou se cortar, sangrará um pouco e depois parará, porque seu sangue coagula e impede que mais sangue saia. Mas o sangue de Aleksei não coagulava. Se ele se coçava, ele sangrava e sangrava e sangrava. Ele poderia morrer por causa de pequenas lesões. Muitos dos homens da família real russa haviam herdado essa doença horrível.

Nicholas e Alexandra estavam preocupados com o filho. E Raspútin afirmara ter poderes mágicos que poderiam curar o pequeno Aleksei. Então, os pais preocupados de Aleksei convidaram Raspútin para ficar no palácio real com sua família.

Mesmo sendo monge, Raspútin bebia demais, passava muito tempo em festas loucas e vivia por prazer e dinheiro. O povo russo o odiava e o temia. E como o czar e sua esposa nunca haviam contado a ninguém fora da família sobre a doença de Aleksei, os russos não entendiam por que a família real havia recebido esse mago estranho no palácio. Muitos comentavam que Raspútin havia enfeitiçado o czar!

Três nobres russos que também odiavam Raspútin finalmente decidiram se livrar dele. Eles o convidaram para jantar e lhe deram vinho e doces envenenados. Curiosamente, o veneno parecia não ter efeito nele. Então, um dos três homens atirou em Raspútin. Isso também não o matou. Ele se levantou e saiu. Os nobres o seguiram e atiraram nele de novo! Mesmo assim ele não morreu. Finalmente, eles o jogaram no rio. Dessa vez, Raspútin afundou e não voltou à superfície.

Mas mesmo com Raspútin desaparecido, Nicolau ainda era impopular. Ele só piorou as coisas quando a Primeira Guerra Mundial começou. Nicolau imediatamente enviou o exército russo para a guerra. Era um exército enorme; em 1914, havia 6,5 milhões de soldados. Mas o exército não estava muito bem preparado. De fato, possuía menos de 5 milhões de armas – o que significava que quase 2 milhões de soldados russos marchavam para a batalha sem armas. Eles deveriam pegar as armas que outros soldados russos largassem quando morressem e continuar atirando.

A princípio, o exército russo era comandado pelo primo do czar, o grão-duque Nicolau. Mas, no primeiro ano de luta, 2 milhões de soldados russos foram mortos. Milhões de pessoas estavam com frio e com fome, porque era muito difícil levar comida pelas vastas planícies frias da Rússia até a frente de batalha.

Após um ano disso, o czar Nicolau II expulsou seu primo grão-duque de sua posição e assumiu o comando do exército. Foi um grande erro. Nicolau não sabia como comandar um exército ou planejar estratégias. Como comandante-chefe do exército russo, ele tomou decisões desastrosas, uma após a outra. Cada vez mais soldados russos morreram nos campos de batalha da Grande Guerra. A cada morte, Nicolau era mais odiado. Toda a Rússia o culpou pela morte dos soldados russos.

Ao mesmo tempo, a comida se tornara cada vez mais escassa – não apenas na linha de frente, mas em toda a Rússia. Em 8 de março de 1917, um grupo de mulheres e crianças esperou o dia inteiro na fila por pão. Finalmente, chegaram ao início da fila e lhes disseram que o pão tinha acabado. Os camponeses famintos na fila ficaram furiosos. Eles começaram a gritar: *Queremos pão!* e *Abaixo o czar!*

Assim como os camponeses na fila, cada vez mais russos começaram a exigir que Nicolau II desistisse de seu trono. Finalmente, Nicolau II percebeu que havia perdido a lealdade de seu povo para sempre. Ele desistiu de seu trono e levou sua família para morar em uma de suas casas favoritas. No lugar do czar, um *Governo Provisório* (governo temporário) assumiu o comando da Rússia.

O líder desse governo provisório, um advogado chamado Aleksandr Kerensky, sabia quão impopular Nicolau II era. Então ele ordenou que toda a família Románov fosse levada para longe, na Sibéria, para que as massas não os atacassem e os matassem em sua casa.

Aleksandr Kerensky começou a tentar mudar as leis da Rússia para que o país fosse um lugar melhor onde viver. Mas se recusou a retirar o exército russo da Grande Guerra. De fato, ele ordenou que o exército iniciasse novas batalhas contra os Poderes Centrais. Os soldados do exército russo estavam exaustos e zangados. Quase 2 milhões deles simplesmente deixaram o exército e voltaram para casa. Muitos desses ex-soldados pegaram suas armas, voltaram para o interior da Rússia, assassinaram ricos proprietários de terras e tomaram posse de suas terras. Kerensky e o governo provisório não conseguiram deter os assassinatos.

Estava na hora de um novo governo assumir o controle da Rússia.

O grupo de líderes que assumiu o controle da Rússia foi chamado de bolcheviques. O líder dos bolcheviques era um homem chamado Vladimir Ilich Lenin. Lenin acreditava que os camponeses tinham o direito de dominar a terra pertencente aos ricos, porque os ricos ganhavam seu dinheiro com tanta frequência forçando os pobres a trabalharem duro por muito pouco em retorno. Ele queria que a terra na Rússia fosse usada por toda a nação – toda a *comunidade* –, não apenas pelos ricos.

As ideias de Lenin eram populares entre os pobres e também com os milhões de trabalhadores na Rússia. Agora, com os pobres e os trabalhadores descontentes não apenas com a própria vida, mas com a decisão do governo de permanecer na Primeira Guerra Mundial, Lenin tinha a chance de agregar cada vez mais russos ao seu lado.

Em 24 de outubro de 1917, Lenin e seus seguidores fizeram a sua jogada. Mais de 25 mil camponeses, trabalhadores e

Lenin

soldados irados invadiram a cidade de São Petersburgo, onde o governo da Rússia tinha seus gabinetes. Os trabalhadores invadiram o Palácio de Inverno e assumiram o controle dos gabinetes do governo. Os seguidores de Kerensky foram presos, mas o próprio Kerensky correu rápido o suficiente para fugir.

Agora Lenin e os bolcheviques estavam no comando. Lenin sugeriu renomear os bolcheviques para *Partido Comunista* – o partido que trabalha pelo bem comum. Os comunistas acreditavam que o cristianismo era falso e errado, então mudaram os nomes das cidades na Rússia que tinham o nome de santos cristãos. São Petersburgo se tornou *Leningrado.* E, imediatamente, Lenin e os comunistas assinaram um tratado de paz com a Alemanha.

Finalmente, a Rússia estava fora da guerra.

Restavam dois problemas. Um era que o czar, Nicolau e sua família, ainda estavam vivos e moravam na Rússia. O segundo era que o povo da Rússia ainda era muito pobre.

Lenin lidou com o czar primeiro. Ele ordenou que Nicolau II e toda a família fossem presos em uma casa na cidade de Ecaterimburgo, muito a oeste de Petrogrado. Então, ele enviou uma mensagem aos guardas do czar: todos os membros da família real Románov tinham que morrer. Lenin não queria que nenhum Románov afirmasse que tinha o direito de governar a Rússia.

Em 17 de julho de 1918, na calada da noite, os guardas ordenaram que os Románov se vestissem e fossem ao porão. No porão, doze homens mataram os Románov. Então, eles levaram os corpos a vinte quilômetros de distância, no meio de uma floresta escura, e os enterraram. A família Románov, que governara a Rússia desde 1613, não existia mais. Agora Lenin e o Partido Comunista governavam a Rússia.

Lenin tentou enfrentar o problema da pobreza russa de uma nova maneira. Para garantir que o povo rico da Rússia não possuísse toda a terra enquanto os pobres não a possuíam, o Partido Comunista decidiu que toda a terra em todo o país pertenceria ao governo! O governo permitiria que as pessoas usassem a terra igualmente. Em vez de russos individuais construindo negócios, ganhando dinheiro e talvez forçando outros russos a trabalhar por pouco salário, o governo possuiria e administraria a maioria dos negócios – não apenas a empresa de eletricidade e a companhia de água, mas hospitais, escolas, supermercados, livrarias e até carrinhos de cachorro-quente.

Esse novo modo de vida, o *comunismo*, deveria garantir que o governo, em vez de um pequeno grupo de pessoas poderosas, tivesse controle sobre a Rússia. Mas quem estava no governo? Isso mesmo – um pequeno grupo de pessoas poderosas, Lenin e seus seguidores!

O FIM DA PRIMEIRA GUERRA MUNDIAL

A Rússia havia saído da Primeira Guerra Mundial. Mas os Estados Unidos haviam acabado de entrar, ao lado da Grã-Bretanha e das forças aliadas.

O presidente dos Estados Unidos, Woodrow Wilson, havia acreditado que os Estados Unidos deveriam permanecer neutros na Grande Guerra. Mas ele havia mudado de ideia. Agora ele tinha certeza de que os Estados Unidos tinham o dever de lutar contra a Alemanha. Se a Alemanha, governada por um kaiser (imperador), dominasse a Europa, os países democráticos da Europa perderiam o direito de eleger seus próprios líderes. Woodrow Wilson anunciou que os Estados Unidos tinham que ingressar na guerra para que *o mundo fosse seguro para a democracia.*

Os soldados americanos marcharam para se juntar às tropas aliadas na Europa. Esses soldados americanos foram apelidados de *doughboys* (garotos de massa). Ninguém sabe ao certo de onde esse nome veio. Pode se referir a um tipo de alimento que os soldados comiam, uma mistura pastosa de farinha e arroz, cozida em uma fogueira. Ou pode vir da antiga expressão *cabeça de massa*, que significava *estúpido*!

Mas *doughboy* não era um insulto quando se referia a soldados americanos. Os americanos tinham orgulho de que seus soldados estavam indo para o exterior para ajudar a Grã-Bretanha e a França a lutar contra a ameaça alemã. Assim como

A Europa durante a Primeira Guerra Mundial

na Grã-Bretanha, as mulheres correram para ajudar e fazer os trabalhos que os homens deixaram para trás quando foram para a guerra. As mulheres americanas também se juntaram à Marinha e ao Corpo de Fuzileiros Navais. Elas não tinham permissão para lutar, mas serviam como enfermeiras, funcionárias, operadoras de telefonia, eletricistas e fotógrafas. Elas também montavam torpedos e projetavam camuflagem. Três enfermeiras do Exército ganharam a Cruz de Serviço Distinto, a segunda maior honra militar da América.

Quatro meses depois que a América entrou na guerra, os soldados americanos venceram sua primeira batalha contra os soldados das Potências Centrais. Em maio, junho e julho, os soldados aliados triunfaram em três outras batalhas importantes. Depois da última, a Segunda Batalha de Marne, um general francês chamado Charles Mangin, prestou homenagem aos soldados americanos que haviam lutado com tanta coragem.

"Ombro a ombro com seus camaradas franceses, vocês se jogaram na contraofensiva", ele lhes disse. "Vocês correram a ela como se estivessem correndo para um banquete." Seu esforço magnífico aborreceu e surpreendeu o inimigo... Vocês se mostraram filhos dignos de seu grande país e ganharam a admiração de seus irmãos de armas... Camaradas americanos, sou grato a vocês pelo sangue que vocês generosamente derramaram no solo do meu país. Tenho orgulho de ter comandado vocês durante esses dias esplêndidos e de ter lutado com vocês pela libertação do mundo.

A nova força dos soldados americanos, unindo-se às forças aliadas que lutaram por quatro longos e cansados anos, finalmente inclinou o equilíbrio da guerra contra as Potências Centrais. Em 11 de novembro de 1918, a Alemanha foi forçada a se render. O poder do Segundo Reich foi quebrado. Em todo o mundo, soldados exaustos ouviram a grande notícia: um *armistício* (fim das lutas) havia sido declarado.

Alguns anos depois, um soldado americano chamado Thomas Gowenlock, que estava na linha de frente da Primeira Guerra Mundial, descreveu a resposta dos soldados quando soube que a Alemanha havia se rendido.

"Em 11 de novembro de 1918, em todo o mundo, as pessoas estavam comemorando, dançando nas ruas, bebendo champanhe, saudando o armistício que significava o fim da guerra", escreveu ele. "Mas na frente de batalha não houve comemoração... os homens... estavam tentando se assegurar de que não havia baterias inimigas espionando-os da próxima colina nem aviões de bombardeio alemães se aproximando para destruí-los. Eles conversavam em voz baixa. Eles estavam nervosos. Após os longos meses de intensa tensão, de se manterem ligados ao perigo mortal diário, de pensar sempre em termos de guerra e do inimigo, a libertação abrupta de tudo isso foi... agonia. Alguns sofreram um colapso nervoso total. Alguns, de temperamento mais firme, tinham a esperança de que algum dia voltassem para casa e abraçassem os entes queridos. Alguns conseguiam pensar apenas nas pequenas cruzes grosseiras que marcavam os túmulos de seus camaradas... o que estava por vir? Eles não sabiam... e mal se importavam. A mente deles estava entorpecida pelo choque da paz."

Embora a paz finalmente tivesse chegado, 10 milhões de soldados e outros 10 milhões de civis haviam morrido em todo o mundo. Na França, Grã-Bretanha e Alemanha, quase todas as famílias haviam perdido irmãos, maridos e pais durante a Grande Guerra.

Mas, na Inglaterra e na América, a guerra ajudou a trazer pelo menos uma coisa boa. Pela primeira vez, as mulheres foram autorizadas a votar.

Por anos, mulheres britânicas e americanas vinham exigindo o direito de voto (também conhecido como *sufrágio*). As mulheres que marcharam, protestaram e falaram em público sobre seu direito ao sufrágio foram chamadas sufragistas. Se você já viu o filme *Mary Poppins*, deve se lembrar de que a senhora Banks é uma sufragista. Ela veste uma faixa, proclamando que as mulheres devem ter o direito de votar e sai cantando:

> Somos claramente soldadas de anáguas
> E cruzadas incansáveis pelos votos das mulheres...
> As filhas de nossas filhas vão nos adorar
> E elas cantarão em coro agradecido
> "Muito bem, irmã sufragista!"

Após o término da Primeira Guerra Mundial, parecia óbvio que as mulheres deveriam poder votar. Afinal, enquanto os homens foram à luta, as mulheres fizeram o trabalho dos homens – e fizeram perfeitamente. Por que então elas não deveriam ter o mesmo direito de voto que os homens?

Em 1918, a Grã-Bretanha aprovou uma nova lei chamada Lei de Reforma. Como as mulheres haviam trabalhado tanto para ajudar a vencer a guerra, todas as mulheres com mais de trinta anos poderiam votar. (Em 1928, a Grã-Bretanha mudou a lei para que mulheres com 21 anos ou mais também pudessem votar.)

Para que as mulheres na América votassem, uma emenda à Constituição tinha que ser aprovada. Em 1918, o Congresso concordou em iniciar o processo de mudança da Constituição

Sufragistas

para que as mulheres pudessem ganhar sufrágio. Um representante do Congresso, Frederick Hicks, de Nova York, estava sentado ao lado de sua esposa moribunda quando chegou a hora de aprovar a emenda. Ela disse a ele para deixar o leito de morte e ajudar a aprovar a emenda – e ele o fez!

No dia em que o Congresso aprovaria a emenda, *sufragistas* se reuniram no Senado para ouvir o resultado. O *New York Times* informou que *aplausos ensurdecedores* eclodiram quando um senador se levantou para anunciar que a emenda havia passado no Congresso. A Grande Guerra finalmente havia terminado. Agora, na América e na Grã-Bretanha, as mulheres poderiam ajudar a aprovar as leis que moldariam o mundo após a guerra.

A Revolta da Páscoa

CAPÍTULO

22

REVOLTAS NACIONAIS

A REVOLTA DA PÁSCOA

Bem no meio da Primeira Guerra Mundial, a Grã-Bretanha teve que lidar com uma batalha em casa.

A última vez que visitamos o país da Irlanda, na costa oeste da Inglaterra, o povo da Irlanda estava preocupado com o domínio britânico. A Irlanda fazia parte do Império Britânico havia mais de trezentos anos. Nos últimos cem anos, a Irlanda teve que enviar seus representantes ao Parlamento britânico e não tinha governo próprio. Os irlandeses haviam sofrido fome – e os ingleses haviam feito pouco para ajudar. E quando o primeiro-ministro, William Gladstone, tentou convencer o Parlamento a aprovar o projeto de *Lei de Autogoverno* que daria aos irlandeses a liberdade de se governar, o Parlamento recusou.

Gladstone estava convencido de que a maneira como os ingleses tratavam os irlandeses não era apenas errada, mas também estúpida. Quanto pior os ingleses tratavam os irlandeses, mais os irlandeses odiavam os ingleses. Ele chamou o domínio inglês da Irlanda de *sete séculos de governo errôneo* e alertou os ingleses de que esse governo errôneo provavelmente traria problemas: uma *nuvem no oeste*, uma tempestade que se aproxima. Os irlandeses se lembrariam de serem forçados a pagar *aluguel para senhorios ausentes* e de serem *forçados [a] obedecer às leis* que esses proprietários haviam decretado *até o fim dos tempos.*

Os discursos calorosos de William Gladstone convenceram o Parlamento a aprovar leis que davam aos camponeses irlandeses o direito de recomprar parte da terra que haviam perdido para os gananciosos proprietários ingleses. O Parlamento esperava que isso ajudasse a tornar a Irlanda um pouco mais pacífica. William Gladstone também ajudou a aprovar uma lei que daria aos protestantes e católicos direitos iguais na Irlanda.

Enquanto isso, o povo da Irlanda estava começando, cada vez mais, a falar de si como irlandês, e não como *britânico.* O poeta irlandês William Butler Yeats escreveu poemas que celebravam ideias e palavras irlandesas. A Liga Gaélica foi fundada; seus membros esperavam que os irlandeses pudessem abandonar o inglês, em favor da antiga língua irlandesa chamada gaélico. Uma organização chamada Associação Atlética Gaélica ensinou meninos irlandeses a jogar jogos irlandeses antigos como o hurling. Grupos de resistência – como aqueles que surgiram em países de todo o mundo – se formaram. O grupo Jovem Irlanda queria trabalhar pela liberdade da Irlanda, alterando as leis da Grã-Bretanha. A Irmandade Republicana Irlandesa, também chamada de Feniano, queria lutar pela liberdade. E a Liga da Terra Irlandesa organizou inquilinos pobres contra seus proprietários. A Liga da Terra ensinou irlandeses e mulheres pobres que podiam resistir aos ingleses recusando-se a trabalhar para empregadores ingleses e não comprando de comerciantes ingleses. Um dos proprietários ingleses que descobriu que seus funcionários irlandeses não estavam mais dispostos a trabalhar para ele ou a comprar dele se chamava Charles Boycott. A partir de então, essa forma de resistência ficou conhecida como *boicote*.

Mas o mais poderoso desses grupos de resistência foi organizado em 1905. Chamava-se Sinn Féin, que é gaélico para *Nós Sozinhos*. Sinn Féin queria que a Irlanda permanecesse sob a coroa britânica, mas que tivesse seu próprio Parlamento e seu próprio governo novamente. A Irlanda seria um país separado e independente, mas seria leal ao monarca inglês, assim como o Canadá.

Muitos católicos na Irlanda gostaram das ideias do Sinn Féin. Mas os protestantes no norte da Irlanda estavam com medo do que poderia acontecer se a Irlanda – que ainda tinha mais católicos do que protestantes – tivesse o autogoverno restaurado. Sob o domínio britânico, protestantes e católicos eram iguais. Mas, se o autogoverno irlandês fosse restaurado, os católicos seriam a maioria. E se os católicos se revoltassem e tratassem mal os protestantes?

A maioria dos protestantes que não queriam que a Irlanda tivesse autogoverno vivia no norte da Irlanda, em seis municípios chamados *Ulster*. Ulster era muito diferente do resto do país. Como os presbiterianos escoceses haviam se estabelecido lá havia muitos anos, muitos irlandeses de Ulster eram presbiterianos. O resto da Irlanda estava cheio de fazendas, mas Ulster estava cheio de fábricas e empresas de construção naval.

Quase meio milhão de pessoas na Irlanda do Norte, a maioria protestantes, se uniram para assinar um documento chamado Pacto de Ulster, que dizia:

> [Estamos] convencidos em nossa consciência de que um governo local seria desastroso... [que destruiria] nossa liberdade civil e religiosa... nossa cidadania e... a unidade do Império... [Usaremos] todos os meios que forem necessários para derrotar a atual conspiração para estabelecer um Parlamento de Autogoverno na Irlanda.

Todos os meios necessários significava que, caso o governo britânico desse autogoverno à Irlanda, os protestantes do norte da Irlanda reagiriam. Um exército secreto chamado Força Voluntária de Ulster se formou. Tinha 100 mil soldados nele! A Força Voluntária de Ulster estava bem armada, porque comprou centenas de armas e muitas toneladas de munição da Alemanha. (A Alemanha estava feliz em fazer qualquer coisa que causasse problemas internos na Grã-Bretanha e distraí-los da guerra!)

Agora, havia dois lados diferentes na Irlanda, um ameaçando lutar se a Irlanda não tivesse autogoverno e o outro ameaçando lutar se tivesse. A violência era inevitável. E eclodiu em 24 de abril de 1916, segunda-feira logo após o domingo de Páscoa.

Um líder feniano chamado Patrick Henry Pearse liderou cerca de mil rebeldes irlandeses na tomada de controle dos correios na cidade irlandesa de Dublin. Esses rebeldes, que estavam lutando pelo governo local, também assumiram o controle dos prédios do governo. Tropas britânicas entraram para conter a rebelião. Após uma semana de combates nas ruas, os rebeldes foram capturados.

Essa pequena revolta causou problemas terríveis para a Grã-Bretanha. Quase quatrocentas pessoas morreram e metade delas eram pessoas inocentes mortas a tiro por balas perdidas durante os tiroteios. Muitos foram mortos por soldados britânicos. E, depois que a *Revolta da Páscoa* terminou, os britânicos ordenaram que dezesseis rebeldes capturados fossem mortos. Um deles ficou tão gravemente ferido que teve que ser amarrado a uma cadeira em frente ao pelotão de fuzilamento!

Isso deixou os irlandeses e muitos ingleses irados. Mais irlandeses do que nunca agora queriam independência. Sinn Féin, a organização rebelde, ganhou ainda mais seguidores. O poeta irlandês William Butler Yeats escreveu um de seus poemas mais famosos sobre a Revolta da Páscoa, chamado *Páscoa de 1916*.

"Um sacrifício muito longo", ele escreveu, "pode transformar em pedra um coração." E o poema conclui: os tempos *mudaram, mudaram completamente*. A Irlanda e a Inglaterra nunca poderiam voltar ao seu antigo relacionamento. Elas sempre seriam inimigas.

Quase três anos após a Revolta da Páscoa, o Sinn Féin estabeleceu seu próprio governo na Irlanda, chamando-o de *Dáil Éireann* ou *Assembleia Irlandesa*. O Dáil Éireann anunciou que a Irlanda agora se governaria, não importava o que os britânicos pensassem. Para proteger seu novo governo, um líder do Sinn Féin chamado Michael Collins organizou seu próprio exército, o *Exército Republicano Irlandês*.

Imediatamente, a Grã-Bretanha enviou soldados para derrotar o Exército Republicano Irlandês, ou *ERI*. Os combates se espalharam pela ilha. Casas foram queimadas. Pessoas inocentes foram mortas. Cada vez mais britânicos começaram a achar que a Irlanda deveria simplesmente se autogovernar. Nos Estados Unidos, onde agora viviam tantos irlandeses, muitos irlandeses-americanos concordaram com o movimento feniano e começaram a exigir também o autogoverno local.

Quando a Primeira Guerra Mundial terminou, a Grã-Bretanha e Sinn Féin começaram a falar sobre independência. Meses e meses depois, em 1921, Sinn Féin e o governo britânico assinaram um tratado. Esse tratado transformaria a maior parte da Irlanda em um país chamado Estado Livre Irlandês. Como o Canadá, o Estado Livre Irlandês ainda seria leal ao monarca britânico, mas governaria a si próprio, teria seu próprio Parlamento e faria suas próprias leis. William Butler Yeats foi convidado a se tornar membro do novíssimo Parlamento irlandês.

Mas Ulster, os seis condados do norte da Irlanda, onde viviam tantos protestantes, não faria parte do Estado Livre Irlandês. Ulster permaneceria parte da Grã-Bretanha.

Nem todos na Irlanda ficaram felizes com este tratado. Alguns irlandeses se opuseram a perder Ulster. Outros queriam que a Irlanda fosse completamente independente, sem qualquer lealdade formal à Grã-Bretanha. O próprio Michael Collins foi assassinado por rebeldes irlandeses que acreditavam que Collins havia traído a Irlanda ao concordar em ser leal ao monarca britânico.

O próprio Sinn Féin não gostou da ideia de Ulster continuar fazendo parte da Grã-Bretanha. Mas o tratado parecia ser a única maneira de acabar com os conflitos entre os dois países.

Em 1923, o Estado Livre Irlandês estava se autogovernando. Catorze anos depois, a Grã-Bretanha concordaria em permitir que o Estado Livre Irlandês se tornasse um país completamente independente chamado *Éire*, ou *República da Irlanda*. Mas Ulster, ou *Irlanda do Norte*, continuava parte do Império Britânico – uma região infeliz e cheia de problemas, onde os católicos eram frequentemente assediados, roubados e até espancados pelos vizinhos.

NACIONALISMO INDIANO

Enquanto os irlandeses estavam lutando pela independência, o mesmo acontecia com o povo da Índia.

Quando deixamos a Índia pela última vez, os britânicos colocaram-na sob o domínio de um oficial chamado vice-rei da Índia. O vice-rei, ou *vice-regente*, governava a Índia em nome da rainha Vitória, da Inglaterra. Os britânicos chamavam a Índia de *Raj* (a palavra indiana para reino), porque a Índia agora fazia parte do Império Britânico. A nova capital desse Raj era Deli, não a antiga capital de Calcutá.

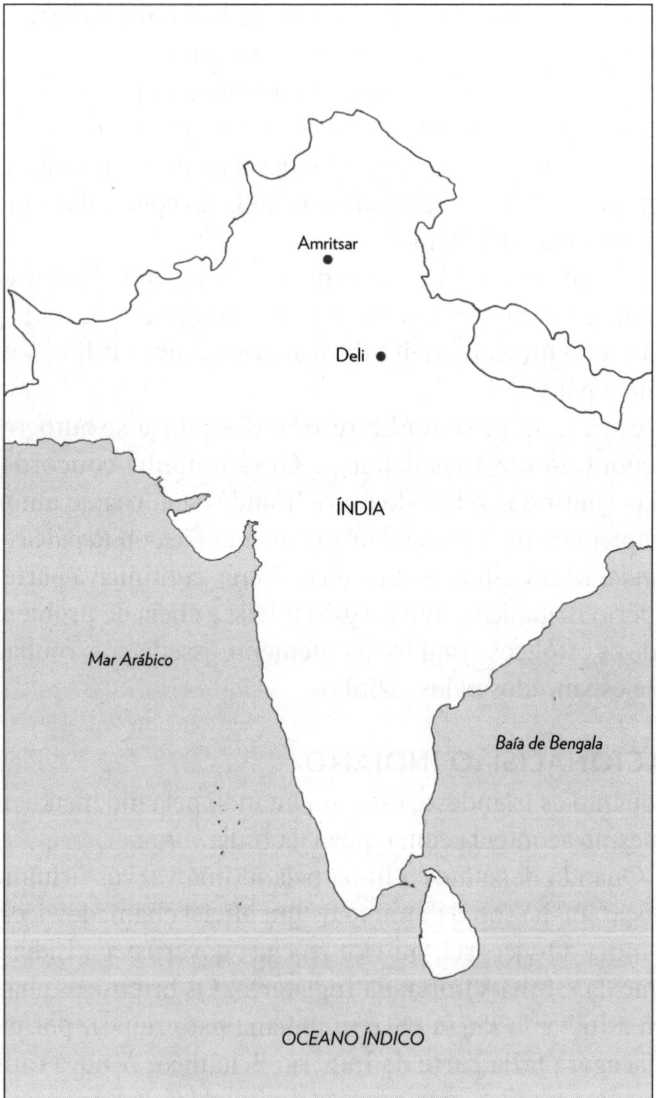

A Índia durante a Época de Mohandas Gandhi

Com a rebelião terminada, os britânicos tentaram melhorar a Índia para seus súditos. Eles construíram ferrovias e estradas, instalaram linhas de telégrafo e melhoraram os portos da Índia para que mais navios pudessem fazer comércio nos portos indianos. Os britânicos na Índia acreditavam que tinham o dever de levar costumes e maneiras ingleses para a Índia, porque acreditavam que os costumes ingleses eram muito melhores que os costumes indianos. O escritor Rudyard Kipling chamou esse dever de *fardo do homem branco.*

Mas os indianos desejavam que os britânicos reduzissem esse *fardo.* Não importa quanto os britânicos falassem em fazer o bem pela Índia, os indianos podiam ver claramente que os britânicos tinham mais privilégios, mais riqueza e uma vida melhor. Os cidadãos britânicos viviam em bairros separados, onde os únicos indianos eram criados. A maioria dos britânicos na Índia tinha muitos criados, amas de leite, cozinheiros e babás indianos. Os indianos chamavam os homens brancos de *sahibs* e as mulheres brancas de *memsahibs* – palavras indianas que significavam mestre e senhora.

Os indianos não queriam senhores e senhoras. Os britânicos sabiam disso; de fato, antes da Primeira Guerra Mundial, os britânicos começaram a concordar que poderiam tentar tratar a Índia da mesma maneira que trataram o Canadá e a Austrália, dando aos indianos o direito de se autogovernar.

Após a Primeira Guerra Mundial, os britânicos não prestaram mais atenção a essa promessa. Estavam ocupados demais em tentar se recuperar dos terríveis combates que haviam matado tantos ingleses. Mas os indianos também sofreram com a Primeira Guerra Mundial. Mais de 100 mil soldados indianos também morreram, lutando nos regimentos britânicos e em defesa da Grã-Bretanha. No mínimo, a Índia deveria ser recompensada com a independência!

O grupo mais vocal de indianos que pedia independência chamava-se Partido do Congresso. Quando a Primeira Guerra Mundial terminou, o Partido do Congresso era liderado por um advogado chamado Mohandas Karamchand Gandhi. Ele cresceu em uma família hindu, estudou Direito na Inglaterra e depois viajou para a África do Sul. Lá, ele passou anos trabalhando para melhorar a vida dos imigrantes indianos. Na África do Sul, os indianos eram tratados tão mal quanto os negros, porque tinham a pele escura.

Gandhi ficou longe da Índia por 21 anos. Quando voltou ao seu país natal, ele se sentiu um estranho. Mas as notícias de seu trabalho para os indianos na África do Sul foram transmitidas de volta para a Índia. Gandhi já tinha uma reputação de homem pronto para trabalhar pela justiça e independência.

No primeiro ano após voltar à Índia, Gandhi decidiu viajar de trem pelo país e visitar as vilas e cidades que ele não visitava havia mais de duas décadas. O que ele encontrou foi uma Índia na qual havia pobreza, sujeira, doenças e miséria. Então, ele se juntou ao Partido do Congresso e tentou afiliar os indianos de todas as pequenas aldeias da Índia. O Partido do Congresso cresceu e tinha milhões de pessoas!

Em 1919, manifestantes do Partido do Congresso se reuniram na cidade sagrada de Amritsar, para protestar contra o domínio britânico. Amritsar, no norte da Índia, era a cidade mais sagrada do mundo para os *sikhs* (seguidores da religião sikh) que viviam na Índia. Como os muçulmanos, os sikhs acreditavam que havia apenas um deus. Nos tempos antigos, os sikhs eram príncipes guerreiros; em tempos mais recentes, eles haviam servido como guarda-costas reais do imperador da Índia.

Amritsar é uma cidade sagrada porque o Templo Dourado fica lá. Esse Templo Dourado fica no centro de uma ampla piscina de águas calmas, cujas águas dão vida eterna àqueles que nelas se lavam. Uma ponte de pedra branca leva ao Templo Dourado, para que os fiéis sikh possam atravessar a água, entrar no templo e ver os Granth Sahib, os livros sagrados que são guardados dentro dele.

Os manifestantes se reuniram em um jardim, perto da piscina e do templo dourado, chamado Jallianwala Bagh. Mesmo desarmados e sem causar problemas, essa manifestação era ilegal. Os britânicos haviam aprovado leis contra grandes manifestações públicas.

O oficial britânico encarregado dos soldados de Amritsar saiu para o gramado com suas tropas. Mas, em vez de pedir aos manifestantes desarmados que fossem embora, os soldados começaram a disparar contra eles sem aviso prévio. Mais de trezentas pessoas desarmadas morreram. Mais de mil foram feridas. Hoje, se você visitar Amritsar, ainda poderá caminhar no jardim de Jallianwala Bagh e ver os buracos de bala nos arcos de tijolos que o cercam.

O país inteiro ficou indignado. Parecia o momento perfeito para começar uma guerra pela independência.

Mas Gandhi se recusou a permitir que seus seguidores se armassem. Ele disse aos membros do Partido do Congresso que um homem armado poderia ser covarde, mas que um homem desarmado teria que ser corajoso. A verdadeira independência teria que ser conquistada com *satyagraha* – a luta não violenta pela liberdade e pela justiça.

Em vez de lutar com armas, Gandhi e o Partido do Congresso começaram a usar outros métodos de resistência aos britânicos. Eles ensinaram os indianos a resistir com a *não cooperação* – significando que os indianos simplesmente se recusavam a pagar impostos ao governo britânico. Eles incentivaram os indianos a *boicotar* os produtos britânicos (se recusaram a comprar qualquer coisa fabricada na Grã-Bretanha). Gandhi disse a seus seguidores para produzir seu próprio pano à mão para suas roupas, em vez de comprar algodão britânico. Quando os britânicos impuseram um imposto sobre o sal, Gandhi levou seus seguidores em uma marcha de 380 quilômetros para coletar sal do mar, em vez de comprá-lo. Ele partiu com 78 pessoas. No final da caminhada, milhares de pessoas o seguiam.

Mohandas Gandhi ensinou não cooperação e *satyagraha* – a luta não violenta pela liberdade e justiça.

Gandhi disse aos indianos para tirar seus filhos das escolas britânicas. Ele pediu que desistissem dos privilégios que os britânicos lhes deram. Ele próprio enviou de volta uma medalha que o governo britânico lhe dera por seu trabalho na África do Sul. Quando uma fábrica se recusou a dar aos trabalhadores dinheiro suficiente para sobreviver, Gandhi entrou em greve de fome. Ele se recusou a comer até que os proprietários da fábrica concordassem com o aumento. Foram necessários três dias para que os proprietários da fábrica cedessem e concordassem. Eles não queriam ser responsáveis por Gandhi morrer de fome!

Os britânicos colocaram Gandhi na cadeia repetidas vezes. Mas a resistência na Índia, chamada de *movimento nacionalista*, continuou a crescer. Nem sempre foi pacífico. Às vezes, os protestos não violentos de Gandhi inspiravam outros rebeldes a lutar armados. Entre a resistência violenta e a não violenta, a Índia tornou-se impossível de governar.

Após o massacre de Amritsar, os britânicos finalmente concordaram que começariam a mudar a maneira como a Índia era governada, para que o país pudesse lentamente se tornar independente. Mas levaria trinta anos para que essa promessa fosse totalmente cumprida.

A Europa em 1919, Depois da Paz de Versalhes

CAPÍTULO

23

PAZ E UM SENHOR BELICOSO

A PAZ DE VERSALHES

A Primeira Guerra Mundial terminou. Todos os países da Europa sofreram. Entre os aliados, a Grã-Bretanha havia perdido quase um milhão de homens. Cerca de mais um milhão e meio ficaram feridos; centenas de milhares tiveram ferimentos tão graves que nunca mais teriam uma vida normal. A França sofreu ainda mais; quase 1,5 milhão de soldados franceses haviam morrido e milhões ficaram feridos. A Rússia havia perdido quase 2 milhões de homens; a Itália, mais de meio milhão. Entre as potências centrais, quase 2 milhões de soldados alemães, mais de um milhão de homens austríacos e meio milhão de combatentes turcos e búlgaros haviam morrido. A guerra destruiu grande parte do campo. Casas ficaram em ruínas. Estradas foram destruídas. As minas de carvão foram destruídas.

Agora era hora de decidir como esses países se recuperariam da guerra.

Em 1919, os líderes dos países vitoriosos se reuniram no imenso e brilhante palácio construído por Luís XIV em Versalhes, não muito longe de Paris. Lá, eles tentavam decidir quais penalidades a Alemanha, a Áustria e seus aliados deveriam pagar.

Os três líderes mais poderosos da conferência foram Woodrow Wilson, presidente dos Estados Unidos; David Lloyd George, primeiro-ministro da Grã-Bretanha e Georges Clemenceau, primeiro-ministro francês. Esses três homens tinham ideias diferentes sobre o que o tratado de paz deveria cumprir.

Dos Aliados, a França havia sofrido mais com a guerra. Clemenceau, o primeiro-ministro da França, viu grande parte de seu país destruído. Ele queria que a Alemanha fosse punida!

A Inglaterra também sofreu. O povo da Inglaterra gritava: *Faça a Alemanha pagar!* ao primeiro-ministro britânico, Lloyd George, sempre que ele saía em público. Mas Lloyd George também temia que, se a Alemanha fosse tratada com severidade, seu povo se voltaria para o comunismo e faria outra aliança com a Rússia. Ele não queria que os alemães se sentissem tão desesperados a ponto de se tornar um país comunista. A Grã-Bretanha sempre teve um pouco de medo da Rússia. Era enorme e bem armada, e sempre parecia estar ficando maior. Agora que a Rússia era comunista, a Grã-Bretanha estava ainda mais preocupada com isso. E se o Partido Comunista decidisse espalhar o comunismo à força, conquistando outros países da Europa? Se a Alemanha e a Rússia se aliassem, poderiam ser um inimigo imbatível.

Woodrow Wilson, dos Estados Unidos, tinha um terceiro conjunto de ideias. Ele também concordou que a Alemanha deveria ser punida. Mas ele achou que o trabalho mais importante da reunião em Versalhes era descobrir como impedir que tal guerra acontecesse novamente. Ele acreditava que os países do mundo deveriam se unir para elaborar um acordo que todos os países honrariam. Esse acordo, ele pensou, deveria ter catorze pontos diferentes. Mas três dos pontos eram os mais importantes.

> 1. Todos os países devem tentar diminuir seus exércitos e arsenal de armas.
> 2. Toda nação deve poder se governar de forma independente.
> 3. E todo país deve pertencer a uma organização chamada Liga das Nações.

A Liga das Nações agiria como os pais de uma grande família argumentativa. Se dois países discutissem sobre algo, eles não iniciariam uma guerra por causa disso – assim como dois irmãos não devem resolver uma discussão por meio de uma briga. Em vez disso, os países trariam o problema para a Liga das Nações. Os países da Liga discutiriam o problema, decidiriam o que deveria ser feito e diriam aos países hostis que o fizessem. Wilson acreditava que uma Liga das Nações poderia impedir que uma guerra mundial acontecesse novamente.

Quando os três líderes e representantes dos outros países que haviam lutado na Primeira Guerra Mundial se reuniram em Versalhes, eles concordaram com três pontos importantes. Primeiro, os outros líderes concordaram que a ideia de Wilson sobre a Liga das Nações era boa. O Acordo de Paz de Versalhes, um documento assinado pelos vencedores e pelos perdedores da Grande Guerra, formou essa Liga das Nações.

Segundo, eles concordaram que o Acordo de Paz de Versalhes reorganizaria todo o mapa!

Quando a Primeira Guerra Mundial começou, o grande país da Áustria – a terra que pertenceu ao Sacro Imperador Romano da Idade Média – ficava a leste da Alemanha. Lembre-se, a Áustria também era conhecida como *Império Austro-Húngaro* porque as pessoas na metade leste insistiram em que, embora fossem leais ao imperador austríaco, queriam que sua parte do império tivesse seu próprio nome (Hungria) e sua própria constituição separada – embora ambos os países fossem governados pelo imperador e pelo mesmo exército. Os países da Croácia e da Bósnia situavam-se dentro das fronteiras do Império Austro-Húngaro. Ao sul, ficavam os países independentes da Sérvia e Montenegro, e a leste da Bulgária, com o território russo da Romênia acima. A Grécia, no sul da península, e a Albânia, logo acima, eram países independentes.

A Paz de Versalhes mudou quase tudo isso. Em primeiro lugar, a Áustria seria dividida em duas partes. A partir de agora, o império seria dividido em dois países – a Áustria a oeste e a Hungria a leste. Uma grande fatia de terra no topo de ambos foi separada e transformada em um novo país chamado Tchecoslováquia. Na metade inferior do Império Austro-Húngaro, a Croácia e a Bósnia foram separadas da Austro-Hungria, unidas com a Sérvia e transformadas em mais um novo país, chamado Iugoslávia. Montenegro também foi incluído na

Iugoslávia. Apenas a Albânia e a Grécia conseguiram manter as próprias fronteiras.

A Bulgária, que ficou do lado da Alemanha, também seria punida com a perda de parte de seu território. As terras no oeste da Bulgária também seriam absorvidas pelo novo país da Iugoslávia. Portanto, esse novo país teria pessoas de cinco países antigos diferentes.

E o Império Turco, que também ficou do lado da Alemanha? A única parte do Império Turco que restava para os turcos era a Ásia Menor – a terra que hoje conhecemos como a nação moderna da Turquia. França e Grã-Bretanha dividiram a terra turca ao sul da Ásia Menor. A terra ao longo da costa leste do Mar Mediterrâneo foi para a França. A Grã-Bretanha reivindicou a terra ao norte da península arábica, até a fronteira da Pérsia. (Dez anos depois, em 1929, a Grã-Bretanha dividiria parte dessa terra que pertenceu aos turcos e a chamaria de *Iraque.*) O império dos turco-otomanos, um império que governava o leste por séculos, não existia mais e havia se tornado a República da Turquia.

Reorganizar toda a parte leste da Europa foi a segunda tarefa da Paz de Versalhes. A terceira foi o castigo da Alemanha.

A Alemanha teve que desistir de grandes partes de seu império. A porção norte do império foi dividida. Algumas das terras foram para a Polônia, que ficava na fronteira leste da Alemanha, entre a Alemanha e a Rússia. Algumas foram para a própria Rússia. Outras partes da Alemanha ganharam independência e se tornaram as nações independentes da Lituânia, Letônia e Estônia.

A Alemanha perderia todas as suas colônias. Nunca poderia ter um exército maior que 100 mil soldados. Sua marinha só poderia ter seis navios de guerra. A Alemanha não tinha permissão para ter nenhuma força aérea ou frota submarina. Mas o ato mais prejudicial de todos: os alemães tiveram que concordar em assinar uma parte do tratado chamada *Artigo 231*, ou *Cláusula de Culpa da Guerra*. Essa cláusula dizia: *A Alemanha aceita a responsabilidade por todas as perdas e danos que os Aliados sofreram durante a guerra, desde que a guerra foi causada pela Alemanha e seus aliados.* Isso significava que a Alemanha era a única responsável pela guerra e teria que pagar mais de 32 bilhões de dólares em perdas e danos a outros países.

Os representantes alemães ficaram furiosos com essa cláusula. A Alemanha também sofreu durante a guerra. Se a Alemanha tivesse que pagar todo esse dinheiro, o país nunca seria capaz de se recuperar. E por que a Alemanha estava sendo responsabilizada por toda a guerra, quando ela realmente havia começado na Península dos Bálcãs?

Mas os Aliados se recusaram a ceder. Cada um dos líderes conseguiu o que queria. Wilson, dos Estados Unidos, conseguiu sua Liga das Nações. Clemenceau, da França, viu a Alemanha punida. Lloyd George, da Grã-Bretanha, estava feliz, porque todos os novos países formados pela Paz de Versalhes agiriam como uma barreira entre a Grã-Bretanha e a Rússia comunista.

Infelizmente, a Paz de Versalhes causou muitos problemas.

Quando Woodrow Wilson voltou para casa, ele não conseguiu convencer o Congresso dos Estados Unidos a ingressar na Liga das Nações. O Congresso não queria que os Estados Unidos se envolvessem demais na política europeia! Em vez disso, achavam que os americanos deveriam se concentrar

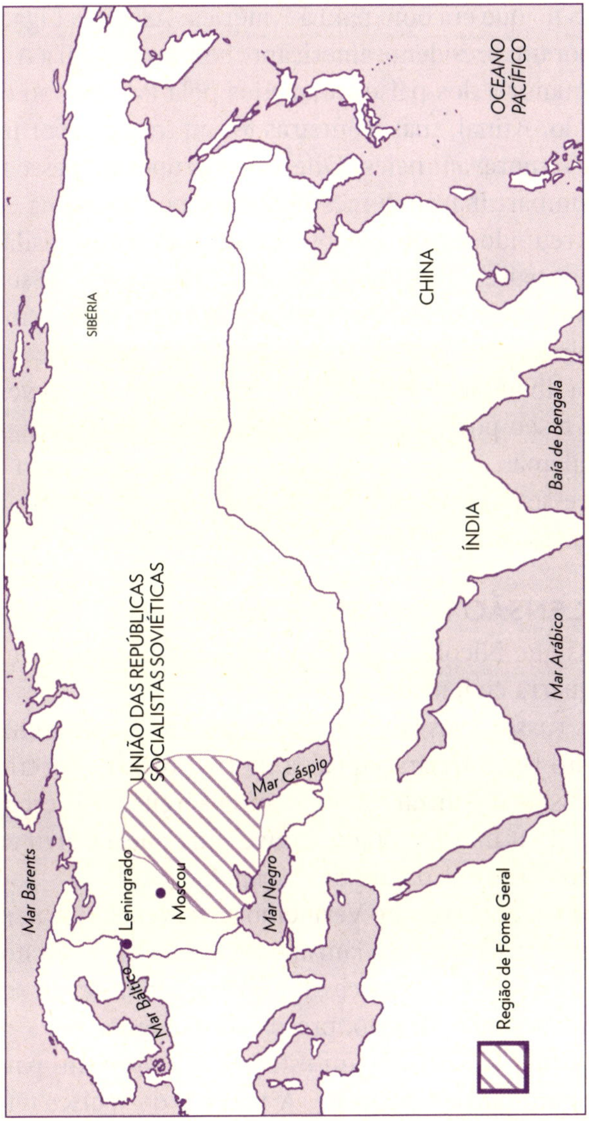

A Rússia sob o governo de Stalin

apenas no que era bom para a América. Assim, a Liga, elaborada por um presidente americano, continuou sem a América.

A maioria dos países formados pela Paz acabou desmoronando. Afinal, suas fronteiras foram traçadas por pessoas que não moravam neles. Diferentes grupos de pessoas, que não compartilhavam a mesma história ou a mesma cultura, foram reunidos e informados de que agora eram cidadãos dos mesmos países. Em alguns desses novos países, pessoas que se odiavam havia séculos estavam agora presas nas mesmas fronteiras.

E a dívida imposta à Alemanha a tornava cada vez mais pobre e seu povo cada vez mais infeliz. Em alguns anos, o povo alemão estaria pronto para ouvir qualquer um que se oferecesse para vingar os erros cometidos à Alemanha e que prometesse tornar o país poderoso novamente.

A ASCENSÃO DE JOSEF STALIN

Depois que Nicolau II e sua família foram mortos, eclodiu uma guerra civil na Rússia.

Os russos leais ao czar formaram um exército chamado Exército Branco para vingar a morte do czar. Em troca, os comunistas organizaram o próprio exército, o Exército Vermelho. Durante três anos, houve uma guerra civil entre o Exército Branco e o Exército Vermelho.

Em 1922, o Exército Vermelho havia vencido. Um milhão e meio de russos que haviam apoiado o czar e o Exército Branco, chamados *russos brancos*, foram forçados a deixar seu país. Quem não saiu foi detido, preso ou executado.

Agora a Rússia era um *estado totalitário* (um país com apenas um partido político). A maioria dos países tem pelo menos dois partidos políticos (os Estados Unidos têm Republicanos e Democratas). Em um país com mais de um partido político, os dois partidos discutem entre si sobre como o país deve ser administrado. Geralmente, os dois lados têm ideias muito diferentes. As pessoas do país ouvem os argumentos e decidem qual lado tem mais chances de fazer o país funcionar. Dessa forma, todos os candidatos têm a chance de expor suas ideias. Talvez os argumentos até mudem o pensamento de algumas pessoas.

Mas, em um estado totalitário, ninguém discorda do único partido político que governa o país. Lenin e o Partido Comunista exilaram, prenderam ou executaram os russos que discordavam do poder comunista ou que queriam que a Rússia fosse governada de outra maneira.

Lenin não conseguiu governar seu estado totalitário por muito tempo. Assim que a guerra entre russos brancos e russos vermelhos terminou, Lenin teve um derrame (uma doença que fez seu cérebro parar de funcionar corretamente). Ele permaneceu *líder* por mais dois anos, mas, durante esse período, o verdadeiro líder da Rússia foi Josef Stalin.

Quando ele nasceu, o nome de Josef Stalin era Ioseb Dzhugashvili. Ele mudou o nome para *Stalin* quando ingressou no Partido Comunista aos 24 anos. *Stalin* vem da palavra russa *aço*. Josef Stalin, o governante de aço da Rússia, era tão duro quanto o metal – e cruel como uma espada de aço.

Quando Lenin morreu, Josef Stalin se tornou o líder indiscutível da Rússia. Ele ordenou que a cidade de Petrogrado (antes São Petersburgo) fosse renomeada para Leningrado, em homenagem a Lenin. Stalin também ordenou que o corpo de Lenin fosse colocado em um caixão de vidro, para que os russos pudessem vê-lo. Os cientistas retiraram o cérebro dele a fim de estudá-lo para descobrir por que ele era um gênio político. Outros cientistas embeberam o corpo em produtos químicos para preservá-lo. Hoje, o corpo de Lenin ainda está em seu caixão de vidro, na praça da cidade de Moscou conhecida como *Praça Vermelha*. Quem visita a praça pode vê-lo. Um comitê de quinze membros cuida do corpo há oitenta anos. Toda semana, eles o verificam para garantir que não está começando a se desintegrar e colocam mais produtos químicos nele. De vez em quando, eles trocam as roupas de Lenin.

Sob Josef Stalin, duas coisas aconteceram à Rússia comunista.

A primeira foi que a Rússia se tornou a União das Repúblicas Socialistas Soviéticas, ou a *URSS*. Ameaçando uma guerra se não se juntassem, Josef Stalin disse aos países que ficavam na fronteira oeste da Rússia, entre a Rússia e a Polônia, que eles tinham que se tornar parte de um novo império comunista. Nos próximos vinte anos, a URSS, ou *União Soviética*, expandiria para o leste e engoliria cinco pequenos países no centro da Ásia. Também alcançaria o Báltico e engoliria a Estônia, a Letônia e a Lituânia, países que haviam conquistado a independência após a Primeira Guerra Mundial na Paz de Versalhes. Essa independência não durou muito!

A segunda coisa que aconteceu durante o governo de Josef Stalin é que milhões de russos morreram. Muitos foram executados por ele. E muitos mais morreram de fome.

Stalin tinha suas próprias ideias sobre como a Rússia deveria se tornar poderosa. A maior parte do país era de terras agrícolas, onde os camponeses cultivavam colheitas. Mas Stalin queria que a Rússia tivesse fábricas e minas, como as nações ocidentais ricas. Ele queria siderúrgicas que fizessem novos trilhos para ferrovias que atravessariam a Rússia e peças para geradores elétricos que iluminariam as casas e ruas da Rússia. Ele ordenou a construção dessas novas indústrias, muitas delas no deserto gelado da Sibéria. E então forçou milhares e milhares de russos a trabalhar nessas fábricas, siderúrgicas e minas. Se eles não produzissem certa quantidade de metal e mercadorias, eram punidos.

Joseph Stalin, líder da URSS

Ele também ordenou que os camponeses que ainda trabalhavam nas fazendas produzissem mais alimentos trabalhando mais e plantando mais. Eles tiveram que se unir em enormes *fazendas coletivas*, onde centenas de agricultores trabalhavam nos mesmos campos. Quase todos os alimentos cultivados nesses campos iam para um *estoque comum*. Em outras palavras, a maior parte ia para o governo! O governo comunista deveria então distribuí-lo igualmente ao povo da Rússia.

Os camponeses e agricultores da Rússia odiavam esses novos arranjos. Muitos não queriam deixar suas terras e trabalhar nas fábricas. Aqueles que ainda tinham permissão para trabalhar em suas fazendas agora não podiam mais ser proprietários dos campos ou decidir como cuidar de suas próprias colheitas. E, depois de todo esse trabalho duro, eles tinham que entregar a maior parte da comida ao governo.

Os novos *coletivos* eram tão impopulares que muitos agricultores simplesmente se recusaram a trabalhar neles. Mas Stalin sabia como lidar com cidadãos soviéticos desobedientes. Qualquer um que resistisse a Stalin seria preso e fuzilado, ou enviado para *campos de trabalho*. Os campos de trabalho, espalhados por toda a Sibéria e para o leste, eram gelados. Os prisioneiros que ficavam lá trabalhavam por dias, semanas ou meses, com muito pouco para comer. Esses campos de trabalho, espalhados pelo deserto da Sibéria, foram apelidados de *Arquipélago Gulag*, porque ficavam espalhados e isolados, como uma série de ilhas. A maioria das pessoas enviadas ao Gulag morreu lá.

Então uma seca se espalhou pela Rússia. Os cultivos começaram a murchar. As colheitas ficaram cada vez mais escassas; os camponeses ficaram com fome. Mas, em vez de oferecer ajuda, Stalin ordenou que continuassem enviando a mesma quantidade de grãos para Leningrado.

Os camponeses começaram a morrer de fome. No final, 6 milhões de russos morreram de inanição durante esse período. Josef Stalin não se importou. Ele estava determinado a tornar a Rússia poderosa. Se as pessoas morressem, isso era apenas parte do processo.

Qualquer pessoa que reclamasse dos métodos de Stalin ou de sua crueldade poderia ser fuzilada ou enviada para a Sibéria. Ele se tornou famoso por seus *expurgos*. Para *purificar* a Rússia da dissidência, Stalin ordenou que seus críticos, chamados *dissidentes*, fossem presos e enviados ao Gulag. Durante o governo de Stalin, 15 milhões de russos foram para o Gulag! Quase 9 milhões foram presos e fuzilados. Um dos dissidentes russos mais famosos, Aleksandr Soljenítsyn, passou onze anos preso pelos soviéticos, muitos deles em um campo de trabalho no Gulag. Ele escreveu que os russos poderiam ser presos a qualquer hora do dia ou da noite, pela polícia russa disfarçada. Muitas vezes, os prisioneiros nem sequer sabiam qual era o crime deles.

"Eles o isolam em um corredor da fábrica depois de ter seu passe verificado e prendem você", escreveu ele. "Você é preso por um peregrino religioso que você acolheu à noite *em prol de Cristo.* Você é preso por um servidor que veio ler seu medidor elétrico. Você é preso por um ciclista que esbarrou em você na rua, por um condutor ferroviário, um motorista de táxi, um caixa de banco. Uma vez preso, você provavelmente será enviado para um campo sem julgamento, ou uma chance de limpar seu nome."

Soljenítsyn escreveu que a revolução nunca pode se livrar do mal dentro dos seres humanos. Só pode se livrar de governos específicos. Mesmo quando o mal desses governos é destruído, o mal dentro dos seres humanos permanece.

Soljenítsyn estava certo. O governo comunista havia sido formado para se livrar da tirania. Mas Josef Stalin, o líder da Rússia comunista, era tão cruel, tirânico e tão mau quanto qualquer czar russo jamais fora.

O Egito sob um Rei

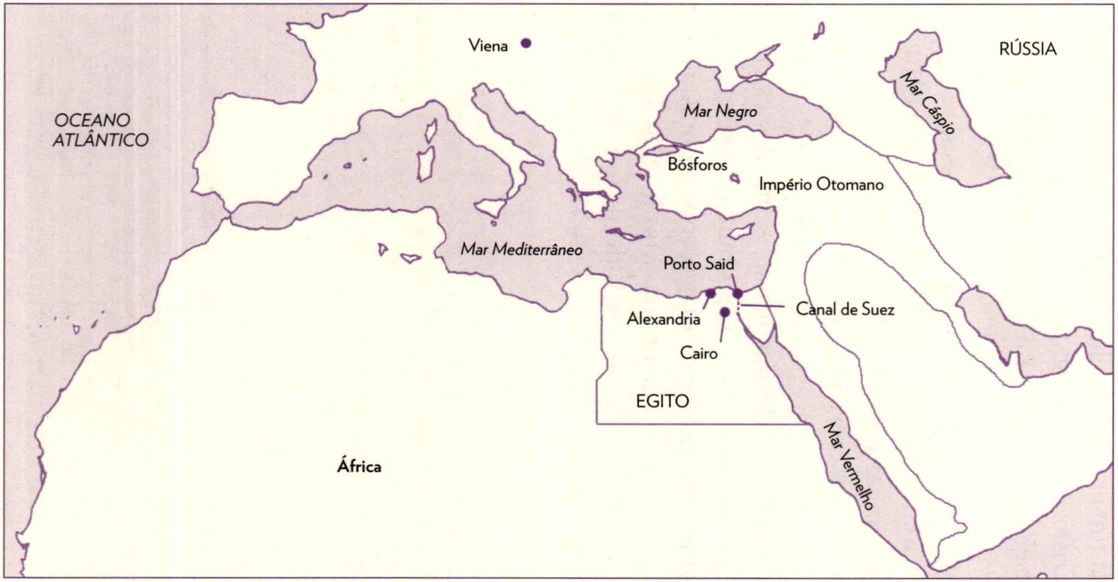

CAPÍTULO

24

O REI E *IL DUCE*

O PRIMEIRO REI DO EGITO

Em 1922, ano em que o governo comunista finalmente ganhou controle sobre toda a Rússia, o país do Egito também mudou de governo. Pela primeira vez em séculos, o Egito tinha seu próprio rei.

Nos tempos antigos, é claro, o Egito era governado por um faraó. Mas, por volta de 1800, havia se tornado parte do Império Otomano e, em 1900, foi ocupado por soldados britânicos. O líder do Egito, o *quediva*, governava sob a orientação de um *cônsul-geral* britânico. A Grã-Bretanha queria manter o Egito sob seu controle porque o Canal de Suez, que ligava o Mar Mediterrâneo ao Mar Vermelho, estava no Egito. Enquanto os navios britânicos pudessem navegar pelo canal, a viagem ao Japão seria 9,5 mil quilômetros mais curta!

Pouco antes do início da Primeira Guerra Mundial, o quediva do Egito era Abaz II. Abaz II havia se tornado quediva vinte anos antes, aos dezessete anos. Ele era apenas um garotinho quando os britânicos invadiram o Cairo e assumiram o comando. Ele nunca viu o Egito sem soldados britânicos.

Embora jovem, Abaz resistiu às ordens dos britânicos. Sob seu governo, os patriotas egípcios começaram a discutir e escrever sobre um Egito governado apenas pelo quediva, sem a presença de um cônsul-geral britânico ou de soldados britânicos.

No início da Primeira Guerra Mundial, a Grã-Bretanha anunciou que o Egito não teria mais nenhum relacionamento com o Império Otomano, seu antigo governante. Os turco-otomanos haviam se juntado às potências centrais, junto com a Alemanha, e a Grã-Bretanha queria que o Egito ficasse do lado dos Aliados. Os egípcios não tiveram escolha. Para garantir que o Egito permanecesse leal, os britânicos também declararam que o Egito estava agora sob *lei marcial.* Isso significava que o exército, cheio de soldados britânicos, tinha a palavra final na administração do Egito – não Abaz II e o resto do governo egípcio.

Quando essa declaração foi feita, Abaz II nem estava na capital do Cairo, onde o governo egípcio tinha suas sedes. Algumas semanas antes, um estudante egípcio tentou assassiná-lo na rua. O assassino atirou no quediva, ferindo-o na bochecha e no braço e depois foi morto pelo guarda-costas de Abaz enquanto fugia.

Abaz não corria risco de morrer devido aos ferimentos, mas estava sofrendo. Então ele deixou o Cairo por alguns dias e foi para o seu palácio de verão nas margens do Bósforo para se recuperar. A praia do Bósforo, mais fria que a cidade quente do Cairo, era um bom lugar para um homem doente descansar.

Quando a lei marcial foi declarada, Abaz percebeu que seria perigoso voltar ao Cairo. Ele não queria que o Egito se declarasse inimigo do Império Otomano. A maioria dos egípcios era muçulmana, como os turco-otomanos, e ainda sentia lealdade para com os turcos. Mas ele não podia voltar ao Cairo e dizer aos britânicos que preferia ser um aliado das potências centrais, pois estaria cercado por soldados britânicos, todos inimigos da Alemanha e dos turcos.

Os britânicos aproveitaram a ausência de Abaz II como uma desculpa para removê-lo do poder. O oficial encarregado do Egito anunciou que os britânicos tinham *evidências suficientes* de que Abaz já era aliado dos turco-otomanos. Isso fez dele um inimigo da Grã-Bretanha. Ele havia *perdido* seu direito ao trono. Agora, o Egito se tornaria um protetorado da Grã-Bretanha – uma extensão do Império Britânico.

Abaz II fugiu para Viena, na Áustria, e observou a distância a mudança de seu país. Em vez de um quediva, o Egito agora teria seu próprio sultão – um governante muçulmano que não tinha nenhuma lealdade ao sultão turco. Essa posição seria preenchida pelo próprio tio de Abaz – Huceine Camil.

Mesmo durante a Primeira Guerra Mundial, os egípcios continuaram na esperança de se libertar do domínio britânico. Apenas três dias após o término da Primeira Guerra Mundial, três patriotas egípcios visitaram o cônsul-geral britânico e pediram permissão para viajar para Londres, em uma visita diplomática formal, chamada *Wafd.* Lá, eles esperavam apresentar seu pedido de independência do Egito ao Parlamento. Eles prometeram que sua visita seria pacífica e que os britânicos poderiam manter o controle do Canal de Suez.

Em vez de permitir que eles fossem para Londres, o cônsul-geral prendeu os líderes!

Em protesto por esse ato imprudente, revoltas eclodiram no Cairo. Os estudantes se recusaram a ir às aulas. Os trabalhadores diurnos ficaram em casa. Engenheiros ferroviários e motoristas de ônibus se recusaram a ir trabalhar. Os táxis não paravam para ninguém. Os advogados anunciaram que não iriam ao tribunal. A técnica irlandesa de *boicotar* se espalhou para o Egito. O fracasso do Wafd se transformou em um movimento nacional pela independência, adotando o nome Wafd para se identificar.

Em 15 de março de 1919, eclodiram combates entre egípcios armados e soldados britânicos. Dez mil homens e mulheres egípcios se juntaram – a primeira vez que as mulheres participaram da política egípcia moderna! As batalhas duraram oito meses. Mais de oitocentos egípcios foram mortos.

Mais uma vez, os britânicos começaram a perceber que não poderiam se apossar de um país se seu povo estivesse determinado a conquistar sua independência. Em 28 de fevereiro de 1922, a Grã-Bretanha concedeu formalmente ao Egito sua independência. O sultão, Amade Fuade, se tornaria o rei Fuade I – o primeiro rei de um Egito independente. Os egípcios também elaboraram sua própria constituição e começaram a planejar a eleição de um Parlamento egípcio. O Egito se tornaria uma monarquia constitucional, um país com um rei cujos poderes eram limitados por uma constituição e por uma assembleia eleita.

Em 16 de março, Fuade I foi declarado publicamente rei. Ele enviou uma carta a todo o país que dizia: *Deus graciosamente permitiu que a independência do Egito fosse alcançada por nossas mãos... Adquirimos o título de Sua Majestade, rei do Egito, para garantir a dignidade do país. [...] Esperamos que este dia inaugure uma era que restaure a grandeza do Egito.* No Egito, essa carta foi lida em voz alta para multidões reunidas. Uma saudação de 101 canhões foi disparada no Cairo, em Alexandria e Porto Said.

O Egito estava livre.

Mas uma luta tríplice pelo poder havia começado. No Parlamento, o Wafd havia conquistado a maioria das cadeiras – e queria manter o máximo de poder possível das mãos do rei Fuade. Fuade I nem sempre concordava com o Wafd, ele tentou incluir egípcios que não eram membros do Wafd em posições de poder. E os britânicos ainda não haviam deixado o Egito. Os soldados britânicos ainda estavam designados para permanecer em campos militares em todo o país, e os oficiais britânicos ainda mantinham empregos na força policial e no exército do Egito. O primeiro-ministro da Grã-Bretanha temia que, se os britânicos deixassem o Egito por completo, outros países poderiam assumir o controle do Canal de Suez. Ele alertou o resto do mundo: "Consideraremos qualquer agressão contra o território do Egito como um ato a ser repelido com todos os meios ao nosso alcance."

Pelos próximos anos, o rei, o Wafd e os britânicos brigaram, tentando aumentar seu poder no Egito.

FASCISMO NA ITÁLIA

Em 1923, um ano após o Egito ser declarado independente, uma grande revolta começou na Itália. Isso aconteceu porque 15 mil quilômetros quadrados de terra não eram suficientes.

A Itália ingressou na Primeira Guerra Mundial no lado dos Aliados em 1915, um ano após o início da guerra. Mais de meio milhão de soldados italianos morreram lutando contra as potências centrais. Quando o primeiro-ministro da Itália, Vittorio Orlando, chegou a Versalhes para as negociações de paz após o armistício, ele esperava se juntar aos outros líderes vitoriosos ao redigir o tratado.

Mas não foi isso o que aconteceu. David Lloyd George, o primeiro-ministro britânico, e Georges Clemenceau, o primeiro-ministro francês, recusaram-se a permitir que Orlando tivesse muito a dizer sobre os termos do tratado.

Por quê? Porque eles não confiavam na Itália. Antes do início da guerra, Itália, Alemanha e Áustria haviam assinado um tratado chamado Tríplice Aliança. De acordo com esse tratado, se qualquer um dos três países entrasse em guerra, os outros dois se juntariam a ele.

Quando a guerra começou, a Itália quebrou a Tríplice Aliança e não se juntou à Alemanha. Mas a Itália também não se juntou imediatamente aos Aliados. Em vez disso, o governo da Itália permaneceu fora da guerra por um ano. Durante esse ano, milhares de soldados franceses e britânicos morreram. Agora que a guerra havia terminado, o líder da Itália ainda era tratado com suspeita, porque a Itália já fora amiga da Alemanha e não se juntou imediatamente aos inimigos da Alemanha.

Os líderes britânicos, franceses e americanos foram os responsáveis pela vitória dos Aliados na Primeira Guerra Mundial.

De fato, franceses e britânicos viam Woodrow Wilson, dos Estados Unidos, como o salvador das forças aliadas, embora os Estados Unidos tivessem entrado na guerra tão tarde. Quando perguntaram a David Lloyd George, da Grã-Bretanha, como ele se saíra na Paz de Versalhes, ele respondeu: "Nada mal, considerando que eu estava sentado entre Jesus Cristo e Napoleão" – com o que ele se referia a Woodrow Wilson, dos Estados Unidos, e o líder francês, Clemenceau.

Assim, em Versalhes, os três países poderosos estabeleceram os termos do tratado de paz, enquanto Vittorio Orlando assistia. Orlando esperava que, no mínimo, a Itália recebesse parte da terra que fica ao longo do Mar Adriático. Mas Woodrow Wilson achou que seria muito melhor criar países novos e independentes, por isso não concordou. As terras ao longo do Adriático tornaram-se parte do novo país da Iugoslávia.

A Itália ficou com algumas das terras que já haviam pertencido à Áustria, incluindo a cidade de Trieste e as terras ao redor. São 15 mil quilômetros quadrados – uma área um pouco maior que o estado de Massachusetts. Mas isso não pareceu o suficiente para os italianos. Afinal, a Grã-Bretanha ficou com mais de 300 mil quilômetros quadrados de território turco – uma área quase tão grande quanto o estado do Texas. E a Itália tinha outra queixa. Quando ela entrou na guerra, em 1915, havia assinado um tratado secreto com a Grã-Bretanha. Em troca da ajuda da Itália na guerra, a Grã-Bretanha prometera dar à Itália grandes quantidades de terra, no Mar Adriático. Agora, os britânicos estavam ignorando o tratado secreto.

Quando Vittorio Orlando voltou para casa, ele descobriu que havia se tornado muito impopular. O povo italiano ficou bravo por seu país não ter ganhado mais terras com o tratado.

A Marcha de
Mussolini a Roma

A Itália havia perdido meio milhão de homens na guerra, e quase outro milhão havia sido ferido – um quarto deles ficou aleijado por toda a vida. A Itália gastou tanto dinheiro lutando na Primeira Guerra Mundial quanto havia gastado nos cinquenta anos anteriores! A Itália merecia mais e Orlando não o conseguiu.

Apenas alguns dias após o final da conferência de Versalhes, Vittorio Orlando renunciou ao cargo. Essa foi a oportunidade para um jovem político chamado Benito Mussolini entrar no poder.

No ano da conferência da Paz de Versalhes, Mussolini tinha 26 anos. Ele era de uma família pobre e trabalhara como ferreiro ao lado de seu pai. Ele lutou na Primeira Guerra Mundial, mas em 1917 foi ferido e mandado para casa. Assim como muitos italianos, Mussolini acreditava que a Itália deveria ter conseguido mais terras em troca de ajudar os Aliados.

Ele também acreditava que a Itália precisava de um novo tipo de governo. Se você se lembra, os estados italianos foram todos unidos sob o rei Vitor Emanuel II em 1861. A Itália era uma monarquia constitucional, o que significava que um primeiro-ministro e uma assembleia eleita tinham poder, assim como o rei. Mas mesmo naquela época, muitas pessoas ainda pensavam que a nação da Itália deveria ser uma república, não uma monarquia.

Nos cinquenta anos desde então, o rei não era exatamente o homem mais popular da Itália. Vitor Emanuel II havia passado o trono para Umberto I que havia assinado a Tríplice Aliança com a Alemanha e a Áustria. Durante o governo de Umberto, a Itália ficou mais pobre porque lutou com seus vizinhos e também na África para proteger suas colônias. As pessoas ficaram tão inquietas e infelizes que começaram a se revoltar. Umberto anunciou que o país seria submetido à lei marcial. Isso o fez ser tão odiado que foi assassinado! O trono foi para seu filho, Vitor Emanuel III.

Vitor Emanuel III permitiu que Vittorio Orlando, seu primeiro-ministro, o ajudasse a tomar suas decisões. Quando Orlando renunciou, Vitor Emanuel III não conseguiu encontrar um primeiro-ministro forte para substituí-lo. A Itália teve quatro primeiros-ministros diferentes em três anos!

No meio de todo esse caos, Mussolini começou a escrever e falar sobre sua nova filosofia política. Ele fez discursos e publicou um jornal chamado *Il Popolo d'Italia*, ou *O Povo da Itália*. Nesse jornal, Mussolini explicou que o mais importante para qualquer país era que seu governo fosse forte. O governo e a própria nação eram mais importantes do que pessoas individuais. Os indivíduos não devem exigir direitos se esses direitos forem ruins para o país como um todo. Em vez disso, cada pessoa deve encontrar satisfação em servir ao Estado. Mussolini também acreditava que um forte líder italiano poderia tornar o estado da Itália tão glorioso quanto antes nos tempos do Império Romano. E como o Estado era tão importante, todos deveriam prestar lealdade absoluta e inquestionável ao líder do Estado.

Isso pode não parecer uma ideia muito atraente para você. Mas a Itália era pobre, infeliz e não tinha nenhum líder. Para muitos italianos, a ideia de que um líder forte pudesse assumir o controle, resolver todos os problemas da Itália e torná-la um lugar glorioso novamente, como a nação mais forte da Europa, era realmente maravilhosa!

Os seguidores de Mussolini se uniram em uma organização que ele chamou de *Fasci di Combattimento*, ou *Grupos de Combate*. A palavra *fasci*, ou *feixe*, na verdade se referia aos fasces, um conjunto de gravetos firmemente unidos ao redor de um machado, ao centro, que tinha sido um símbolo do antigo governo romano. Mussolini acreditava que os indivíduos deveriam estar unidos tão firmemente que formavam um único estado unido e que esse estado nunca poderia ser desmembrado.

Logo seus seguidores foram apelidados de *fascistas*. E como usavam camisas pretas como parte de seu uniforme, também receberam o nome de *Camisas Pretas*. Eles saudavam seu líder estendendo o braço direito em um ângulo rígido. Eles alegavam que essa saudação era a mesma que os romanos antigos usavam – mas isso era um mito. A saudação de braço rígido não é encontrada em uma única pintura ou estátua. Foi usada em diferentes países por muitos anos. Ninguém sabia ao certo de onde viera – mas nos filmes feitos no início dos anos 1900, que foram ambientados na Roma Antiga, os diretores disseram aos atores que interpretavam romanos que fizessem essa saudação. Então a *antiga saudação romana* provavelmente veio dos filmes!

Mussolini planejava reunir fascistas de toda a Itália e marchar para Roma. Alguns de seus seguidores apreenderiam os prédios do governo. Outros esperariam do lado de fora da cidade, carregando armas. Se o governo italiano se recusasse a dar a Mussolini o poder de comandar a Itália, o exército fascista que esperava do lado de fora marcharia e iniciaria uma guerra.

Mussolini reuniu seus seguidores fascistas e marchou em direção a Roma. Mas ele nunca teve que ocupar a cidade.

Mussolini e os Camisas Pretas marcham em direção a Roma

Vitor Emanuel III estava com muito medo de começar uma guerra civil.

Se Vitor Emanuel tivesse convocado o exército e declarado lei marcial – como seus conselheiros lhe pediam – o exército poderia ter expulsado os fascistas. Havia muito, muito mais soldados do exército italiano do que combatentes do exército fascista. Muitos dos fascistas não conseguiram arranjar armas. Eles carregavam enxadas e forcados.

Mas Vitor Emanuel não chamou o exército. Talvez ele tenha se lembrado do que aconteceu com seu pai, Umberto I, depois que ele declarou a lei marcial! Ele nem esperou que os fascistas de Mussolini chegassem a Roma. Em vez disso, convocou Mussolini para encontrá-lo e concordou em torná-lo primeiro-ministro.

Em 1923, a Itália estava firmemente sob controle dos fascistas. Mussolini, o primeiro-ministro, foi apelidado de *Il Duce – O Líder.* Ele permaneceria o primeiro-ministro da Itália pelos próximos 21 anos.

Embora ele ocupasse o cargo de primeiro-ministro, Mussolini era na verdade um ditador militar. Ele queria construir um novo Império Romano, recapturando terras em todo o Mar Mediterrâneo. Ele sabia que Romulus, o lendário fundador de Roma, havia provavelmente tomado um arado e marcado as fronteiras de sua nova cidade. Então, imitando Romulus, Mussolini pegou um trator e dirigiu pelas fronteiras de novas cidades que ele esperava construir em seu *novo Império Romano.*

Se a Itália tivesse que entrar em guerra para construir esse novo império, Mussolini declararia guerra.

Japão sob Hirohito

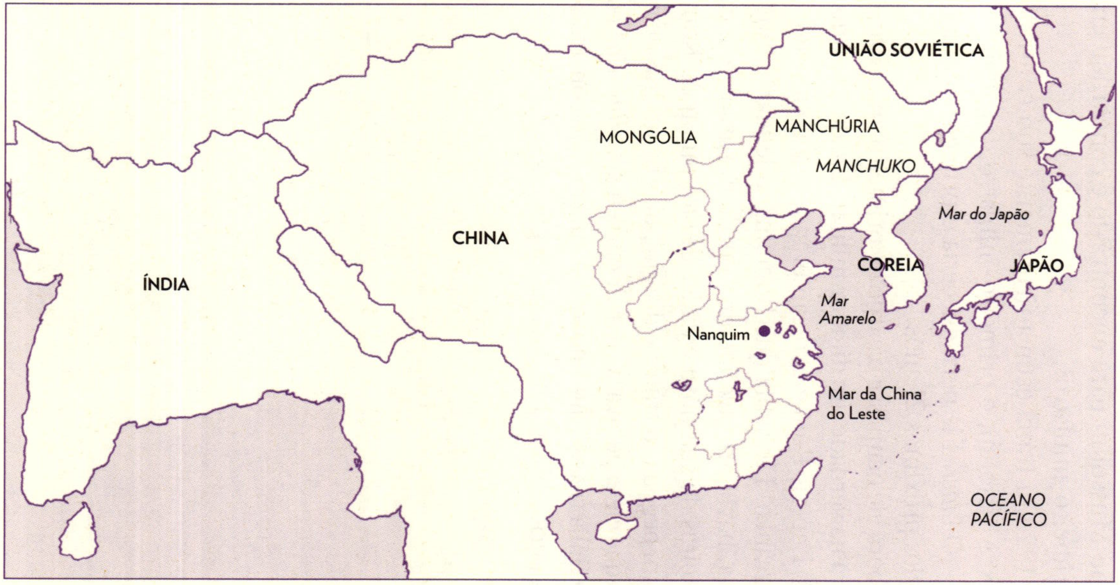

CAPÍTULO

25

EXÉRCITOS NA CHINA

JAPÃO, CHINA E UM IMPERADOR DE MENTIRA

Do outro lado do Oceano Pacífico, o Japão também estava tentando construir um império.

Na época da Primeira Guerra Mundial, a criação do império do Japão se misturou ao ex-imperador da China. Quando o jovem imperador Qing, Henry Pu Yi, deixou o Palácio Proibido, foi primeiro ao Japão. Ele viveu por lá durante vários anos, esperando que um dia os japoneses o ajudassem a recuperar seu trono.

Na China, Sun Yixian foi forçado a entregar o poder a um senhor da guerra chamado Yuan Shikai. Sun Yixian fugiu para a cidade de Cantão, enquanto Yuan Shikai assumiu o novo governo chinês e governou como um ditador militar.

Para manter seu poder, Yuan Shikai teve que lutar contra outros líderes militares. Enquanto todo esse conflito acontecia, o Japão ordenou que Yuan Shikai entregasse não apenas a Manchúria, mas também as províncias vizinhas de Shantung e da Mongólia Interior. Yuan não teve escolha. Ele não conseguiria resistir ao Japão *e* lutar contra outros senhores da guerra ao mesmo tempo para manter seu poder na China. Ele concordou.

Um ano depois, Yuan morreu. Agora, os senhores da guerra concorrentes e seus grupos de soldados lutavam para governar as partes da China que não haviam sido entregues aos japoneses.

Sun Yixian, ainda em Cantão, não abandonou a esperança de uma China pacífica e unida. Ele havia organizado um grupo de seguidores em um partido político chamado Partido Nacionalista, ou Kuomintang. Os membros do Partido Nacionalista esperavam livrar-se dos senhores da guerra e unir a China novamente, em uma república.

Sun Yixian e outro revolucionário chinês, Chiang Kai-Shek, pediram à Rússia que enviasse ajuda para que o Partido Nacionalista pudesse lutar contra os senhores da guerra. Quando a Rússia concordou, Chiang Kai-Shek foi à União Soviética para ver como o Exército Vermelho funcionava. Com a ajuda de conselheiros soviéticos e armas soviéticas, o Partido Nacionalista iniciou sua própria academia militar para treinar seus próprios soldados. Oficiais soviéticos vieram à China para ajudar a preparar o novo Exército Revolucionário Nacional para a batalha. Chiang Kai-Shek, agora comandante-chefe do Exército Revolucionário Nacional, começou a planejar uma campanha contra os senhores da guerra do norte.

Em 1925, Sun Yixian morreu. Mas seu plano de unificar a China continuou. Um ano depois, o Exército Revolucionário Nacional começou a marchar para o norte. Um a um, o exército derrotou os senhores da guerra que estavam entre Cantão e Pequim. Em 1928, o Partido Nacionalista havia assumido o controle da cidade de Pequim e do governo da China.

Porém mais longe da capital, nas províncias mais distantes da China, os senhores da guerra ainda reinavam supremos.

Enquanto isso, no Japão, um novo imperador havia acabado de subir ao trono. Hirohito tinha 25 anos. Durante cinco anos, ele fora o regente de seu pai, o imperador Yoshihito. Yoshihito ficou tão velho que começou a perder a razão. Quando Hirohito tinha vinte anos, Yoshihito foi a uma reunião solene dos líderes do governo do Japão. A reunião foi longa e monótona, de modo que o velho enrolou os papéis nos quais estava escrito seu discurso real e se divertiu olhando para todos os homens importantes através dele, como um telescópio.

Com isso, os líderes decidiram que Yoshihito agora era velho demais para governar o país. Hirohito assumiria o controle do Japão e governaria em nome de seu pai. Cinco anos depois, em 1926, Yoshihito morreu e Hirohito se tornou imperador. Ele era agora o 124º imperador do Japão e governaria o Japão por mais tempo do que qualquer outro imperador.

Hirohito governava um Japão que estava dividido por discordâncias sobre quem realmente estava no comando. Assim como muitas outras nações, o Japão agora tinha uma constituição e uma assembleia eleita que fazia e aprovava leis. O imperador só deveria tomar decisões depois que seu *gabinete* (um grupo de conselheiros) lhe dissesse o que o povo queria.

Hirohito era um jovem enérgico e bem-educado. Antes de se tornar imperador, havia viajado pela Europa, pescado com isca viva na Escócia e visitado o rei da Inglaterra. Ele não queria ser uma figura decorativa; ele queria ser um verdadeiro imperador. E durante toda a sua vida, Hirohito havia aprendido que, assim como todos os imperadores do Japão, ele era parte divino – um descendente da deusa do sol Amaterasu. Hirohito não se contentaria em simplesmente sentar e fazer o que seus conselheiros lhe dissessem.

Hirohito não era o único homem que queria governar o Japão. O grande exército do Japão se tornou cada vez menos disposto a fazer o que o governo ordenava. O exército japonês já havia tomado terras da China, ocupado a Coreia e tomado a Manchúria. Era uma força poderosa e bem organizada, e muitos oficiais japoneses não gostaram da atitude da assembleia japonesa em relação às forças armadas. Após a guerra com a Rússia, a assembleia reduziu o tamanho do exército. Os oficiais se ressentiram dessa atitude. Alguns queriam que a constituição do Japão fosse descartada, para que o Japão pudesse ser liderado por oficiais militares que expandiriam o Império Japonês por toda a Ásia.

Em 1931, cinco anos depois de Hirohito subir ao trono, os soldados japoneses enviados para a Manchúria assumiram controle da situação.

Esses soldados ficaram alarmados quando o Partido Nacionalista assumiu o controle de Pequim. Se a China se fortalecesse e se unificasse novamente, poderia retomar a Manchúria. Os soldados da Manchúria acusaram os soldados chineses de tentarem bombardear um trem com soldados japoneses.

Houve realmente uma explosão perto do trem? Ninguém sabe, mas o trem certamente chegou em segurança à sua estação. Ainda assim, soldados japoneses começaram a invadir e capturar cidades chinesas em toda a Manchúria por vingança. Outros soldados japoneses marcharam da Coreia para ajudar. No Japão, o governo não sabia nada sobre essa ação militar. Quando a assembleia japonesa descobriu que os soldados japoneses haviam começado uma pequena guerra na Manchúria, ela não conseguiu impedi-la. O exército simplesmente ignorou todas as instruções que vinham de Tóquio, capital do Japão.

Em seguida, o exército encontrou Henry Pu Yi e se ofereceu para levá-lo para a Manchúria. Lá, ele poderia se tornar o imperador de um Império Japonês na China, chamado Manchukuo. Pu Yi aceitou a oferta imediatamente. Então os oficiais o colocaram em um navio que o levaria à Manchúria.

Pu Yi não sabia disso, mas os japoneses não tinham intenção de permitir que ele voltasse às mãos dos chineses. O barco tinha uma armadilha. Se fosse atacado pelos chineses, explodiria – e Pu Yi morreria. Felizmente, o barco chegou à Manchúria em segurança. O exército japonês anunciou imediatamente que Pu Yi seria o chefe executivo do novo país, Manchukuo.

Ninguém ficou particularmente feliz com isso. Os chineses disseram que Manchukuo era um país irreal, um conto de fadas e que Pu Yi era um traidor. Pu Yi ficou indignado, porque ele pensou que seria coroado imperador. *Chefe do Executivo* não era um título tão interessante. O governo japonês em Tóquio estava descontente com as ações do exército, mas tinha medo de muita resistência. Hirohito poderia fazer um decreto imperial removendo o exército da Manchúria, mas e se o exército simplesmente se recusasse a ir? Então seria óbvio para todos que a assembleia japonesa e o imperador estavam desamparados. Então Hirohito e o governo japonês concordaram em reconhecer Manchukuo como um país legítimo.

A China apelou para a Liga das Nações. A Liga, depois de ouvir toda a história da fundação de Manchukuo, anunciou que o Japão estava errado e deveria se retirar da China. Em vez disso, o Japão simplesmente deixou a Liga das Nações.

Mas a Itália e a Alemanha (nenhuma das quais gostava muito da Liga das Nações) concordaram em reconhecer o novo país de Manchukuo como uma nação real. O exército japonês, para manter Pu Yi feliz, concordou em dar-lhe o título de imperador. Eles lhe deram dinheiro, um palácio e nenhum poder. Eles tomavam todas as decisões por ele.

Manchukuo permaneceria sob o poder japonês por muitos anos. Com o tempo, o Japão usaria Manchukuo como um local para construir bases navais e militares – e os militares japoneses se fortaleceriam ainda mais.

A LONGA MARCHA

Chiang Kai-Shek, comandante-chefe do Exército Revolucionário Nacional, liderou seu exército a Pequim e a capturou. Mas ele ainda tinha uma guerra civil para lutar. O Partido Nacional, ou Kuomintang, controlava parte da China, mas em outros lugares, poderosos senhores da guerra com grupos de soldados alegavam governar as províncias distantes da China.

Chiang Kai-Shek ainda tinha que derrotá-los. E logo ele teria uma briga com seus próprios aliados.

Chiang Kai-Shek e seu exército haviam se fortalecido com a ajuda de conselheiros e aliados soviéticos. Muitos chineses, vendo a devastação de seu país causada pela fraqueza do imperador Qing e a luta pelo poder entre os senhores da guerra que se seguiram, acreditavam que a União Soviética era um bom modelo para uma nova China. Representantes do Partido Comunista Russo viajaram até a China para ajudar os chineses a aprender mais sobre o comunismo. Eles até elaboraram um *manifesto*, ou declaração de crenças, que os comunistas chineses poderiam usar e o levaram para Xangai. Lá, as pessoas interessadas em ver a China se tornar comunista se reuniram para ler o manifesto, falar sobre ele e discuti-lo.

Após uma semana de discussão, esses *delegados* formaram o Partido Comunista Chinês. Um dos primeiros membros do Partido Comunista Chinês (PCC) era um jovem professor chamado Mao Zedong (também escrito Tse-tung).

No início, havia apenas setenta comunistas chineses em toda a China. Mas esses primeiros comunistas chineses deixaram Xangai e voltaram para suas cidades natais, prontos para convencer outros chineses a se tornarem comunistas. Mao Zedong foi para sua casa em Hunan, deixou o emprego de professor e começou a dar aulas para ensinar aos chineses mais sobre comunismo.

À medida que o PCC crescia, alguns de seus membros pensavam que ele deveria tentar assumir o comando e tirar o Kuomintang e o Exército Revolucionário Nacional do poder. Mas os soviéticos na Rússia achavam que seria melhor que o PCC e o Kuomintang fossem aliados. Assim, o PCC, que agora tinha seu próprio exército, concordou em ajudar o Exército Revolucionário Nacional a derrotar o resto dos senhores da guerra.

Mas, quando o PCC e o Kuomintang tentaram chegar a um acordo sobre políticas pelas quais a China seria governada, começaram os problemas. Muitos membros do Kuomintang e oficiais do Exército Revolucionário Nacional começaram a sugerir que o PCC era mais russo do que chinês. Eles acusaram

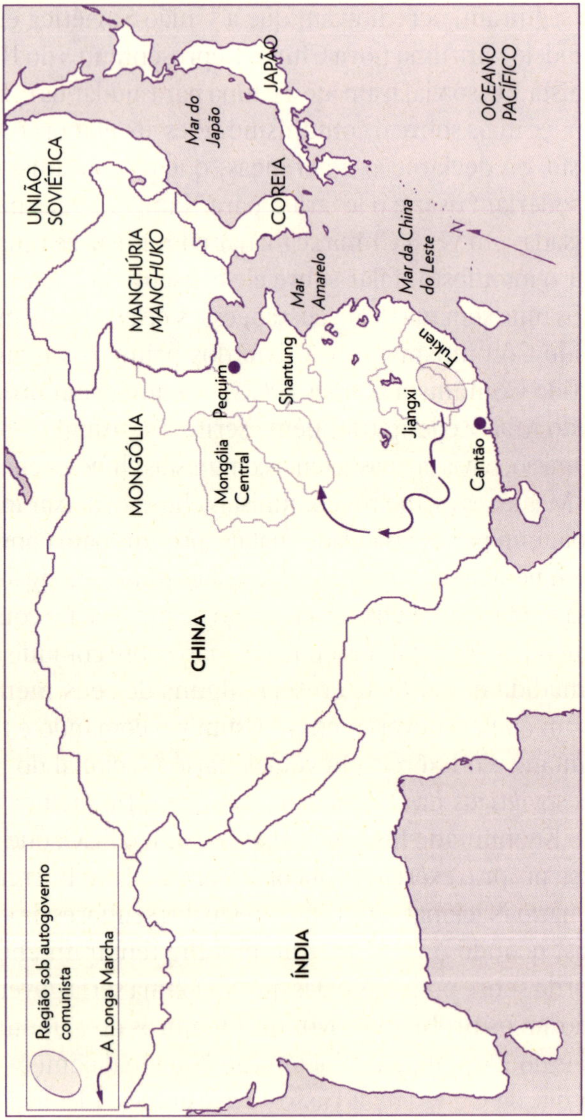

A Longa Marcha

o Partido Comunista Chinês de ajudar os estrangeiros, mais uma vez, a tomar o controle da China.

Chiang Kai-Shek concordou que os russos tinham muito poder no PCC. Então, ele ordenou que todos os membros do PCC, incluindo Mao Zedong, fossem demitidos de seus cargos. Ele prendeu todos os soviéticos na China que conseguiu encontrar e muitos comunistas chineses também foram presos. Ele ordenou que alguns deles fossem executados. O PCC e o Kuomintang não seriam mais aliados; agora eram inimigos mortais.

Mao Zedong e 3 mil soldados, camponeses e trabalhadores se reuniram em Hunan e tentaram atacar o Kuomintang. Mas essa pequena rebelião foi dispersa pelo Exército Revolucionário Nacional imediatamente. Outros membros do Partido Comunista Chinês que tentaram revidar também foram derrotados. Quando os combates terminaram, dezenas de comunistas chineses estavam mortos.

Agora que Chiang Kai-Shek havia expulsado o PCC, ele se preparou para lutar contra os senhores da guerra que ainda governavam as províncias ocidentais da China. Durante anos, o Exército Revolucionário Nacional lutou contra eles e os derrotou, um a um. E, embora o objetivo do Kuomintang fosse transformar a China em uma república, com constituição e assembleias, a verdade era que Chiang Kai-Shek e o exército realmente detinham todo o poder na China.

No início, Chiang Kai-Shek estava muito ocupado se preocupando com os japoneses na Manchúria e com os senhores da guerra na China para prestar mais atenção ao PCC. Mas em 1930 ele decidiu que era hora de se preocupar com os comunistas chineses mais uma vez.

Os comunistas chineses haviam recuado para lugares selvagens e distantes, montando acampamentos nas montanhas. Mao e seus seguidores restantes foram para o leste, para as Montanhas Jinggang, nos limites da província de Jiangxi. Ao longo dos anos, outros membros do PCC vieram se juntar a eles. Um deles, um oficial do exército chamado Zhu De, trouxe uma tropa inteira de soldados com ele.

No refúgio de montanha onde se estabeleceram, Mao e Zhu De tomaram a terra dos fazendeiros ricos e a deram aos camponeses. Isso deixou todos os camponeses muito felizes para se juntarem aos comunistas chineses! Mao e seus seguidores anunciaram que essa nova comunidade era realmente uma nova nação, a República Soviética da China (ou Jiangxi Soviético), e que Mao era seu presidente.

Em 1930, Chiang Kai-Shek enviou 100 mil soldados do Exército Revolucionário Nacional para cercar o Soviéte de Jiangxi. O PCC reagiu. Mesmo sendo um exército menor, eles conseguiram deter os homens de Chiang.

Chiang enviou outra força, desta vez, com 200 mil homens. A mesma coisa aconteceu. Duas vezes mais, o Jiangxi Soviético expulsou os invasores. Quatro ataques não tiveram sucesso.

Mas o quinto ataque foi outra história.

Em 1934, Chiang Kai-Shek enviou 400 mil homens contra o assentamento Jiangxi Soviético. Desta vez, Mao percebeu, o exército era grande demais para derrotar. A República Soviética da China cairia e seu povo teria que fugir.

Os membros do Jiangxi Soviético começaram a se afastar do exército que se aproximava, em direção aos limites a oeste da China. Em 15 de outubro de 1934, 100 mil homens, mulheres e crianças começaram a marchar para o oeste.

Eles marchariam por mais de um ano. Atravessaram rios por meio de balsas que eles mesmos construíram, prendendo cestos cheios de pedras às balsas com cordas e, em seguida, prendendo as balsas no lugar, ponta a ponta, e largando as cestas. Isso formou uma estreita ponte de madeira! Ao marcharem, passaram pelos postos avançados do Exército Nacionalista e foram alvejados. Alguns foram mortos. Alguns se afogaram enquanto construíam as pontes de balsa. As mulheres que tiveram bebês durante a marcha os davam às famílias nas aldeias por onde passavam, porque era muito difícil cuidar de um bebê durante a marcha. Quando alcançaram as altas montanhas na fronteira da província, Mao lhes disse que só poderiam atravessar se continuassem andando. Se eles se sentassem, nas altas montanhas, congelariam! Os marchantes fizeram uma música para se lembrar disso:

> A montanha é alta, muito alta,
> Não podemos parar.
> Cubra seus pés! Esfregue-os bem!
> Não descanse no topo!

Enquanto marchavam pelas montanhas, tempestades de granizo os castigaram. Alguns dos manifestantes caíram de frio. Ninguém tinha energia para resgatá-los. Outros se deitaram bem no topo, onde o ar era escasso e não havia muito oxigênio, porque estavam com sono. Eles nunca acordaram.

Do outro lado das montanhas, eles tiveram que atravessar as pradarias – um campo amplo e seco, com poucas aldeias e pouca comida. Os grãos que eles carregavam estavam acabando. Eles começaram a comer grama e raízes. Eles cozinharam seus sapatos e cintos de couro com folhas

A Longa Marcha

de plantas locais e fizeram sopa com isso. Eles a chamaram de *Sopa das Três Delícias* para melhorar o sabor! Quando o Jiangxi Soviético chegou à cidade de Wuqi, na província de Shaanxi, um ano e quatro dias depois, restavam apenas 5 mil. Sua jornada ficou conhecida como a Longa Marcha.

Com o fim da longa marcha, Mao se tornara o comunista chinês mais conhecido, respeitado e mais poderoso. Ele agora era reconhecido como o líder do PCC. Enquanto isso, muitos chineses que não eram comunistas estavam começando a se perguntar por que Chiang Kai-Shek estava gastando tanta energia combatendo o PCC, quando os japoneses estavam tentando tomar cada vez mais da Manchúria. Em vez de combater outros chineses, por que o exército nacionalista não investiu toda a sua energia na luta contra o Japão?

O PCC queria esses chineses do lado deles. Eles começaram a usar como *slogan*: *Chineses não lutam contra chineses*. Muitos soldados chineses do Exército Nacionalista concordaram – e não queriam mais lutar contra o PCC.

Chiang Kai-Shek teve que viajar para o norte, para dizer ao oficial comandante dos soldados do Exército Nacional ali aquartelado que ele precisava lutar contra os comunistas chineses com mais fervor. Quando ele chegou, o oficial comandante prendeu Chiang por duas semanas! O oficial percebeu que manter Chiang na cadeia causaria um grande problema, então ele libertou Chiang Kai-Shek.

Mas Chiang havia entendido a mensagem. Continuar a luta contra o PCC tornaria sua autoridade mais fraca. O Kuomintang e o Partido Comunista Chinês deveriam se tornar amigos. Estava na hora de a longa guerra civil terminar.

Os Estados Unidos e o *Dustbowl*

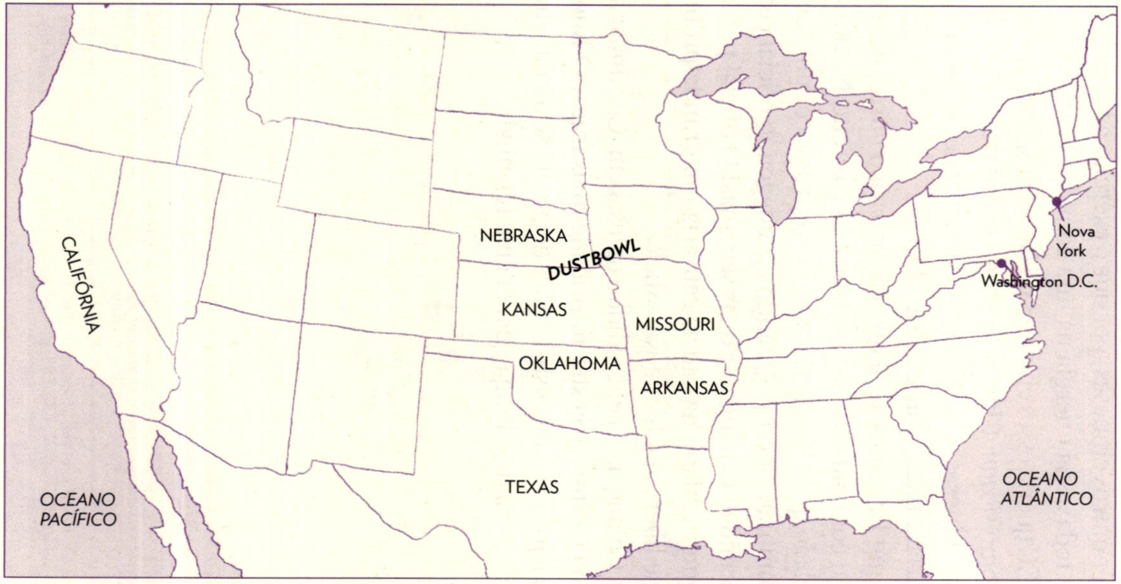

CAPÍTULO

26

A QUEDA DA BOLSA E O QUE ACONTECEU DEPOIS

TERÇA-FEIRA NEGRA E O *NEW DEAL*

Nos Estados Unidos, após a Primeira Guerra Mundial, a vida parecia melhorar cada vez mais. Os *doughboys* chegaram em casa vitoriosos, as lojas estavam cheias de comida e todos pareciam ter muito dinheiro. Os arquitetos estavam projetando novos edifícios triunfantes chamados arranha-céus que se erguiam acima dos telhados das cidades americanas. As escolas estavam lotadas de alunos. Pela primeira vez na história americana, quase todo mundo sabia ler, e autores como William Faulkner (*O Som e a Fúria*) e Hendrik Willem van Loon (*A História da Humanidade*) estavam publicando livros que os tornaram famosos. Quase trezentas peças de teatro eram realizadas apenas na cidade de Nova York. Músicos entoavam canções tolas e alegres como "Sim, não temos bananas" e "Eu gostaria de poder dançar como minha irmã Kate". Maratonas de dança – concursos a noite toda, em que os participantes tinham que continuar se movendo sem parar ou adormecer – eram realizadas em todo o país.

Em todo lugar, coisas novas estavam acontecendo. O primeiro concurso de Miss América foi realizado. (Uma garota de dezesseis anos de Washington D.C., Margaret Gorman, ganhou!) Os primeiros prêmios do Oscar para filmes foram entregues. Em seu pequeno avião, *The Spirit of St. Louis*, Charles Lindbergh se tornou a primeira pessoa a voar sozinha, sem parar, através do Oceano Atlântico. Nada parecia impossível. A vida na América parecia um sonho lindo.

Em 1929, o sonho terminou.

Durante a década de 1920, centenas de milhares de pessoas estavam gastando dinheiro com algo chamado *mercado de ações*. Um mercado é um lugar onde as pessoas compram e vendem. Muitas cidades têm um *mercado de agricultores*, em que pessoas com hortas vêm com seus legumes extras e os vendem para outras pessoas que não têm hortas. O *mercado de ações* é um local onde as pessoas compram ações e as ações são uma pequena parte de uma empresa.

Lemos sobre ações no capítulo 16. Quando o dono da fábrica de chocolates pegou dinheiro de seus amigos para melhorar sua fábrica e prometeu a eles que, em troca, obteriam alguns lucros no final do ano, ele estava vendendo *ações*. Cada amigo agora *possuía* parte da empresa e receberia parte do dinheiro que a empresa ganhava. Eles se tornaram *acionistas*.

Se a fábrica de chocolates funcionasse bem, cada acionista ganharia dinheiro no final do ano. Mas, se a fábrica de chocolates não tivesse lucro, o dinheiro que cada acionista doava ao proprietário da fábrica desapareceria. Aliás, se a fábrica estava realmente indo mal, os acionistas teriam até que investir mais dinheiro para ajudar a pagar salários e manter a fábrica aberta.

Nos Estados Unidos, pessoas que queriam vender partes de suas empresas e pessoas que queriam comprar essas *ações* porque esperavam compartilhar os lucros do final do ano se reuniram em uma área da cidade de Nova York chamada Wall Street . (O nome vem de uma muralha real que foi construída ao longo da rua no século XVII, para proteger os colonos holandeses originais da cidade dos ataques dos indígenas americanos e ingleses hostis.) No início de 1800, um grupo de empresários decidiu abrir uma *bolsa de valores* em Wall Street. Lá, proprietários e compradores de empresas podiam ir para comprar e vender ações. Esse local de negócios foi chamado de Bolsa de Valores de Nova York.

Na década de 1920, após o fim da Primeira Guerra Mundial, fábricas e empresas estavam ganhando muito dinheiro. As pessoas que compraram ações nessas empresas também estavam ganhando muito dinheiro, compartilhando os lucros da empresa. Se eles gastassem cem dólares, receberiam mil de volta; se gastassem 25 mil, poderiam obter 100 mil em lucro. Comprar ações parecia a maneira mais fácil do mundo para ganhar dinheiro. As pessoas estavam tão empolgadas com esse dinheiro fácil que gastaram centenas de milhares de dólares em ações. Às vezes, eles até pediam dinheiro emprestado para comprar ações. Afinal, eles tinham certeza de que lucrariam o suficiente para pagar o empréstimo.

Mas, quando fábricas e empresas estão arrecadando dinheiro, mais fábricas são construídas e mais empresas são iniciadas. Mais vendedores competem pelos mesmos compradores. A compra começa a desacelerar. O dinheiro fica um pouco mais apertado e um pouco mais escasso.

Em 1929, o mercado de ações não apenas desacelerou. Em uma semana, tudo parou.

Em 24 de outubro de 1929, as pessoas começaram a vender suas ações. Enquanto vendiam suas ações, outros começaram a pensar que também seria uma boa ideia vender. Com tantas pessoas vendendo, e poucas pessoas querendo comprar, os preços das ações tiveram que descer, descer e descer. (Pense da seguinte maneira: se vinte pessoas quiserem uma barra de chocolate e uma pessoa tiver cinco barras de chocolate para vender, a pessoa com as barras de chocolate provavelmente poderá cobrar dois dólares por barra de chocolate e pelo menos cinco das vinte pessoas estarão dispostas a pagar. Mas, se vinte pessoas tiverem barras de chocolate que realmente querem vender e apenas uma pessoa quiser comprar uma barra de chocolate, todas as vinte pessoas cobrarão o mínimo possível pelas barras de chocolate, esperando que a pessoa com fome escolha a barra de chocolate de cinco centavos em vez da barra de quinze centavos de outro vendedor.)

Os preços das ações continuavam caindo, caindo e caindo. Mais pessoas venderam suas ações, esperando receber algum dinheiro de volta antes que os preços caíssem ainda mais. O valor das ações caiu ainda mais. Uma pessoa que possuísse 50 mil dólares em ações na manhã de 24 de outubro descobriria, no final do dia, que suas ações valiam menos de cem dólares.

Essa venda durou uma semana. Ficou conhecida como *a queda de Wall Street.* O pior dia de toda a queda foi terça-feira, 29 de outubro de 1929. Naquele dia, que ficou conhecido como *Terça-Feira Negra,* 14 bilhões de dólares em ações perderam tanto seu valor que não valiam quase nada.

Os acionistas que haviam investido a maior parte de seu dinheiro na compra de ações agora não tinham dinheiro. Muitos deviam empréstimos a bancos que eles não poderiam pagar. Os bancos não conseguiram recuperar o dinheiro – então os próprios bancos tiveram que fechar. Alguns empresários caíram tão profundamente em dívidas que se mataram. Compradores e vendedores perderam tanto dinheiro que, nos próximos dez anos, a maioria dos americanos teve muito pouco para gastar. Eles não compraram roupas novas, não compraram carros novos, não compraram muita comida e certamente não compraram presentes de Natal. Se você ganhasse uma laranja no Natal, você era uma criança de muita sorte.

A década de 1930 ficou conhecida como a *Grande Depressão.* Para piorar as coisas, o tempo ficou ruim. Tremendas secas mataram centenas de milhares de acres de colheitas. As Grandes Planícies dos Estados Unidos tinham tão pouca chuva que os ventos levantavam a poeira e a sopravam para frente e para trás em enormes tempestades de poeira. Durante uma tempestade de poeira, as pessoas se trancavam em casa, colocavam toalhas sob as portas e em torno das janelas – e mesmo assim ainda encontravam dois centímetros e meio de terra por todo o chão, camas e móveis no final da tempestade. A região central dos Estados Unidos ficou conhecida como o *Dustbowl* (Região do Pó). Incapaz de ganhar a vida em suas fazendas secas, milhares de americanos deixaram os estados do *Dustbowl*

Milhares de americanos foram obrigados a deixar suas fazendas secas e a mudarem-se para outros lugares

e foram para a Califórnia. Esses emigrantes foram chamados de *okies*, porque, embora muitos tenham vindo do Arkansas, Missouri e Texas, um em cada cinco era de Oklahoma.

Quando a Grande Depressão começou, um homem chamado Herbert Hoover era presidente. Hoover sabia que teria que fazer algo para ajudar os milhares de americanos pobres, famintos e sem-teto. Em 1932, o presidente Hoover e o Congresso dos Estados Unidos criaram algo chamado *Corporação Financeira de Reconstrução.* A CFR era como um banco que emprestava dinheiro a bancos, empresas e fazendas, para que eles pudessem continuar até que a situação se tornasse um pouco melhor.

A CFR foi um bom começo, mas não foi suficiente. Outro líder americano, um nova-iorquino chamado Franklin Delano

Roosevelt, prometeu aos americanos que, se fosse eleito presidente em vez de Herbert Hoover, daria à América um *New Deal* (Novo Acordo) que reverteria a Grande Depressão.

Roosevelt, apelidado de FDR, sofreu de uma doença chamada poliomielite quando criança. Ele andava de cadeira de rodas, porque não conseguia andar sozinho. Mas, mesmo em sua cadeira de rodas, ele parecia mais enérgico e mais cheio de ideias do que Herbert Hoover. E os americanos estavam desesperados por uma resposta à sua pobreza. No dia das eleições, Roosevelt venceu Hoover por milhões e milhões de votos.

Agora que ele era presidente, FDR queria enviar ajuda imediata para pessoas sem-teto e com fome. Ele queria criar empregos para pessoas que estavam desempregadas. E ele queria mudar o mercado de ações e os bancos para que uma Grande Queda da Bolsa não ocorresse novamente.

Junto com o Congresso, FDR criou novas *empresas* que dariam empregos e salários aos americanos. O Corpo de Conservação Civil, apelidado de CCC, contratou homens para plantar florestas, combater incêndios e controlar inundações. A Administração de Progresso do Trabalho, ou APT, contratou ainda mais homens para construir estradas e pontes. A Administração de Ajustamento Agrícola (AAA) ajudou os agricultores a reconstruir seus rebanhos e recuperar seus campos. FDR criou tantos programas com abreviações como CCC, APT e AAA, que os americanos diziam: "O FDR está fazendo uma sopa de letrinhas para os Estados Unidos!"

A sopa de letrinhas de FDR colocou sopa de verdade na barriga de milhões de americanos famintos. E seu *New Deal* lentamente ergueria os Estados Unidos da Grande Depressão.

A ASCENSÃO DE HITLER AO PODER

A Grande Depressão dos Estados Unidos não afetou apenas a América, afetou o mundo inteiro. Durante toda a década de 1920, os americanos compraram coisas caras, de carros a cafeteiras, de empresas europeias. Os americanos viajaram para a Europa e gastaram milhões de dólares em hotéis e alimentação. Dinheiro americano foi despejado na Europa nesse período.

Quando os americanos começaram a perder dinheiro, pararam de comprar mercadorias europeias sofisticadas. Eles pararam de viajar para a Europa. De repente, fábricas e empresas europeias tinham muito menos dinheiro. Hotéis e restaurantes começaram a despedir garçons, mensageiros e empregadas domésticas. Assim como a América, a Europa ficou mais pobre. A Grande Depressão se espalhou pelos países da Europa.

Um dos países mais atingidos pela Depressão foi a Alemanha.

A Alemanha estava pobre e infeliz mesmo antes da Terça-Feira Negra, o dia em que o mercado acionário caiu em Nova York. Quando a Alemanha foi forçada a assinar a Paz de Versalhes, após a Primeira Guerra Mundial, o governo alemão teve que concordar em pagar reparações à França e à Inglaterra – enormes somas de dinheiro para compensar todo o dinheiro que a França e a Inglaterra gastaram com a Alemanha na Primeira Guerra Mundial.

A Alemanha, que já havia perdido quase 2 milhões de jovens em guerra e gastara enormes quantias de dinheiro lutando, começou a tentar pagar as reparações. Mas o governo simplesmente não tinha dinheiro para pagar. Assim, a Alemanha pegou emprestado o dinheiro para reparações de bancos americanos e britânicos – e depois o devolveu aos governos francês e britânico.

Quando a bolsa faliu, os bancos americanos que emprestaram dinheiro à Alemanha exigiram que a Alemanha pagasse os empréstimos. A Alemanha não tinha dinheiro – a menos que pudesse emprestar de outro país. Mas todos os países da Europa ficaram mais pobres durante a Depressão. Ninguém tinha dinheiro para emprestar. Portanto, a Alemanha não podia pagar seus empréstimos ou reparações.

As pessoas começaram a perder o emprego na Alemanha. Toda semana, mais empresas alemãs fechavam e desapareciam. Os preços começaram a subir cada vez mais. Logo, uma dona de casa alemã precisava de um carrinho de mão cheio de dinheiro para comprar um pedaço de pão.

Um jovem austríaco chamado Adolf Hitler achou que tinha a resposta para os problemas da Alemanha.

Embora Adolf Hitler tenha nascido na Áustria, ele se considerava alemão. Muitos austríacos se consideravam alemães – e essa é uma das razões pelas quais a Alemanha e a Áustria lutaram juntas na Primeira Guerra Mundial. Hitler estudou arte alemã e ouvia música alemã, especialmente as óperas do compositor Richard Wagner.

Quando a Primeira Guerra Mundial começou, Hitler se alistou no exército alemão. Ele acreditava que a Alemanha era o país mais forte e valoroso do mundo e que a cultura alemã era a mais bela. Se a Alemanha conquistasse a Europa, os costumes alemães se espalhariam por todo o território e isso só poderia ser bom. Se a Alemanha quisesse anexar outros países ao Império Alemão à força, esses países teriam a *sorte* de se tornarem alemães.

Hitler ficou surpreso ao descobrir que muitos alemães não apoiavam a guerra. Depois de alguns anos de luta, milhares

A Europa durante a ascensão de Hitler ao poder

de cidadãos alemães só queriam que a vida voltasse ao normal. Eles queriam que a guerra terminasse, mesmo que a Alemanha tivesse que desistir de algumas de suas terras e seu poder.

Hitler ficou horrorizado. Como seus colegas alemães podiam ser tão antipatrióticos? Alguma força do mal deveria estar disseminando descontentamento por toda a Alemanha, impedindo que os alemães reconhecessem a importância da vitória alemã.

Hitler decidiu que as pessoas más que disseminavam esse descontentamento deviam ser os judeus.

Desde a Idade Média, os europeus suspeitavam dos judeus. Os cristãos que não sabiam quase nada sobre a cultura judaica e a religião judaica achavam que os judeus tinham rituais estranhos e ilegais. Eles acusaram os judeus de serem orgulhosos, arrogantes e preocupados com nada além de dinheiro. Nada disso era verdade, mas o ódio aos judeus, chamado antissemitismo, era tão difundido que, em muitos países europeus, os judeus não podiam sequer possuir terras até o século XVIII.

No século XX, milhares de pessoas ainda odiavam e temiam o povo judeu. Quando Hitler começou a fazer discursos sobre como os judeus eram responsáveis pelos problemas da Alemanha, ele encontrou muitos alemães que estavam dispostos a ouvir.

Após a Primeira Guerra Mundial, Hitler tornou-se parte de um grupo político que ficou conhecido como Partido Nacional Socialista dos Trabalhadores Alemães. Assim como os comunistas, os nacional-socialistas acreditavam que os pobres e trabalhadores da Alemanha deveriam ter mais a dizer sobre como o país era administrado. Assim como os fascistas, os nacional-socialistas acreditavam que precisavam de um líder forte que pudesse tornar a Alemanha uma nação forte e rica novamente. E, assim como muitos europeus, os nacional-socialistas eram antissemitas.

Hitler fez discursos nas reuniões nacional-socialistas. Ele acabou se tornando um orador público hipnotizante. Quando ele falava sobre a grandeza do povo alemão, seus ouvintes ficavam quase hipnotizados. Depois que ele falava, a plateia se levantava, ovacionando as ideias de Hitler. Em pouco tempo, ele havia se tornado o líder, ou *führer*, dos nacional-socialistas.

Quando a Grande Depressão atingiu a América e a Europa, o público de Hitler cresceu ainda mais. O povo alemão já estava pobre e desanimado. Agora eles estavam mais pobres, mais famintos e mais desesperados. Eles estavam dispostos a ouvir qualquer um que pudesse lhes prometer um futuro melhor.

Hitler viajou pela Alemanha, prometendo que, se os alemães votassem nos nacional-socialistas (apelidados de *nazistas*), a Alemanha mudaria. Ele garantiria ordem, riqueza e grandeza para a Alemanha. Ele cancelaria os termos da Paz de Versalhes, para que a Alemanha estivesse livre de sua esmagadora dívida de guerra. E ele prometeu que o partido nazista se livraria de todos os judeus sinistros que estavam ajudando a causar as dificuldades da Alemanha.

Em 1932, mais de um terço dos eleitores alemães apoiavam os nazistas. Os nazistas haviam se tornado o partido político mais popular da Alemanha. Quando as eleições foram realizadas, o führer do partido nazista, Adolf Hitler, ganhou o cargo de chanceler alemão.

Ele era agora o homem mais poderoso da Alemanha.

A Espanha sob o Governo de Franco

CAPÍTULO

27

GUERRA CIVIL E INVASÃO

ESPANHA VERMELHA, ESPANHA NEGRA, UM REI E UM GENERAL

A Espanha não participou da Primeira Guerra Mundial. Não havia lutado contra a Rússia, a Grã-Bretanha ou o Japão. Não havia sido dividida durante a Paz de Versalhes ou perdido milhares de soldados nas batalhas da Grande Guerra. Apesar disso, a Espanha não era mais pacífica do que qualquer outra parte do mundo.

O rei da Espanha, Alfonso XIII, herdara o trono antes mesmo de seu nascimento. Seu pai morreu quando sua mãe ainda estava grávida – então o não nascido Alfonso se tornou rei! A mãe de Alfonso governou por ele como regente até 1902. Nesse ano, Alfonso, de dezesseis anos, foi coroado na grande catedral de Sevilha. Ele era o mais jovem rei coroado do mundo naquela época.

Enquanto Alfonso XIII estava sendo coroado – em uma cerimônia elaborada que durou horas –, um garotinho chamado Francisco Franco Bahamonde estava sentado na porta de sua casa, jogando pedras em uma poça e se perguntando o que seria quando crescesse. O pai de Francisco havia deixado a família, anos antes. A mãe lutava para alimentar a família e criar os filhos. Francisco não queria passar o resto da vida lutando para sobreviver. Ele decidiu que a vida de um soldado seria boa para ele.

Quando cresceu o suficiente, Francisco Franco entrou no exército espanhol e se tornou oficial. Ele lutou bem e sempre obedeceu às ordens, ganhou medalhas por bravura e foi promovido várias vezes e até chegou a chamar a atenção do rei Alfonso XIII. Quando Franco tinha apenas 28 anos, Alfonso o colocou no comando da Legião Estrangeira Espanhola – uma força de combate espanhola comandada por oficiais espanhóis, mas composta principalmente por soldados de outros países.

Quando a Primeira Guerra Mundial começou, a Espanha permaneceu neutra. Em vez de lutar, ela lucrou muito vendendo aço, máquinas e motores para os países em guerra. Mas, quando a guerra terminou, o mesmo aconteceu com as vendas. Fábricas espanholas fecharam. Os navios ficaram ociosos. Muitos trabalhadores espanhóis perderam o emprego.

Três anos após o término da Grande Guerra, a Espanha teve que lutar uma guerra menor. Um território espanhol chamado Marrocos, uma pequena faixa do norte da África, do outro lado do Mar Mediterrâneo, se rebelou. A Espanha enviou seu exército através do Estreito de Gibraltar (o pequeno funil do Mar Mediterrâneo entre a Espanha e o norte da África) para deter a revolta. Mais de 10 mil soldados espanhóis foram mortos pelo exército muito menor de rebeldes marroquinos.

O massacre humilhou a Espanha e irritou o povo espanhol. A Espanha estava mais pobre do que nunca e infeliz com a perda de seus homens. Assim como em muitos países, os tempos difíceis deram aos revolucionários a chance de pedir mudanças.

Esses revolucionários eram conhecidos como *Espanha Vermelha*. Por muitos anos, os rebeldes espanhóis insistiam que a Espanha precisava se livrar de seu rei e se tornar uma república, com uma constituição, como tantos outros países da Europa. Esses *espanhóis vermelhos* queriam ver o fim da monarquia e o começo do governo popular. De fato, a *Espanha Vermelha* tentou mais de uma vez se livrar do rei. Alfonso XIII quase havia sido assassinado no dia do casamento!

Espanhóis ricos e aristocráticos que queriam que a Espanha permanecesse uma monarquia eram chamados cidadãos da *Espanha Negra*. Nessa Espanha tradicional, o rei e seus nobres tinham a maior parte do poder. O exército, que tinha muitos nobres espanhóis como oficiais, tendia a estar do lado da *Espanha Negra*.

Nos cinco anos após a Guerra Marroquina, *Espanha Vermelha* e *Espanha Negra* brigaram entre si e fizeram ameaças de violência. Alfonso XIII tornou-se cada vez menos popular. Ele foi responsabilizado pelas perdas espanholas na guerra marroquina, por ignorar as necessidades de seu povo e por ter muito poder. Em 1931, Alfonso XIII podia ver que, se continuasse segurando seu poder como rei, a Espanha entraria em guerra civil entre vermelhos e negros.

Então ele compôs uma declaração pública, para ser lida ao povo espanhol.

"[Está claro que] eu não tenho mais o amor do meu povo", escreveu ele. "Eu poderia facilmente encontrar meios de apoiar meus poderes reais contra todos os críticos, mas estou determinado a não ter nada a ver com colocar um de meus compatriotas contra outro em uma guerra civil fratricida."

Então Alfonso XIII deixou a Espanha e foi para Roma.

Enquanto ele estava fora, a Espanha realizou uma eleição para uma assembleia – um Parlamento espanhol. Os eleitores espanhóis elegeram um presidente. A assembleia escreveu uma constituição. A Espanha se tornou uma república e parecia que a *Espanha Vermelha* havia triunfado sobre a *Espanha Negra* para sempre.

Mas, embora Alfonso XIII tenha dito a seu povo que ele não queria guerra civil, ele também se recusou a desistir de seu trono. Mesmo no exílio, ele alegava ser o governante legítimo da Espanha. E o novo governo republicano não era apoiado por toda a Espanha. Alguns espanhóis queriam que Alfonso XIII voltasse ao seu país. Outros queriam que a Igreja Católica Romana tivesse mais poder do que era permitido sob a nova constituição da Espanha. Uma área da Espanha, chamada Catalunha, começou a insistir em sua liberdade como país livre, independente da Espanha.

Em 1936, a guerra eclodiu na Espanha. Monarquistas, republicanos e combatentes da independência se armaram e começaram batalhas nas ruas. A Espanha estava cheia de grupos políticos, cada um querendo algo um pouco diferente. Líderes de cada grupo foram assassinados por outros. No Marrocos, soldados espanhóis que deveriam manter a ordem nesse território espanhol inquieto declararam que não obedeciam mais ao governo republicano da Espanha. Logo se uniram a eles soldados espanhóis.

A essa altura, Franco havia se tornado um general no exército espanhol. Ele era o general mais jovem da Europa – assim como Alfonso havia sido o rei mais jovem da Europa. O exército espanhol, intitulando-se partido *nacionalista* da Espanha, elegeu Franco como seu líder.

Depois que o exército se rebelou, os combates na Espanha se estabeleceram em dois lados opostos.

Os nacionalistas (o exército), sob o comando de Francisco Franco, não queriam Alfonso XIII de volta. Mas eles acreditavam que a Espanha precisava de um líder forte e decisivo – como Mussolini, da Itália. O outro lado, chamado de *Frente Popular*, eram os espanhóis que queriam que a Espanha mantivesse sua constituição. A Guerra Civil Espanhola, entre os Nacionalistas (que adotaram ideias fascistas sobre a necessidade de um líder forte) e a Frente Popular (que queria que a Espanha fosse uma república), durou três anos.

Muitos espanhóis foram mortos nas batalhas entre a Frente Popular e os Nacionalistas. O resto do mundo se envolveu. A Itália fascista e a Alemanha nazista estavam do lado dos Nacionalistas. A Rússia comunista, por outro lado, enviou dinheiro e armas para a Frente Popular, porque os soviéticos pensavam que a Frente Popular poderia ser simpática ao comunismo.

Então os Estados Unidos decidiram apoiar os nacionalistas fascistas e o general Franco, para que o Partido Comunista não tivesse a chance de ganhar mais poder. Os nacionalistas lentamente venceram. Os soldados nacionalistas tomaram o oeste do país e começaram a marchar para o norte e leste.

As duas maiores cidades da Espanha, Barcelona e Madri, permaneceram sob o controle da Frente Popular. Mas, depois de meses e meses de combates, a União Soviética viu que a causa da Frente Popular estava condenada – e parou de enviar ajuda. Agora, a Frente Popular havia perdido seu auxílio constante de armas e suprimentos.

Nacionalistas tomaram Barcelona e depois cercaram Madri. Um cerco começou e continuou por meses.

"Madri é uma cidade faminta", escreveu um repórter americano que estava em Madri, descrevendo a guerra no *New York Times.* "Arroz cozido em azeite rançoso, uma fatia fina de carne bovina... e laranjas, exatamente isso e nada mais, dia após dia, semana após semana... O inverno é desagradável em Madri... o frio é particularmente penetrante... [Nos] distritos de Madri que foram mais fortemente bombardeados, é comum ver homens, mulheres e crianças procurarem entre as ruínas das casas peças de vigas, pedaços de piso, móveis quebrados, qualquer coisa, desde que seja madeira e dê para queimar."

Finalmente, a Frente Popular foi forçada a desistir da última cidade que eles ainda controlavam. Em 1º de março de 1939, Madri se rendeu.

Francisco Franco e seu exército agora controlavam a Espanha. Outro repórter do *New York Times* descreveu suas experiências, dirigindo pela Espanha e vendo camponeses e crianças em toda parte fazendo a saudação fascista de braços retos.

"O país", escreveu ele, "estava ordenado, subjugado, se não unificado... Não existem livros à venda... mas existem jornais, cigarros, pães, café e vinho. No trem, os soldados enchem os compartimentos e os corredores, sentam ou deitam nas plataformas, transbordam para os vestíbulos."

Francisco Franco

Esses soldados ajudariam Franco a manter o controle de seu novo poder. O general Franco agora governaria como um ditador militar sobre a Espanha! Assim como Mussolini, ele controlaria seu país com seu exército.

Franco ganhou uma reputação de ditador cruel e intolerante. Aqueles que se opunham a ele eram presos – e frequentemente morriam de fome, se não fossem mortos. Mais tarde, os historiadores estimaram que 200 mil espanhóis morreram por causa do domínio de Franco.

Dois anos após a rendição de Madri, Alfonso XIII morreu em Roma, no último dia de fevereiro de 1941. Ele deixou o trono da Espanha para seu filho, o príncipe Juan Carlos, nascido em Roma apenas três anos antes. Mas Juan Carlos não reinaria a Espanha até a morte de Francisco Franco – quarenta anos depois.

RECONSTRUINDO A *PÁTRIA*

Adolf Hitler era agora o chanceler da Alemanha havia cinco anos. Por cinco anos, ele havia pregado ao povo alemão que sua nação era a melhor do mundo. Quem era alemão nato tinha o direito natural de governar. Todo mundo, em suas próprias palavras, estava *eternamente destinado a servir e obedecer ao povo alemão.*

"Precisamos governar a Europa!", declarou Hitler.

Hitler pretendia conquistar a Europa para a Alemanha um pouco de cada vez. Primeiro, ele pretendia *reunificar* a Alemanha, dominando todos os países onde moravam pessoas de origem alemã que falassem alemão. Hitler explicou ao povo alemão que ele não estaria conquistando um novo Império Alemão; ele apenas recriaria a *Pátria*, uma Alemanha que existia nos tempos antigos e havia sido destruída.

A maneira como a Paz de Versalhes criou novos países tornou essa tarefa mais simples para Hitler. Para começar, o tratado havia dividido o Império Austro-Húngaro em dois países separados e mais fracos: Áustria e Hungria. Hitler não estava muito interessado na Hungria. Mas, durante décadas, ele acreditava que a Áustria, cujo povo falava alemão, deveria fazer parte da Alemanha. Achava que a separação da Áustria da Alemanha tornava as duas nações mais fracas. E como a Áustria era seu próprio país, ele queria incluí-la em sua nova Alemanha restaurada.

Em março de 1938, a Alemanha anexou a Áustria. Hitler liderou um desfile de triunfo em Viena. Muitos austríacos o apoiaram; a Áustria havia sido humilhada e enfraquecida pela Primeira Guerra Mundial, e os austríacos de língua alemã

A Europa durante o governo de Hitler

pensavam que Hitler poderia elevar a Áustria de volta a uma era gloriosa de vitória. Durante a anexação alemã da Áustria, chamada *Anschluss*, esses austríacos alinharam-se nas ruas de Viena e gritaram: *Sieg Heil! Sieg Heil!* Em alemão: *Salve, Vitória!*

Mas isso foi apenas o começo. Pouco antes de anexar a Áustria, Hitler fez um discurso no *Reichstag*, o Parlamento alemão, no qual afirmou:

"Existem mais de 10 milhões de alemães em estados vizinhos à Alemanha, que antes de 1866 se uniram à maior parte da nação alemã. [...] Contra seu livre-arbítrio, eles foram impedidos pelos tratados de paz de se unir ao Reich... Para o Reich alemão também resta a proteção daqueles povos alemães!"

Grã-Bretanha e França ficaram nervosas. Quão grande seria essa Alemanha reunificada ao crescer? A Alemanha já havia assinado uma aliança com a Itália, então os soldados de Mussolini apoiariam o exército de Hitler no que Hitler ordenasse que fizessem. O próprio exército de Hitler havia crescido enormemente. Durante anos, Hitler vinha secretamente violando o Tratado de Versalhes treinando milhares e milhares de soldados. Lembre-se, de acordo com o Tratado, o exército alemão deveria ser menor que 100 mil homens. Mas, em 1938, o exército da Alemanha tinha quase 1 milhão de soldados.

Claro, não foi possível manter um exército com 1 milhão de soldados em segredo por muito tempo. A maioria dos países poderosos do mundo sabia que Hitler estava aumentando seu exército. Mas os Estados Unidos, que se recusaram a ingressar na Liga das Nações, decidiram não interferir na Europa. Os Estados Unidos ainda estavam se recuperando da Depressão. Tinham seus próprios problemas! E a França e a Grã-Bretanha, os outros dois países que ajudaram a redigir o Tratado, tinham mais medo do comunismo do que do partido nazista. Pelo menos se Hitler tivesse um grande exército, a União Soviética não seria capaz de conquistar a Alemanha e torná-la um país comunista.

Ninguém sabia quão determinado Adolf Hitler estava a governar o mundo. E ninguém percebeu que, em 1938, Hitler era um problema muito maior que o comunismo.

Mas então Hitler anunciou que agora acrescentaria a Tchecoslováquia à *Pátria* alemã. A Tchecoslováquia tinha milhões de cidadãos de língua alemã nela que precisavam se reunificar com seu próprio povo. França e Grã-Bretanha ficaram preocupadas o suficiente com isso para enviar seus primeiros-ministros à cidade alemã de Munique para conversar com Hitler.

Ficou claro que ele estava determinado a tomar a Tchecoslováquia e lutaria por isso, se necessário. Desastrosamente, os dois países decidiram não se opor a Hitler. Neville Chamberlain, o primeiro-ministro da Grã-Bretanha, elaborou um acordo cuidadoso com Hitler que permitiria que ele tomasse a metade oeste da Tchecoslováquia – a parte chamada *Sudetenland*. Quando voltou para casa, Neville Chamberlain fez um famoso discurso aos britânicos. Ao dar a Hitler o que ele queria, ele lhes garantiu que haveria *paz em nossa era*.

Aqui estão as palavras exatas de Neville Chamberlain.

> Última quarta-feira... uma guerra mais severa e terrível do que jamais havia acontecido antes parecia estar nos encarando... [Agora] nossa ansiedade foi exaltada de nossos corações... Palavras duras foram ditas sobre o chanceler alemão... [mas espero] esten-

> der um pouco mais o contato pessoal que eu havia estabelecido com Herr Hitler, que eu acreditava ser essencial à diplomacia moderna... Consideramos o acordo assinado... como simbólico do desejo de nossos dois povos de nunca mais entrar em guerra. Alguém duvida que esse é o desejo do povo?... Acredito que haja sinceridade e boa vontade de ambos os lados... O caminho que leva à paz é longo e cheio de obstáculos. Essa questão da Tchecoslováquia é a mais recente e talvez a mais perigosa. Agora que já a superamos, sinto que pode ser possível avançar ainda mais no caminho da sanidade.

O político britânico Winston Churchill comentou que o discurso de Chamberlain foi covarde e míope. À Inglaterra tinha sido dada a escolha entre guerra e vergonha. Chamberlain havia escolhido a vergonha. E agora a guerra viria também.

Churchill estava certo. Hitler, talvez pensando que não teria nenhuma oposição, não parou no *Sudetenland*. Ele marchou sobre o resto da Tchecoslováquia e a tomou também. Apenas alguns meses depois, ele fez um acordo com Josef Stalin, o líder soviético. Hitler também queria tomar a Polônia. Se os soviéticos ajudassem a Alemanha a conquistar a Polônia, a Alemanha e a Rússia dividiriam a Polônia entre eles. A Rússia também concordou com um *pacto de não agressão*, significando que os soldados russos não se uniriam a nenhuma resistência contra a Alemanha.

Longe de servir como proteção contra o comunismo, Hitler havia feito uma aliança com os soviéticos – para que a Alemanha pudesse conquistar a Europa.

Em 1º de setembro de 1939, as tropas alemãs marcharam para a Polônia de três direções diferentes. Mais tarde, o início da guerra que surgiu dessa invasão – a Segunda Guerra Mundial – foi às 4h45 de 1º de setembro. Um soldado alemão que pertencia a uma das divisões invasoras, Erich Hoppe, escreveu:

"Estávamos em guerra, mas não havia som de conflito, exceto por um estrondo baixo que poderia ter sido um trovão, mas não era. Foram tiros, mas muito distantes... Aquela primeira manhã de guerra foi quente, brilhante, quieta e pacífica."

Às seis horas da manhã, bombardeiros alemães estavam sobrevoando Varsóvia, capital da Polônia. As bombas alemãs destruíram caças poloneses antes que os aviões pudessem decolar do chão. O exército polonês, mal equipado, teve que se enfileirar a cavalo para enfrentar os tanques alemães que se aproximavam.

Essa invasão mostrou à Grã-Bretanha e à França que não haveria paz. Apenas dois dias depois, em 3 de setembro, a Grã-Bretanha e a França declararam guerra a Hitler. Em pouco tempo, Canadá, Austrália, Nova Zelândia e Índia juntaram-se à Grã-Bretanha e à França. Os exércitos que lutavam contra Hitler ficaram conhecidos como Poderes Aliados. Alemanha, Itália e seus aliados eram conhecidos como Potências do Eixo.

O exército polonês resistiu por um único mês. Mas, em 28 de setembro, Varsóvia não pôde mais resistir. Milhares de soldados poloneses haviam morrido. A cidade teve que se render.

Seria a primeira rendição de muitas.

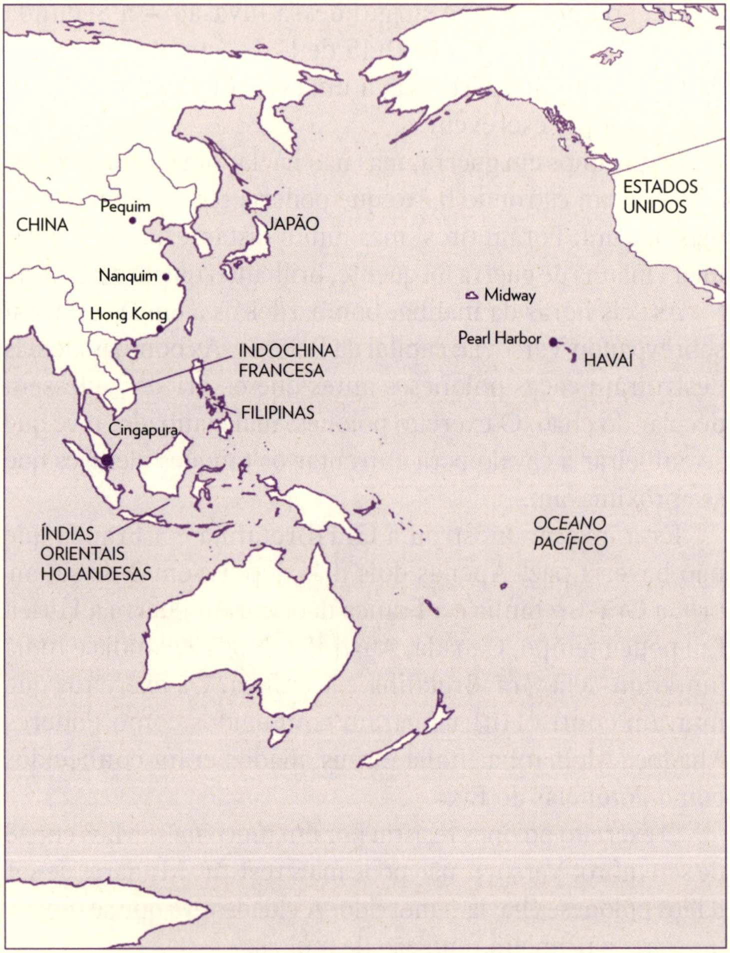

A Segunda Guerra
Sino-Japonesa

CAPÍTULO

28

A SEGUNDA GUERRA MUNDIAL

A GUERRA DAS TRÊS GUERRAS

A Liga das Nações e a Paz de Versalhes não impediram que outra grande guerra se espalhasse por toda a Europa. Em pouco tempo, assim como a Primeira Guerra Mundial, a guerra se espalharia por todo o mundo. Ficaria conhecida como Segunda Guerra Mundial.

Os Aliados (França, Grã-Bretanha e aliados da Grã-Bretanha) estavam lutando contra a Alemanha e a Itália, chamadas de Potências do Eixo. Em pouco tempo, a Alemanha e a Itália se uniram a outro país poderoso: o Japão.

Dois anos antes da invasão de Hitler à Polônia, o ódio entre o Japão e a China entrou em erupção. Em 1937, Chiang Kai-Shek, da China, havia concordado em fazer uma aliança entre seu governo de Kuomintang e o Partido Comunista Chinês, porque sabia que não poderia lutar contra o PCC e os japoneses. Quase imediatamente, os novos aliados se viram lutando contra o exército japonês, que marchou da Manchúria para a cidade chinesa de Pequim.

Em 7 de julho de 1937, o exército japonês havia atacado a Ponte Marco Polo nos arredores de Pequim. A ponte, um belo vão de mármore com onze arcos diferentes, era controlada pelo exército do Kuomintang no leste e pelo exército japonês no oeste. No início da manhã, os japoneses exigiram permissão do Kuomintang para atravessar a ponte, para o lado do Kuomintang, e revistar as casas próximas. Os japoneses disseram que seus oficiais precisavam procurar um soldado japonês que havia desertado e que poderia estar escondido lá. Mas os chineses pensaram que isso era apenas uma mentira para atravessar a ponte. Quando se recusaram a deixar os oficiais japoneses passarem, os japoneses começaram a marchar pela ponte, com tanques!

O exército do Kuomintang conseguiu expulsá-los. Mas os japoneses se reorganizaram e atacaram de novo. Após duas semanas de luta, os japoneses finalmente atravessaram a ponte e se apossaram do lado chinês.

Esse foi o começo da Segunda Guerra Sino-Japonesa.

Os chineses tinham um nome diferente para essa guerra. Eles a chamaram de Guerra de Resistência Antijaponesa do Povo Chinês. A China perdeu terras para os japoneses em todo o norte da China e também no meio do país. Um dos eventos mais horríveis da história moderna ocorreu na China, quando o Japão marchou para a cidade de Nanquim, na província de Jiangxi. Os soldados japoneses mataram 200 mil cidadãos chineses desarmados que nada tinham a ver com a guerra.

Mesmo assim, a China se recusou a se render.

Essa guerra já estava em andamento havia dois anos quando a Segunda Guerra Mundial começou na Europa. Quando a Grã-Bretanha e a França declararam guerra à Alemanha, o Japão viu uma chance de expandir seu próprio império. Grã-Bretanha, França e Holanda (que também se uniu aos Aliados) tinham colônias no sudeste da Ásia: os britânicos governavam Hong Kong, os franceses ainda tinham controle sobre o Vietnã e os holandeses governavam as Índias Orientais. Esses países europeus estavam tão ocupados lutando contra Hitler que nenhum deles tinha tempo ou soldados para defender suas colônias asiáticas. O Japão poderia invadir e conquistar essas colônias.

Em 1940, o Japão se declarou uma potência do Eixo, junto com a Alemanha e a Itália. Agora, o Japão tinha a desculpa perfeita para atacar as colônias mantidas pelos Aliados.

O Japão tinha um país barrando o caminho de sua conquista da Ásia: os Estados Unidos.

Os Estados Unidos não estavam lutando na Segunda Guerra Mundial, então o Japão não estava em guerra com eles. Em 1940, mais de três quartos dos cidadãos americanos não queriam que os Estados Unidos se envolvessem nos problemas da Europa. O presidente dos Estados Unidos, Franklin Delano Roosevelt, sabia que seu povo não queria lutar. Os Estados Unidos concordaram em enviar petróleo, armas e outros suprimentos necessários para a Grã-Bretanha, mesmo que a Grã-Bretanha não pudesse pagar, mas era só isso o que muitos americanos queriam.

Mas, mesmo que os Estados Unidos não fossem um dos Aliados, o Japão sabia que eles não ficariam em silêncio e que observariam o Japão invadir as colônias da Ásia, uma a uma. Uma frota inteira de navios de guerra americanos ficava no Pacífico Sul, ancorada em Pearl Harbor, no Havaí. Se o Japão se movesse contra as colônias aliadas, os navios de guerra dos Estados Unidos em Pearl Harbor tentariam bloquear o Japão.

Anos antes, o Japão derrotara uma das marinhas mais fortes do mundo ao torpedear navios de guerra russos primeiro e depois declarar guerra. Em dezembro de 1941, o comandante japonês, general Hideki Tojo, decidiu seguir a mesma estratégia. Tojo não era apenas um general do exército; ele também se tornara o primeiro-ministro do Japão, o homem que aconselhava o imperador Hirohito. Ele disse ao imperador que, a menos que o Japão resistisse aos Estados Unidos, o Japão nunca seria um grande país. Hirohito concordou que havia chegado a hora de atacar os Estados Unidos.

Em uma tranquila manhã de domingo, 7 de dezembro de 1941, militares dos Estados Unidos que estavam esfregando os conveses, tomando seu café da manhã e passando pela rotina matinal ouviram o som de aviões. Alguns subiram no convés. Outros não se preocuparam em vigiar. Ninguém em Pearl Harbor esperava um ataque.

No horizonte, vinha onda após onda de aviões de combate japoneses – quase duzentos. Bombas começaram a cair. Os americanos, desprevenidos, estavam quase desamparados. Alguns dos navios pegaram fogo e queimaram. Outros emborcaram, prendendo marinheiros dentro deles. Um fuzileiro naval chamado E. C. Nightingale descreveu mais tarde que estava terminando o café da manhã quando ouviu as sirenes de aviso. Ele não prestou muita atenção nas sirenes até começar a ouvir explosões. Ele correu para o seu posto de batalha, vendo que homens de todo o navio já haviam preparado suas armas e começado a disparar. Mas então o navio começou a tremer. Foi atingido por uma bomba. Toda a frente do navio estava queimando. Muitos de seus amigos já haviam sido mortos.

Antes que Nightingale pudesse escapar, outra bomba atingiu o navio. O choque o atirou na água! Ele estava prestes a afundar quando um oficial se aproximou nadando e agarrou sua camisa e o arrastou em direção à praia.

O ataque terminou em menos de duas horas. Mas 21 navios americanos e 188 aviões de combate americanos foram destruídos. Uma estudante do ensino médio na costa escreveu em seu diário que, quando o ataque terminou, o quartel onde os soldados moravam estava queimando e o armazém onde os suprimentos eram mantidos estava em chamas. Casas por todo o porto foram destruídas. A água do porto nem podia ser vista. Uma sólida parede de fumaça bloqueou a vista.

Pearl Harbor pôs fim à neutralidade americana. Quase 3 mil soldados americanos foram mortos. Trezentos homens morreram em apenas um navio de guerra, o *Arizona* – o navio em que E. C. Nightingale havia escapado. Fotografias e notícias publicadas em jornais americanos mostraram navios americanos queimando e afundando e militares dos Estados Unidos morrendo. "O dia 7 de dezembro", disse o presidente Roosevelt, "será uma data que viverá na infâmia."

O povo americano não podia mais ignorar o desastre que arrasava o resto do mundo. Roosevelt pediu ao Congresso que declarasse guerra ao Japão e a todos os seus aliados, significando Alemanha e Itália.

Enquanto os americanos tentavam se recuperar da destruição da frota em Pearl Harbor, os japoneses invadiram Hong Kong e as ilhas ao sul do continente asiático. As tropas japonesas também invadiram as Ilhas Filipinas e da Malásia. Os soldados britânicos que ocupavam os três lugares tiveram que fugir para Cingapura. Logo eles também foram expulsos de lá. O Japão estava estendendo seu império por toda a Ásia. Em um ano, os japoneses conquistariam as Índias Orientais Holandesas.

Os americanos reagiram. Recrutas chegaram à marinha americana, ansiosos por vingar Pearl Harbor. Meio ano após Pearl Harbor, na primavera de 1942, os americanos lançaram um ataque contra a frota japonesa perto da

Aviões americanos e japoneses em combate durante a Batalha de Midway

Ilha de Midway. Na Batalha de Midway, quatro enormes porta-aviões japoneses (navios que carregavam aviões de combate que poderiam decolar, atacar alvos e retornar ao navio para reabastecer, para que os aviões pudessem lutar muito mais longe da terra) foram destruídos por uma força americana muito menor.

A guerra entre o Japão e os Aliados no leste tinha o próprio nome: Guerra do Pacífico. Quando os soldados aliados foram à China para ajudar os chineses a combater a invasão japonesa, a Guerra do Pacífico se misturou à Guerra Sino-Japonesa. E agora que os Aliados e as potências do Eixo estavam lutando na Europa e no Oriente, as três guerras se fundiram. A Guerra Sino-Japonesa, a Guerra do Pacífico e a Segunda Guerra Mundial tornaram-se um enorme desastre ao engolir o mundo.

O HOLOCAUSTO

Quando Hitler chegou ao poder na Alemanha, antes do início da Segunda Guerra Mundial, prometeu ao povo alemão que se livraria dos judeus. Durante a Segunda Guerra Mundial, ele fez o possível para cumprir essa promessa.

É uma história muito difícil de contar, porque é muito horrível. Durante toda a Segunda Guerra Mundial, Hitler estava enviando seus soldados para lutar contra os Aliados. Mas isso era apenas parte de seu plano de aquisição alemã da Europa. Como Hitler acreditava que os alemães eram melhores do que qualquer outra raça, ele também queria acabar com as pessoas *inferiores*.

Os conceitos de Hitler sobre *pessoas inferiores* foram baseados em uma ciência muito ruim. Ele acreditava que as pessoas com sangue *ariano* (alemão) eram mais inteligentes,

A Alemanha durante o Holocausto

mais fortes e melhores do que as outras pessoas. Os cientistas que trabalhavam para os nazistas acreditavam que podiam medir o comprimento do nariz de alguém, o tamanho do crânio, observar a cor dos olhos e dizer se ele era ou não *ariano*. Em outras palavras, o comprimento do nariz e a cor dos seus olhos poderia dizer quão inteligente você era.

Para Hitler e seus seguidores, os romenos (também chamados de *ciganos*), os africanos e outras raças eram inferiores aos arianos, mas o povo mais *inferior* de todos era o judeu.

Os ataques alemães contra judeus começaram antes mesmo de a Áustria ser anexada. Em 1935, as leis alemãs foram alteradas para que nenhum judeu pudesse ser um cidadão alemão, casar com um alemão ou votar.

Em 1936, as Olimpíadas foram realizadas em Berlim. Nenhum judeu da Alemanha teve permissão para competir. Os alemães removeram muitos dos sinais em Berlim que diziam "Nenhum judeu é permitido", porque não queriam irritar o resto do mundo. Mas eles garantiram que todos os atletas alemães fossem loiros, de olhos azuis e altos – como os arianos perfeitos deveriam ser. Embora os sinais antissemitas estivessem ausentes, ficou muito claro o que Hitler pensava dos não arianos durante os jogos. Um atleta afro-americano chamado Jesse Owens ganhou quatro medalhas de ouro e venceu o mais famoso atleta alemão no salto em distância. O atleta alemão Lutz Long parabenizou Jesse Owens por sua vitória, à vista de todos os oficiais nazistas. Mas Hitler se recusou a reconhecer que Owens havia vencido a competição.

Pouco antes do início da guerra, os alemães lançaram uma noite de ataques contra judeus. Por toda a Alemanha, multidões alemãs quebraram as janelas de casas e lojas de judeus. Muitas delas foram queimadas. Essa noite, 9 de novembro de 1938, ficou conhecida como *Kristallnacht*, ou *Noite dos Cristais.*

Em todos os territórios tomados pelos alemães, os judeus eram forçados a vestir estrelas amarelas de seis pontas em suas roupas, para que todos soubessem que eram judeus. Essa estrela de seis pontas é chamada de *Estrela de Davi*, em homenagem ao grande rei hebreu da Bíblia.

Já era ruim o suficiente viver com uma estrela amarela em sua roupa. Muitas vezes, lojas e restaurantes não atendiam judeus vestindo a Estrela de Davi. Às vezes, os judeus eram atacados e espancados na rua. Seus comércios foram arrombados e destruídos, e a polícia se recusou a fazer qualquer coisa a respeito. As crianças judias foram expulsas de todas as escolas públicas e não podiam ir a museus ou parquinhos. Em muitas cidades, os judeus foram forçados a se mudar para a mesma parte da cidade. Esse bairro, ou *gueto*, era cercado por arame farpado e vigiado por nazistas armados.

Mas, logo depois, os judeus com estrelas amarelas foram reunidos em grupos, colocados em trens e levados para campos de concentração – campos como aqueles em que os britânicos haviam colocado bôeres, quarenta anos antes.

Os campos de concentração não eram o fim de sua jornada. Hitler não se contentou apenas em manter os judeus em campos. Ele queria matá-los.

Em 1942, os conselheiros de Hitler concordaram com ele que a Alemanha precisava encontrar uma *solução final* para o problema dos judeus na Europa. Os campos de concentração foram transformados em campos da morte. Judeus foram mortos em centenas de campos por toda a Alemanha e territórios controlados por ela. Os mais horríveis e mais conhecidos desses campos da morte eram Dachau e Auschwitz.

Em 1945, 6 milhões de judeus foram mortos por Hitler. Esse assassinato sistemático de uma nação inteira, ou *genocídio*, nunca havia sido realizado antes. Os 6 milhões de judeus não foram as únicas vítimas dele. Outras pessoas *inferiores* como católicos, deficientes, ciganos e muitos russos, poloneses e sérvios também foram mortos nos campos de extermínio.

Mesmo antes do fim da guerra, os Aliados ouviram falar dos campos da morte. Muitas pessoas não acreditaram nas histórias ou achavam que eram exageradas.

Mas, após a rendição, os soldados Aliados chegaram aos campos e abriram os portões. Eles encontraram ossos, montes de sapatos e pilhas de chapéus e joias retirados de prisioneiros judeus. Eles encontraram milhares de sepulturas e milhares de corpos que os nazistas ainda não haviam enterrado.

A *solução final* de Hitler ficou conhecida como Holocausto. *Holocausto* é uma palavra grega para um sacrifício em que se é completamente queimado pelo fogo. Hitler tentou destruir toda a nação judaica – junto com 5 milhões de outras pessoas.

Muitos europeus nos países ocupados ficaram em silêncio e assistiram a judeus e outros povos *inferiores* serem levados para campos de extermínio. O único país a agir oficialmente na proteção de seus judeus foi a Dinamarca, que reuniu todos os judeus dinamarqueses e os ajudou a atravessar para a Suécia, onde estariam seguros.

Algumas pessoas corajosas reagiram. Na França, os clérigos ajudaram crianças judias a se esconder e a fugir para a Suíça. Famílias holandesas como os Booms, cuja história é contada em um famoso livro chamado *O Refúgio Secreto*, esconderam judeus em seus porões e os ajudaram a escapar. Na Polônia, o diretor do zoológico de Varsóvia escondeu crianças judias nas gaiolas, debaixo da palha, para que os soldados nazistas não as encontrassem.

Nos Estados Unidos, Franklin Roosevelt organizou um Conselho de Refugiados de Guerra que ajudou a resgatar refugiados judeus de países onde os nazistas estavam no comando. O Conselho para os Refugiados de Guerra foi formado em 1944 e ajudou a resgatar mais de 200 mil judeus.

Mas oficiais do governo dos Estados Unidos sabiam que judeus estavam sendo assassinados pelo menos dois anos antes e não haviam feito nada. Oficiais da França e de muitos outros lugares também não tomaram nenhuma providência. O Holocausto foi uma vergonha horrível para o povo alemão, mas a vergonha foi compartilhada por muitas outras pessoas que sabiam que os judeus estavam sendo mortos e, no entanto, não protestaram.

A Europa no Fim da Segunda Guerra Mundial

CAPÍTULO

29

O FIM DA SEGUNDA GUERRA MUNDIAL

A GUERRA QUE SE ESTENDEU PELO MUNDO

Quando os Estados Unidos entraram na Segunda Guerra Mundial, em 1941, a Alemanha de Hitler já havia anexado a Áustria, a Tchecoslováquia e parte da Polônia. A União Soviética havia conquistado o restante da Polônia e também tomado a Estônia, Letônia e Lituânia (países que obtiveram sua independência após a Primeira Guerra Mundial). Os soldados soviéticos também invadiram a Finlândia, no lado leste da península escandinava.

O que mais aconteceu nos meses anteriores à entrada dos Estados Unidos na guerra?

A guerra estava indo mal para os Aliados. Os soldados alemães invadiram a Dinamarca, um país escandinavo que não ficava na península escandinava, mas se destacava do continente europeu, ao norte da Alemanha. Então, as forças alemãs começaram o que foi chamado de *Guerra Relâmpago*, ou *Blitzkrieg*, arrasando a costa da Europa, através da Holanda e Bélgica e invadindo a França.

A França já havia perdido milhares e milhares de homens nos combates passados. Os soldados alemães que atacavam dominaram os defensores franceses e os soldados aliados que lutavam com eles. As tropas aliadas na França foram forçadas a recuar para o porto de Dunquerque, onde esperavam poder fugir para a Inglaterra, e com segurança. Mais de trezentos navios aliados começaram a transportar os soldados para a Inglaterra, enquanto os alemães jogavam bombas e torpedos neles. Os artilheiros alemães foram instruídos a mirar especialmente em navios-hospital, marcados com grandes cruzes para mostrar que carregavam homens feridos.

A *evacuação de Dunquerque* foi uma derrota para os Aliados. Mas Winston Churchill, que agora se tornara o primeiro-ministro da Grã-Bretanha, disse ao povo britânico que, independentemente do que acontecesse, a Grã-Bretanha nunca cederia aos nazistas. Em 4 de junho de 1940, logo após a evacuação de Dunquerque, ele disse à Câmara dos Comuns:

> Embora grandes extensões da Europa e muitos Estados antigos e famosos tenham caído ou possam cair nas garras da Gestapo [a polícia nazista] e de todo o aparato odioso do domínio nazista, não desistiremos ou falharemos. Continuaremos até o fim, lutaremos na França,

> lutaremos nos mares e oceanos, lutaremos com crescente confiança e crescente força no ar, defenderemos nossa ilha, custe o que custar. Lutaremos nas praias, lutaremos nos cais, lutaremos nos campos e nas ruas, lutaremos nas colinas; nunca nos renderemos. E mesmo que, por um momento em que não creio, esta ilha ou grande parte dela tenha sido subjugada e esteja faminta, nosso Império além-mar, armado e guardado pela frota britânica, continuaria a luta até que, no tempo de Deus, o Novo Mundo, com todo o seu poder e força, avance em socorro e libertação do Antigo.

Depois de Dunquerque, em 1940, a França foi forçada a assinar uma paz com a Alemanha. Os alemães assumiram o controle das praias do norte da França, as que enfrentavam a Grã-Bretanha, e tomaram Paris. A parte norte da França se recusou a cooperar com os nazistas, então os soldados nazistas a ocuparam e as autoridades nazistas a governaram.

No sul da França, alguns franceses concordaram em viver em paz com os nazistas. Um oficial francês chamado Henri-Philippe Pétain jurou lealdade aos nazistas e, em troca, recebeu o direito de governar o sul. Agora, o sul da França era a única *França* oficial que existia, com a cidade de Vichy como *capital*. Os Aliados chamavam essa região do sul da França de *França de Vichy* e a desprezavam por concordar em cooperar com os alemães. Mas, mesmo em Vichy, na França, muitos homens e mulheres franceses leais trabalharam secretamente para derrotar as forças nazistas. Fora da própria França, os soldados franceses continuaram a lutar nas tropas aliadas contra as potências do Eixo. Eles se autodenominavam *franceses livres* para se distinguir dos franceses que cooperavam com Hitler.

Um U-Boat alemão afunda um navio-petroleiro que se dirigia para Inglaterra

Agora que os alemães controlavam a França, Hitler voltou suas forças para a Grã-Bretanha.

Assim como as forças de Napoleão tantos anos antes, Hitler esperava atravessar tropas pelo Canal da Mancha e desembarcar nas margens da Inglaterra. Mas, primeiro, ele planejava enfraquecer a Grã-Bretanha fazendo ela passar fome. Hitler disse a seus comandantes navais que afundassem todos os navios que se dirigissem para a Inglaterra. Dessa forma, os britânicos começariam a ficar sem armas, munições, óleo, roupas e comida. Os navios mais perigosos da marinha de Hitler foram os U-boats ou submarinos. Os submarinos alemães rondavam debaixo da água em grupos chamados *matilhas de lobos*. A Alemanha construiu quase mil submarinos e afundou mais de 2 mil navios rumo à Grã-Bretanha. Winston Churchill, o primeiro-ministro da Inglaterra, chamou os submarinos de o *pior mal* enfrentado pelas forças britânicas.

Antes que uma invasão pudesse ter êxito, os alemães também tinham que destruir a força aérea britânica, chamada *Royal Air Force*, ou RAF. A força aérea alemã, a *Luftwaffe*, começou a atacar a RAF no ar. A luta entre as duas forças aéreas, que ficou conhecida como Batalha da Grã-Bretanha, durou dois meses inteiros.

A RAF conseguiu manter a *Luftwaffe* a distância. Finalmente, Hitler decidiu adiar a invasão da Grã-Bretanha. Em vez disso, ele se virou para atacar seus aliados, a União Soviética! As tropas alemãs tomaram a Estônia, a Letônia, a Lituânia e outros territórios das tropas russas e começaram a empurrá-las de volta à Rússia. Os soldados alemães marcharam tão longe na Rússia que chegaram às margens da cidade de Moscou.

Foi nesse ponto que os Estados Unidos entraram na guerra. E não apenas os soldados americanos invadiram para ajudar os Aliados – as tropas soviéticas também o fizeram. Os russos mudaram de lado, rejeitando sua aliança com a Alemanha e lutando pelos Aliados.

A guerra agora cobria o mundo. No leste, forças britânicas e americanas lutavam com os chineses contra os japoneses. Por toda a Rússia e Europa, soldados soviéticos, britânicos e americanos lutavam contra os ocupantes alemães. No norte da África, soldados britânicos estavam lutando com soldados italianos e alemães pelo controle do Egito.

Mas a Alemanha estava prestes a perder outro aliado.

Os italianos, cansados da guerra, começaram a protestar contra a determinação de Mussolini de manter a Itália do lado da Alemanha. Os soldados italianos estavam exaustos e queriam voltar para casa. Em 1943, as tropas italianas no norte da África se renderam. Pouco tempo depois, as tropas aliadas invadiram a Ilha da Sicília e a ocuparam.

Com isso, o Grande Conselho Fascista que governava a Itália se reuniu, sob ordens do rei Vitor Emanuel III, e disse a Mussolini que ele não seria mais o primeiro-ministro da Itália. Mussolini ignorou esse decreto – então o Conselho o prendeu e o trancou em um hotel, no alto das montanhas italianas. Os soldados alemães levaram planadores até o hotel, resgataram Mussolini e o ajudaram a estabelecer um novo governo no norte da Itália. Mas, a partir daí, a Itália ficou dividida. O governo do norte, de Mussolini, ainda era aliado dos alemães (o governo alemão é que o estava dirigindo na verdade, não Mussolini). O resto da Itália declarou guerra à Alemanha. Durante o restante da guerra, apoiadores fascistas e nazistas na Itália travaram uma guerra civil contra italianos que não queriam mais nada com o fascismo ou a Alemanha nazista. Esses italianos antinazistas eram chamados de *partisans.*

Agora, o Japão e a Alemanha eram as forças remanescentes do Eixo, organizadas contra quase todo o resto do mundo. Os soldados japoneses se mantiveram no leste. Mas, na Europa, o exército soviético começou a empurrar as forças alemãs para fora da Rússia. Em 1944, após um ano de luta, os alemães foram empurrados de volta ao centro da Europa.

Os Aliados planejaram um grande ataque que poderia finalmente quebrar o exército alemão. Eles desembarcariam nas praias da França e tentariam tomá-las da Alemanha. Se isso pudesse ser feito, os soldados aliados poderiam abrir caminho, em terra, pela França e atacar as fronteiras a oeste da Alemanha. Ao mesmo tempo, os soviéticos estariam avançando do leste. Os alemães teriam que lutar em duas frentes ao mesmo tempo.

A tentativa de capturar as praias da França ficou conhecida pelo nome de *Dia D*. Seria o maior ataque já feito às forças alemãs. O plano era desembarcar o maior número possível de homens nas praias, no menor tempo possível, mesmo que as tropas alemãs disparassem contra os homens quando eles desembarcassem. Mais de 5 mil navios e 10 mil aviões foram escalados. Cinco grupos diferentes de soldados aterrissariam ao longo de um trecho norte da França. Os americanos desembarcariam em duas praias da Normandia que receberam os codinomes Omaha e Utah. Soldados da Inglaterra e do Canadá aterrissariam em outras três praias, apelidadas de Ouro, Juno e Espada.

Em 6 de junho de 1944, soldados aliados desembarcaram na praia na Normandia. Aviões jogaram paraquedistas (soldados usando paraquedas) e manequins vestidos como paraquedistas nos alemães para confundi-los. Mas os alemães podiam ver que o ataque estava vindo da água. Artilheiros alemães, disparando metralhadoras e canhões, mataram milhares de soldados aliados enquanto atacavam em terra.

No final do dia, pelo menos 5 mil homens estavam mortos. Mas as tropas aliadas, sob o comando do general americano Dwight Eisenhower, conseguiram capturar a praia. Agora, as tropas Aliadas poderiam desembarcar em segurança e começar o trabalho de recuperar a França – e depois marchar pela França contra a própria Alemanha.

Meses de luta se seguiram. As forças americanas e britânicas começaram a avançar, tomando quilômetros e quilômetros de terras francesas do controle alemão. A elas se juntaram soldados franceses livres, comandados pelo general francês Charles de Gaulle. Ao se aproximarem de Paris, havia muito ocupada por soldados nazistas, tropas americanas e francesas correram entre si para serem os primeiros soldados a entrar na cidade!

Em 25 de agosto de 1944, os Aliados marcharam em Paris. A longa ocupação nazista havia terminado. Naquela noite, as luzes de rua de Paris foram acesas pela primeira vez desde 1º de setembro de 1939.

Então as forças Aliadas começaram a entrar na Alemanha. Enquanto isso, tropas soviéticas marcharam do leste, em direção a Berlim. A rendição alemã parecia inevitável, mas Hitler planejou um último esforço para deter os Aliados. Em 16 de dezembro de 1944, o exército alemão lançou o maior ataque que os soldados americanos já haviam visto.

Essa batalha, travada na Floresta das Ardenas, na Bélgica, ficou conhecida como a Batalha do Bulge (Bojo), porque o ataque alemão empurrou as linhas Aliadas para que se projetassem para trás, como um *C* maiúsculo no mapa. Os Aliados ficaram impressionados com o poder do ataque alemão, mas os soldados Aliados cavaram trincheiras e continuaram atirando. Finalmente, os alemães foram forçados a recuar mais uma vez.

Foi a última ofensiva alemã da guerra. Em abril de 1945, tropas soviéticas marchavam na capital da Alemanha, Berlim. O poder dos nazistas foi quebrado.

Na Itália, *partisans* antinazistas mataram Mussolini e jogaram seu corpo em uma rua italiana, onde uma multidão cuspiu nele. Em Berlim, Hitler estava escondido no subsolo, em uma sala reforçada chamada bunker. Em 30 de abril de 1945, Hitler se matou. Pouco mais de uma semana depois, a Alemanha se rendeu oficialmente. O dia 8 de maio de 1945 ficou conhecido como Dia V-E – dia da *Vitória na Europa*.

Na Europa, a luta acabou. Mas centenas de milhares de homens haviam morrido. As cidades antigas de Londres, Coventry, Bruxelas, Dresden e Berlim haviam sido bombardeadas, seus grandes edifícios, destruídos. A Europa estava em ruínas.

A BOMBA ATÔMICA

Nos Estados Unidos, o dia 6 de agosto de 1945 parecia ser apenas mais um dia quente de verão. Na noite fria, famílias de toda a América ligavam os rádios para ouvir as notícias do dia.

Ouviram a voz do presidente dizendo ao mundo que os Estados Unidos haviam acabado de lançar uma bomba atômica na cidade japonesa de Hiroshima.

Na Europa, a Segunda Guerra Mundial terminou em 8 de maio. Embora a Alemanha tenha se rendido, o Japão se recusou a fazê-lo. As lutas no Oriente continuaram por mais três meses. No final de julho, o presidente dos Estados Unidos, Harry Truman, se reuniu com Winston Churchill, da Grã-Bretanha, e Josef Stalin, líder da União Soviética. Os três líderes decidiram juntos que dariam ao Japão uma escolha: render-se e assinar um tratado de paz, ou serem invadidos por forças aliadas.

Os japoneses consideraram a oferta e a rejeitaram. Eles não se renderiam.

Agora os Aliados tinham que formar um plano. Invadir o Japão poderia significar mais anos de guerra, com mais soldados morrendo todos os dias e nenhuma garantia de vitória contra os destemidos combatentes japoneses.

O fim da Segunda Guerra Mundial

Havia outra opção: usar um novo tipo de bomba, desenvolvida pelos Estados Unidos, contra o Japão.

Vamos voltar alguns anos, para a década de 1930. O cientista alemão Albert Einstein estudava como os átomos (os menores blocos de construção da matéria) funcionavam. Ele estava fazendo descobertas que surpreenderiam o mundo. Mas, como Einstein era judeu, Hitler acreditava que suas descobertas deviam estar erradas. Ele enviou bandidos para aterrorizar Einstein. Eles destruíram sua casa, queimaram seus papéis e até roubaram seu violino.

Por isso, Albert Einstein deixou a Alemanha e foi para os Estados Unidos. Ele disse ao presidente dos Estados Unidos na época, Franklin Roosevelt, que tinha um grande medo. Ele temia que o exército alemão estivesse desenvolvendo uma bomba atômica.

Uma bomba atômica era o tipo mais destrutivo de bomba que poderia ser construído. Ela separa os átomos, de modo que a energia no coração dos átomos cria uma enorme explosão. Um país que tivesse bombas atômicas poderia dominar o mundo em um tempo muito curto.

Em 6 de dezembro de 1941 – um dia antes do ataque a Pearl Harbor – o presidente Roosevelt ordenou que os cientistas do governo começassem a descobrir como construir uma bomba atômica para os Estados Unidos. Esse projeto era extremamente secreto. Era conhecido pelo codinome *Projeto Manhattan* (embora a pesquisa tenha sido realizada em Washington, Novo México e Tennessee). Dois cientistas famosos, um italiano chamado Enrico Fermi e um americano chamado J. Robert Oppenheimer, lideraram a pesquisa. Em 2 de dezembro de 1942, Enrico Fermi conseguiu criar o tipo de reação (em seu laboratório) de que a bomba precisaria para funcionar corretamente. Os cientistas estavam ansiosos para contar as boas notícias ao presidente Roosevelt, mas, como o projeto era extremamente secreto, eles tiveram de se comunicar com ele em código. A mensagem que os cientistas enviaram a Roosevelt dizia: "O navegador italiano desembarcou no novo mundo."

Foram necessários mais três anos para transformar a reação em uma bomba. Em julho de 1945, dois meses após a rendição alemã, os Estados Unidos estavam finalmente prontos para testar sua primeira bomba atômica (nuclear). A bomba de teste foi detonada em segredo em 19 de julho, às 5h30 da manhã, em Alamogordo, no Novo México. Um cientista chamado Kenneth Greisen, que mais tarde assistiu ao teste, disse: "Senti calor do lado da cabeça em direção à torre [onde a bomba havia explodido], abri os olhos e vi uma brilhante luz branca amarelada ao redor. O calor e a luz eram como se o sol tivesse acabado de nascer com um brilho incomum... Uma tremenda nuvem de fumaça subia, algumas partes com cores vermelhas e amarelas brilhantes, como nuvens ao pôr do sol. Essas partes continuavam se dobrando repetidamente como massa em uma tigela."

A Alemanha nunca havia conseguido desenvolver uma bomba atômica, mas agora os Estados Unidos poderiam usá-las – se o presidente aprovasse.

Truman ainda era presidente dos Estados Unidos. Ele decidiu usar armas atômicas no Japão para que a Segunda Guerra Mundial finalmente terminasse. Em 6 de agosto, um coronel da Força Aérea dos Estados Unidos, chamado Paul Tibbets, pilotou seu avião, o *Enola Gay* (nomeado em homenagem a sua mãe, Enola Gay Tibbets), sobre a cidade japonesa de Hiroshima. Ele jogou uma bomba atômica, apelidada de *Little Boy* (garotinho), na cidade abaixo dele.

Morreram 80 mil pessoas no mesmo instante. Os japoneses não sabiam o que os atingira – literalmente. O Sistema de

Radiodifusão Japonês notou que Hiroshima não podia mais ser acessada pelo rádio. Oficiais do exército tentaram ligar para o quartel-general militar em Hiroshima, mas não conseguiram conexão. A cidade inteira havia sido destruída.

Três dias depois, em 9 de agosto, outro avião americano lançou uma segunda bomba, apelidada de *Fat Man* (*Gordo* – em homenagem ao corpulento Winston Churchill), na cidade japonesa de Nagasaki. Foram mortas 75 mil pessoas de uma só vez.

"Um vento quente começou a soprar", disse um sobrevivente. "Aqui e ali, a distância, vi muitos pequenos incêndios... ardendo. Nagasaki havia sido completamente destruída."

Hoje, não apenas os americanos, mas pessoas de muitos países ainda discutem sobre a decisão do presidente Truman de jogar a bomba. Alguns dizem que o assassinato de tantos homens, mulheres e crianças japonesas que não eram soldados e não estavam envolvidos nos combates nunca poderá ser justificado. Junto com os milhares que morreram quando as bombas explodiram, centenas de milhares morreram mais tarde, porque a *precipitação nuclear* (o veneno espalhado pela bomba) os levou a desenvolver câncer e outras doenças. Mas outros dizem que, ao jogar a bomba, os Estados Unidos impediram muitos anos de guerra, nos quais muitas pessoas teriam morrido porque os japoneses não tinham intenção de se render.

Mas um fato histórico é certo: a bomba atômica marcou o fim da Segunda Guerra Mundial. Em 10 de agosto, um dia após a queima de Nagasaki, o Japão ofereceu sua rendição. Os japoneses viam que não havia sentido em lutar contra um país que possuía bombas atômicas.

Em 14 de agosto de 1945, a Segunda Guerra Mundial terminou oficialmente em todo o mundo.

Após o fim da guerra, as nações do mundo fizeram outra tentativa de impedir que uma guerra mundial acontecesse novamente. Você se lembra da Liga das Nações, que se formou após a Primeira Guerra Mundial? Após a Segunda Guerra Mundial, uma nova organização de *nações amantes da paz*, denominada Organização das Nações Unidas, foi formada. A Organização das Nações Unidas, ou ONU, ainda existe. Você pode visitar a sede deles na cidade de Nova York ou simplesmente visitá-los *on-line* em <https://nacoesunidas.org>.

Os países das Nações Unidas devem se unir para defender a liberdade e a democracia. Assim como a Liga das Nações, a ONU também deve tentar impedir a guerra, ajudando os países a resolver suas diferenças. Mas, logo após a Segunda Guerra Mundial, o trabalho mais premente da ONU foi impedir que mais bombas atômicas fossem lançadas. Na primeira reunião da Assembleia Geral da ONU, em 1946, a ONU formou um comitê para tentar convencer as nações do mundo a parar de desenvolver armas atômicas – e desarmar (desmontar) as armas que já possuíam.

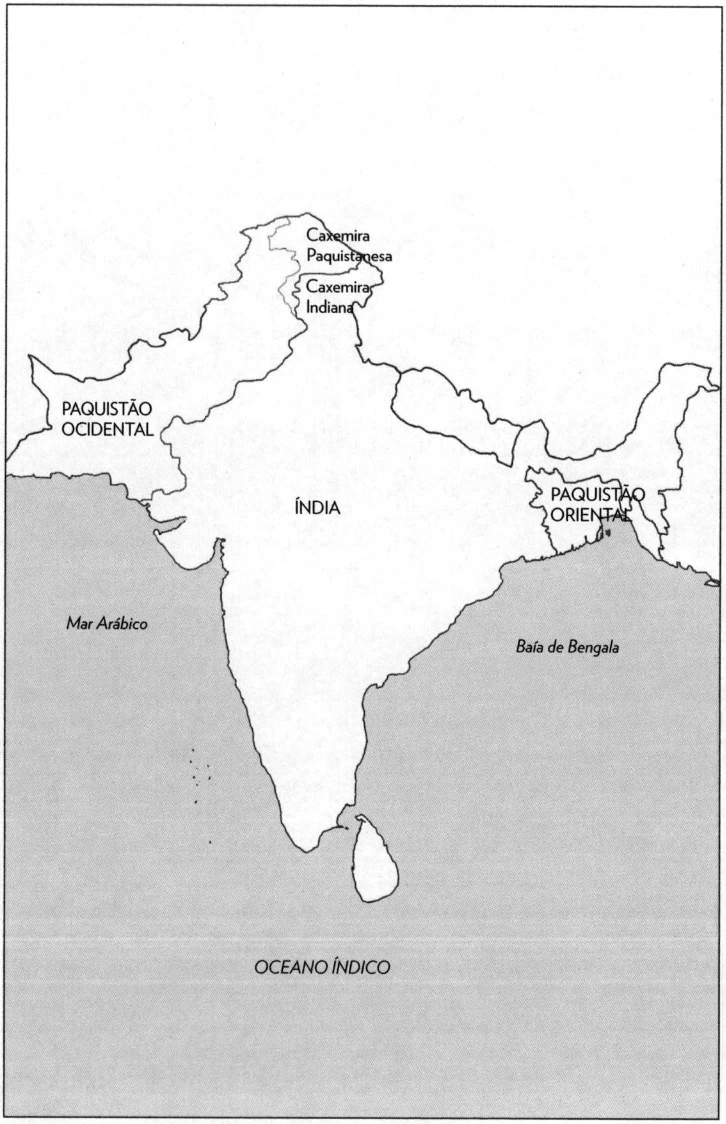

A Índia Particionada

CAPÍTULO

30

PAÍSES PARTICIONADOS

MUÇULMANOS E HINDUS NA ÍNDIA

Na década de 1920, bem antes do início da Segunda Guerra Mundial, a Grã-Bretanha prometera dar ao país da Índia o direito de se governar. Os protestos não violentos liderados por Gandhi e os violentos protestos de revolucionários indianos que queriam soldados britânicos fora de suas terras tornaram a Índia impossível de governar.

Mas a Índia não foi declarada livre e independente até 15 de agosto de 1947 porque demorou mais de vinte anos para que muçulmanos indianos, hindus indianos e autoridades britânicas concordassem em como o novo país seria governado.

Entre o massacre de Amritsar em 1919 e a declaração de independência em 1947, muçulmanos e hindus na Índia discutiram sobre como as duas religiões diferentes poderiam viver juntas no mesmo país. A maioria das pessoas na Índia era hindu. A religião hindu é muito antiga; remonta a pelo menos 2000 a.C. (ou a.EC.). Os hindus praticam uma disciplina espiritual denominada ioga. Um dos tipos de ioga mais importantes é o karma-yoga, o serviço altruísta.

Os muçulmanos da Índia, que eram um grupo muito menor, não se opuseram ao serviço baseado na abnegação; isso também fazia parte da religião deles. Mas eles não gostavam da crença hindu em muitos deuses diferentes. Os muçulmanos acreditam em um Deus, Alá. Em vez de iogas, os muçulmanos praticam os cinco *pilares* de sua religião, incluindo a doação de esmola aos pobres e a prática do jejum.

Durante a ocupação britânica, muçulmanos e hindus eram governados por oficiais britânicos – que eram cristãos. Quando os hindus indianos começaram a exigir o direito de se governar, os muçulmanos na Índia também começaram a sonhar com um país em que não seriam governados por pessoas de outra fé. Eles não queriam viver em um país dirigido por hindus, assim como os hindus não queriam viver em um país dirigido por cristãos.

Um dos muçulmanos indianos mais influentes era um homem chamado Muhammad Iqbal. Ele era advogado, poeta e estudioso do Islã. E ele acreditava que os muçulmanos da Índia deveriam ter seu próprio país, onde pudessem se governar.

Outro muçulmano influente, Mohammad Ali Jinnah, concordou com Muhammad Iqbal. Jinnah também era advogado. Seu apelido era Qaid-e-Azam, que significava *Grande Líder*, e ele se tornou o líder de um poderoso grupo de muçulmanos indianos chamado Liga Muçulmana. Jinnah sugeriu que, como muçulmanos e hindus eram dois povos separados, eles deveriam ser separados em duas nações indianas diferentes – em vez de serem forçados a formar apenas um país. Jinnah queria que a Índia fosse *particionada.*

Uma partição é uma parede ou divisor que você coloca em uma sala para dividi-la ao meio. Você pode ter partições na biblioteca pública local – paredes rolantes altas que podem ser transportadas para dividir uma sala gigante em, digamos, quatro salas menores.

Jinnah não queria que um muro de verdade fosse construído no meio da Índia. Mas ele queria que parte da Índia fosse *particionada,* ou separada, como um novo país muçulmano. Em 1940, Jinnah anunciou que a Liga Muçulmana tinha uma demanda. A Liga não acreditava que o Partido do Congresso de Gandhi, agora conhecido como Congresso Nacional Indiano, trataria os muçulmanos de maneira justa quando tivesse poder sobre a Índia. Quando a Índia alcançou a independência, britânicos e hindus tiveram que concordar em separar parte do país para que os muçulmanos a governassem. Essa parte seria chamada Paquistão.

Quando a Segunda Guerra Mundial assolou o mundo, os indianos tiveram que adiar seu desejo de independência. Mas, quando a guerra terminou, os britânicos prometeram dar liberdade à Índia assim que a Liga Muçulmana e o Congresso Nacional da Índia pudessem decidir como a Índia deveria ser governada.

Gandhi, ainda líder do Congresso Nacional da Índia, era firmemente contra a partição. Muçulmanos e hindus, ele insistiu, poderiam aprender a viver juntos em paz. Ele tentou convencer Jinnah a desistir da ideia de partição, mas Jinnah não pôde ceder. Ele ameaçou recorrer à violência para criar o Paquistão, se necessário.

Depois de mais de um ano de discussões e tumultos, a Liga Muçulmana e o Congresso Nacional Indiano ainda não conseguiam chegar a um acordo. Então, os britânicos decidiram que a partição teria que ser feita. Só isso acabaria com a hostilidade – e a violência – entre hindus e muçulmanos da Índia.

Em 14 e 15 de agosto de 1947, a Índia foi declarada independente e o país do Paquistão nasceu. A nova República Islâmica do Paquistão foi dividida em duas partes, Paquistão Oriental e Paquistão Ocidental, separadas pela Índia no meio.

A partição causou um caos horrível na Índia. Os hindus que viviam nas terras que de repente se tornaram o Paquistão estavam com medo de ficar, com receio de que multidões muçulmanas os atacassem. Recolheram seus pertences e seus filhos e se empilharam em trens que seguiam para o sul, na esperança de entrar na Índia com segurança. Muçulmanos na Índia estavam fazendo a mesma coisa e indo para o norte no Paquistão. Os trens cheios de indianos em pânico, todos fugindo para o país onde seriam a maioria, em vez da minoria, passavam frequentemente um pelo o outro, seguindo em direções opostas. Milhares de homens, mulheres e crianças morreram em tumultos, nos quais muçulmanos mataram hindus e hindus mataram muçulmanos. Ao todo, 15 milhões de indianos deixaram suas casas.

Independência e partição não acabaram com a violência entre hindus e muçulmanos. Durante anos, o Paquistão e a Índia discutiram e às vezes brigaram por um pedaço de terra chamado Caxemira, ao norte da Índia. Ambos os países queriam reivindicá-lo. Finalmente, eles concordaram em dividi-lo (embora os dois países ainda discutam sobre onde deveria estar a linha de fronteira entre a Caxemira Paquistanesa e a Caxemira Indiana). Na Índia e no Paquistão, indianos ainda eram mortos em tumultos por causa de sua religião.

Gandhi concordou com a partição, com grande relutância, mas ficou profundamente triste com isso. Ele esperava que todos os indianos, qualquer que fosse sua religião, pudessem morar juntos na Índia. Os tumultos sangrentos na Índia e no Paquistão o perturbaram tanto que ele entrou em um jejum que durou dias. Quando indianos da Índia souberam do jejum de Gandhi, os tumultos começaram a diminuir; hindus e muçulmanos temiam que Gandhi pudesse morrer se não parassem de lutar.

Nem todos os hindus tinham tanto respeito por Gandhi. Um pequeno grupo de indianos hindus ficou furioso com Gandhi porque ele havia permitido que a partição ocorresse. Eles acreditavam que toda a Índia deveria ter permanecido sob o domínio hindu.

Um membro desse grupo fanático era um jovem chamado Nathuram Vinayak Godse. Menos de um ano após a partição, Godse colocou uma pistola no cinto, debaixo da camisa e foi a uma reunião de oração na qual Gandhi falaria. Gandhi acabara outro jejum e estava fraco demais para ficar sozinho. Ele estava encostado no braço de um amigo, conversando com os hindus que compareceram à reunião, quando Godse saltou da multidão e matou Gandhi.

A PARTIÇÃO DA PALESTINA

Os hindus na Índia e os muçulmanos no Paquistão não eram as únicas pessoas que queriam ser governadas por um governo de sua própria fé. Judeus de todo o mundo também queriam seu próprio país.

O povo judeu não vivia junto em Israel desde o ano 70 d.C. (ou 70 d.EC.), quando os romanos expulsaram o povo judeu de Jerusalém e de seu país. Mas os judeus sempre viram a terra da Judeia, no extremo leste do Mar Mediterrâneo, como sua terra natal. Suas escrituras sagradas lhes diziam que Deus havia escolhido aquela terra para o povo judeu e que um dia eles retornariam a ela.

No século XIX, alguns judeus da Europa começaram a pensar que havia chegado o momento de os judeus terem seu próprio país. Por que os judeus deveriam viver espalhados por todo o mundo – alguns na Rússia, alguns na Alemanha, alguns na Inglaterra, alguns na América? Deveria haver uma terra aonde todos os judeus pudessem ir e viver. Essa ideia de que deveria haver um país judeu é chamada *sionismo*, porque um dos nomes das escrituras da cidade de Jerusalém é Sião.

Havia apenas um punhado de sionistas no século XIX. Mas o sionismo não ganhou milhares e milhares de adeptos judeus até depois da Segunda Guerra Mundial.

Após os horríveis assassinatos nos campos de extermínio de Hitler, judeus e não judeus ficaram mais interessados na ideia de uma pátria judaica. Muitos europeus cresceram sabendo que seus vizinhos, e às vezes seus próprios pais, tias e tios, não gostavam de judeus. Mas poucos imaginaram que um governo pudesse construir campos de extermínio e tentar matar todos os judeus.

A Segunda Guerra Mundial fez muitos judeus sentirem que deveriam ter seu próprio país. Eles acreditavam que os judeus nunca estariam seguros vivendo em uma nação governada por

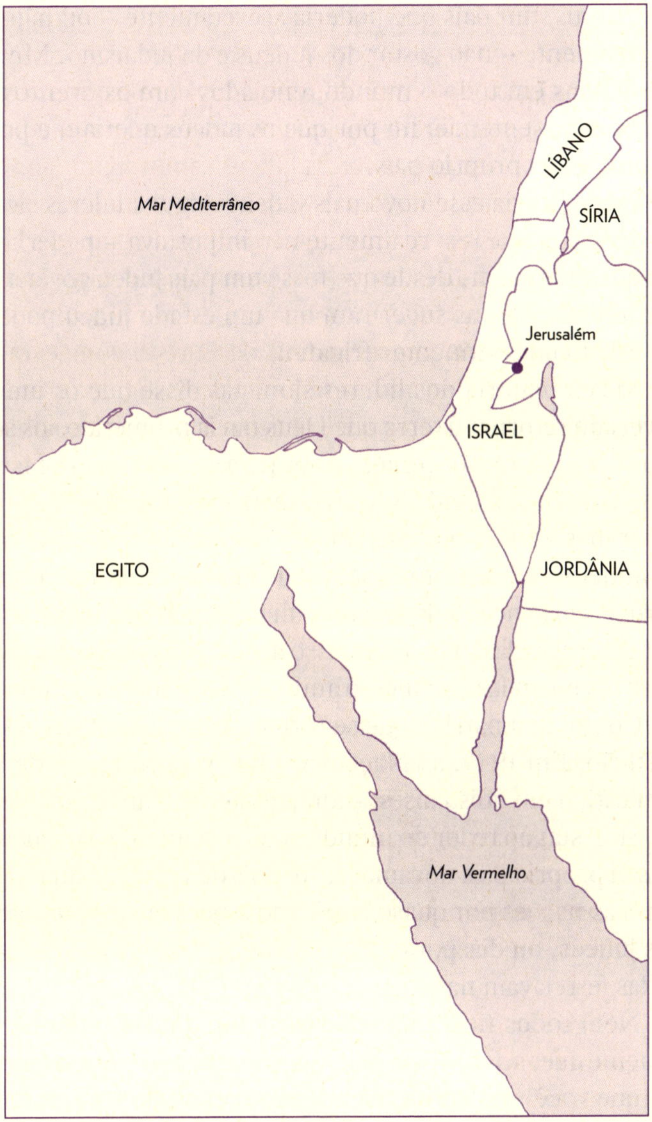

A Palestina particionada

não judeus, um país que poderia secretamente – ou não tão secretamente – não gostar dos judeus e do judaísmo. Muitos não judeus em todo o mundo, enojados com os eventos do Holocausto, entenderam por que os judeus queriam e precisavam de seu próprio país.

Onde ficaria esse novo país judeu? Alguns líderes sionistas disseram que isso realmente não importava – poderia ser em qualquer lugar, desde que fosse um país judeu governado por judeus. Alguns sugeriram que um estado judeu poderia ser criado no continente africano!

Mas a maioria dos líderes sionistas disse que os judeus deveriam retornar à terra que Deus havia prometido aos seus antepassados. Eles deveriam voltar para a antiga terra de Israel.

No início do século XX, essa terra era chamada Palestina. Os árabes viviam na Palestina durante os últimos mil anos. Os judeus acreditavam que a Palestina era sua terra natal, porque seus ancestrais viveram ali durante séculos e suas escrituras sagradas prometiam isso a eles. Mas os árabes palestinos já viviam lá um milênio antes. Era a terra deles também.

Como uma pátria pode se tornar dois países? Através da partição. Em 1947, as Nações Unidas votaram para dividir a Palestina em dois países – um país árabe e um país judeu.

Sionistas ao redor do mundo aplaudiram! O povo judeu teria seu próprio país novamente, depois de viver espalhado por todas as nações por quase 2 mil anos (por causa da *dispersão* dos judeus, ou diáspora). Na cidade de Nova York, famílias judias festejavam nas ruas de alegria.

Nem todos ficaram satisfeitos com a decisão da ONU. Imagine que, quando sua mãe era criança, ela cresceu na casa em que você vive agora. A avó dela cresceu lá. Assim como sua bisavó e sua tataravó, durante mil anos. Então, um dia, uma família que você nunca conheceu bate à sua porta e diz:

"Morávamos nesta casa há 2 mil anos e ela foi tirada de nós. Então, gostaríamos de voltar agora."

Como você se sentiria? É claro que estava errado a família ter perdido a casa 2 mil anos atrás. Mas, afinal, ela é sua já há muitos anos. Você provavelmente ficaria surpreso, confuso, triste e revoltado – assim como os árabes palestinos se sentiram quando a ONU anunciou que os judeus poderiam ter parte da Palestina de volta."

Em 14 de maio de 1948, nasceu o estado judeu de Israel. O dia 14 de maio se tornou a data da independência em Israel. Em hebraico, o termo para o dia é *Yom Ha'atz'ma'ut.*

Os combates entre judeus e árabes começaram quase imediatamente. Os árabes que perderam suas terras estavam zangados com a ONU e com os judeus. Assim como estavam os árabes que moravam nos países vizinhos da Síria, Líbano e Egito.

Refugiados palestinos fugindo de suas terras

Vamos voltar à nossa imagem da casa. Você ficaria chateado se tivesse que devolver sua casa a uma família que a possuía 2 mil anos atrás – mas seus parentes e vizinhos também moram nas proximidades. Seus vizinhos se acostumaram a viver perto de *você.* Eles gostam de *você e sua família.* Eles não querem novos vizinhos. Isso não é muito diferente da reação que os árabes perto da Palestina tiveram. Eles não queriam ver seus amigos e vizinhos expulsos da terra onde viveram por centenas de anos.

Árabes dos países vizinhos decidiram que lutariam contra Israel. Eles tentariam destruir o novo Estado judeu antes mesmo de completar um ano de idade. No mesmo dia em que a independência foi declarada, tropas de cinco países árabes diferentes – Egito, Líbano, Iraque, Jordânia e Síria – invadiram Israel. O novo país judeu sabia que teria que agir rapidamente para vencer essa guerra. Eles recrutaram milhares de soldados israelenses, homens e mulheres. Voluntários de outros países vieram ajudar o incipiente exército israelense.

Seis mil soldados israelenses, um em cada cem cidadãos israelenses, morreram nos combates. Mas, para surpresa de todos, o exército israelense conseguiu vencer a guerra! Em 1949, os países atacantes (exceto o Iraque, que recusou) concordaram em assinar acordos de paz com Israel.

A vitória deixou os israelenses orgulhosos de si mesmos e de seu país. Nações em todo o mundo agora sabiam que Israel era uma nação forte que se protegeria. Mas este não seria o último conflito entre israelenses e árabes. De fato, foi apenas o começo.

A Crise de Suez

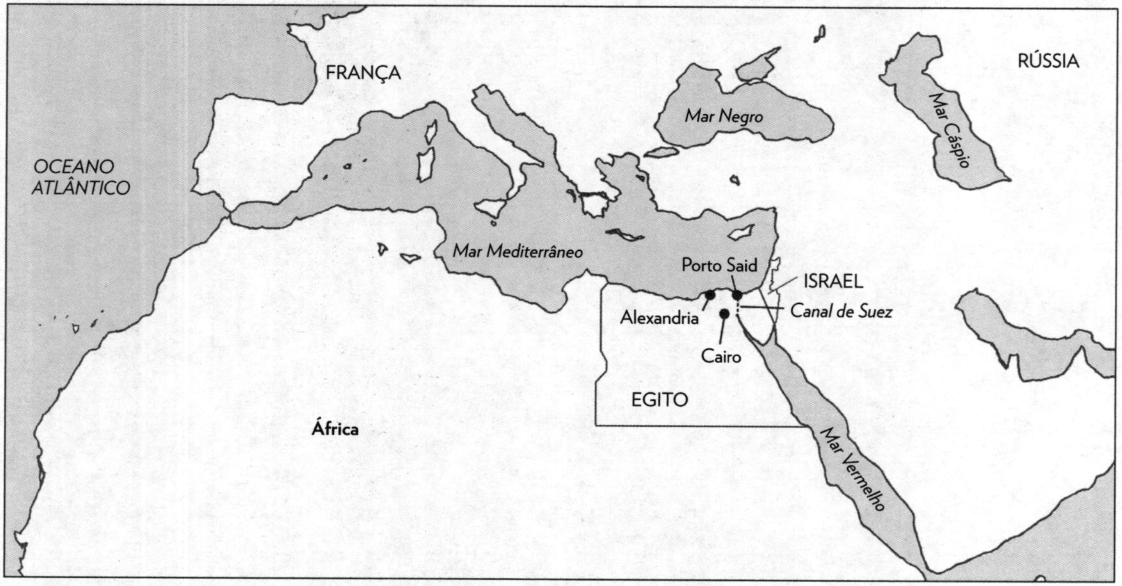

CAPÍTULO

31

VALENTÕES OCIDENTAIS E DINHEIRO AMERICANO

A CRISE DE SUEZ

Quando o Egito ajudou a invadir o novo país de Israel, o fez sob o domínio do rei Faruque, o segundo rei do Egito.

O primeiro rei do Egito, o rei Fuade I, havia morrido alguns anos antes. Seu filho Faruque, com apenas dezesseis anos, herdou o trono do pai. Os egípcios esperavam que Faruque conseguisse chegar a um acordo entre as três potências que lutavam entre si pelo controle do Egito – o rei, o Wafd e os britânicos.

Mas Faruque não era um governante habilidoso – nem mesmo moral. Ele gastou muito dinheiro viajando para a Europa, onde jogou ainda mais dinheiro fora e foi a festas em clubes de má reputação. Ele também continuou envolvendo o Egito no lado perdedor das guerras. Quando a Segunda Guerra Mundial estourou, Faruque tentou manter o Egito neutro. Isso foi tolice, já que o Egito havia realmente assinado um tratado para lutar do lado da Grã-Bretanha em qualquer guerra. Isso também irritou os britânicos, que forçaram Faruque a mudar de ideia. Então, quando o Egito perdeu a guerra de 1948 com Israel, o povo de Faruque o culpou.

Em 1952, um oficial militar egípcio chamado Gamal Abdel Nasser removeu Faruque de seu trono.

Nasser cresceu numa casa que era respeitável, mas não rica. Seu pai era funcionário do correio. Nasser pôde ir para a escola, porém os meninos mais pobres não podiam – mas ele disse, mais tarde, que muitas vezes voltava da escola e descobria que não havia nada para comer em casa!

Nasser era um garoto imprudente, que colecionava brigas. Ele entrava em mais de uma briga de rua, em que os meninos egípcios faziam o possível para dar um soco no outro. Portanto, não surpreende que Nasser tenha decidido, quando jovem, ingressar no exército. Quando a guerra de 1948 com Israel começou, Nasser era um oficial do exército de trinta anos, forte e experiente.

Durante a guerra, Nasser aprendeu uma lição que ficou com ele pelo resto da vida. Uma noite, ele estava sentado ao lado de um de seus amigos, um homem chamado Kamal. Kamal estava dizendo a Nasser sobre outro oficial, um coronel que ambos haviam conhecido, que acabara de morrer.

"Você sabe o que o coronel me disse antes de morrer?", perguntou Kamal a Nasser. Como Nasser permaneceu calado, Kamal continuou: "Ele disse que o *verdadeiro campo de batalha é o Egito*".

Nasser pensou sobre isso e levou a sério. Como egípcio, seu futuro não seria gasto em guerras em outros países. Ele colocaria sua energia em defender e moldar sua própria pátria.

Quatro anos após o término da guerra, noventa oficiais do exército, liderados por Nasser, assumiram o governo egípcio. Os oficiais, assim como a maior parte do Egito, estavam fartos da liderança fraca e inútil de Faruque. Eles tomaram o controle dos gabinetes do governo (quase ninguém tentou detê-los), ordenaram que Faruque deixasse o país e estabeleceram um conselho de onze homens para dirigir o Egito.

O resto do mundo prestou atenção para ver o que Nasser faria com o Canal de Suez. Lembre-se, o Canal de Suez tornou mais barato e muito mais rápido viajar da Europa para a Índia e o leste. Ninguém queria que Nasser fechasse o canal ou impusesse restrições sobre quem poderia usá-lo.

Durante a Segunda Guerra Mundial, italianos e alemães tentaram invadir o Egito e tomar o canal. Mas, quando Nasser chegou ao poder em 1952, o canal ainda estava sob controle egípcio – o que significava que também estava sob o controle dos britânicos, que ainda tinham soldados no Egito.

Nasser queria que todos os árabes do mundo se unissem em um país poderoso que, esperava, se tornasse conhecido como República Árabe Unida. Acima de tudo, ele queria que o Egito fosse livre e independente de qualquer influência europeia.

Ainda assim, Nasser sabia que seria muito ruim para o Egito desafiar os britânicos sobre o controle do Canal de Suez. O canal gerava muito dinheiro para o Egito. Os navios que o usavam tinham de pagar uma taxa, e, na década de 1950, 122 milhões de toneladas de carga (da qual mais da metade era petróleo) eram transportados pelo canal a cada ano.

Mas, em 1956, Nasser ficou bravo o suficiente para fechar o canal. Isso ficou conhecido como a *Crise de Suez.*

A crise começou quando Nasser tentou emprestar dinheiro dos Estados Unidos para construir uma represa no Rio Nilo. A barragem seria enorme – 111 metros de altura e 5 quilômetros de largura. Ela barraria as águas do Nilo e permitiria aos egípcios irrigar seus campos e gerar eletricidade a partir da energia da água corrente.

Mas o presidente dos Estados Unidos Dwight Eisenhower não confiava em Nasser. Ele achava que Nasser era muito amigável com a União Soviética. Embora os soviéticos e os americanos tivessem acabado do mesmo lado no final da Segunda Guerra Mundial, os americanos temiam o crescente poder da URSS. Então Eisenhower se recusou a dar um empréstimo a Nasser.

Nasser ficou furioso. Em 26 de julho de 1956, ele fez um discurso empolgante para uma congregação de egípcios. Nesse discurso, Nasser disse que a história dos árabes era, havia cem anos, a história de uma luta para sair do controle de países ocidentais como os Estados Unidos. Ele declarou que, a partir daquele momento, o Egito mostraria sua independência assumindo o controle total do Canal de Suez. O Egito tinha o direito de decidir quem poderia usar o canal e quem não poderia. E o primeiro país que seria proibido de usar o canal foi Israel.

Na verdade, o Egito ainda devia à França e à Grã-Bretanha muito dinheiro que Said Pasha e Ismail Pasha haviam emprestado para construir o canal em primeiro lugar. Tecnicamente falando, o canal pertencia, em parte, a bancos franceses e britânicos. Mas Nasser não deixou isso incomodá-lo. Ele tomou o controle sobre o canal de qualquer maneira.

O primeiro-ministro da França e o primeiro-ministro da Inglaterra temiam que Nasser estivesse se tornando um ditador. Eles sabiam que Nasser queria unir todos os árabes. Não parecia um pouco com o plano de Hitler de transformar a Europa em um Império Alemão? E se Nasser tentasse dominar todo o Oriente Médio? Os países europeus deveriam detê-lo antes que ele se tornasse mais poderoso.

Os líderes de Israel estavam dispostos a ajudar. Eles acreditavam que Israel precisava mostrar que os países árabes não podiam intimidar os israelenses. Se eles reagissem com força ao fechamento do canal para navios israelenses, orquestrado por Nasser, outros países árabes provavelmente deixariam Israel em paz.

Oficiais de Israel, Grã-Bretanha e França realizaram uma reunião secreta no subúrbio de Paris. Escondidos em uma vila com telhado de azulejos, os oficiais traçaram um plano chamado *Operação Mosqueteiro* – um por todos e todos por um! Depois, brindaram um ao outro com champanhe.

O plano era um pouco complicado, mas eis o que a Operação Mosqueteiro (*Operation Mousquetaire*, em francês) envolvia.

Primeiro, Israel invadiria o Egito.

Então, a França e a Grã-Bretanha entrariam em cena e se ofereceriam para ajudar. Elas diriam a Nasser:

"Entregue o controle do Canal de Suez aos franceses e britânicos, e pediremos a Israel para deixá-lo em paz."

Então, depois que Nasser concordasse, os israelenses (que nunca realmente pretenderam conquistar o Egito) se retirariam. França e Grã-Bretanha tomariam o canal, Israel seria capaz de usá-lo e a invasão do Egito por Israel mostraria que o exército israelense estava forte e pronto para lutar.

Embora as autoridades israelenses não percebessem, a França e a Grã-Bretanha esperavam que Nasser recusasse sua oferta de ajuda. Dessa forma, soldados franceses e britânicos teriam uma boa desculpa para invadir o Egito e tomar o Canal de Suez à força – permanentemente.

O plano entrou em ação em 29 de outubro de 1956. O exército israelense começou a invadir o território egípcio. Autoridades britânicas e francesas imediatamente enviaram uma mensagem a Nasser, oferecendo ajuda. Se o Egito deixasse a Inglaterra e a França supervisionarem o canal por um tempo, eles convenceriam Israel a sair do Egito.

Nasser riu dessa oferta e recusou. Então soldados britânicos e franceses se juntaram à invasão. Os combates começaram entre soldados israelenses e egípcios. Vários milhares de egípcios foram mortos. Quando soldados franceses e britânicos chegaram à cidade egípcia de Porto Said, outra batalha começou. Quase 3 mil egípcios morreram.

A luta terminou apenas porque os Estados Unidos decidiram se envolver. As autoridades americanas objetaram que a França e a Grã-Bretanha estavam violando uma das regras que todos os países das Nações Unidas haviam concordado: todo país tem o direito de controlar seu próprio território. Os franceses e os britânicos estavam tentando tirar esse direito do Egito.

As Nações Unidas concordaram e ordenaram à Grã-Bretanha e à França que deixassem os egípcios em paz.

Isso foi terrivelmente embaraçoso para os dois países. Os franceses e britânicos foram acusados, na frente de todo o mundo, de agir como valentões. Ambos os governos ordenaram a saída de suas tropas, com a maior dignidade possível, e tentaram agir como se nunca tivessem realmente pretendido dominar o canal à força. O primeiro-ministro britânico ficou tão humilhado que renunciou poucos meses depois.

A Crise de Suez teve outros dois resultados. Nos Estados Unidos, o presidente Eisenhower pediu ao Congresso que aprovasse uma nova lei chamada *Doutrina Eisenhower*. Essa nova lei dizia que os soldados dos Estados Unidos podiam ir e lutar ao lado de qualquer país do Oriente Médio que pedisse ajuda a eles contra um exército atacante. O Congresso concordou em aprovar a lei.

No Oriente Médio, Nasser se tornou um herói. Ele desafiou as ordens dos países europeus – e particularmente da Grã-Bretanha, que havia tanto tempo dava ordens ao Egito. Líderes árabes de todo o mundo aplaudiram Nasser, que se mostrara forte, decisivo e pronto para enfrentar os valentões.

O PLANO MARSHALL

No mesmo ano em que os Estados Unidos se recusaram a emprestar dinheiro a Nasser para sua represa, milhões de dólares americanos foram enviados para os países da Europa destruídos pela guerra.

Imagine que você nasceu em Londres, no ano de 1930. Quando você tem quatro anos, Adolf Hitler se torna o líder da Alemanha. Talvez você note que seus pais franzem a testa e franzem as sobrancelhas quando leem sobre isso no jornal. Eles não sabem muito sobre Hitler, mas não gostam do pouco que sabem. No entanto, na maioria das vezes, você não presta muita atenção. Você tem quatro anos, afinal.

Quando chega o seu nono aniversário, você está cada vez mais consciente de que as coisas que acontecem no distante

A Alemanha dividida

país da Alemanha são importantes para você na Inglaterra. Logo após seu aniversário, a Inglaterra declara guerra à Alemanha. No dia seguinte, um navio alemão afunda um navio britânico com 1.418 pessoas. A maioria das pessoas é salva, mas o evento é aterrador de qualquer maneira. Seus pais dizem que você não viajará para lugar nenhum em um navio, até a guerra terminar.

Em 1940, ano em que você completa dez anos, o governo declara que a maior parte do açúcar, manteiga e carne inglesas precisa ir para o exército para alimentar soldados. Sua família recebe um cupom de racionamento, que contém cupons para cada um dos itens escassos. Você precisa entregar um cupom toda vez que for comprar açúcar, manteiga ou carne. Quando os cupons acabarem, você não poderá mais comprar esses alimentos. Não há açúcar suficiente para fazer um bolo de aniversário para você, então você ganha um *bolo de guerra* – bolo feito sem ovos, manteiga ou açúcar.

Não tem muito gosto de bolo nem sensação de aniversário.

Em seguida, as roupas são racionadas. Depois sabonete. Sua mãe aprende a fazer caçarola com ossos de galinha. A força aérea alemã começa a bombardear Londres. Quando você caminha para a escola, vê que as casas próximas foram destruídas durante a noite. Todo mundo nelas foi morto.

Logo o governo anuncia que todas as crianças devem deixar Londres, porque é muito perigoso para elas. Seus pais o colocam em um trem que o leva para o País de Gales, um país onde primos distantes de sua mãe têm uma fazenda. Você mora no quarto de hóspedes, aprende a ordenhar vacas e a ajudar na horta. Você sente falta da sua mãe, está cansado de caçarola de ossos e quer ir para casa.

Finalmente, em 1945, quando você tem quinze anos, a guerra termina. Todos na Inglaterra estão em êxtase. Há até festas nas ruas! Não há mais caçarola de ossos, não há mais cupons de racionamento e não há mais bombas. Você pode ir para casa! Seus pais o cumprimentam na estação de trem com grandes sorrisos. Agora, eles dizem, todos podem voltar ao normal.

Mas, após seis anos de guerra, o que é normal?

As potências aliadas – especialmente a Inglaterra e a França – fizeram enormes sacrifícios para lutar e vencer a Segunda Guerra Mundial. Muitos cidadãos ingleses e franceses estavam mortos. As pessoas estavam cansadas. Empresas e bancos estavam sem dinheiro. Muitos edifícios, de igrejas a escolas, haviam sido bombardeados e precisavam ser reparados ou reconstruídos.

Os Estados Unidos fizeram sacrifícios para vencer a guerra também. Soldados americanos haviam morrido. Mas o lugar mais próximo dos Estados Unidos que havia sido atacado era Pearl Harbor, que ficava no Havaí – um pouco longe. Nenhuma batalha foi travada em solo americano. As escolas americanas não precisaram ser reconstruídas. Depois de 1945, a vida poderia voltar ao *normal* nos Estados Unidos rapidamente.

Os Estados Unidos sabiam que precisavam ajudar seus aliados na Europa Ocidental a se reerguerem. O trabalho coube ao secretário de Estado, George Marshall.

O secretário de Estado é consultor do presidente. Seu trabalho é ajudar os Estados Unidos a manter sua amizade com outros países ao redor do mundo. Em 5 de junho de 1947, o secretário de Estado Marshall fez um discurso na Universidade Harvard explicando que os Estados Unidos tinham a obrigação de ajudar a Europa a se recuperar da guerra. Ele disse:

"Não preciso dizer a vocês, senhores, que a situação mundial é muito grave... É lógico que os Estados Unidos devem fazer o possível para ajudar no retorno da saúde econômica normal do mundo, sem a qual não pode haver estabilidade política, nem paz garantida."

Os Estados Unidos queriam muito alcançar estabilidade e paz! George Marshall tinha um plano para trazer essa estabilidade e paz. Em seu discurso em Harvard, ele continuou explicando qual era o plano. Os Estados Unidos dariam 20 bilhões de dólares aos países da Europa para que pudessem se reconstruir. Esse plano ficou conhecido como Plano Marshall.

Os Estados Unidos ofereceram parte desse dinheiro a Josef Stalin, o líder da União Soviética. Stalin se recusou a receber o dinheiro. Ele estava disposto a lutar ao lado dos Estados Unidos durante a guerra, mas, se ele pegasse dinheiro dos Estados Unidos, a América poderia um dia pedir um favor a ele. Ele tinha certeza de que não queria fazer o que os Estados Unidos poderiam pedir, então decidiu que os soviéticos iriam ficar sem o dinheiro americano.

Os outros países da Europa aceitaram o auxílio. Agora, George Marshall tinha de convencer o povo dos Estados Unidos de que a Europa *precisava* de 20 bilhões de dólares em dinheiro americano. Assim, quando o dinheiro começou a sair para os países da Europa Ocidental, o governo fez uma série de filmes sobre o Plano Marshall. Esses filmes ajudaram a convencer os americanos de que o plano era uma boa ideia.

Um filme, feito em 1950, foi intitulado *O Lar que Amamos*. Era sobre uma cidade real no sul da França chamada Mazamet. Ela foi arrasada pela guerra, mas, devido ao dinheiro do Plano Marshall, a vida em Mazamet estava finalmente melhorando.

O filme mostrava o povo de Mazamet comprando comida, voltando para a escola e trabalhando nas fábricas que haviam sido reabertas com a ajuda de dólares americanos.

Outro filme, intitulado *As Aventuras Extraordinárias de um Litro de Leite*, foi produzido em 1951. O herói desse filme era um recipiente de leite que ia de uma fazenda na Normandia até uma fábrica que transformava o leite líquido em uma lata de leite em pó. O que as aventuras desse litro de leite tinham a ver com o Plano Marshall? Sem a ajuda americana à França, as estradas não seriam boas o suficiente para levar o leite da fazenda para a fábrica e, de fato, talvez não houvesse nenhuma fábrica! Graças ao Plano Marshall, o povo francês tinha estradas, fábricas e leite – líquido *e* em pó.

O Plano Marshall até deu dinheiro à Alemanha.

Mulheres alemãs limpando uma cidade em ruínas após a guerra

Após a Primeira Guerra Mundial, a Alemanha foi forçada a pagar enormes quantias em dinheiro ao resto do mundo. Os Aliados não repetiriam esse erro após a Segunda Guerra Mundial. Em vez de sobrecarregar a Alemanha com uma dívida enorme, os Estados Unidos, a França, a Inglaterra e a União Soviética queriam ajudar a Alemanha a reconstruir seu governo.

Mas, enquanto os Estados Unidos, a França e a Inglaterra queriam que a Alemanha se tornasse uma democracia, a União Soviética queria transformá-la em um país comunista. Os quatro países não conseguiram chegar a um acordo sobre o governo da Alemanha; portanto, dividiram a Alemanha pela metade. Inglaterra, América e França conseguiram reorganizar a metade ocidental da Alemanha. Eles ajudaram a estabelecer uma nova democracia alemã e usaram o dinheiro do Plano Marshall para reconstruir estradas e edifícios da Alemanha.

Enquanto isso, os soviéticos transformaram a metade oriental da Alemanha em um país comunista. Decretaram que os outros Aliados não teriam nada a ver com a Alemanha Oriental. Nenhuma remessa poderia ir e voltar entre a Alemanha Oriental comunista e a Alemanha Ocidental democrática.

Por vários anos, as pessoas puderam viajar de um lado para o outro entre a Alemanha Oriental e a Alemanha Ocidental. As pessoas atravessavam a fronteira para visitar parentes ou amigos. As lojas na Alemanha Ocidental costumavam ser mais bem abastecidas, então os alemães orientais atravessaram a fronteira para comprar de tudo, de comida a meia-calça!

Muitas vezes, eles não voltaram. A vida na Alemanha Ocidental era mais fácil e mais livre do que a vida sob o governo comunista da Alemanha Oriental. Mais de 2 milhões de alemães orientais foram para o oeste e nunca mais voltaram. O governo da Alemanha Oriental percebeu que estava perdendo muitos cientistas, professores universitários, médicos e advogados para o oeste.

Assim, no meio da noite de 12 de agosto de 1961, os soldados da Alemanha Oriental ergueram uma cerca no meio da cidade de Berlim e também ao longo da fronteira entre as duas Alemanhas. As pessoas se levantaram de manhã para descobrir que arame farpado e blocos de concreto agora os separavam da outra metade de Berlim. As pessoas que visitavam parentes foram pegas e não puderam voltar para casa. Famílias foram divididas. Ninguém era autorizado a atravessar a cerca sem a permissão do governo.

Nos anos seguintes, muros de concreto de quinze metros de altura, cobertos com fio elétrico, com torres de guarda e cercados por armas e minas terrestres, foram construídos para substituir a cerca. Era ilegal esgueirar-se através desse muro, que ficou conhecido como Muro de Berlim. Quase duzentas pessoas foram mortas por guardas da Alemanha Oriental ou por minas terrestres, tentando ir de um lado ao outro do muro de Berlim. O muro ficaria em pé, dividindo o leste do oeste, por quase trinta anos.

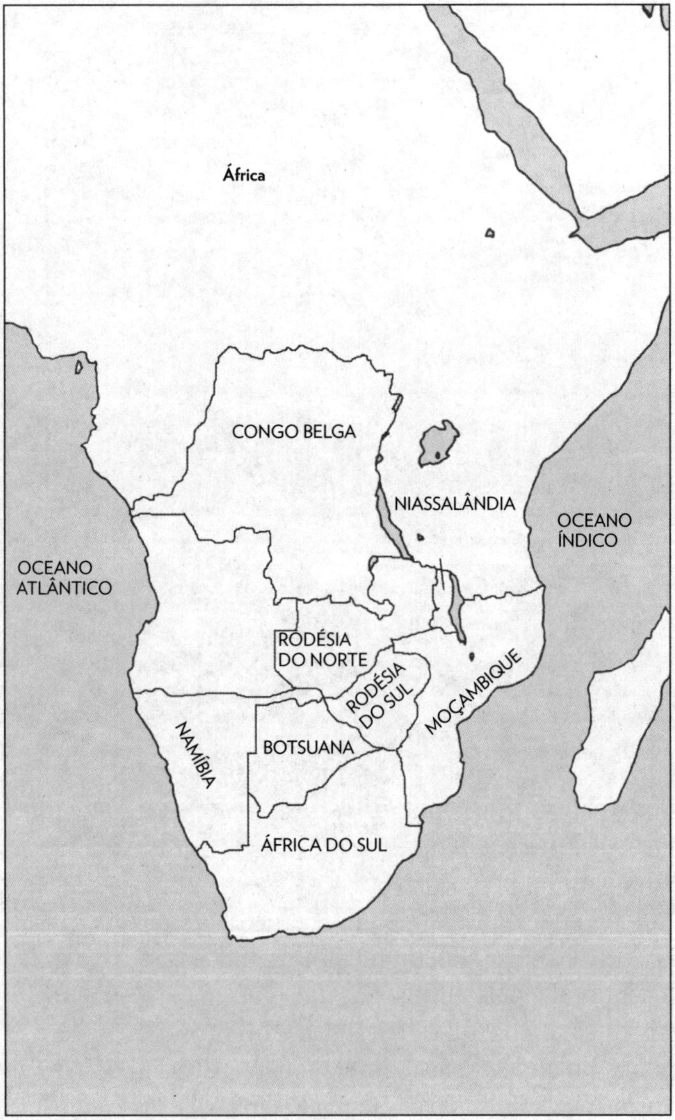

A África do Sul sob o Partido Nacional

CAPÍTULO

32

A ÁFRICA E A CHINA APÓS A SEGUNDA GUERRA MUNDIAL

UM PAÍS, DOIS MUNDOS DIFERENTES

Durante a Segunda Guerra Mundial, a África do Sul lutou ao lado dos Aliados. Mas, em 1948, após a derrota da Alemanha e a morte de Hitler, um partido político que gostou das ideias de Hitler ganhou poder na África do Sul.

Para entender como isso aconteceu, precisamos rever a história da África do Sul por um momento. Quando visitamos a parte sul do continente pela última vez, uma guerra entre britânicos brancos na África do Sul e africânderes brancos, descendentes de colonos holandeses, acabara de terminar. O sul da África foi transformado em um país chamado União da África do Sul.

Em 1931, a União da África do Sul se tornou independente da Grã-Bretanha. Agora ela se governaria sob uma constituição que dava quase todo o poder do país aos brancos que moravam lá.

Logo ao norte da União da África do Sul, havia outros países africanos controlados por brancos. Moçambique, na costa leste, era governado por Portugal. O país ao lado, Rodésia, e o país ao lado da Rodésia, Botsuana, ainda pertenciam à Grã-Bretanha. O país na costa oeste, Namíbia, já havia sido uma colônia alemã. Mas, após a Primeira Guerra Mundial, a Liga das Nações entregou a Namíbia à União da África do Sul.

Isso significava que todo o sul da África estava sob a supervisão de brancos – não dos africanos que viviam lá havia milhares de anos.

Os negros africanos se reuniram em um grupo chamado Congresso Nacional Africano, para ganhar mais direitos para os negros na África do Sul. O Congresso Nacional Africano, ou CNA, acreditava que a África deveria ser governada pelas pessoas que eram nativas da África.

"Na terra onde nasceram", disse um líder do CNA a seus seguidores, "os africanos são tratados como cortadores de madeira e carregadores de água. Os brancos desse país formaram o que é conhecido como União da África do Sul, uma união na qual não temos voz na elaboração das leis e nenhuma parte em sua administração."

Na África do Sul, os negros não podiam votar em outros negros. Eles tinham o direito de eleger três representantes e quatro senadores – mas todos os sete oficiais eleitos tinham que ser brancos. Os brancos ganhavam de dez a doze vezes mais que os negros para fazer os mesmos trabalhos. Todos os melhores empregos eram reservados para os brancos. Não havia escolas do governo para crianças negras. Elas só podiam frequentar escolas dirigidas por missionários cristãos.

Durante a Segunda Guerra Mundial, a África do Sul lutou ao lado dos Aliados. À medida que a guerra se arrastava, um partido político chamado Partido Nacional começou a ganhar cada vez mais seguidores. O Partido Nacional queria que o poder na África do Sul pertencesse aos brancos, mas não aos brancos de descendência britânica – apenas aos africânderes, que eram sul-africanos brancos de descendência holandesa. Embora a Alemanha tenha sido derrotada na Segunda Guerra Mundial, o Partido Nacional concordava com as opiniões de Hitler a respeito de a civilização branca ser superior a qualquer outra cultura.

Muitos dos brancos na África do Sul eram descendentes de holandeses. Eles gostaram da ideia de que o Partido Nacional colocaria africânderes, não brancos britânicos, no poder. Muitos africânderes não gostavam dos esforços da Grã-Bretanha para ajudar a administrar a África do Sul. (Afinal, a África do Sul foi forçada a lutar na Segunda Guerra Mundial por causa de sua aliança com a Grã-Bretanha.)

Em 1948, os sul-africanos brancos votaram para colocar o Partido Nacional no poder.

O Partido Nacional começou imediatamente a aprovar leis que tornariam os negros ainda menos livres. Os líderes do partido alegaram que, a menos que os brancos controlassem a África do Sul, os descendentes de negros das tribos nativas da África do Sul passariam o tempo todo enfrentando guerras tribais entre si. (Era conveniente para o Partido Nacional esquecer que o povo branco da Europa havia acabado de passar seis anos travando a guerra mais devastadora da história.)

Em uma declaração de 1948, o Partido Nacional disse aos sul-africanos:

> [Nosso] objetivo é a manutenção e proteção da... raça pura branca, a manutenção e proteção dos grupos raciais indígenas [nativos] como comunidades separadas... Podemos agir em apenas uma de duas direções. Ou devemos seguir o curso da igualdade, que acabará por significar suicídio nacional para a raça branca, ou devemos seguir o curso da separação, através do qual o caráter e o futuro de toda raça serão protegidos... O partido, portanto, compromete-se a proteger a raça branca de maneira adequada e eficaz contra qualquer política, doutrina ou ataque que possa prejudicar ou ameaçar sua existência contínua. Ao mesmo tempo, o partido rejeita qualquer política de opressão e exploração dos não europeus pelos europeus por estar em conflito com a base cristã da nossa vida nacional e inconciliável com a nossa política.

Mas, apesar dessa *rejeição* da opressão, todas as leis aprovadas pelo Partido Nacional nos próximos dez anos nada fizeram senão oprimir os não brancos da África do Sul.

As leis do Partido Nacional, chamadas de *atos*, deram todo o poder na África do Sul aos brancos. Para manter os brancos *puros*, os atos também separavam os brancos do resto da África do Sul, para que eles pudessem levar uma vida totalmente separada.

A Lei de Registro de População identificou todos os sul-africanos como pertencentes a um dos quatro grupos: brancos, africanos, pardos (pessoas de descendência mista de brancos e africanos) e asiáticos. Somente os brancos tinham privilégios totais. A Lei da Imoralidade dizia que os brancos não podiam se casar com ninguém de um dos outros três grupos. A Lei de Áreas de Grupo destinou muitas áreas em cidades fora dos limites para negros, pardos e asiáticos. A Lei de Amenidades Separadas estipulava que negros, pardos e asiáticos precisavam usar ônibus, táxis, salas de cinema, restaurantes e hotéis separados. Eles tinham que sentar em bancos de parque para não brancos, nadar em praias não brancas e até subir e descer escadas não brancas. Eles até tinham que usar casas funerárias separadas, com carros funerários para negros para levar os caixões. A Lei da Educação Bantu estipulava que as missões cristãs não podiam mais educar crianças negras. Em vez disso, os negros seriam ensinados nas escolas do governo. Essas escolas receberam apenas um décimo do dinheiro gasto nas escolas brancas. Todos os livros das escolas negras explicavam quão boa foi a separação das raças para a África do Sul.

Essa separação foi chamada de *apartheid*, uma palavra da língua africâner que significa *segregação.*

"Segregação não era o único objetivo dos atos do Partido Nacional. Os atos também impediram que os sul-africanos negros tivessem a liberdade que os brancos tinham. Os sul-africanos negros não podiam votar. Eles tinham que carregar cartões de identificação o tempo todo. Os negros (mas não os brancos) tinham que observar o toque de recolher – depois de certo horário da noite, eles tinham que ficar dentro ou perto de suas casas."

Os não brancos na África do Sul chamaram esses atos de *leis injustas.* Mas os negros poderiam fazer pouco para

Sob o apartheid, os negros eram obrigadas a ficar separadas dos brancos, e tinham menos direitos

resistir às leis injustas. O governo sul-africano também aprovou decretos, dizendo que a polícia poderia prender qualquer sul-africano negro sem ter que dar um motivo. Qualquer sul-africano negro poderia ser preso e mantido na prisão, sem nunca ter sido julgado ou condenado. Nenhum sul-africano negro tinha o direito de procurar um advogado.

Como o Congresso Nacional Africano resistiu a tal injustiça?

Por muitos anos, o CNA seguiu as ideias de Mohandas Gandhi e ensinou os sul-africanos negros a usar a resistência não violenta. Os membros do CNA simplesmente se recusaram a carregar seus cartões de identificação, assim como os indianos se recusaram a pagar seus impostos. Quando a polícia os prendia, eles não resistiam.

O governo reagiu ainda mais severamente do que nunca. Os membros do CNA foram jogados na cadeia. Qualquer pessoa suspeita de ingressar no CNA poderia ser seguida, espionada e denunciada às autoridades. Os jornais não podiam escrever sobre os protestos que o CNA organizava – portanto, mesmo que os negros se manifestassem contra seu governo branco, ninguém jamais ouviria sobre isso.

Desesperadamente, o CNA continuou resistindo e protestando. Mas, durante anos e anos, os negros na África do Sul viveram sob leis injustas, sem ver nenhuma melhora.

AS DUAS REPÚBLICAS DA CHINA

Na China, após o fim da Segunda Guerra Mundial, Chiang Kai-Shek teve que decidir como lidar com os soviéticos vitoriosos – e com seus próprios aliados.

Chiang decidiu, com relutância, que seu governo de Kuomintang precisava da ajuda do Partido Comunista Chinês para combater os invasores japoneses. Quando o Japão se declarou uma potência do Eixo durante a Segunda Guerra Mundial, o exército unido do Kuomintang e os comunistas chineses receberam um pouco mais de ajuda. Soldados britânicos e americanos vieram à China para lutar contra os japoneses.

Mas Chiang Kai-shek nunca confiou nos comunistas da China, mesmo quando ele mais precisava da aliança deles.

"Os japoneses são uma praga em nossa pele", observou uma vez , "mas os comunistas infectarão nosso coração."

Ele quis dizer que, embora os japoneses pudessem incomodar e atormentar os chineses, o comunismo era mais perigoso porque poderia mudar a maneira como o povo chinês pensava, e a maneira de ser dos chineses.

Quando o Japão se rendeu, Chiang Kai-Shek não precisava mais de sua aliança com os comunistas chineses. Além disso, ele não gostou da ideia de que os comunistas chineses eram tão bons amigos dos soviéticos. Agora que a Segunda Guerra Mundial havia terminado, ele podia ver que o poder da Rússia comunista estava crescendo. Ele temia que o PCC e a União Soviética pudessem se aliar e tornar a China um país comunista à força.

Na verdade, Josef Stalin não queria se tornar um inimigo de Chiang Kai-Shek e do Kuomintang. Alguns anos antes, ele esperava que a China pudesse ser convertida pelo Partido Comunista. (E ele comentou sobre Chiang Kai-Shek: "Vamos espremê-lo como um limão e depois nos livraremos dele". Portanto, Chiang Kai-Shek estava correto em ficar preocupado!)

Mas agora o exército do Kuomintang havia crescido com mais de 3 milhões de soldados, bem armados e bem treinados. O exército soviético, por outro lado, havia perdido centenas de milhares de homens expulsando os alemães da Rússia. Stalin não estava ansioso para enfrentar esses milhões de soldados chineses.

Então Stalin disse ao PCC que eles deveriam tentar manter a aliança com o Kuomintang intacta. Afinal, o exército comunista de Mao tinha menos de meio milhão de homens. E apenas 150 mil ou mais tinham armas!

Mao e o PCC recusaram. Eles não gostavam de Chiang Kai-Shek tanto quanto ele não gostava deles e não queriam mais se aliar ao Kuomintang. Assim que o Japão se rendeu, o PCC e o Kuomintang começaram a lutar entre si pelo controle do governo chinês.

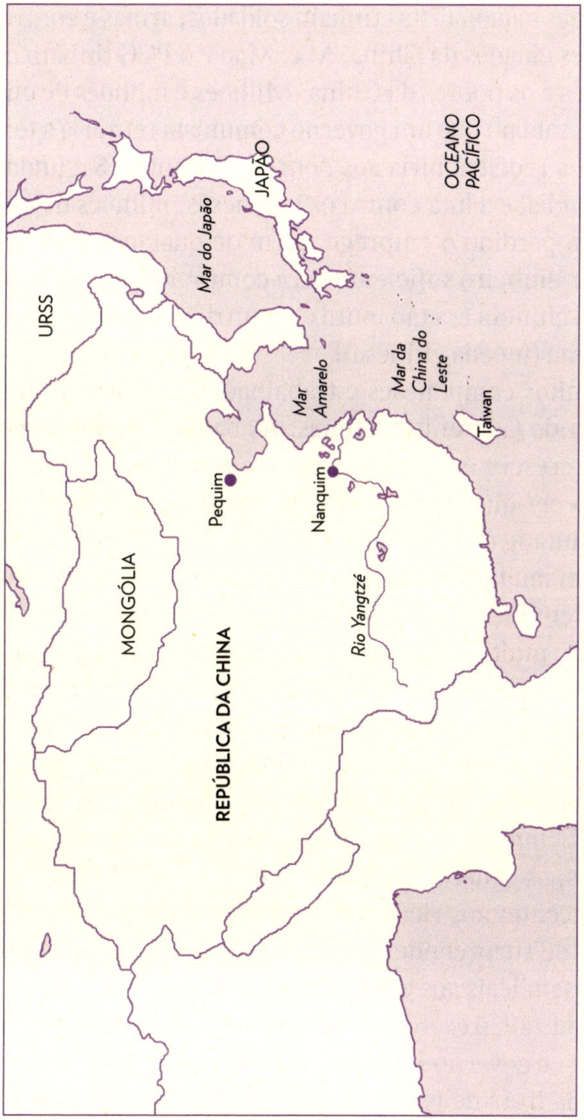

A República da China

As tropas nacionalistas tinham soldados, armas e controle das maiores cidades da China. Mas Mao e o PCC tinham os camponeses e os pobres da China. Milhões e milhões de chineses pobres sabiam que um governo comunista retiraria a terra dos ricos e a redistribuiria aos pobres. Durante a Segunda Guerra Mundial e a luta contra os japoneses, milhões de chineses haviam perdido o emprego, além de qualquer esperança de ganhar dinheiro suficiente para comprar comida e roupas. A moeda chinesa era tão inútil que um dólar americano valia 93 mil *Yuan* (moeda chinesa)!

Muitos camponeses e trabalhadores pobres se afiliaram ao Partido Comunista Chinês. As bases comunistas começaram a crescer em todo o país. Os Kuomintang começaram a perceber que estavam em menor número. Os soldados do Kuomintang começaram a mudar de lado. Muitos ficaram felizes em mudar de exército, porque o exército do Kuomintang ficou sem dinheiro e não pagava seus soldados havia meses. De fato, muitos soldados do Kuomintang estavam ganhando dinheiro para comprar comida vendendo suas armas aos soldados comunistas desarmados de Mao.

O exército de Chiang Kai-Shek estava encolhendo à medida que o exército comunista crescia. Sempre que os soldados do PCC (também chamados de *Exército Vermelho*) capturavam regiões, os generais pegavam as enormes extensões de terras pertencentes aos ricos e as entregavam aos pobres da região. Não é de surpreender que cada vez mais pessoas pobres se tornassem leais aos comunistas!

Em 1949, o exército comunista estava pronto para atacar a capital do governo Kuomintang: Nanquim. Eles embarcaram em uma frota de pequenos barcos de pesca, navegaram pelo

Rio Yangtzé e invadiram a cidade. Os soldados do Kuomintang foram forçados a fugir. Nos seis meses seguintes, eles correram cada vez mais para o sul, com o exército do PCC atrás deles tomando cidade após cidade.

Por fim, Chiang e seus homens restantes deixaram a China e atravessaram para a Ilha de Taiwan. Em Taiwan, Chiang Kai-Shek anunciou, ele restabeleceria a verdadeira República da China, uma democracia que teria eleições livres e que realmente preservaria a cultura e as tradições da China – no exílio.

Mas, na própria China, o Partido Comunista Chinês anunciou, em 1º de outubro de 1949, que governava a verdadeira República da China – a República Popular da China, uma nação comunista, com Mao como presidente. Nessa nova China comunista, todas as pessoas teriam igual acesso à terra, à comida e a mercadorias. O presidente Mao apareceu na Praça da Paz Celestial, na antiga cidade de Pequim. O povo chinês aplaudiu descontroladamente. Mao se tornara o herói da República Popular da China. Desfiles foram realizados em sua homenagem, com enormes pôsteres dele sendo levados diante de multidões entusiasmadas. Meninos e meninas chineses jovens carregavam coletâneas de seus escritos, conhecidos como *O Pequeno Livro Vermelho* de Mao. O próprio Mao gostava de ser adorado por seu povo. Ele até se considerava o Sol, e disse ao seu povo para cantar um hino para ele que dizia: "Do Leste Vermelho, um sol nasce; Mao surgiu na China!"

Sob Mao, a China começou a se tornar mais próspera. Os camponeses que possuíam suas próprias terras trabalhavam mais do que nos dias em que todos os seus lucros eram tomados pelos proprietários. Mas, embora ele fosse um herói para muitos, Mao também liderou um partido comunista que era duro e repressivo. Assim que os comunistas subiram ao poder, o governo de Mao executou mais de 1 milhão de pessoas que ainda apoiavam o Kuomintang. Vinte milhões de pessoas foram enviadas para campos de concentração e prisões. Algumas delas eram partidárias do Kuomintang. Mas outras eram simplesmente ricas, ou tinham frequentado universidades europeias e, portanto, eram consideradas *ocidentalizadas*.

Mao permaneceria popular por anos. Mas, em pouco tempo, a prosperidade que ele havia estabelecido na China começaria a se desintegrar, e a China mergulharia mais uma vez em luta, infelicidade e violência.

Vietnã e Coreia, Divididos

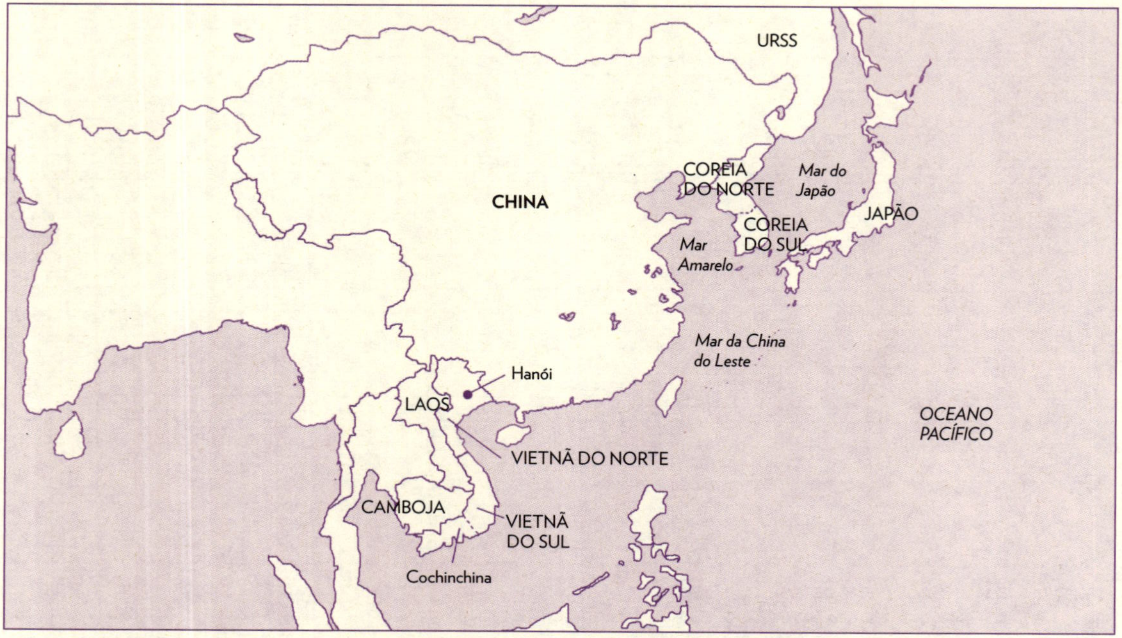

CAPÍTULO

33

COMUNISMO NA ÁSIA

HO CHI MINH E O VIET MINH

Quando a Segunda Guerra Mundial terminou, a França havia perdido todas as suas colônias asiáticas.

Lembre-se de que os franceses construíram um pequeno império na *Indochina Francesa* – a terra que hoje são os países do Vietnã, Laos e Camboja. Na Indochina Francesa, os proprietários de terras franceses e alguns vietnamitas ricos possuíam a maior parte do poder e dinheiro, enquanto a maioria dos vietnamitas trabalhava para eles por salários muito baixos. O patriota vietnamita Phan Boi Chau tentou expulsar os franceses, mas ele falhou.

A Segunda Guerra Mundial mudou a Indochina Francesa. Quando a Alemanha se mudou para a França e a ocupou, o aliado da Alemanha, o Japão, invadiu a Indochina Francesa. A partir de 1940, a Indochina Francesa estava sob domínio japonês. Os japoneses deixaram as autoridades francesas permanecerem no poder, mas – como em Vichy, na França – as autoridades tinham que obedecer às ordens japonesas.

Para os vietnamitas, essa parecia ser uma boa oportunidade de fazer outra tentativa de independência.

A rebelião contra os japoneses (e franceses que os obedeciam) foi liderada por um homem chamado Nguyen Ai Quoc. Ele provavelmente nasceu por volta de 1890, embora ninguém saiba ao certo. Ele usava quinze nomes diferentes. Mas o nome que ele tornou famoso no Vietnã foi Ho Chi Minh, *Aquele que Ilumina.*

Mesmo quando criança, Ho Chi Minh odiava os ocupantes franceses. Ele podia ver que, em seu próprio país, os vietnamitas quase não tinham poder. Eles trabalhavam como criados e mão de obra no campo. Os franceses os tratavam com desprezo. Antes dos dez anos, Ho Chi Minh estava trabalhando para o movimento de resistência no Vietnã, levando mensagens de um combatente antifrancês para outro. Sua família também odiava e trabalhava contra os franceses. Seu pai se recusou a aprender a falar a língua francesa. Sua irmã roubava armas para combatentes da liberdade vietnamitas. E seu irmão se juntou a um movimento de resistência.

Quando ele tinha 21 anos, Ho Chi Minh decidiu deixar seu país. Ele conseguiu um emprego como cozinheiro de um navio e partiu do Vietnã.

Ele não voltaria durante trinta anos. Naqueles anos, ele visitou países de todo o mundo, enquanto seu navio ia de porto em porto. Morou um pouco em Londres, depois em Paris e depois em Nova York; começou seu próprio jornal, escrevendo artigos que pediam que todos os países do mundo fossem independentes de ocupantes estrangeiros; visitou a Rússia, leu os escritos de Lenin e ingressou no Partido Comunista; organizou os vietnamitas que moravam na China em um grupo de resistência chamado Organização da Juventude Revolucionária e fundou o Partido Comunista Indochinês. Ele ficou cada vez mais convencido de que, se o Vietnã quisesse se libertar da França, teria que lutar por sua independência.

Em 1941, quando a Alemanha ocupou a França, Ho Chi Minh viu sua chance. Certamente os ocupantes franceses estariam agora em desvantagem! Ele voltou ao Vietnã e propôs que os diferentes grupos revolucionários – trabalhando secretamente contra os franceses – se unissem. Ho Chi Minh e o Partido Comunista Indochinês liderariam todos os outros grupos patrióticos na resistência aos franceses e japoneses.

Os outros vietnamitas concordaram. O novo exército rebelde, chamado de *Viet Minh,* foi comandado por Ho Chi Minh. Mais de 10 mil vietnamitas se juntaram ao Viet Minh. Eles passaram os anos da Segunda Guerra Mundial travando uma guerrilha contra os japoneses, saltando do mato das selvas, atacando e depois sumindo de volta à natureza.

Entre 1940 e 1945, não apenas a guerra, mas também a fome, transformaram o Vietnã em um local de morte. Colheitas falharam. Quase 2 milhões de pessoas morreram de fome. E, durante parte desse tempo, o Viet Minh de Ho Chi Minh teve que lutar sem ele. Ele foi à China pedir a Chiang Kai-Shek que o ajudasse a lutar contra os japoneses. Mas Chiang Kai-Shek, que estava ocupado lutando contra os japoneses na China, não confiava em Ho Chi Minh porque Minh era membro do Partido Comunista. Ele jogou Ho Chi Minh na cadeia por dezoito meses.

Enquanto isso, o Viet Minh começara a espionar para as forças aliadas, dando aos aliados notícias sobre os planos e movimentos dos japoneses na Ásia. Estar do lado dos Aliados – mesmo que os franceses, seus ocupantes originais, também fossem dos Aliados – parecia a melhor maneira de expulsar os japoneses da Indochina.

Finalmente, Chiang Kai-Shek concordou em liberar Ho Chi Minh. Quando Ho Chi Minh voltou ao Vietnã, a Segunda Guerra Mundial começou a virar contra a Alemanha. No Vietnã, os japoneses decidiram mudar a maneira como o país era governado. Desde que as tropas aliadas expulsaram a Alemanha da França, a nação da França não estava mais sob controle alemão. As autoridades francesas não eram mais confiáveis para cooperar com uma potência do Eixo como o Japão. Assim, todas as autoridades francesas no Vietnã foram presas e removidas de suas posições. Os japoneses decretaram que o Vietnã seria governado por um imperador fantoche, Bao Dai – mas o país estava realmente sob controle japonês.

Essa *monarquia fantoche* duraria apenas cinco meses, porque o Japão estava perto de se render. Quando o Japão se rendeu aos Aliados em agosto de 1945, após o bombardeio de Hiroshima, os japoneses tiveram que desistir do controle do Vietnã. Bao Dai, o imperador escolhido pelo Japão, teve que abdicar de seu trono.

Em 2 de setembro de 1945, Ho Chi Minh anunciou a uma enorme congregação de vietnamitas na capital Hanói que o

Vietnã era agora um país livre, chamado República Democrática do Vietnã. A nova Declaração de Independência do Vietnã foi baseada na Declaração Americana. Começava assim: "Todos os homens nascem iguais. O Criador nos deu direitos invioláveis à vida, liberdade e felicidade!"

Apenas alguns meses após a rendição do Japão, os franceses voltaram ao Vietnã. Eles queriam tentar reconstruir o império que haviam perdido durante a Segunda Guerra Mundial. Embora não tenham atacado imediatamente a República Democrática do Vietnã, eles anunciaram que estavam tomando a parte sul do Vietnã que não pertenceria mais à República Democrática; em vez disso, o sul seria uma colônia separada controlada pela França, conhecida como Cochinchina.

Ho Chi Minh não achava que o Vietnã pudesse vencer uma guerra contra os franceses. Ele ofereceu uma permissão para os franceses colocarem bases militares na República Democrática do Vietnã, desde que eles prometessem deixar a República Democrática em paz para se governar como um país soberano.

Mas os vietnamitas não confiavam nos franceses e os franceses não confiavam nos vietnamitas. Em 1946, a França e a República Democrática do Vietnã declararam guerra uma à outra. Ho Chi Minh chamou seus seguidores:

"Que aquele que tem um rifle use seu rifle. Quem tem espada, use sua espada. E aqueles que não têm espada peguem machados e paus para lutar."

A *Guerra da Indochina Francesa* continuaria por oito anos. No sul, os franceses colocaram Bao Dai de volta no trono, anunciando que ele governaria um país vietnamita (e francês) ao sul. Os vietnamitas se recusaram a reconhecê-lo e continuaram lutando. As tropas francesas se cansaram de lutar contra as guerrilhas vietnamitas, que podiam escapar facilmente pelos arbustos e selvas.

Finalmente, em 1954, os franceses concordaram em desistir do Vietnã.

Mas eles só se renderiam sob certas condições. Eles insistiram que Ho Chi Minh dividisse o país ao meio. A parte norte ainda seria a República Democrática do Vietnã, sob o comando de Ho Chi Minh como presidente. O sul não pertenceria à França, mas também não pertencia à República Democrática. Em vez disso, seria um país separado, com suas próprias eleições e um presidente diferente.

Ho Chi Minh concordou com esses termos. O Vietnã finalmente ficou livre da França e do Japão.

Mas a decisão de dividir o país em dois acabaria sendo um desastre. As lutas entre o norte e o sul do Vietnã continuariam por mais 21 anos e levariam a outro país estrangeiro – os Estados Unidos – travar uma guerra no Vietnã.

A GUERRA DA COREIA

Nos anos após a Segunda Guerra Mundial, a União Soviética fez o possível para atrair outros países ao comunismo, enquanto os Estados Unidos ficaram cada vez mais preocupados com essa mudança que se espalhava.

Durante a Segunda Guerra Mundial, os Estados Unidos não estavam tão preocupados com a URSS. A possibilidade de os nazistas tomarem o controle da Europa e de os soldados japoneses tomarem toda a Ásia parecia muito mais ameaçadora do que a chance de os soviéticos convencerem outros países a se tornarem comunistas.

Mas a Alemanha e o Japão foram derrotados. A União Soviética estava invadindo outros países. O enorme país da China era comunista. Assim como a metade norte do Vietnã e a metade oriental da Alemanha.

O país da Coreia se tornaria o próximo local onde o comunismo e a democracia colidiriam.

Quando o Japão se rendeu em 1945, os japoneses foram forçados a desistir das terras que haviam tomado durante a Segunda Guerra Mundial. Mas e a Coreia? A Coreia não fazia parte do território original do Japão. Por outro lado, *já* fazia parte do Império Japonês desde 1910 – bem antes da Primeira Guerra Mundial. A Coreia já era governada pelo Japão por tanto tempo que não restava nenhum governo coreano que pudesse assumir e administrar o país depois que os japoneses se fossem. As autoridades coreanas precisariam aprender a governar seu próprio território. E centenas de milhares de japoneses, muitos dos quais viviam na Coreia havia vinte anos ou mais, teriam que ser transferidos de volta para o Japão.

Os Estados Unidos e a União Soviética decidiram dividir a responsabilidade de lentamente devolver à Coreia sua independência. Por conveniência, eles concordaram em dividir o país em dois. Eles traçaram uma linha imaginária bem no *38º Paralelo* (a linha de latitude que corre aproximadamente pelo meio do país). Ao norte do 38º paralelo, as tropas japonesas se renderiam aos soviéticos. Ao sul do 38º paralelo, eles se renderiam às tropas americanas.

Se isso parece arbitrário, foi. Não havia nada de particular no 38º Paralelo. Nos Estados Unidos, você pode encontrar o 38º Paralelo em um mapa se traçar uma linha a partir de Charlottesville, Virgínia, na Costa Leste, até Stockton, Califórnia, na Costa Oeste. Essa divisão era tão arbitrária quanto dizer que todos os que estavam acima dessa linha falariam um idioma, e todos os que estavam abaixo dele, outro. Ninguém ainda havia descoberto que dividir países em pedaços menores não funcionava muito bem.

E os americanos e os soviéticos começaram a desconfiar uns dos outros logo depois. A divisão da Coreia deveria ser temporária. Mas, em 1948, nem os Estados Unidos nem a União Soviética estavam dispostos a sair da Coreia. Cada um tinha certeza de que o outro país tomaria imediatamente o poder.

Então, em vez de ajudar a Coreia a retornar à independência, a União Soviética estabeleceu um governo comunista no norte da Coreia: a República Popular da Coreia do Norte liderada por um soldado coreano chamado Kim Il-Sung, que havia servido no exército soviético.

No sul da Coreia, um país diferente se formou. O presidente dos Estados Unidos, Harry S. Truman, apelou às Nações Unidas por ajuda. Embora os soldados americanos estivessem ocupando o país, as Nações Unidas concordaram em ajudar a Coreia do Sul a realizar suas próprias eleições. Em agosto de 1948, a República do Sul da Coreia teve suas primeiras eleições. Um político coreano chamado Syngman Rhee se tornou presidente. Rhee era amigo dos Estados Unidos. De fato, ele morou na América e até se doutorou na Universidade de Princeton, em Nova Jersey.

Mas as Coreias do Norte e do Sul estavam uma bagunça. O presidente do sul não havia sido nomeado exatamente em uma eleição livre e justa; Syngman Rhee estava muito disposto a olhar para o outro lado, enquanto seus apoiadores assassinavam os políticos que poderiam concorrer contra ele. E, no norte, a República Popular da Coreia, liderada pelos soviéticos, estava enviando soldados para silenciar qualquer um que se opusesse a um governo comunista.

Refugiados da Coreia do Norte estavam fugindo para a Coreia do Sul. Ao mesmo tempo, os sul-coreanos que simpatizavam com o comunismo estavam tentando abrir caminho para a Coreia do Norte.

Em junho de 1950, 90 mil soldados norte-coreanos, com todas as armas mais recentes e poderosas dos soviéticos, marcharam além do 38º paralelo e entraram na Coreia do Sul. Trouxeram com eles 150 tanques russos enormes e poderosos. Os sul-coreanos ficaram completamente surpresos. Era uma noite de sábado e muitos soldados sul-coreanos haviam ido ao Japão no fim de semana. Outros deixaram seus postos e foram

A Coreia do Norte invadiu o sul com 90 mil soldados e poderosos tanques de fabrico russo

para casa. Aqueles que ainda estavam vigiando a fronteira não possuíam armas poderosas o suficiente para combater os enormes tanques soviéticos.

Os soldados norte-coreanos partiram para o sul. Quando as Nações Unidas souberam dessa invasão, seus membros concordaram que soldados deveriam ser enviados à Coreia do Sul para ajudar os sul-coreanos a deter os norte-coreanos treinados pelos soviéticos.

Assim, soldados da Comunidade Britânica e soldados americanos, sob o comando do general americano MacArthur, foram enviados de volta à Coreia. Eles tinham a tarefa não apenas de expulsar os norte-coreanos da Coreia do Sul, mas de capturar a Coreia do Norte e forçá-la a se unir ao sul.

Os soldados britânicos e americanos conseguiram empurrar as forças comunistas para além do 38º Paralelo e depois continuaram marchando. Eles conseguiram marchar tão longe ao norte que estavam quase na fronteira entre a China e a Coreia. Com isso, os chineses ficaram preocupados em serem invadidos! Duzentos mil soldados chineses marcharam rumo ao sul, na Coreia, para empurrar as forças da ONU de volta.

Agora, em vez de ajudar a Coreia a se recuperar da ocupação, quatro países – Estados Unidos, Grã-Bretanha, União Soviética e China – estavam lutando em terras coreanas. Os chineses empurraram novamente as forças sul-coreanas e da ONU além do 38º Paralelo. Então a ONU enviou mais tropas e as empurrou de volta ao 38º Paralelo.

De um lado para o outro! Um soldado norte-coreano chamado Chung Dong-kyu descreveu uma velha que morava em uma fazenda perto do 38º Paralelo, que preparava refeições para os soldados que chegavam à sua porta. Ela não parecia totalmente preocupada com as explosões e batalhas que aconteciam nas proximidades.

"Viver tão perto do 38º Paralelo a levou a ver soldados do norte e do sul tomar e retomar sua vila muitas vezes", escreveu ele. "Ela não mostrava surpresa nem medo a cada mudança."

Em 1953, mais de 3 milhões de pessoas haviam morrido nessa luta sem sentido. Metade desse número era de civis que nem estavam armados. Finalmente, após a morte de Josef Stalin, todos os envolvidos concordaram com uma trégua para que a Guerra da Coreia terminasse. A Coreia permaneceria dividida em duas. O norte permaneceria a República Popular da Coreia e seria uma nação comunista. O sul ainda seria a República da Coreia, com um presidente eleito. E a fronteira entre os dois países seria exatamente onde havia sido estabelecida no final da Segunda Guerra Mundial, quase dez anos antes – ao longo do 38º Paralelo.

A Argentina Durante
a Época de Perón

CAPÍTULO

34

DITADORES NA AMÉRICA DO SUL E ÁFRICA

O PRESIDENTE DA ARGENTINA E SUA ESPOSA

Nos dez anos entre o final da Segunda Guerra Mundial e 1955, o país sul-americano da Argentina colocou um novo presidente no poder e depois o expulsou.

Quando a Segunda Guerra Mundial começou, os argentinos estavam divididos a respeito de a qual lado a Argentina deveria se unir. O povo da Argentina era descendente de pelo menos quatro tipos diferentes de pessoas: os habitantes americanos indígenas originais, colonos espanhóis que chegaram à América do Sul no século XVII e colonos italianos e alemães que chegaram à Argentina durante o século XIX. Os argentinos de origem italiana e alemã esperavam que seu país se juntasse às potências do Eixo. Outros argentinos queriam se juntar aos Aliados.

O presidente da Argentina, Ramón Castillo, decretou que o país permaneceria neutro durante a Segunda Guerra Mundial. Mas, embora a Argentina não tenha ficado de nenhum lado, foi amigável com as potências do Eixo da Itália e da Alemanha. Durante a guerra, a Argentina até enviou alguns de seus oficiais do exército à Europa para aprender novas estratégias com os comandantes do Eixo.

Um desses oficiais era um capitão chamado Juan Perón. Logo no início da guerra, Perón foi à Itália para estudar as melhores maneiras de lutar em territórios montanhosos. Ele passou dois anos por lá, observando o exército fascista lutar na Segunda Guerra Mundial, aprendendo técnicas com os oficiais italianos – e observando Mussolini. Perón gostou das ideias de Mussolini sobre como administrar um país. Ele concordou que uma nação deveria obedecer a seu líder sem questionar para que pudesse ser forte. Embora a Itália estivesse em guerra, Perón achou que o fascismo de Mussolini havia tornado o país focado, organizado e eficiente.

Em 1943, quatro anos após a Segunda Guerra Mundial, Juan Perón se juntou a um grupo de oficiais militares que queriam assumir o governo. Ele retornou à Argentina e descobriu que seu presidente, Ramón Castillo, havia se tornado mais fraco e mais impopular do que nunca. Os pobres da Argentina acreditavam que Castillo só se importava com proprietários ricos e proprietários de fábricas, não com os trabalhadores famintos que estavam lutando para sobreviver. Também começaram a se espalhar rumores sobre as eleições presidenciais seguintes. Ramón Castillo concorreu à reeleição. Mas agora todos comentavam que Castillo já havia escolhido um rico dono de plantação para ser o próximo presidente – e que seu governo estava pronto para adulterar os votos, a fim de garantir que o candidato escolhido por Castillo fosse eleito.

No tumulto, soldados e oficiais militares marcharam até a Casa Rosada, a casa do presidente em Buenos Aires, e sugeriram que Castillo renunciasse. Diante de todos aqueles oficiais armados e hostis, Castillo não teve escolha. Ele deixou a Casa Rosada e seu cargo de presidente. Os oficiais então montaram uma *junta* – um governo militar – para governar a Argentina.

Um governo militar não parece ser mais justo do que um presidente que foi eleito por fraude. Mas os argentinos pareciam dispostos a dar uma chance à junta.

Nesse novo governo, Juan Perón ficou encarregado de cuidar dos trabalhadores. Perón queria garantir que eles recebessem um salário justo e tivessem dinheiro para viver quando estivessem velhos demais para trabalhar. Ele introduziu leis para promover essas reformas, e isso o tornou muito popular entre os trabalhadores pobres.

Mas Perón tornou-se cada vez mais impopular com seu próprio governo. Os outros oficiais não gostavam da ideia de que Perón tinha tanto apoio popular. E eles também estavam preocupados com a admiração de Perón por Mussolini.

Em 1945, quando a junta já estava no comando da Argentina havia dois anos, as potências do Eixo se renderam aos Aliados. Foi um bom momento para ressaltar que Perón havia apoiado os fascistas – que estavam do lado perdedor! Em 9 de outubro de 1945, Perón foi preso por seu próprio governo e colocado em uma ilha pequena, mas muito confortável, onde ele não poderia ordenar que seus apoiadores se rebelassem e o libertassem.

Antifascistas se alegraram. Mas logo os trabalhadores que amavam Perón exigiram sua libertação.

Juan Perón estava noivo de uma jovem chamada Maria Eva Duarte, atriz que ele conhecera vários anos antes. Quando Eva soube que seu noivo havia sido jogado na cadeia, incentivou o povo trabalhador da Argentina a exigir uma explicação. O que havia acontecido com o líder deles?

Esses trabalhadores, apelidados de *descamisados*, porque trabalhavam sem camisa ao sol quente da América do Sul, se reuniam nas ruas aos milhares, exigindo a libertação de Perón. Os outros oficiais viram que Perón deveria ser libertado.

Ele foi solto. Em 17 de outubro de 1945, Perón foi libertado. Ele saiu para falar com seus apoiadores. Uma multidão enorme aplaudiu quando ele apareceu e acenou com tochas em comemoração. No dia seguinte, todos os trabalhadores não foram ao trabalho, ficaram em casa e tiraram um dia de férias em comemoração à libertação de Perón. Eles chamaram esse dia, brincando, de *Festa de São Perón*!

Ao prenderem seu líder, os oficiais da junta perderam a confiança do povo trabalhador. A junta não conseguiu se manter no poder. Seus membros concordaram em realizar uma eleição para um novo presidente.

Juan Domingo Perón venceu a eleição.

Como presidente, Perón continuou tentando melhorar a vida dos pobres. Ele também fez o possível para recolocar as importantes empresas da Argentina sob controle nacional. Assim como a China, a Argentina estava cheia de empresários estrangeiros que controlavam fábricas, trens e portos. A Grã-Bretanha possuía a maioria das ferrovias. Os Estados Unidos possuíam quase todas as fábricas de automóveis. Perón entregou esses negócios de volta ao povo da Argentina – tomando-os em nome do governo.

Embora Perón tenha se dedicado ao povo da Argentina, ele também usou os métodos dos fascistas para garantir que ele mantivesse seu poder. Se um jornal o criticasse, Perón ordenava que fechasse para que nunca pudesse imprimir outra edição. Se um professor dissesse a seus alunos que as políticas de Perón talvez não fossem boas para o país, ele perdia o emprego. Qualquer um que se opusesse em voz alta às reformas e leis de Perón provavelmente desapareceria misteriosamente. Perón chamou essa maneira de administrar um país de *justicialismo.* Ele acreditava que as pessoas pobres deveriam ter poder – mas a maneira de lhes dar poder era o governo dizendo a todos como eles poderiam usar suas terras e seu dinheiro.

A Argentina *tinha* uma constituição que dava aos cidadãos o direito a certas liberdades – como o direito de ser julgado em um tribunal se fosse acusado de um crime. Então, como que Perón não foi julgado pelos argentinos *desaparecidos* que discordavam dele (e por violar todos os outros direitos que o povo deveria ter)? Havia uma cláusula na constituição que dava ao presidente da Argentina o poder de agir como um ditador se o país estivesse no meio de uma emergência nacional. Perón simplesmente declarou que a Argentina estava em estado de emergência! Os argentinos aguentaram a ditadura de Perón por nove anos. Em parte, Perón conseguiu manter sua posição porque sua esposa era muito popular. Eva era linda, encantadora e de coração mole. Como esposa do presidente, ela criou uma organização chamada Fundação Eva Perón, que dava dinheiro aos pobres, ajudava os trabalhadores a visitar médicos e pagava para as crianças terem educação. Os pobres

Eva Péron era muito popular entre o povo da Argentina

da Argentina a chamavam de *Evita*, apelido que mostrava seu amor por ela. Ela foi até apelidada de *Nossa Senhora da América* por sua misericórdia.

Em 1952, Evita morreu. Ela tinha apenas 33 anos. No funeral, milhares de argentinos encheram as ruas e choraram muito enquanto o caixão passava.

Depois que Eva morreu, Juan Perón se tornou mais cruel. Cada vez mais argentinos *desapareciam* e nunca mais eram vistos. O povo de seu país começou a murmurar (em voz baixa) sobre a tirania de Perón. Enquanto isso, a Argentina estava ficando cada vez mais pobre. Perón gastou grandes quantias do dinheiro do governo em educação e assistência médica para os pobres. Isso foi bom para os pobres – mas agora o governo estava sem dinheiro.

Perón, diante de um tesouro que se esvaziava rapidamente, anunciou que por dois anos ninguém na Argentina obteria um aumento salarial. Ele sugeriu que os argentinos comessem menos carne e mais pão, para que a carne pudesse ser vendida a outros países por lucro. Os argentinos não ficaram muito felizes com a perspectiva de uma dieta sem carne!

Então Perón se tornou ainda menos popular, começando a criticar a Igreja Católica Romana. Ele acusou padres católicos de pregar contra ele em seus sermões e enviou dois dos padres mais conhecidos de volta a Roma, acusando-os de traição. Ele declarou que vários feriados santos – dias em que os argentinos estavam acostumados a ficar em casa – agora seriam dias úteis. Os católicos devotos da Argentina ficaram irritados com todas essas ações.

Perón começou a perder a lealdade de seu povo.

Em 16 de junho de 1955, as forças armadas se rebelaram repentinamente contra Perón. Aviões militares voaram sobre a Casa Rosada e jogaram bombas sobre ela. A rebelião durou apenas um dia, mas Perón reagiu anunciando que faria guerra contra quem se opusesse a ele. Ele também ordenou que seus apoiadores atacassem qualquer um que o criticasse.

Até os apoiadores de Perón ficaram chocados com isso. Perón estava incentivando os argentinos a brigar entre si! O exército novamente tentou se revoltar. Dessa vez, os soldados conseguiram capturar várias grandes cidades argentinas. Eles começaram a pedir a renúncia de Perón para que a Argentina pudesse realizar novas eleições para outro presidente.

Perón deixou seu país e foi primeiro ao Paraguai e depois a Madri, na Espanha. Na Argentina, o povo derrubou suas estátuas e as esmagou, e apagou seu nome de todas as placas em praças públicas.

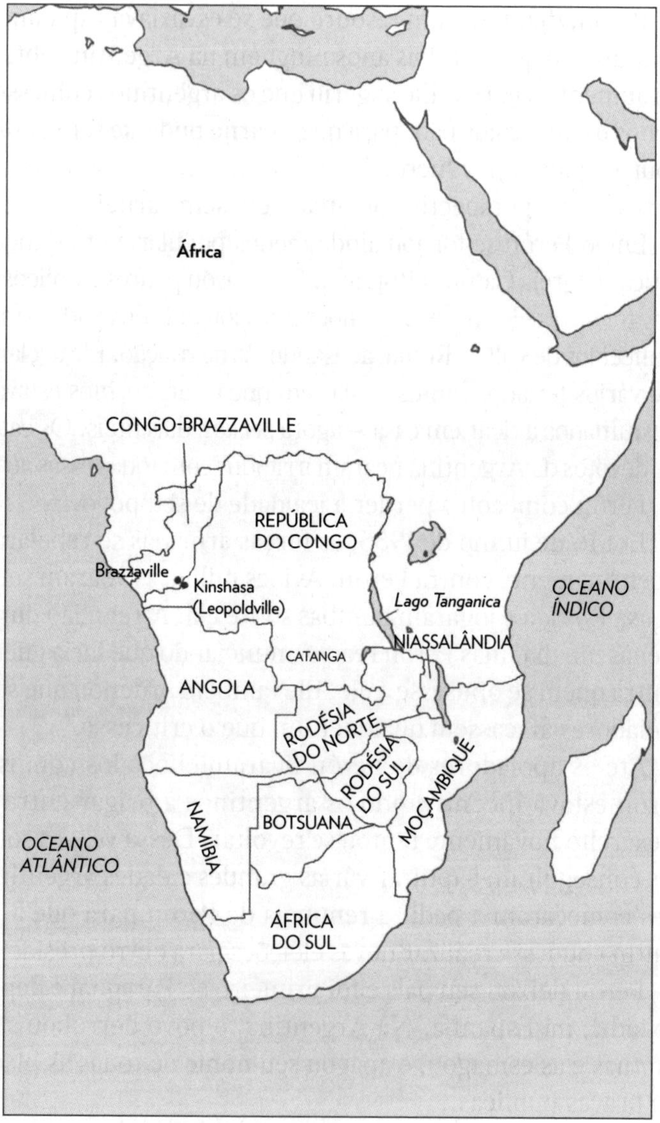

O Congo sob o governo
de Lumumba

Nos dezoito anos seguintes, a Argentina teve nove líderes diferentes. Em 1973, dezoito anos após sua fuga, Juan Perón voltou à Argentina e tornou-se presidente novamente – por um único ano. Então, aos 79 anos, Juan Perón morreu.

LIBERDADE NO CONGO BELGA

Do outro lado do Atlântico, na América do Sul, os países da África lutavam para estabelecer seus próprios governos. Um por um, os países que os europeus haviam criado estavam expulsando o domínio europeu.

Uma dessas lutas pela liberdade ocorreu no Congo, no centro da África. Quase cem anos antes, o rei Leopoldo II da Bélgica havia conquistado o Congo como sua propriedade pessoal. Ele chamou sua terra na África de *Estado Livre do Congo* e nomeou uma de suas cidades: Leopoldville.

O Estado Livre do Congo se estendia desde o Oceano Pacífico, na costa oeste da África, até o Lago Tanganica. Logo abaixo do Sudão, no norte, o Congo ia até o sul da África. O Estado Livre do Congo era enorme. Sua terra era fértil e nela viviam muitas tribos africanas diferentes.

O rei Leopoldo tratou mal as muitas tribos de sua colônia. Ele as forçou a pagar impostos altos. Com o objetivo de ganhar dinheiro suficiente para atender às demandas do rei, os africanos tiveram que trabalhar longas horas fabricando borracha ou realizando perigosas caçadas de elefantes para poder vender suas presas de marfim. Leopoldo permitiu que comerciantes de escravos invadissem o Congo, levando africanos para vender na Europa como escravos. Todas as aldeias do Congo tinham que enviar quatro pessoas todos os anos para trabalhar como escravos de Leopoldo – como sacrifícios a um dragão. Ele até nomeou um notório comerciante de escravos o governador de parte do Congo.

Quando o Congo já estava na posse de Leopoldo havia 25 anos, metade de seu povo havia morrido. Em 1908, muitas pessoas na Bélgica e no resto do mundo estavam tão indignadas com a maneira como o Congo havia sido tratado que as autoridades do governo belga nomearam um novo governador do Congo e forçaram o rei Leopoldo a desistir da posse do território.

A vida melhorou um pouco para os africanos de lá. Eles não eram mais tão tributados ou forçados a servir como escravos – mas não eram livres. Assim como os negros da África do Sul, os povos africanos do Congo tinham que viver segregados dos brancos. Eles não podiam estudar para serem médicos, advogados ou mesmo comerciantes, e não tinham permissão para deixar o país para tentar uma vida melhor em outro lugar.

Em 1956, um patriota africano chamado Patrice Lumumba escreveu uma petição ao governo belga, pedindo mais liberdade para seu país. Lumumba era de uma pequena tribo conhecida como Batetela. Ele não tinha muita experiência política; trabalhava em uma agência postal e, em seguida, conseguiu um emprego como vendedor de uma empresa que fabricava cerveja. Mas ele sempre foi ativo em falar e escrever sobre a necessidade de independência do Congo.

Em 1958, Lumumba formou um grupo chamado MNC, ou *Movimento Nacional Congolês*. Lumumba disse a seus seguidores: “Independência não é um presente que a Bélgica possa oferecer. É o direito do povo congolês.”

A MNC liderou manifestações e tumultos, tentando reivindicar esse direito. A princípio, o governo belga prendeu alguns dos líderes do MNC esperando que o movimento pela independência acabasse.

Em vez disso, tornou-se mais poderoso, graças a uma ação tomada pela França. O primeiro-ministro francês, Charles de Gaulle, permitiu que a colônia francesa, a noroeste do Congo Belga, se declarasse livre. Essa área, conhecida como Congo-Brazzaville, só era separada do Congo Belga por um rio. De fato, a capital do Congo-Brazzaville, Brazzaville, ficava do outro lado do rio da capital do Congo Belga, Leopoldville. Agora, o povo de Leopoldville podia olhar e ver africanos livres do outro lado do rio.

Mais uma vez, os líderes congoleses enviaram mensagens para a Bélgica, pedindo independência. Quando o governo belga recusou, houve tumultos em Leopoldville. Os soldados belgas não conseguiram controlar as multidões, mesmo quando mais tropas foram enviadas da Bélgica.

Quando o governo belga percebeu que o Congo estava fora de controle, concordou em dar ao Congo sua independência. Em 1960, foi realizada a primeira eleição congolesa. Por ter sido organizada tão rapidamente, o povo do Congo não foi capaz de formar partidos políticos ou se informar muito sobre diferentes candidatos.

Patrice Lumumba, o líder congolês mais conhecido, foi eleito primeiro-ministro do recém-independente Congo. Em seu discurso ao seu povo, para o Dia da Independência do Congo, ele disse: "Eu os saúdo em nome do governo congolês! [Uma] luta nobre e justa [...] foi necessária para pôr fim à escravidão humilhante imposta a nós à força... tivemos a experiência do desprezo, insultos e golpes, manhã, meio-dia e noite, porque éramos *negros*... Sabíamos que a lei nunca era a mesma para um homem branco e para um negro... Tudo isso significou

Patrice Lumumba

sofrimento do mais profundo. Mas tudo isso... agora terminou. A República do Congo foi proclamada e nossa terra agora está nas mãos de seus próprios filhos... Viva a independência e a unidade da África! Viva o Congo soberano e independente!"

Para comemorar a independência, o povo de Leopoldville derrubou e quebrou a estátua de Leopoldo II que ficava em sua capital. Eles mudaram o nome da cidade para Kinshasa.

Nem todo africano que vivia no Congo ficou satisfeito com a independência. Sob Patrice Lumumba, o Congo se tornou um grande país chamado República do Congo. Mas, antes que os europeus se instalassem na África, aquela área já havia sido dividida em muitos pequenos territórios, cada um o lar de uma tribo diferente. Agora, muitos africanos achavam que o Congo deveria voltar a ser muitos estados pequenos e independentes, cada um governado por sua tribo nativa.

Apenas seis dias após a eleição, a parte leste do Congo se declarou independente da grande República do Congo. Patrice Lumumba não queria que a área leste, conhecida como Catanga, deixasse a República. Seu novo governo precisava de dinheiro para administrar o país adequadamente, e as minas de cobre que forneciam ao Congo a maior parte de sua riqueza estavam em Catanga.

O governo de Lumumba exigiu que Catanga se reunisse à República. Catanga pediu à Bélgica soldados para proteger sua nova independência. A guerra civil estourou. Menos de um ano após se tornar primeiro-ministro, Patrice Lumumba foi capturado pelos rebeldes de Catanga e assassinado.

Um general congolês chamado Joseph Mobutu anunciou que o Congo seria agora governado por um *governo interino* – em outras palavras, por oficiais militares que haviam assumido o controle do país. (Ninguém tentou organizar outra eleição.) Quatro anos depois, Mobutu se deu o título de *presidente*. (Mesmo sem eleição!)

Sob Mobutu, o Congo era um estado totalitário. O próprio partido político de Mobutu, o *Movimento Popular da Revolução*, era o único partido autorizado a participar do governo. Ele manteve o controle do país com seu exército. E ele recebia parte do dinheiro necessário para administrar o Congo dos Estados Unidos. Mobutu havia prometido aos Estados Unidos que, se o país americano o ajudasse, impediria que o Congo se tornasse um país comunista.

Mobutu ordenou que os nomes belgas do Congo e suas cidades mudassem para nomes africanos. Hoje, o Congo é conhecido pelo nome africano *Zaire*. E, durante o governo de Mobutu, o Zaire era controlado por africanos, não por europeus.

Mas Mobutu, assim como muitos governantes, conseguiu manter seu poder ameaçando seus oponentes. Ele prendeu aqueles que discordavam dele, acusou seus inimigos de traição e enviou espiões para descobrir se alguém o estava criticando. Ele até tinha um esquadrão de policiais especiais chamado *As Corujas*, que saía à noite para arrastar pessoas de suas casas se Mobutu pensasse que elas eram uma ameaça ao seu poder. O povo do Zaire tinha medo de dizer o nome dele caso alguém estivesse ouvindo. Ele era chamado de *tio Mo*. Sob Mobutu, oficiais do governo recebiam propinas para fazer seu trabalho. Os policiais ameaçavam prender pessoas inocentes, a menos que recebessem propina. O Congo estava livre do domínio europeu, mas ainda não estava livre de tirania e corrupção.

A Guerra Fria

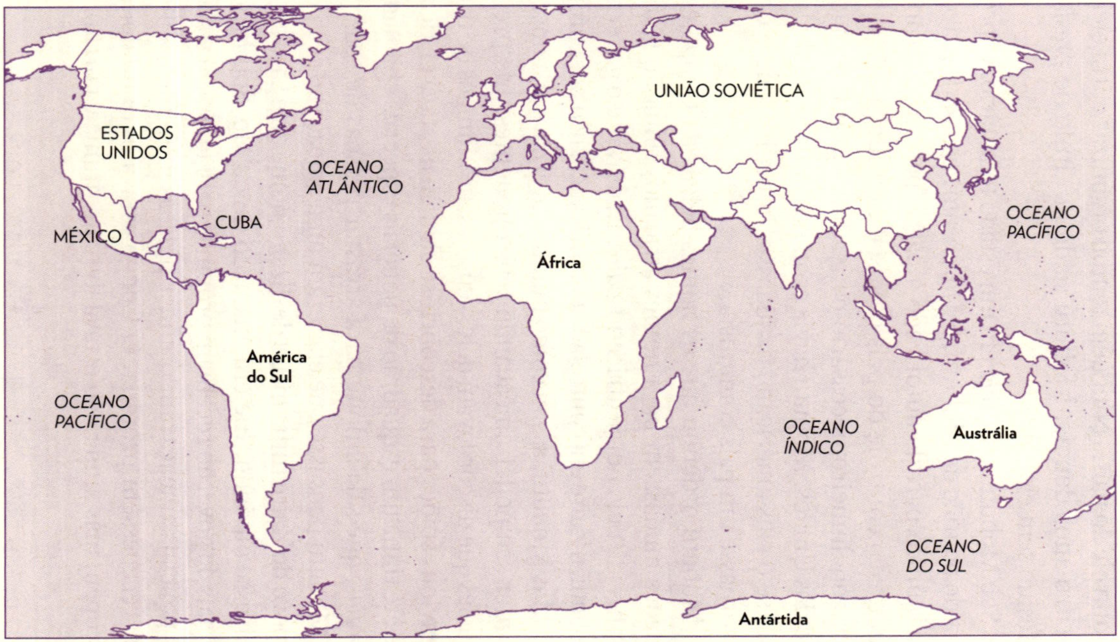

CAPÍTULO

35

A GUERRA FRIA

A CORRIDA ESPACIAL

Na noite de 4 de outubro de 1957, uma forma cintilante ergueu-se do chão, com uma chama disparando de sua cauda. No chão, as pessoas começaram a gritar:

"Ela partiu! Nosso bebê está a caminho!".

Na verdade, elas estavam torcendo em russo, porque a União Soviética havia acabado de lançar um satélite, chamado *Sputnik*, no espaço. O *Sputnik* (uma palavra russa que significa *camarada de viagem* ou *companheiro*) circulava pela Terra uma vez a cada hora e meia, apitando constantemente e enviando ondas de rádio de volta ao nosso planeta. Foi o primeiro satélite artificial a ser lançado no espaço e o primeiro a *orbitar* (circular) a Terra.

Um mês depois, os soviéticos lançaram um segundo satélite em órbita. Dessa vez, o satélite *Sputnik II* tinha um passageiro, uma cadela chamada Laika. Os soviéticos queriam ver se os seres vivos poderiam sobreviver no espaço; um dia, eles esperavam enviar um ser humano para lá.

Nos Estados Unidos, as notícias de que a União Soviética havia conseguido enviar dois satélites para o espaço – um com uma criatura viva a bordo! – faziam com que os americanos reagissem com reverência e medo. Cientistas americanos e soviéticos trabalhavam havia vários anos para projetar um satélite que pudesse ir para o espaço. Ambos os países queriam ser os primeiros a lançar um satélite. Os americanos pensaram que estavam bem à frente dos soviéticos nessa *corrida rumo ao espaço*. Quando perceberam que os soviéticos tinham uma tecnologia espacial melhor e mais poderosa, ficaram assustados.

Em meados da década de 1950, os Estados Unidos e a União Soviética eram inimigos confessos. Após a Segunda Guerra Mundial, os dois países queriam espalhar sua própria forma de governo pela Europa Ocidental e Ásia. As lutas pelas divisões da Alemanha e Coreia mostraram que os dois países começaram a se odiar e temer um ao outro.

Esse ódio nunca irrompeu em guerra aberta. Em vez disso, americanos e soviéticos travaram uma batalha sem armas. Eles tentaram roubar os aliados um do outro. Eles se recusaram a cooperar em qualquer coisa. Os Estados Unidos consideraram a União Soviética repressiva, tirânica e maligna. A União Soviética chamou os Estados Unidos de gananciosos, dominadores e obcecados por dinheiro. Ambos os países tinham certeza de que o outro estava planejando uma maneira de atacar.

Esse conflito ficou conhecido como *Guerra Fria*. Quando o *Sputnik* foi para o espaço, a Guerra Fria estava no auge. Os Estados Unidos imediatamente começaram a imaginar que, se os soviéticos eram capazes de inventar satélites que podiam chegar ao espaço sideral, eles também poderiam usar esses foguetes para transportar armas poderosas até os Estados Unidos. De fato, em 5 de novembro de 1957, dois dias depois que a cadela Laika entrou no espaço, um repórter do *New York Times* se perguntou se os soviéticos estavam planejando explodir uma arma nuclear na Lua. (Eles não estavam.)

Embora os Estados Unidos tenham conseguido lançar seu próprio satélite dois meses depois, os foguetes americanos eram menos poderosos e seus satélites eram menores. Os soviéticos estavam vencendo a *corrida espacial* e os americanos precisavam se atualizar. Assim que o *Sputnik* foi lançado, as escolas americanas de engenharia foram inundadas por estudantes que queriam aprender a construir foguetes. O Congresso criou uma nova agência governamental, a Administração Nacional da Aeronáutica e do Espaço (Nasa), para supervisionar um programa que levaria os americanos ao espaço o mais rápido possível. Nesse mesmo ano, o Congresso aprovou a Lei de Educação em Defesa Nacional, que deu às escolas mais dinheiro para gastar no ensino de ciências. Para os americanos ganharem a corrida espacial, jovens cientistas precisavam ser formados!

Os americanos não estavam tão determinados a triunfar sobre um inimigo desde que os japoneses atacaram Pearl Harbor. De fato, foi assim que o lançamento do *Sputnik* fez muitos americanos sentirem que isso era um ataque. A corrida espacial não era apenas uma corrida. Era uma guerra, e a América estava perdendo.

A União Soviética conseguiu permanecer na liderança por vários anos. Eles se tornaram o primeiro país a colocar um ser humano no espaço. Em 12 de abril de 1961, Yuri Gagarin orbitou a Terra em um foguete chamado *Vostok 1*. Seu voo durou 108 minutos. Mais tarde, ele disse que, ao atravessar o Oceano Atlântico, viu-se pensando em sua mãe e em como ela se sentiria ao saber sobre sua viagem espacial. Ele não disse a ela que estava indo para o espaço, e ela não soube sobre a viagem dele até que ela viu no noticiário. Yuri Gagarin pousou em um campo na Sibéria. Algumas vacas e alguns camponeses estavam lá para vê-lo pousar.

As notícias de que um *astronauta* soviético havia estado no espaço sideral fizeram com que os americanos focassem ainda mais em seu programa espacial. O presidente dos Estados Unidos, John F. Kennedy, desafiou o governo soviético a uma competição: quem conseguiria levar um homem à Lua primeiro?

Seis semanas após o voo de Yuri Gagarin, o presidente Kennedy pediu ao Congresso que encontrasse dinheiro suficiente para a Nasa enviar homens à Lua nos próximos oito anos. Kennedy sabia que isso seria quase impossível. Seria necessária uma quantidade enorme de dinheiro, disciplina e trabalho duro. Mas ele acreditava que os americanos poderiam conseguir. Ao povo dos Estados Unidos, o presidente Kennedy disse: "A exploração do espaço continuará, quer estejamos unidos, quer não. [...] Escolhemos ir à Lua nesta década e fazer todas as outras coisas não porque são fáceis, mas porque são difíceis."

O desejo de Kennedy se tornou realidade. Os Estados Unidos colocaram um homem na Lua na década de 1960. Em 16 de julho de 1969, a espaçonave *Apollo 11* foi lançada do Centro Espacial Kennedy, na Flórida – sede da Nasa, em homenagem ao presidente. A missão *Apollo 11* tinha um objetivo: pousar na Lua, sair de lá e depois voltar.

Quatro dias depois, os astronautas Neil Armstrong e Buzz Aldrin entraram em um veículo menor chamado Águia, que foi projetado para se separar da *Apollo 11* e pousar na Lua. Os dois homens o pilotaram até a superfície da Lua e pousaram em uma planície baixa e plana chamada Mar da Tranquilidade. Armstrong enviou uma mensagem de volta à Terra: "A Águia pousou."

Então Armstrong e Aldrin saíram da Águia. Os americanos de todo o país assistiram a eles na televisão enquanto desciam a escada, até a superfície da Lua. Neil Armstrong foi o primeiro astronauta a colocar o pé na superfície lunar. Ao dar o primeiro passo, ele disse: "Esse é um pequeno passo para um homem, um grande salto para a humanidade."

Os astronautas caminharam ao redor da Lua por quase 21 horas, vestindo trajes especiais que os mantinham aquecidos e forneciam oxigênio para respirar. Havia muito pouca gravidade na Lua, então os astronautas podiam pular alto e dar passos enormes. Eles realizaram experimentos científicos e coletaram o solo para levar à Terra. Antes de partirem, plantaram uma bandeira americana na Lua – um sinal de que, embora os soviéticos tivessem lançado o primeiro satélite, os americanos haviam vencido a corrida espacial. Mas eles também deixaram uma placa na Lua que dizia: *Viemos em paz para toda a humanidade* – como um lembrete de que

Astronauta americano Neil Armstrong, o primeiro humano a andar na Lua

algo maior que uma simples vitória política havia sido realizado. Pela primeira vez, a humanidade deixou a superfície da Terra, sua moradia.

TREZE DIAS EM OUTUBRO

Durante treze dias em outubro de 1962, parecia que o mundo estava prestes a terminar. A Guerra Fria ficou tão quente que os Estados Unidos e a União Soviética quase declararam guerra.

O conflito começou na Ilha de Cuba, ao sul da Flórida. Após a guerra hispano-americana, Cuba ganhou o direito de se governar. Tornou-se a República de Cuba. Mas, na verdade, os Estados Unidos alegavam ter certos poderes sobre Cuba. De acordo com a lei americana, seu governo poderia interferir na política cubana sempre que parecesse que o governo de Cuba não estivesse respeitando a independência... vida, propriedade e liberdade individual. E os Estados Unidos também poderiam manter bases navais em Cuba.

O povo de Cuba não gostava dessa lei. Isso significava que os Estados Unidos poderiam interferir nos assuntos cubanos sempre que quisessem. Mas os Estados Unidos insistiram que essa lei ficasse escrita na Constituição cubana.

Nos quarenta anos seguintes, soldados americanos ficaram em Cuba. Se os Estados Unidos aprovassem o presidente cubano, as tropas americanas o ajudariam a permanecer no poder. Os americanos administravam muitos dos maiores negócios de Cuba – incluindo a companhia telefônica e as usinas de açúcar.

Esse era exatamente o tipo de interferência nos assuntos de outro país que os Estados Unidos haviam contestado durante a crise de Suez! Finalmente, os Estados Unidos concordaram em revogar a lei que permitia a eles próprios tanto poder sobre o governo de Cuba. Em 1940, logo após o início da Segunda Guerra Mundial, os cubanos votaram em uma nova constituição, sem a odiada disposição que dava aos Estados Unidos seu poder. As eleições foram realizadas novamente, dessa vez sem a ajuda americana. Cuba havia se tornado realmente uma democracia.

Mas não por muito tempo. Em 1952, um general do exército chamado Fulgencio Batista liderou uma revolta militar contra o presidente de Cuba. Ele e seus homens expulsaram o presidente do cargo e anunciaram que a constituição não estava mais em vigor.

Os cubanos não preferiam Batista à influência dos Estados Unidos. Um jovem advogado chamado Fidel Castro liderou um grupo de cidadãos cubanos em um ataque armado aos homens de Batista. Mas o ataque foi um desastre. A maioria dos cidadãos cubanos foi morta. O resto foi julgado por traição.

Castro, então com 26 anos, foi condenado em apenas quatro horas. Mas, em seu julgamento, ele falou por duas daquelas quatro horas contra o governo de Batista. Ele chamou seu governo de *um único poder ilegítimo que usurpou e concentrou em suas mãos os poderes legislativos e executivos da nação.* Ele exigiu o retorno da constituição cubana e o fim do governo militar sobre Cuba.

"Eu sei que ficarei em silêncio por muitos anos!", ele gritou. "Eu sei que haverá conspiração para que eu seja esquecido. Mas minha voz nunca será afogada... Me condene, isso não importa! A história vai me absolver!"

E então ele foi jogado na prisão, condenado a quinze anos.

Se ele tivesse servido todos os quinze anos, a história de Cuba poderia ter sido completamente diferente, mas, depois de apenas dois, Batista sentiu-se confiante o suficiente em seu poder e em seu controle sobre o país para concordar em libertar seus presos políticos. Se ele os libertasse, seria capaz de exigir favores e poder daqueles que se opunham a ele, porque ele lhes estaria fazendo um favor.

Fidel Castro e os outros foram libertados. Castro deixou Cuba e foi para o México – junto com outros revolucionários que estavam determinados a derrubar a ditadura injusta e ilegal de Batista. Castro escreveu, antes de partir: "Estou convencido mais do que nunca da intenção da ditadura de permanecer no poder... Creio que chegou a hora de tomar direitos e não implorar por eles, lutar em vez de implorar por eles."

Vinte e cinco mil cópias dessa mensagem foram espalhadas por Cuba. Enquanto isso, no México, Castro e um pequeno grupo de rebeldes no exílio estavam se preparando para lutar pelos direitos de Cuba. Eles praticavam tiro, escalavam montanhas, nadavam através de rios, sobreviviam no deserto com os alimentos que podiam encontrar e outras táticas de guerrilha. Castro e seus aliados – incluindo um rebelde chamado Che Guevara, especialista em guerrilha – sabiam que, quando retornassem a Cuba, teriam de iniciar uma guerrilha, lutando contra o exército regular de Batista a partir de esconderijos.

Após um ano de treinamento, Castro, Che Guevara e outros oitenta rebeldes cubanos subiram em um minúsculo barco de madeira, navegaram pelo Golfo do México e seguiram para Cuba. Oitenta e duas pessoas não eram muito para começar uma guerra. Mas, em Cuba, outros se reuniram para se juntar a eles. Os combates eclodiram entre o exército de Batista e os revolucionários que queriam a constituição de Cuba restaurada. Os soldados de Batista mataram mais de 25 mil rebeldes, mas os revolucionários continuaram lutando. Eles cortaram linhas telefônicas para impedir que as unidades do exército conversassem entre si, queimaram campos de cana e usinas de açúcar dos estrangeiros, lançaram ataques surpresa a postos avançados do exército e roubaram armas. Che Guevara dirigiu os ataques.

"Nunca fique no mesmo lugar", disse ele a seus guerrilheiros. "Nunca passe duas noites no mesmo local. Desconfie de seus amigos, informantes, guias, contatos e sombras. Nunca durma sob um teto. Nunca durma em uma casa que possa ser cercada."

Usando essas técnicas, o pequeno exército de Castro se segurou contra o de Batista – que era vinte vezes maior. Os Estados Unidos, observando, consternados, decidiram que o governo de Batista havia se tornado tirânico demais para sobreviver. Os Estados Unidos não podiam mais interferir legalmente nos assuntos cubanos, mas já enviavam armas havia muito tempo ao exército cubano. Agora, anunciavam que Batista não poderia comprar mais armas ou munição dos Estados Unidos para suas tropas.

Os soldados de Batista começaram a deixá-lo para se juntar aos rebeldes. Em 1º de janeiro de 1959, Batista fugiu de Cuba. Agora, Castro e seus aliados – homens que insistiam que Cuba deveria ser governada por sua constituição – estavam no comando.

Você acha que eles restauraram a constituição de Cuba?

Eles não restauraram. Em vez de realizar eleições e restaurar a constituição, Fidel Castro e seus aliados assumiram o controle do país. Castro ordenou a morte de centenas de cubanos que haviam apoiado Batista. Ele pediu dinheiro à União Soviética para ajudar Cuba a se recuperar da guerra, e os soviéticos concordaram. Agora Castro começava a transformar Cuba em um país comunista. Ele tomou grandes empresas de seus proprietários e as transformou em propriedade do Estado. Tomou grandes fazendas dos ricos proprietários de terras, dividiu-as e distribuiu-as aos cubanos mais pobres. O Estado assumiu as escolas. Por fim, Castro tornou quase todos os negócios em Cuba em empresas estatais.

Assim como aconteceu em muitos outros países, o homem que expulsou um tirano tornou-se um. Fidel Castro tinha sua própria *polícia secreta* – grupos chamados *Comitês de Defesa da Revolução*. Os membros do comitê deveriam espionar seus vizinhos e dizer ao governo se ouvissem algo crítico às ideias de Castro. Qualquer um que se opusesse a Castro arriscava ser preso, exilado ou executado. A aquisição das empresas por Castro significou que milhares e milhares de pequenos empresários – proprietários de lojas de esquina, pequenas lojas de roupas e até vendedores de cachorro-quente – perderam seus negócios.

Castro não estava no poder havia muito tempo quando milhares – e dezenas de milhares – de cubanos começaram a deixar a ilha. Eles partiram porque haviam perdido seus negócios, ou porque tinham medo de serem presos, ou porque não podiam mais dizer livremente o que pensavam. A maioria deles foi para os Estados Unidos. Muitos deles se estabeleceram na Flórida, onde o espanhol cubano, a comida e a música cubana logo se tornaram parte da América.

Os Estados Unidos não gostaram do que viram do governo de Cuba. O relacionamento amigável de Cuba com os soviéticos era ainda mais preocupante, porque Cuba era tão próxima dos Estados Unidos. Assim, o governo americano, liderado pelo presidente Kennedy, começou a planejar uma invasão de Cuba.

A invasão foi planejada para abril de 1961. Os soldados que realmente invadiram Cuba eram todos cubanos que haviam fugido de lá para os Estados Unidos – porque o país não podia interferir legalmente nos assuntos de Cuba invadindo com soldados americanos. Mas os cubanos foram treinados por oficiais militares dos Estados Unidos e tinham armas dos Estados Unidos. Eles deveriam desembarcar em uma praia em forma de ferradura chamada Baía dos Porcos, montar uma junta (governo militar) e tentar convencer os cubanos a se unirem a eles contra Castro.

Mas a invasão foi um desastre. A notícia vazou antes do tempo, de modo que, quando a tropa de invasão chegou, os soldados de Castro estavam esperando. Seus aviões voaram acima, afundando os barcos que levavam os invasores para a costa. Tanques entraram, disparando. Todos os cubanos da força de invasão foram mortos ou capturados.

Castro sabia que os Estados Unidos haviam patrocinado a invasão. Então ele se voltou para a União Soviética, o inimigo da América, e comprou mais armas para proteger Cuba. O líder soviético, Nikita Khrushchev, escreveu ao presidente dos Estados Unidos uma carta raivosa sobre a invasão de Cuba. Ele alertou que, se os Estados Unidos tentassem interferir novamente, a União Soviética *responderia com força*. Kennedy escreveu uma carta igualmente irritado, insistindo que os Estados Unidos tinham o direito de proteger seu próprio hemisfério contra a influência soviética.

Em outras palavras, a verdadeira luta era entre os Estados Unidos e a União Soviética – não apenas entre Fidel Castro e os Estados Unidos.

Apenas seis anos antes, em 1956, Nikita Khrushchev havia perdido a paciência com o representante dos Estados Unidos durante uma reunião das Nações Unidas. O primeiro-ministro britânico estava fazendo um discurso quando Khrushchev ficou tão bravo que ele tirou o sapato, bateu na mesa e gritou "Vamos enterrar você!" ao diplomata americano.

Quando ouviu o barulho, o primeiro-ministro se virou, olhou para o sapato de Khrushchev e comentou: "Vou precisar que traduzam isso!". Sua piada fez a reunião terminar sem mais gritos, mas Khrushchev deixou sua posição clara. A América era sua inimiga.

Em outubro de 1962, aviões espiões americanos, que sobrevoavam Cuba, fotografaram armas que aparentemente haviam acabado de chegar da União Soviética e desembarcado em Cuba. As fotos mostravam mísseis nucleares em quantidade suficiente para destruir cidades por todos os Estados Unidos.

As armas nucleares em Cuba eram uma perspectiva aterradora para os Estados Unidos. Cuba estava tão perto da América que mísseis poderiam ser facilmente disparados em direção a Washington D.C., destruindo toda a cidade. O pior de tudo, embora os mísseis estivessem em Cuba, os controles – os *botões vermelhos* que os lançariam – estavam na União Soviética.

Imediatamente, John F. Kennedy enviou navios dos Estados Unidos para cercar Cuba e impedir que mais armas chegassem. Ele alertou a União Soviética e o povo americano de que, se uma arma nuclear fosse lançada sobre seu país, eles lançariam um *ataque retaliatório extenso à União*

Soviética. A União Soviética preparou suas próprias tropas e anunciou que iria revidar.

Durante treze dias, a União Soviética e os Estados Unidos ficaram de alerta com os mísseis. A guerra nuclear parecia inevitável. Era isso que o mundo inteiro temia desde que a primeira bomba atômica explodiu em Hiroshima. As armas nucleares eram tão poderosas e tão mortais que, se os Estados Unidos e a União Soviética se atacassem, o mundo inteiro poderia ser envenenado e destruído. As pessoas oravam, esperançosas, e prendiam a respiração. Ao dirigir para o trabalho, os homens se perguntavam se voltariam para casa naquela noite. No café da manhã, as famílias não sabiam se o mundo ainda existiria na hora do jantar.

Mais tarde, um político americano observaria que os Estados Unidos e a União Soviética estavam de pé, olho no olho – e que a União Soviética havia piscado primeiro. Em 29 de outubro, a União Soviética se ofereceu para remover seus mísseis nucleares, desde que os Estados Unidos prometessem não invadir Cuba. Os Estados Unidos concordaram.

A Crise dos Mísseis Cubanos havia terminado, mas a Guerra Fria seguia.

Lutas e Assassinatos nos Estados Unidos

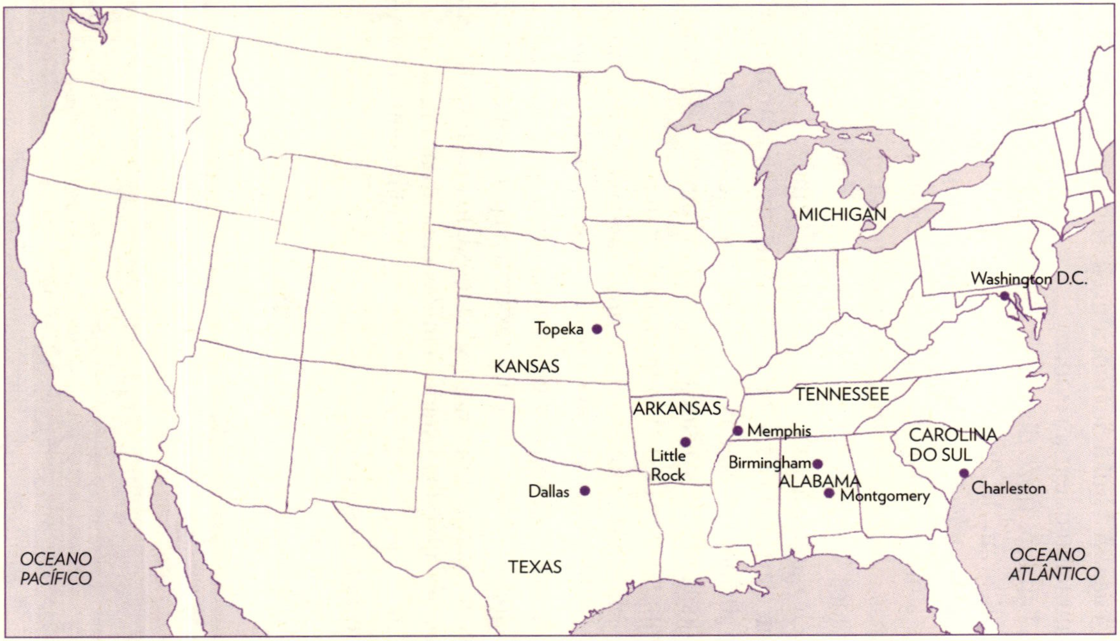

CAPÍTULO

36

LUTAS E ASSASSINATOS

A MORTE DE JOHN F. KENNEDY

John F. Kennedy, presidente dos Estados Unidos durante a corrida espacial e a crise dos mísseis cubanos, foi um dos presidentes mais populares da história americana. Kennedy era bonito e bem articulado, formado pela famosa universidade americana Harvard. Ele era casado com uma linda e encantadora esposa, Jacqueline Bouvier Kennedy. Foi um herói de guerra da Marinha durante a Segunda Guerra Mundial. Quando seu barco foi atacado pelos japoneses e afundou, Kennedy, embora gravemente ferido, conseguiu levar seus homens para um lugar seguro. Além de tudo isso, o presidente Kennedy também escreveu dois livros famosos. Um deles, chamado *Why England Slept* (Por que a Inglaterra dormiu, em tradução livre), sugeriu que a Inglaterra deveria ter entrado em guerra contra a Alemanha muito antes. O outro livro, *Perfis de Coragem*, descreveu a vida de oito heróis americanos e ganhou o prêmio Pulitzer de 1957.

Certamente um presidente tão popular seria reeleito. Kennedy achava que seria. Ao se aproximar do final de seu primeiro mandato de quatro anos como presidente, ele começou a fazer campanha para um segundo mandato.

Um presidente que deseja ser reeleito deve viajar por todo o país, discursando, encontrando americanos frente a frente e convencendo-os a votar nele. Em novembro de 1963, o presidente e a senhora Kennedy fizeram uma curta viagem ao Texas, para fazer campanha por votos lá.

Em 22 de novembro de 1963, eles viajaram para Dallas. O sol brilhava, mas o meteorologista previra que seria um dia frio, então Jackie Kennedy usava um terno de lã cor-de-rosa. Ela e o presidente deveriam almoçar no centro de Dallas com líderes empresariais locais. O governador do Texas, John Connally, se ofereceu para providenciar que o carro presidencial fizesse um passeio sinuoso pelas ruas da cidade, para que o presidente pudesse ver Dallas (e para que Dallas pudesse ver Kennedy). Connally, sua esposa, o presidente e a senhora Kennedy entraram juntos em um carro aberto, com agentes do Serviço Secreto (guarda-costas oficiais) ao seu redor. Enormes multidões se alinhavam nas ruas, acenando e sorrindo. O presidente acenava de volta. Nellie Connally, esposa do governador, disse:

"Senhor Kennedy, você não pode dizer que Dallas não te ama!"

Às 12h30, o carro do presidente passou por um prédio alto chamado Armazém de Livros Escolares do Texas. Tiros ecoaram. O presidente Kennedy foi atingido duas vezes, uma no pescoço e outra na cabeça. O governador Connally levou um tiro nas costas.

O motorista acelerou para um hospital próximo. Mas era tarde demais. Quando o carro chegou ao Hospital Parkland, o governador Connally ainda estava vivo, mas o presidente dos Estados Unidos estava morto.

No hospital, dois padres vieram rezar pelo presidente morto. Uma enfermeira perguntou à senhora Kennedy, cujo traje estava manchado de sangue, se ela queria trocar de roupa. A senhora Kennedy recusou.

O Presidente John F. Kennedy e sua esposa Jackie Kennedy

"Não", ela disse, "quero que eles vejam o que fizeram."

Todas as fotos tiradas de Jackie Kennedy naquela tarde mostram-na em seu terno cor-de-rosa com sangue manchando a saia e a jaqueta.

Já que o presidente estava morto, seu vice-presidente, Lyndon Baines Johnson, era agora o presidente interino dos Estados Unidos. Oficiais do Serviço Secreto temiam que o misterioso assassino tentasse matar Johnson em seguida. Eles imploraram que ele voltasse para Washington o mais rápido possível, mas ele se recusou a deixar Dallas sem o corpo do presidente Kennedy.

Por volta das 14h30, apenas duas horas após o assassinato, o corpo do presidente Kennedy foi colocado em um caixão e levado a bordo do Força Aérea Um, o avião presidencial. Os assessores do presidente já haviam chamado a juíza Sarah Hughes, que embarcou no avião também. Lá, ela fez o juramento de posse de Lyndon Johnson, com Jackie Kennedy ao lado dele. A nova primeira-dama dos Estados Unidos, a senhora Johnson, escreveu mais tarde em seu diário que o vestido de Jackie Kennedy de alguma forma piorou ainda mais o horror do dia inteiro:

"Eu olhei para ela. O vestido da senhora Kennedy estava manchado de sangue. Uma perna estava quase totalmente coberta de sangue... De alguma forma, essa era uma das vistas mais pungentes, aquela mulher perfeita, primorosamente vestida e coberta de sangue."

Então o avião decolou e levou o novo presidente e o corpo de John Fitzgerald Kennedy de volta a Washington D.C.

Kennedy não foi o primeiro presidente da história americana a ser assassinado. Você deve se lembrar de que John

Wilkes Booth atirou em Abraham Lincoln enquanto o presidente assistia a uma peça no Teatro Ford. Em 1881, um homem chamado Charles Guiteau atirou e matou o presidente Garfield enquanto o presidente caminhava por uma sala de espera ferroviária em Washington D.C. Guiteau estava com raiva porque Garfield não havia lhe dado um emprego. E, em 1901, o presidente McKinley foi baleado enquanto cumprimentava uma multidão em Buffalo, Nova York. Ele morreu oito dias depois.

Mas, de alguma forma, esse assassinato foi diferente.

Depois que o presidente Kennedy morreu, as pessoas começaram a comparar sua presidência a Camelot, o reino mítico governado pelo rei Arthur e pela rainha Guinevere. (Uma das peças favoritas do presidente Kennedy era um musical chamado *Camelot*. Em uma entrevista alguns dias após a morte do presidente Kennedy, a senhora Kennedy citou algumas das letras: *Não se esqueça de que uma vez houve um lugar, por um breve momento fugaz, conhecido como Camelot.*)

Pensando nisso, parece que os Estados Unidos realmente mudaram depois da morte de Kennedy. Desde o final da Segunda Guerra Mundial até 1963 a América era próspera, empolgada com o futuro e cheia de energia. Nos anos 1950, os americanos construíram mais casas do que nunca. Revistas e programas de TV criaram a imagem de uma América onde essas casas estavam cheias de famílias felizes jantando juntas, brincando com bambolês e indo ao cinema. Na América, todo homem tinha um bom emprego e toda mulher tinha uma casa bonita e perfeita.

Mas, na década de 1950, havia muitas preocupações sob a superfície. A Guerra Fria se tornou mais assustadora. Os imigrantes que vieram de outros países para a América geralmente viviam na pobreza, cercados por pó e doenças. E, no sul, os afro-americanos não tinham o direito de viver em paz, de votar e de fazer todas as coisas que os americanos brancos consideravam normais.

Esses problemas sempre existiram, mas após o assassinato de Kennedy pareciam ter vindo à tona. Eles se tornaram mais fáceis de ver. A vida na América parecia um pouco menos cintilante e um pouco menos maravilhosa. Os americanos foram forçados a enfrentar os problemas em seu próprio país. Você lerá mais sobre alguns desses problemas nos próximos capítulos.

As pessoas ainda debatem sobre quem matou o presidente Kennedy e por quê. Mas a maioria das pessoas acredita que um homem chamado Lee Harvey Oswald atirou no presidente. Oswald era um ex-fuzileiro naval que sabia como usar um rifle. Ele viveu por um tempo na Rússia e passou a acreditar nas glórias do comunismo. E Oswald trabalhava no Armazém de Livros Escolares do Texas, o prédio de onde os tiros foram disparados.

Na tarde do assassinato, a polícia começou a procurar Oswald. Um policial chamado John D. Tippit viu Oswald andando pelas ruas de Dallas. Ele abriu a janela do carro e falou com Oswald por alguns minutos. Então saiu do carro, Oswald sacou uma arma e atirou nele. Tippit morreu imediatamente.

Depois disso, Oswald correu. Mas a polícia o alcançou, o algemou e o levou para a delegacia. Ele insistiu que não tinha nada a ver com a morte de Kennedy, mas a polícia não acreditou nele. Eles tinham certeza de que haviam prendido o assassino.

Dois dias depois, a polícia se preparou para levar Oswald à prisão do condado, onde ele esperaria até que seu julgamento fosse marcado. Eles o conduziram através do porão da delegacia, em direção a uma porta externa que levava à rua onde um carro estava esperando por ele. As câmeras de TV estavam gravando a jornada de Oswald, enquanto as pessoas nos Estados Unidos assistiam ao vivo. Enquanto Oswald caminhava em direção à porta, um dono de boate no Texas, que entrou furtivamente no porão, correu até ele, gritando:

"Você matou o presidente, seu rato!"

O dono da boate, Jack Ruby, sacou uma arma e atirou em Lee Harvey Oswald. Milhões de pessoas assistiram ao tiroteio na televisão ao vivo.

Oswald morreu dois dias depois no Hospital Parkland. Ele foi enterrado sem velório e sem luto; repórteres que foram cobrir o funeral carregaram seu caixão. Jack Ruby morreu de um coágulo de sangue antes que ele pudesse finalmente ser condenado por atirar em Oswald.

O presidente Kennedy foi enterrado no Cemitério Nacional de Arlington, perto de Washington D.C., em 25 de novembro de 1963. Sua lápide, em parte, diz:

> e, portanto, meus caros americanos
> não perguntem o que seu país pode fazer por vocês
> perguntem o que vocês podem fazer por seu país
> meus caros cidadãos do mundo
> não perguntem o que a américa fará por vocês
> mas o que, juntos, podemos fazer pela liberdade do homem

DIREITOS CIVIS

Nos Estados Unidos durante a década de 1960, nem todos os homens eram livres.

A escravidão havia terminado cem anos antes. Mas a vida dos afro-americanos que viviam no sul ainda era difícil e injusta. Após a abolição da escravidão, os sulistas brancos aprovaram novas leis, projetadas para manter os negros pobres. Os sulistas negros não podiam votar ou casar com brancos. Assim como os negros na África do Sul, os negros americanos não podiam comer nos mesmos restaurantes que os brancos. Eles tinham que ir para escolas só para negros e salões de beleza e barbearias somente para negros. Eles bebiam de fontes de água exclusivamente para negros, sentavam-se nas partes separadas dos ônibus públicos (os bancos traseiros) e até eram enterrados em cemitérios somente para negros. No sul da América, essa separação era chamada de *segregação*.

As leis de segregação do sul dos Estados Unidos foram apelidadas de *Leis de Jim Crow*. Tinham esse nome por causa de uma música antiga do século XIX chamada "Pula Jim Crow". A música tinha 44 versos, sendo os primeiros deles os seguintes:

> Venham ouvir, todos vocês, meninas e meninos,
> Sou lá de Tuckahoe;
> Vou cantar uma musiquinha,
> Meu nome é Jim Crow.
> Rodem e girem, e façam exatamente assim;
> Toda vez que giro, eu pulo! Jim Crow.

A maneira como "Pula Jim Crow" é escrita segue a ideia de como uma pessoa branca imagina que um sulista negro fala.

A maioria das leis de Jim Crow foi aprovada até 1900. Desde o início, os sulistas negros protestaram contra essas leis, alegando ser injustas. Na década de 1950, esses protestos estavam se tornando mais intensos. Os negros se tornaram mais críticos sobre a injustiça das leis de Jim Crow. Em todo o mundo, outras pessoas estavam conquistando sua liberdade – mas, nos Estados Unidos, o país que deveria representar liberdade e democracia, pessoas com pele escura não tinham permissão para serem livres.

Os afro-americanos queriam os mesmos direitos civis que outros americanos. Eles queriam poder votar, viver e trabalhar onde quisessem. Seus protestos contra as leis de Jim Crow ficaram conhecidos como o *Movimento dos Direitos Civis.*

O Movimento dos Direitos Civis começou no Condado de Clarendon, na Carolina do Sul. Cerca de 32 mil pessoas moravam nesse município. A maioria delas era negra. Mas os brancos possuíam a maior parte da terra, e os negros tinham que trabalhar para os brancos por um salário muito baixo. Muitas famílias negras ganhavam menos de mil dólares pelo trabalho de um ano inteiro. E as escolas para negros eram prédios velhos e delapidados, sem eletricidade ou água. Os estudantes brancos, por outro lado, iam para a escola em um prédio bonito de tijolinhos que era quase uma mansão.

Em 28 de maio de 1951, três advogados entraram com um caso perante juízes federais em Charleston, Carolina do Sul. (*Federal* significa que os juízes foram nomeados pelo governo dos Estados Unidos, não pelo estado da Carolina do Sul. Todos os três juízes eram brancos, é claro.) Os advogados argumentaram que as escolas segregadas racialmente – escolas separadas para brancos e negros – violavam a Constituição dos Estados Unidos, que dizia que todos os cidadãos americanos deveriam ser tratados igualmente. Um dos juízes foi persuadido pelos argumentos dos advogados. Dois deles não foram, e os advogados perderam o caso.

Mas esse caso foi apenas o começo. O próximo caso sobre segregação escolar seria mais bem-sucedido.

Foi apresentado em Topeka, no Kansas. Mais uma vez, advogados protestaram que as escolas exclusivamente negras eram contra a Constituição. Dessa vez, o caso, chamado "Brown contra o Conselho de Educação", foi julgado pela Suprema Corte americana (a mais alta corte do país – o que significa que nenhum outro juiz poderia discordar de suas decisões). Em 1954, a Suprema Corte concordou: escolas segregadas racialmente violavam a Constituição.

O dia 1º de dezembro de 1955 se tornou outro dia marcante para o Movimento dos Direitos Civis. Naquele dia, Rosa Parks, uma costureira negra, embarcou em um ônibus em sua cidade natal, Montgomery, no Alabama. Ela se sentou em um assento reservado apenas aos negros, com três outros passageiros negros. Mas, quando o ônibus se encheu, todos os assentos somente para brancos foram ocupados. Um homem branco ficou de pé no corredor.

O motorista do ônibus pediu que todos os quatro passageiros negros da fileira de assentos de Rosa mudassem de lugar. O homem branco não podia sentar-se com eles, porque era contra a lei que brancos e negros sentassem na mesma fileira de assentos. Os outros três se mudaram, mas Rosa Parks se recusou a se mexer. A polícia chegou e a prendeu por violar a lei.

A prisão de Rosa deu aos negros de Montgomery a chance de protestar contra a segregação. Eles se reuniram e concordaram em boicotar os ônibus. Eles não andariam de ônibus novamente até que os ônibus não fossem mais segregados, para que os negros pudessem se sentar onde quisessem.

Os membros do boicote de Montgomery pediram a um ministro que morava em Montgomery que encabeçasse o boicote. Ele era novo na cidade, mas já se tornara conhecido como um orador público poderoso e comovente. O nome dele era Martin Luther King Jr.

O boicote ao ônibus durou mais do que se esperava. Ele se arrastou por semanas e depois por meses. Os brancos em Montgomery tentaram amedrontar os negros a desistir do boicote. Alguém chegou a explodir uma bomba na casa de King.

O boicote não foi a única tática usada pelos negros de Montgomery. Eles também levaram a empresa de ônibus ao tribunal e a acusaram de violar a Constituição. Afinal, o Supremo Tribunal havia declarado que escolas separadas eram inconstitucionais. Os assentos de ônibus separados não eram também desiguais?

O Supremo Tribunal americano concordou mais uma vez. Emitiu uma ordem forçando a empresa de ônibus e os motoristas a permitir que os negros sentassem onde quisessem.

Após o boicote, Rosa Parks passou a trabalhar no governo. Ela se juntou à equipe que trabalhava para John Conyers, um congressista americano de Michigan. Martin Luther King Jr. falou sobre os direitos civis primeiramente em todo o sul e depois em todas as regiões dos Estados Unidos. Assim como Gandhi, a quem ele admirava, ele queria causar mudanças sem violência. Como Gandhi, King liderou marchas e protestos pacíficos por todo o sul. Ele falou em reuniões públicas em todo o país, tentando convencer seus ouvintes de que a segregação era errada.

Por todo o sul, os negros seguiram Parks, King e outros ativistas dos direitos civis. Eles exigiram igualdade, não segregação. Algumas pessoas brancas concordaram que a segregação estava errada e apoiaram o Movimento dos Direitos Civis. Mas outros tentaram revidar. Depois que a Suprema Corte ordenou que os ônibus de Montgomery não fossem mais segregados, alguns brancos até atiraram nos ônibus. Outros detonaram mais bombas nas casas dos líderes negros.

E outros tentaram impedir que as escolas mudassem. Embora a Suprema Corte tenha decidido, em 1954, que a segregação nas escolas era ilegal, muitas escolas públicas ainda estavam segregadas até a década de 1960. A Suprema Corte ordenou que todas as escolas fossem abertas igualmente para negros e brancos. Essa ordem simplesmente dizia que as escolas deveriam ser integradas *o mais rápido possível*, mas nenhum prazo específico foi dado.

Imagine que você pegou emprestado seu livro favorito da biblioteca. Se a biblioteca fornecer uma data de vencimento e ameaçar cobrar uma multa muito alta, caso você não o devolva até então, provavelmente o devolverá no prazo. Mas se a biblioteca diz: *Devolva o mais rápido possível, se for conveniente*, você poderá não devolver o livro por meses. Na verdade, você poderia nunca levar o livro de volta para a biblioteca, porque pode desejar lê-lo só mais uma vez.

As escolas públicas do sul estavam nessa mesma posição. Muitos diretores de escolas brancas e muitos pais brancos não queriam que as escolas se integrassem. Como a Suprema Corte não havia dado a eles uma data para o término da segregação, muitas escolas nunca chegaram a admitir estudantes negros.

Em algumas cidades da Virgínia, as comunidades locais simplesmente fecharam todas as suas escolas públicas quando lhes disseram para integrar. Isso foi chamado de *resistência em massa*. Os pais dessas cidades odiavam tanto a ideia de enviar seus filhos para a escola com crianças negras que preferiam que seus filhos frequentassem escolas particulares caras e totalmente brancas ou, em alguns casos, não fossem para a escola.

Em 1957, em Little Rock, no Arkansas, a não segregação de uma escola pública foi finalmente realizada à força. Em 4 de setembro de 1957, uma adolescente negra chamada Elizabeth Eckford e oito de suas amigas se prepararam para ir à escola local – uma escola que nunca havia admitido um estudante negro. A lei dos Estados Unidos da América dizia que Elizabeth e suas amigas poderiam frequentar a Little

Elizabeth Eckford é barrada a caminho da escola por soldados da Guarda Nacional do Arkansas e uma multidão enraivecida

Rock Central High School, mas o governador do estado de Arkansas, Orval Faubus, não pretendia obedecer à ordem da Suprema Corte. Ele enviou tropas da Guarda Nacional – soldados do Arkansas que deveriam proteger o estado em caso de invasão ou desastre – para impedir que os nove adolescentes subissem as escadas da escola. Mais tarde, Elizabeth disse a um repórter de jornal:

"Fui até o guarda que deixara os estudantes brancos entrarem. Quando tentei passar por ele, ele levantou a baioneta e depois os outros guardas se uniram e ergueram as baionetas. Eles me encararam com um olhar cruel e eu fiquei muito assustada e não sabia o que fazer. Eu me virei e a multidão veio em minha direção. Alguém começou a gritar: *Linchem ela!*"

Quando o presidente dos Estados Unidos soube das ações do governador, ele ordenou que o governador Faubus permitisse a entrada de Elizabeth na escola. O governador recusou. Então, o presidente ordenou que as tropas federais – soldados dos Estados Unidos – fossem para o Arkansas e escoltassem Elizabeth, para que ela pudesse entrar na escola.

Imagine quanta coragem foi necessária para Elizabeth subir os degraus da escola pela segunda vez. Mas ela e os outros oito alunos voltaram para a escola – apesar de alguns dos pais e alunos brancos terem gritado palavrões e ameaçado machucá-los.

Levou anos para as escolas da América se tornarem totalmente integradas. A coragem de meninos e meninas, como Elizabeth Eckford, e de homens e mulheres, como Rosa Parks e Martin Luther King Jr., ajudou a estabelecer plenos direitos civis para os negros americanos. O movimento pelos direitos civis também foi ajudado pelo poder do governo dos Estados Unidos, que frequentemente dizia aos estados que eles não tinham escolha a não ser seguir as ordens da Suprema Corte – ou sofrer as consequências.

Em 1964, o Congresso dos Estados Unidos aprovou a Lei dos Direitos Civis. Essa lei dizia que os restaurantes e outros estabelecimentos não poderiam mais discriminar com base na cor da pele. Eles teriam que servir brancos e negros. Não haveria mais segregação. Em 1965, o Congresso aprovou a Lei dos Direitos de Voto, que garantia aos negros o direito ao voto.

Três anos depois, em 4 de abril de 1968, o grande líder dos direitos civis Martin Luther King Jr. estava hospedado em um hotel em Memphis, no Tennessee. Ele se preparava para liderar um protesto que visava ajudar os trabalhadores negros locais a obter melhores salários. Enquanto ele estava na varanda do quarto do hotel, um assassino atirou nele – e o matou imediatamente. Mesmo depois de o Congresso ter aprovado leis que garantem direitos iguais para os negros, a hostilidade entre negros e brancos permaneceu viva na América.

O Vietnã Comunista

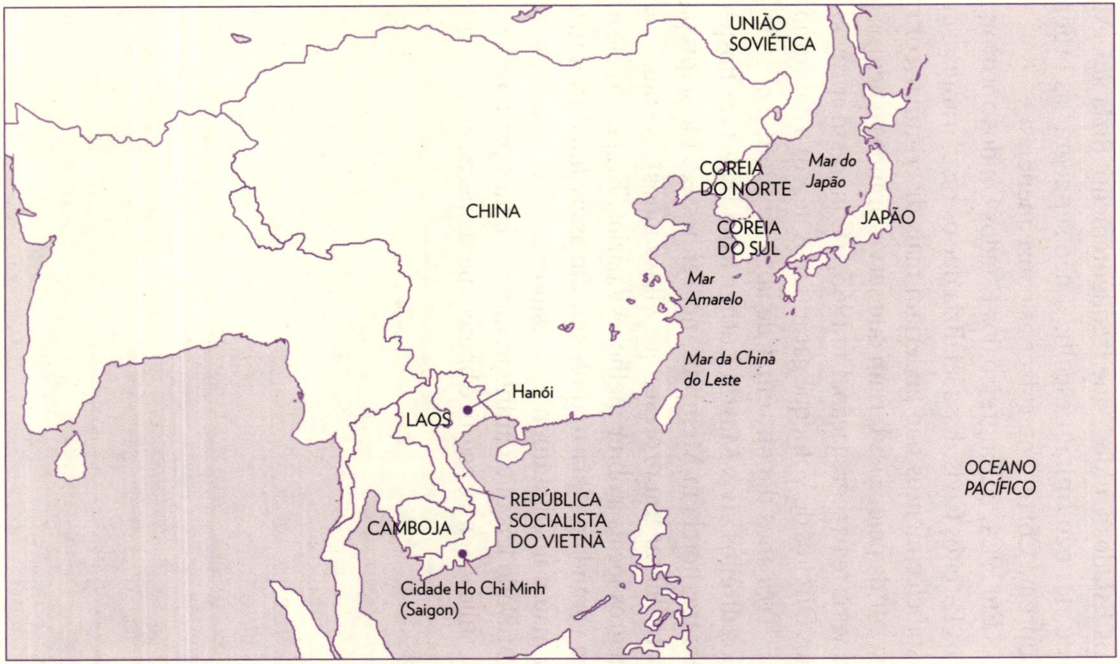

CAPÍTULO

37

DUAS GUERRAS CURTAS E UMA LONGA

A GUERRA DO VIETNÃ

Quando visitamos o Vietnã pela última vez, o país estava dividido em dois. Ho Chi Minh governava a República Democrática do Vietnã, um país comunista no norte do Vietnã. No sul, o presidente Ngo Dinh Diem governava um país diferente – a República do Vietnã, que *não* era comunista.

Agora que você sabe sobre a Guerra Fria e o medo americano do comunismo, pode adivinhar o que os Estados Unidos achavam sobre o governo comunista do Vietnã do Norte. O governo americano temia que o Vietnã do Norte invadisse o sul e o conquistasse. Se isso acontecesse, o país inteiro seria comunista. E se um país do sul da Ásia se tornasse comunista, todos os outros poderiam se tornar também – assim como uma *fileira de dominós*, nas palavras de um oficial americano.

Por isso, os Estados Unidos enviaram conselheiros e oficiais militares ao sul do Vietnã. Esses *ajudantes* americanos deveriam garantir que o norte comunista também não dominasse o Vietnã do Sul.

Os Estados Unidos estavam certos sobre uma coisa: o norte comunista queria dominar o sul. Membros do grupo revolucionário de Ho Chi Minh, o Viet Minh, ainda estavam no sul. Em 1959, Ho Chi Minh ordenou que o Viet Minh iniciasse uma guerrilha contra o governo do Vietnã do Sul. Ele queria que essa guerrilha continuasse até o Vietnã do Sul se render ao Norte.

O presidente Diem, que deveria governar uma república, começou a usar seu exército para controlar o Vietnã do Sul e lutar contra os rebeldes, que eram conhecidos no sul como Viet Cong. Em 1962, ele havia declarado o Vietnã do Sul sob lei marcial.

Um ano depois, o exército do Vietnã do Sul tomou os gabinetes do governo e matou o presidente Diem. Agora, o exército lutaria contra os vietcongues *e* tentaria governar o país.

A luta ficou mais acirrada e generalizada. Então, a guerra civil se transformou em uma guerra internacional.

A China e a União Soviética enviaram armas, munições e suprimentos aos vietcongues para que eles tivessem uma chance melhor de superar o sul. Era exatamente isso que os Estados Unidos temiam. Então, em 1965, o presidente Lyndon B. Johnson ordenou que os fuzileiros navais americanos embarcassem para o Vietnã do Sul.

Esse foi o começo da guerra mais longa que os Estados Unidos já haviam travado. Ela duraria oito longos anos.

Em 1969, no auge da guerra, mais de meio milhão de soldados americanos estavam no minúsculo país do Vietnã. Os soldados americanos lutavam contra os vietcongues ao sul, enquanto os aviões americanos bombardeavam as bases e cidades militares do Vietnã do Norte.

Os Estados Unidos não foram os únicos a enviar soldados para ajudar os sul-vietnamitas a combater a invasão comunista. Soldados da Coreia do Sul, Tailândia, Austrália, Nova Zelândia e Filipinas também lutaram com os sul-vietnamitas. Mas a América enviou mais soldados para o Vietnã do que qualquer outro país estrangeiro. Entre 1965 e 1973, soldados americanos invadiram o país. Ao todo, quase 3 milhões de americanos lutaram na Guerra do Vietnã.

Como eram necessários tantos soldados, jovens americanos foram convocados – forçados a se unir às forças armadas. Um país decide usar uma convocação (também chamada de recrutamento) quando precisa de mais soldados do que aqueles que se voluntariam para participar. Os Estados Unidos usaram uma convocação durante a Guerra Civil e também nas duas Guerras Mundiais. Quando a Guerra do Vietnã começou, o governo dos Estados Unidos decidiu que era mais uma vez a hora de reunir um exército maior. Então, durante a Guerra do Vietnã, rapazes entre 18 e 25 anos receberam um *número de recrutamento*. Se o seu número fosse chamado, você teria que se apresentar ao quartel militar mais próximo para um exame físico. Se você passasse, seria enviado para treinar para a guerra. E depois do treinamento você seria enviado para as selvas do Vietnã para lutar contra os vietcongues, querendo ou não.

Hoje, as forças armadas americanas são uma *força totalmente voluntária*. Para entrar no exército, na marinha, na força aérea ou nos fuzileiros navais, um jovem rapaz ou mulher tem que ir a um quartel de recrutamento e pedir para ingressar. Os rapazes nos Estados Unidos ainda precisam se registrar em uma agência governamental, chamada Serviço Seletivo, aos dezoito anos. Dessa forma, o Serviço Seletivo sabe quantos homens poderiam ser convocados, caso os Estados Unidos precisassem de um exército maior. Mas, antes que alguém pudesse ser convocado, o Congresso deveria aprovar uma lei que autorizasse uma convocação – e, como muitas pessoas nos Estados Unidos se opõem à ideia de uma convocação, isso provavelmente nunca acontecerá. (A última vez que o Congresso

Os vietcongues utilizavam táticas de guerrilha, e possuíam armas vindas da China e da União Soviética

votou em um projeto de lei, foi derrotado, com 402 votos a 2. Até o deputado que propôs a lei votou contra.)

Apesar dos milhares de americanos convocados, e apesar dos combates ano após ano, nada parecia estar mudando no Vietnã. Os vietcongues e os vietnamitas do norte não mostravam sinais de desistência. O governo norte-vietnamita continuou enviando mais homens, munidos de armas russas e chinesas, para lutar no sul.

Nos Estados Unidos, os americanos diziam (com vozes cada vez mais altas) que a Guerra do Vietnã era um erro. Milhares de jovens estavam morrendo. Centenas de milhares de manifestantes se reuniram para gritar, cantar e queimar seus cartões de recrutamento (os que informavam aos jovens quando teriam que se apresentar para o serviço militar).

Em 1968, Lyndon B. Johnson anunciou que não tentaria ser reeleito. Ele era impopular demais – principalmente por causa da Guerra do Vietnã. Em vez disso, Richard Nixon se tornou presidente. Assim que Nixon assumiu o cargo, ele anunciou que começaria a retirar soldados americanos do Vietnã. Em 1969, as tropas americanas começaram a deixar o país, de pouco em pouco.

Em 1972, os Estados Unidos concordaram em se reunir com os norte-vietnamitas para conversar sobre termos de paz. Logo no início de 1973, os Estados Unidos assinaram um tratado com os vietcongues e as duas nações vietnamitas. O tratado dizia que todos os soldados americanos deixariam o Vietnã. O Vietnã do Sul manteria sua independência – mas o Vietnã do Norte poderia deixar mais de 100 mil soldados no sul.

Esse não foi um tratado muito bom para o sul. E assim que os soldados americanos partiram, o norte retomou seus ataques.

Em 1975, os exércitos comunistas do Vietnã do Norte invadiram o sul, capturaram a capital do sul, Saigon, e assumiram o governo do sul do Vietnã. Menos de um ano depois, o Vietnã havia se unificado como um país só, sob domínio comunista: a República Socialista do Vietnã. Saigon foi renomeada como Cidade de Ho Chi Minh.

A luta terminou. Mas o país estava em ruínas. Quase 1 milhão de norte-vietnamitas haviam morrido, assim como mais de 1 milhão de sul-vietnamitas. Os sul-vietnamitas que se opunham à invasão comunista foram enviados para campos de concentração. O governo vietnamita chamou esses lugares de *campos de reeducação* e afirmou que os campos ajudariam os sulistas a se adaptarem à vida em uma nação comunista. Mas muitas pessoas nos campos morreram. Os vietnamitas que temiam por suas vidas deixaram o país, tentando navegar pelo Mar da China do Sul para outros países no sudeste da Ásia. Tantos deixaram o Vietnã em barcos que ganharam um apelido: o *povo do barco*.

Nos Estados Unidos, os americanos lamentaram a perda de quase 60 mil homens. Centenas de soldados americanos capturados pelos vietnamitas, chamados prisioneiros de guerra, foram libertados, mas outras centenas não. Muitos nunca chegaram em casa. Eles permaneceram *perdidos em ação*. Suas famílias nunca souberam o que lhes aconteceu.

Quase 3 milhões de americanos haviam lutado na Guerra do Vietnã. Milhares voltaram feridos, ou tão perturbados pelos anos de luta que tiveram problemas para levar uma vida normal. E como a guerra tinha sido tão impopular, os soldados que voltaram do Vietnã não foram tratados como heróis. Após a Segunda Guerra Mundial, os soldados que voltaram para casa foram aplaudidos, honrados e agradecidos. Os soldados que retornavam da Guerra do Vietnã eram muitas vezes ridicularizados ou criticados em público por aqueles que se opunham à guerra.

Somente em 1982, dez anos após a retirada do Vietnã, os Estados Unidos construíram um memorial aos soldados americanos mortos na guerra. Hoje, você pode ver o memorial, chamado Memorial dos Veteranos do Vietnã, em Washington D.C. O memorial é feito de mármore preto e está todo gravado com os nomes dos que morreram. Ele se ergue do chão, como uma enorme ferida que nunca cicatriza. O memorial preserva os nomes daqueles que morreram na guerra e também mostra que a Guerra do Vietnã feriu o povo americano.

CONFLITOS NO ORIENTE MÉDIO

No Oriente Médio, mais duas guerras estavam prestes a eclodir em torno do novo estado de Israel.

Quando visitamos Israel pela última vez, ele havia declarado sua independência e lutado contra as nações invasoras, tudo no mesmo dia. Em 1967, quando Israel já era um país havia quase vinte anos, outra guerra começou. Devido à sua duração, ficou conhecida como Guerra dos Seis Dias.

Mais uma vez, Israel e os estados árabes da Síria, Egito e Jordânia entraram em guerra. Mas agora Israel tinha a ajuda de sua força aérea nova e muito qualificada. Dessa vez, Israel não apenas se defendeu. No final da guerra, Israel tomou terras dos três países derrotados. Esses territórios – a Faixa de Gaza, a Península do Sinai, a Cisjordânia do Rio Jordão e as Colinas de Golan – quadruplicaram o tamanho de Israel. De repente, quase 1 milhão de árabes que viviam sob governos árabes eram controlados por Israel. Agora, eles eram governados por um estado judeu.

Os ganhos de Israel na Guerra dos Seis Dias

Judeus e árabes não eram bons amigos, e esse novo desenvolvimento não tornou o Oriente Médio mais pacífico.

Durante seis anos, Israel governou os árabes infelizes em seus novos territórios. Em 1973, outra guerra estourou. Mais uma vez, o Egito e a Síria atacaram Israel, na esperança de recuperar parte da terra perdida na Guerra dos Seis Dias. Essa terceira guerra entre Israel e seus vizinhos árabes é chamada Guerra do Yom Kipur, porque o Egito e a Síria lançaram seu ataque durante o Yom Kipur, o Dia do Perdão – o dia mais sagrado do ano judaico.

A Guerra do Yom Kippur durou mais que a Guerra dos Seis Dias, mas não muito mais. Dessa vez, a luta continuou por três semanas. A princípio, parecia que o Egito e a Síria poderiam vencer agora. Israel havia sido pego de surpresa pelo primeiro ataque, e o Egito conseguiu derrubar muitos dos aviões de Israel; isso tornou a força aérea de Israel muito menos perigosa. E o ataque egípcio e sírio foi tão violento que Israel rapidamente começou a ficar sem munição.

Israel pediu ajuda aos Estados Unidos. A princípio, a América (que havia repreendido a Grã-Bretanha por se envolver no Egito) recusou-se a enviar ajuda. Mas então a União Soviética decidiu enviar armas para o Egito e a Síria. Imediatamente, o presidente Nixon anunciou que os Estados Unidos haviam mudado de ideia. Novas armas estavam a caminho!

Com isso, os soldados de Israel se animaram e começaram a lutar com mais ânimo. Mas, depois de três semanas de luta, os Estados Unidos temiam que a União Soviética estivesse se preparando para entrar em guerra com soldados – e mísseis nucleares. Diplomatas americanos conseguiram convencer os três países a assinar um cessar-fogo. Israel alegou ser vitorioso, porque todos os territórios conquistados na Guerra dos Seis

Dias ainda estavam sob controle israelense. O Egito e a Síria declararam que venceram, porque haviam conseguido destruir parte da força aérea e do exército israelense.

Na verdade, não havia mudado muita coisa no Oriente Médio. Mas a Guerra do Yom Kippur teve um efeito imediato nos Estados Unidos: fez com que o país ficasse sem combustível.

Os Estados Unidos estavam cheios de carros, ônibus, caminhões e outras máquinas e veículos movidos a gasolina. Essa gasolina vem do petróleo. Os Estados Unidos tinham um pouco de petróleo em solo americano – grande parte no estado do Texas. Mas a maior parte do petróleo usado nos Estados Unidos e no mundo vem do Oriente Médio. E a maior parte desse petróleo está em países árabes.

Em 1960, cinco dos países árabes produtores de petróleo mais poderosos haviam formado uma organização chamada *Organização dos Países Exportadores de Petróleo* – Opep, para abreviar. Assim que a Guerra do Yom Kippur terminou, os cinco países da Opep decidiram parar de vender petróleo para países que haviam ajudado Israel na Guerra do Yom Kippur.

Isso, é claro, incluiu os Estados Unidos. De outubro de 1973 a março de 1974, a Opep se recusou a vender petróleo para os Estados Unidos. Isso foi chamado de *embargo do petróleo.*

De repente, os Estados Unidos perceberam o quanto dependia de petróleo em países estrangeiros – e às vezes hostis. Depois que a Opep parou de vender petróleo para os Estados Unidos, não havia gasolina suficiente para todos. Os postos de gasolina começaram a ficar sem combustível. Eles tiveram que colocar placas para os carros que passavam: "DESCULPE! SEM GASOLINA HOJE!" Alguns proprietários de postos de gasolina nem vendiam combustível para pessoas que não reconheciam como clientes regulares.

O governo dos Estados Unidos anunciou que a gasolina seria racionada. Se o último número da sua placa fosse um número ímpar, você só poderia comprar gasolina em dias ímpares. Se o último número da sua placa do carro fosse par, você poderia comprar gasolina apenas em dias pares. Como os motores dos carros usam mais gasolina quando os carros dirigem rápido, o governo também anunciou um novo limite nacional de velocidade. A partir de então, nenhum estado poderia ter um limite de velocidade superior a oitenta quilômetros por hora. (Até esse momento, algumas estradas – longas e retas no deserto – não tinham limites de velocidade; você podia dirigir o mais rápido que quisesse!)

Mesmo com o racionamento e um limite de velocidade mais baixo, as pessoas esperavam na fila por duas ou três horas para comprar gasolina. Em apenas algumas semanas, o preço da gasolina subiu de 25 centavos para mais de um dólar por galão.

O embargo da Opep terminou em março. O racionamento também terminou. Agora, os motoristas podiam comprar gasolina quando quisessem – embora os preços nunca tenham voltado aos 25 centavos de dólar originais por galão. Logo após o embargo, os cientistas americanos começaram a pesquisar outros tipos de combustível e outros tipos de energia, como a energia solar, para que os Estados Unidos nunca mais pudessem ser paralisados por uma escassez de petróleo. Mas, com o passar do tempo, os americanos ficaram menos preocupados com outro embargo. Menos tempo e dinheiro foram gastos na busca de novas fontes de energia. Hoje, os americanos usam mais petróleo do que qualquer outro país – e o relacionamento entre a América e os países do Oriente Médio ainda é afetado pela necessidade americana de petróleo do Oriente Médio.

Cinco anos após a Guerra do Yom Kippur e o embargo, o novo presidente dos Estados Unidos, Jimmy Carter, ajudou a gerar um grau de paz entre o Egito e Israel. O presidente do Egito, Anwar el-Sadat, liderou o Egito na Guerra do Yom Kipur. Israel tinha um novo primeiro-ministro, Menachem Begin.

Anwar el-Sadat começara a ter esperança de paz com Israel. Em 1977, ele se tornou o primeiro líder árabe a visitar Israel. Ele até falou no Knesset, o Parlamento israelense.

"Hoje venho a vocês sobre bases sólidas para moldar uma nova vida e estabelecer a paz", disse Sadat aos membros do Knesset. "Todos nós amamos esta terra, a terra de Deus. Todos nós, muçulmanos, cristãos e judeus, todos adoramos a Deus."

A visita de Anwar el-Sadat a Israel deixou outros líderes árabes furiosos. Eles ainda esperavam que o Estado judeu de Israel fosse exterminado e que os árabes da Palestina pudessem recuperar suas terras. Mas Sadat se recusou a desistir de seus planos de paz.

O presidente Carter dos Estados Unidos também queria a paz. Em setembro de 1977, ele convidou os dois líderes para se encontrarem com ele em Camp David. Camp David é um local de retiro presidencial nas montanhas de Maryland, a cerca de uma hora de Washington D.C. Camp David foi onde FDR e Winston Churchill se encontraram para planejar sua guerra contra a Alemanha. E, em Camp David, Menachem Begin, Anwar el-Sadat e Jimmy Carter sentaram-se para discutir a paz no Oriente Médio.

As conversas não foram fáceis. Sadat e Begin nem sequer queriam conversar. Muitas horas se passaram com o presidente Carter conversando com um homem, depois entrando em outra sala para conversar com o outro e, em seguida, trazendo de volta as observações do segundo homem para o primeiro. Por doze dias, Carter convenceu os dois a ficarem em Camp David, ouvindo as ideias um do outro. Provavelmente foi o ato mais importante da presidência de Carter.

Finalmente, os dois líderes elaboraram um acordo conhecido como Acordos de Camp David. Os Acordos afirmavam que, a partir daquele momento, Israel e o Egito tentariam agir em harmonia um com o outro. Israel concordou em se retirar da Península do Sinai e devolvê-la ao Egito; e o Egito prometeu ficar em paz com Israel.

Em 1978, Begin e Sadat ganharam o prêmio Nobel da Paz por seu trabalho em Camp David. Mas nem todo mundo ficou emocionado. Muitos líderes árabes ficaram indignados porque Sadat assinou um tratado com Israel – o que significava que ele reconhecia o direito de Israel de reivindicar parte da Palestina. Outros pensavam que ele deveria ter pedido mais terra; por que ele não insistiu que Israel retornasse todos os territórios conquistados na Guerra dos Seis Dias?

Em 6 de outubro de 1981, o presidente Sadat estava assistindo a um desfile no Cairo quando um punhado de homens, munidos de armas e granadas, saiu correndo do desfile em direção ao local onde o presidente estava sentado. Eles eram membros da Jihad Islâmica Egípcia, um grupo que queria o domínio muçulmano em todo o Oriente Médio. Eles jogaram granadas e atiraram em Sadat. Ele foi morto no mesmo instante.

Mas, embora Sadat tenha morrido, os assassinos não tiveram sucesso em seus planos. Após a morte de Sadat, seu sucessor, Hosni Mubarak, honrou o tratado com Israel.

A União Soviética Tenta Expandir

CAPÍTULO

38

DUAS MANEIRAS DE LUTAR

INVASÕES SOVIÉTICAS

Dois anos após a crise dos mísseis cubanos, Nikita Khrushchev, o líder russo que ameaçara *enterrar* os Estados Unidos, foi forçado a renunciar sua posição. O novo líder, ou *premier*, da União Soviética era Leonid Brejnev.

Brejnev mantinha uma vigilância tão rigorosa sobre seu povo quanto Krushchev. A KGB, a polícia secreta russa, vigiava as fronteiras da União Soviética para que o povo soviético não pudesse sair. Quase ninguém recebia permissão para deixar a União Soviética. Alguns soviéticos conseguiram escapar e chegar à Europa Ocidental ou aos Estados

Unidos. Lá, esses *desertores* pediram permissão para ficar, o que é chamado de *asilo*.

Por que as pessoas queriam deixar a União Soviética? Porque a vida sob o comunismo, para muitas pessoas, não era tão boa quanto elas esperavam. Era difícil para as pessoas comprar o que precisavam; elas tinham de ficar na fila por muitas horas para comprar comida, roupas e outros suplementos básicos. Se você se casasse e quisesse uma casa própria, não poderia simplesmente comprar uma. Você tinha que pedir ao governo para ajudá-lo a conseguir um lugar para morar. Isso poderia levar algumas semanas ou alguns anos.

Quando Brejnev se tornou premier, algumas partes da vida na Rússia melhoraram. Tornou-se um pouco mais fácil conseguir comida, roupas e trabalho. Mais russos puderam ir à escola. Mas, assim como Stalin e Khrushchev, Brejnev não deixou os russos expressarem suas opiniões sobre o comunismo. Qualquer um que dissesse, escrevesse ou publicasse qualquer crítica ao governo soviético poderia ser preso pela KGB.

O nome real da KGB era *Komitet Gosudarstvennoy Bezopasnosti*, que era *Comitê de Segurança do Estado*, em russo. A tarefa da KGB era acabar com qualquer oposição ao governo de Brejnev. Se você fosse preso pela KGB, você poderia ir para a cadeia. Ou você poderia ser enviado para a Sibéria, as enormes e áridas terras gélidas do norte da Rússia, onde no inverno a temperatura cai para menos de cinquenta graus abaixo de zero – e no verão, nunca fica acima de zero. Você poderia ir para um campo de trabalhos forçados – um campo de concentração onde passaria seus dias trabalhando em tarefas difíceis. Você poderia até ser executado.

A União Soviética não havia desistido de suas esperanças de espalhar o comunismo pelo mundo. Em 1968, a Rússia anexou os pequenos países em toda a fronteira oeste à União das Repúblicas Socialistas Soviéticas, a URSS. Os soldados soviéticos invadiram a Polônia e a Hungria e anexaram esses países ao Império Soviético.

Em 1968 e 1979, a União Soviética fez mais duas tentativas para aumentar seu território. Mas as duas invasões foram muito diferentes.

A primeira investida ocorreu durante o tempo de paz. Era um verão quente e pacífico na Tchecoslováquia: 20 de agosto de 1968. Muitos cidadãos tchecos estavam de férias. Alguns estavam de férias em outras partes da Europa. Outros estavam descansando, apreciando o frio das montanhas ou simplesmente o silêncio da noite de verão.

Às onze da noite, quando muitos tchecos já estavam dormindo, os tanques soviéticos atravessaram a fronteira com a Tchecoslováquia em quatro lugares diferentes. Atrás deles marcharam milhares de soldados. Caças a jato rugiam acima; paraquedistas saltaram de aviões e aterrissaram no centro das cidades da Tchecoslováquia, armados e prontos para lutar. Praga, capital da Tchecoslováquia, estava cheia de soldados soviéticos em apenas algumas horas. Quando o sol nasceu, os dois homens mais poderosos do governo tcheco, o primeiro-ministro Cernik e o secretário Dubcek, haviam sido presos, colocados em um avião e levados para Moscou.

Os tchecos estavam tão despreparados para a invasão que ninguém tinha armas. Quando os tanques chegaram, os jovens tchecos arrancaram pedras das ruas para atirar nos enormes tanques soviéticos. Outros tentaram incendiar tanques.

Um rebelde afegão prepara-se para combater o exército soviético

Em uma tentativa desesperada de retardar a invasão, os tchecos com baldes de tinta e pincéis pintaram o maior número possível de sinais de trânsito e os redirecionaram, de modo que quase todos os sinais diziam: *Para Moscou.*

Mas a resistência tcheca à invasão surpresa de seu país falhou. Os soviéticos forçaram o primeiro-ministro Cernik e o secretário Dubcek a renunciar. Em seu lugar, os soviéticos nomearam um líder que governaria a Tchecoslováquia em nome da União Soviética e faria o que o governo soviético ordenasse.

A segunda investida territorial foi muito mais sangrenta.

Em 1979, a URSS invadiu o Afeganistão. Você se lembra de ler sobre o Afeganistão? Fica ao sul da Rússia e ao norte da Índia – e, por cem anos, diplomatas e generais russos tentaram anexar o Afeganistão ao Império Russo. O Afeganistão sobreviveu, livre da Rússia, apenas porque os britânicos na Índia também queriam o Afeganistão. Como os dois países o queriam, nenhum deles o anexou. Tanto a

Rússia quanto a Grã-Bretanha sabiam que tomar de uma vez por todas o Afeganistão poderia começar uma guerra com o outro poderoso império.

Após a Primeira Guerra Mundial, o Afeganistão conseguiu se tornar completamente independente. Desde 1919, o Afeganistão era governado por reis afegãos que governavam sob uma constituição.

Mas o Afeganistão sabia que seu imenso e poderoso vizinho ao norte continuava sendo uma ameaça. A União Soviética queria o Afeganistão tanto quanto o Império Russo. Após a Segunda Guerra Mundial, os soviéticos enviaram dinheiro ao Afeganistão para ajudar o país a construir escolas, estradas e fábricas.

Mas o mesmo fizeram os Estados Unidos – esperando impedir que o Afeganistão se tornasse um país comunista. Mais uma vez, o Afeganistão estava entre dois países enormes e hostis.

Em 1978, um grupo rebelde solidário às ideias soviéticas se ergueu e matou o rei do Afeganistão. Eles assumiram o governo e anunciaram que o Afeganistão agora seria governado por ideias muito parecidas com as ideias comunistas. Muitos afegãos viram isso como o primeiro passo para a perda da independência. Eles não queriam influência soviética em seu país! E eles sabiam que o ódio do comunismo ao cristianismo se estendia a todas as religiões. Se o Afeganistão lentamente se torna comunista, o Islã – a religião seguida pela maioria dos afegãos – poderia ser ilegal.

Uma guerra civil eclodiu entre o novo governo rebelde e os afegãos – que se autodenominavam *guerreiros justos* – muçulmanos lutando para preservar sua fé. A palavra árabe para eles era *Mujahidin*.

Com isso, a União Soviética decidiu que era hora de invadir. Milhares de soldados soviéticos marcharam para o sul, através da fronteira, para dentro do Afeganistão.

Mas o Afeganistão não era um país fácil de conquistar. Os Mujahidin sabiam usar táticas de guerrilhas, atacando das montanhas selvagens do país e desaparecendo novamente. Em vez de tornar o Afeganistão parte da União Soviética, a URSS teve que tratá-lo como um país ocupado, cheio de rebeldes hostis.

A tomada da Tchecoslováquia fora simples e rápida. Mas, no Afeganistão, a guerra entre o exército soviético e os Mujahidin continuaria por anos e anos.

TERRORISMO

Pouco antes do nascer do sol, a cidade de Munique, na Alemanha Ocidental, ainda estava quase adormecida. As Olimpíadas de 1972 já duravam dez dias. O nadador americano Mark Spitz ganhara sete medalhas de ouro. Olga Korbut, dezessete anos, a ginasta russa, caiu das barras irregulares – mas depois ganhou duas medalhas de ouro e uma de prata em suas outras competições. Agora, na manhã de 5 de setembro, restavam apenas quatro dias de competição.

Dentro da Vila Olímpica, onde os atletas viveram durante as duas semanas dos Jogos de Verão, alguns atletas estavam de pé, se alongando, comendo, se preocupando com os eventos do dia. Guardas de segurança do lado de fora da Vila viram um pequeno grupo de homens de moletom, carregando sacolas de ginástica, pulando a cerca. Mas, nos últimos dez dias, os atletas não queriam que seus treinadores soubessem que eles vinham saindo às escondidas durante a noite, pulando a cerca. Os guardas os ignoraram.

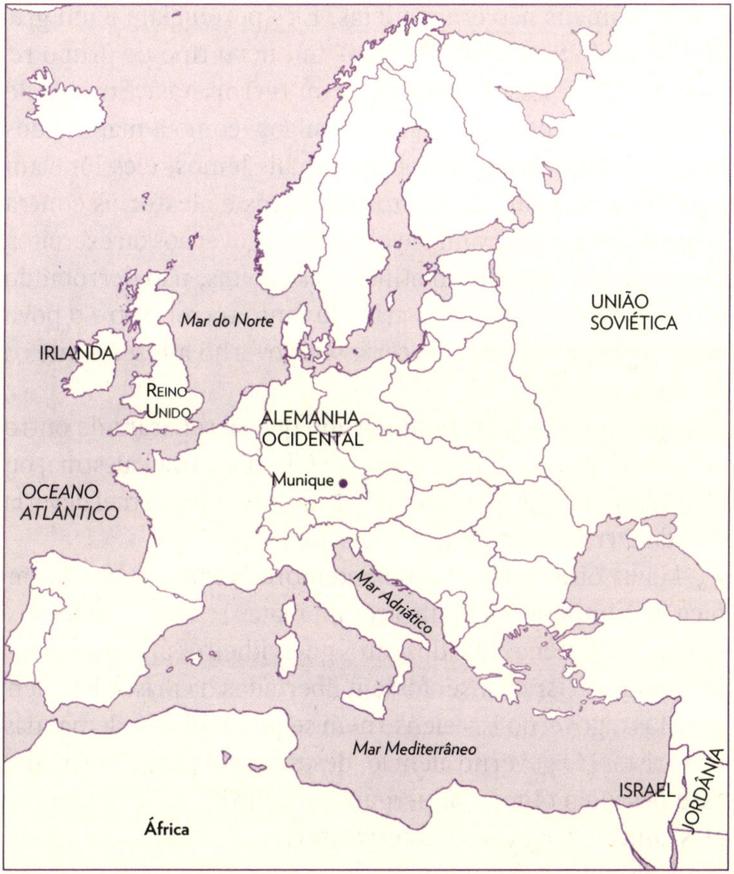

O terrorismo na Europa e no Oriente Médio

Menos de meia hora depois, o som de tiros, disparados de armas automáticas, interrompeu o amanhecer. Os guardas correram para a vila, sacando suas armas. Mas era tarde demais. Os homens que pularam a cerca haviam invadido os cômodos onde a equipe olímpica israelense dormia. Dois israelenses já haviam sido mortos. Mais nove foram mantidos reféns.

Os homens não eram atletas. Eles pertenciam a um grupo chamado Setembro Negro – um novo tipo de grupo revolucionário. Esses homens eram terroristas. Em vez de lutar diretamente contra seus inimigos, como a maioria dos grupos revolucionários sobre os quais lemos, eles lutavam contra civis. Realizavam atos violentos e aleatórios contra pessoas que não estavam envolvidas em governos ou exércitos. Os terroristas decidiram atingir suas metas, não derrotando um exército inimigo, mas criando tanto terror entre o povo de um país que o povo forçaria seu governo a fazer o que os terroristas quisessem.

Setembro Negro era um grupo que se separara de outro grupo terrorista, a Organização de Libertação da Palestina, ou OLP. Ambos os grupos queriam a mesma coisa: Israel deveria sair da terra que antes pertencia aos árabes.

Havia oito terroristas do Setembro Negro na Vila Olímpica de Munique. Eles ameaçaram matar seus nove reféns israelenses, a menos que duzentos guerrilheiros árabes, presos pelo exército israelense, fossem libertados da prisão israelense. Mas o governo israelense nem sequer ouviu as demandas terroristas. O governo alemão, desesperado para acabar com esse pesadelo olímpico, perguntou a outros países árabes se eles conversariam com os terroristas.

Todos eles recusaram.

Finalmente, os alemães se ofereceram para transportar os terroristas do Setembro Negro e os reféns israelenses de Munique para qualquer lugar que os terroristas desejassem. Os terroristas concordaram. Mas, quando saíram para caminhar até o avião que os alemães haviam fornecido, a polícia alemã abriu fogo contra eles.

Quando o tiroteio terminou, cinco terroristas do Setembro Negro e todos os nove reféns israelenses estavam mortos.

O terrorismo estava no mundo para ficar. Nos trinta anos seguintes, diferentes terroristas, esperando diferentes tipos de mudança, lançariam muitas campanhas de terror.

Os grupos terroristas mais conhecidos do mundo vêm do Oriente Médio. Em 1964, a Organização de Libertação da Palestina foi formada no Estado árabe da Jordânia. A princípio, a OLP era uma organização política. Ela queria formar uma nova pátria para os árabes palestinos, que foram forçados a deixar suas casas na Palestina quando suas terras foram tomadas por Israel.

Após a Guerra dos Seis Dias, quando Israel tomou terras de outras três nações árabes, a OLP percebeu que Israel nunca desistiria de nenhuma terra para formar um país para os árabes palestinos. Israel parecia muito mais propenso a reivindicar o máximo de terra possível e a mantê-la para os israelenses.

Assim, os membros da OLP formaram outros grupos – grupos terroristas. Seu objetivo era atacar multidões de israelenses; não apenas multidões de soldados, mas também homens, mulheres e crianças civis. Se um número suficiente de israelenses morresse, talvez o povo israelense obrigasse o governo israelense a dar terras aos árabes.

Esses grupos terroristas também queriam que o resto do mundo soubesse o que estavam fazendo. Eles esperavam que outros países reconhecessem suas demandas e ajudassem a pressionar os israelenses a abrir mão da terra. Então os terroristas não fizeram apenas ataques. Eles telefonaram para jornais internacionais e explicaram quem havia realizado o ataque e o que queriam – algo chamado *reivindicar* responsabilidade. Se os terroristas conseguissem colocar suas demandas nos jornais e na televisão, pessoas de todo o mundo poderiam ver, entender e simpatizar.

O ataque do Setembro Negro nas Olimpíadas foi uma tentativa de obter atenção internacional. As Olimpíadas são um dos eventos mais famosos do mundo. Equipes de câmeras, repórteres de jornais, âncoras de TV e milhares de outros jornalistas participam dos Jogos. Quando o ataque do Setembro Negro foi transmitido pela televisão, meio bilhão de pessoas assistiu. Depois, um porta-voz do grupo relacionado à OLP chamado Frente Popular para a Libertação da Palestina disse a um repórter: "A escolha das Olimpíadas... era como pintar o nome da Palestina em uma montanha que pode ser vista dos quatro cantos da terra."

Outro grupo que deu origem ao terrorismo foi o ERI – o Exército Republicano Irlandês. Você deve se lembrar de que o Exército Republicano Irlandês foi organizado pelo grupo nacionalista irlandês Sinn Féin para lutar por uma Irlanda independente da Grã-Bretanha.

Quando a maior parte da Irlanda foi transformada na República da Irlanda, a Irlanda do Norte permaneceu parte do Império Britânico. Na esperança de reunir a Irlanda do Norte com o resto da República da Irlanda, o ERI deixou de ser um exército para ser um grupo terrorista. Em vez de atacar ou desafiar apenas o governo britânico, o ERI plantou bombas na Inglaterra para aterrorizar os ingleses a *quererem* se livrar da Irlanda do Norte.

Em 1969, o ERI começou a rejeitar o terrorismo. Mas alguns de seus membros pensaram que o terrorismo era a única maneira de conquistar a Irlanda do Norte de volta para a República da Irlanda. Eles se separaram e formaram uma nova organização, chamada Exército Republicano Irlandês Provisório. O ERIP atacou os ingleses na Irlanda do Norte. Mas também plantou bombas em bares e empresas inglesas, nas ruas de Londres e no metrô. As bombas mataram homens, mulheres e adolescentes inocentes.

Em 1979, o ERIP conseguiu colocar uma bomba em um barco de pesca que pertencia a Lord Mountbatten, primo da rainha Elizabeth. Lorde Mountbatten tinha quase oitenta anos. Ele havia lutado na Primeira Guerra Mundial e na Segunda Guerra Mundial, e até foi vice-rei da Índia, quando a Índia ainda era britânica. Quando a bomba explodiu o barco, Lorde Mountbatten, seu neto e duas outras pessoas foram mortas.

Grupos terroristas irlandeses e palestinos planejaram muitos dos ataques terroristas da década de 1970. Mas todos os países do mundo tiveram seus terroristas. Antes de 1948, terroristas judeus mataram civis britânicos na Palestina, para tentar assustar a Grã-Bretanha a não ocupar a Palestina. Terroristas na Espanha tentaram fazer com que o governo espanhol declarasse um território no norte, onde vive um povo chamado basco, livre do domínio espanhol. Terroristas gregos, italianos, terroristas indianos e terroristas americanos mataram e detonaram bombas para tentar conquistar o que queriam.

A invasão de outro país começa um tipo de guerra. Após invasões, exércitos e líderes entram em batalha, tentando decidir quem finalmente terá poder. Mas o terrorismo é outro tipo de guerra que muda para sempre a vida daqueles que nada têm a ver com política.

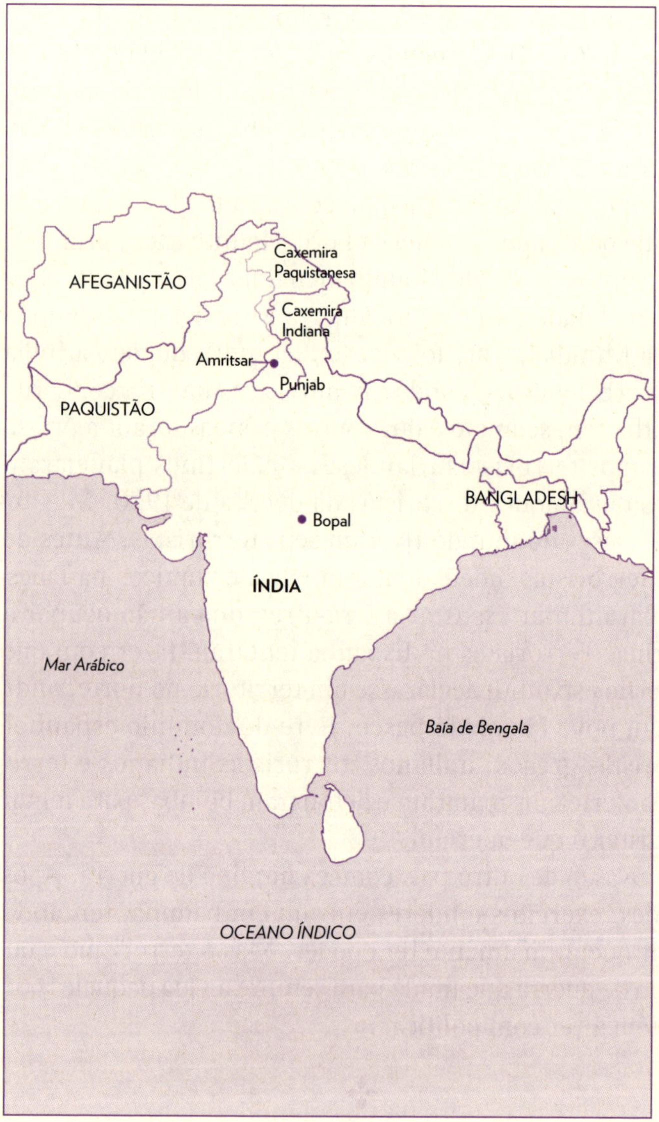

A Índia sob Indira Gandhi

CAPÍTULO

39

OS ANOS 1980 NO ORIENTE E NO ORIENTE MÉDIO

A ÍNDIA APÓS A PARTIÇÃO

Depois que a Índia e o Paquistão foram divididos, a Índia realizou suas primeiras eleições.

Gandhi – líder da luta pela liberdade por tantos anos – estava morto. Nas primeiras eleições da Índia, o amigo e aliado de Gandhi Jawaharlal Nehru se tornou o primeiro-ministro.

Sob Nehru, a Índia se livrou das últimas amarras do poder europeu. A França, que ainda possuía territórios na Índia, concordou em devolvê-los. Portugal, que também havia conquistado territórios indianos, recusou. Mas, em 1961, soldados do exército indiano marcharam para os territórios portugueses e os tomaram de volta à força. Pouco tempo depois, o primeiro-ministro Nehru morreu. Ele serviu como o primeiro primeiro-ministro de uma Índia independente por treze anos.

Dois anos depois, a filha de Nehru, Indira, tornou-se primeira-ministra em seu lugar.

Indira havia se casado com um homem cujo sobrenome era Gandhi, então ela adotou o nome de *Indira Gandhi*. Mas ela não era parente de Mohandas Gandhi. Gandhi é um nome comum na Índia, um pouco como *Baker* ou *Johnson* em algumas partes dos Estados Unidos. Entre 1966 e 1980, Indira Gandhi lutou para manter sua posição como a primeira primeira-ministra da Índia. Em um de seus discursos ao governo indiano, ela citou uma música popular:

"Nós somos as mulheres da Índia. Não fiquem pensando que somos doces donzelas. Não, somos as faíscas do fogo!"

Indira Gandhi precisava da energia do fogo para governar a Índia. Após a independência, a Índia passou por tempos difíceis. As pessoas perderam seus empregos; muitas estavam com fome. Indira tentou tornar as fazendas da Índia mais produtivas. Ela convenceu os Estados Unidos a ajudar seu país com dinheiro e com exportações de grãos para alimentar os famintos da Índia.

Em 1971, quando era primeira-ministra havia cinco anos, Indira teve que lidar com o Paquistão.

Na época da partição, em 1947, o Paquistão foi dividido em duas partes, Paquistão Oriental e Paquistão Ocidental. Mas nunca foi um arranjo muito bom, porque as duas partes desse país estavam situadas em ambos os lados da Índia – separadas uma da outra por milhares de quilômetros. Os gabinetes do governo e a sede do exército ficavam no Paquistão Ocidental.

Com o passar do tempo, o Paquistão Oriental se tornou cada vez mais pobre, enquanto o Paquistão Ocidental prosperou.

Em 1970, o Paquistão Oriental anunciou que queria se libertar do Paquistão Ocidental.

As tropas paquistanesas ocidentais marcharam para o leste, prontas para ocupar o Paquistão Oriental. Nos combates que se seguiram, milhões de civis do Paquistão Oriental, com medo de serem mortos na guerra, deixaram seu país e foram para a Índia. O Paquistão Ocidental temia que a Índia simpatizasse com esses refugiados e se juntasse ao Paquistão Oriental contra o Paquistão Ocidental. Assim, aviões paquistaneses lançaram bombas em oito aeroportos indianos. Agora, os aviões militares indianos não podiam usar esses aeroportos para lançar ataques ao Paquistão Ocidental.

Em vez de deter a Índia, o bombardeio deixou a Índia com raiva – brava o suficiente para se juntar à guerra. Sob a direção de Indira Gandhi, tropas indianas se aliaram ao Paquistão Oriental e expulsaram os soldados paquistaneses ocidentais.

Agora, o Paquistão Oriental poderia se declarar independente do Paquistão Ocidental. Ele mudou seu nome para Bangladesh. O Paquistão Ocidental ficou conhecido simplesmente como Paquistão.

O povo da Índia deu a Indira Gandhi a maior parte do crédito pelo sucesso na guerra do Paquistão. Ela se tornou cada vez mais popular.

Mas então duas catástrofes atingiram a Índia.

A primeira ocorreu em 1984. Por vários anos, os sikhs na Índia reivindicaram seu próprio país independente. Hindus governavam a Índia; os muçulmanos haviam conseguido o Paquistão. Agora, os sikhs, que não são muçulmanos nem hindus, queriam controlar *sua* própria parte da Índia, uma área chamada Punjab.

Os sikhs, que acreditavam em um Deus e seguiam cinco regras sagradas da vida, já foram príncipes guerreiros. Por muitos séculos, eles serviram como guarda-costas Real do Imperador da Índia por causa de sua habilidade guerreira. Quando a Índia se tornou um país independente com um primeiro-ministro, os sikhs mantiveram sua posição tradicional. Eles agora atuavam como guarda-costas da primeira-ministra.

Quando os sikhs no Punjab começaram a pedir o controle de suas próprias terras, Indira concordou em tornar punjabi – o idioma que os sikhs falavam entre si – o idioma oficial do Punjab. Mas isso irritou os hindus que também viviam na região. Então Indira separou uma área no Punjab, especialmente para os hindus morarem.

E isso irritou os sikhs! Eles queriam todo o Punjab. Eles começaram a brigar com os hindus – não apenas no Punjab, mas por toda a Índia.

Um grupo de sikhs belicosos foi ao Templo Dourado, na cidade sagrada de Amritsar, e fez dele seu quartel-general. Por tradição, o Templo Dourado estava fora dos limites da polícia indiana porque era um santuário religioso. Os sikhs que usavam o Templo Dourado como sede começaram a fazer ataques terroristas aos indianos e depois se retiravam para o Templo Dourado – com a certeza de que a polícia não iria atrás deles.

Indira ordenou que o Templo Dourado fosse invadido. Em 5 de junho de 1984, soldados do exército indiano invadiram o Templo Dourado para lutar contra os terroristas escondidos no local. Quase mil sikhs foram mortos.

Os conselheiros de Indira sugeriram que ela deveria se livrar de seu guarda-costas sikh, uma vez que ele poderia ficar com raiva dela por causa de seu tratamento para com outros sikhs. Indira recusou. Ela insistiu que seu guarda-costas era digno de confiança.

Ela estava errada. Em 31 de outubro de 1984, dois membros da guarda sikh mataram a primeira-ministra enquanto caminhavam com ela em direção ao seu escritório.

Um mês depois, uma segunda catástrofe atingiu o país.

Uma empresa americana chamada Corporação Union Carbide havia construído uma fábrica no centro da Índia, em uma cidade chamada Bhopal. Em sua fábrica, a Union Carbide produzia pesticidas – produtos químicos para matar insetos em plantações e gramíneas. Logo após a meia-noite de 3 de dezembro de 1984, gases venenosos começaram a vazar dos tanques de armazenamento na fábrica da Union Carbide.

Ninguém em Bhopal sabia o que estava acontecendo. No começo, algumas pessoas pensaram que os sikhs eram culpados!

Mas a culpa era de um tanque defeituoso na Union Carbide. Vinte e sete toneladas de um veneno chamado *isocianato de metila* escaparam do tanque. Segundo a Union Carbide, pelo menos 3 mil pessoas morreram naquela noite devido a gases venenosos. As pessoas de Bhopal dizem que o número era muito maior – que 15 mil morreram.

Ninguém sabe exatamente quantas pessoas morreram depois, por doenças causadas pelos gases. Mas pelo menos outras 150 mil pessoas, e talvez mais de meio milhão, ficaram terrivelmente doentes devido à inalação dos gases. Milhares nunca se recuperaram. O vazamento de gás de Bhopal foi o pior *desastre industrial* (um desastre causado por fábricas ou

Indira Gandhi e o Templo Dourado de Amritsar

manufaturas) em toda a história, antes ou depois. Mesmo agora, décadas depois, o solo e a água em Bhopal ainda estão cheios de veneno. A Union Carbide nunca despoluiu a região.

Investigadores indianos culparam o vazamento de gás por procedimentos de segurança desleixados e disseram que a Union Carbide não havia se assegurado de que os tanques de armazenamento estavam seguros, porque custaria muito dinheiro. Nenhum dos sistemas de aviso ou segurança da fábrica estava funcionando no momento do vazamento! A Union Carbide, que agora faz parte de uma empresa americana ainda maior chamada Dow Química, insistiu (e ainda insiste) em que a tragédia de Bhopal foi causada por sabotagem, que alguém havia deliberadamente causado o vazamento de gás.

O supremo tribunal de Bhopal exigiu que o CEO americano viesse a Bhopal e participasse de uma audiência. Ele recusou. Ele é considerado um fugitivo pela lei indiana, ainda hoje. E ainda hoje, décadas depois, muitos grupos de manifestantes fazem campanha por justiça por Bhopal.

IRÃ E IRAQUE

Nós lemos sobre Israel e Egito, suas guerras e suas tentativas de paz. Agora chegamos a dois outros países do Oriente Médio que frequentemente estavam em desacordo: Irã e Iraque.

No capítulo 18, lemos sobre o país da Pérsia, que estava sob controle russo antes da Primeira Guerra Mundial. No século XX, a Pérsia tornou-se amplamente conhecida por seu outro nome: Irã.

Após as duas guerras mundiais, o Irã se tornou um país independente, governado por um xá, juntamente com a ajuda de uma assembleia eleita, os Majles e um primeiro-ministro.

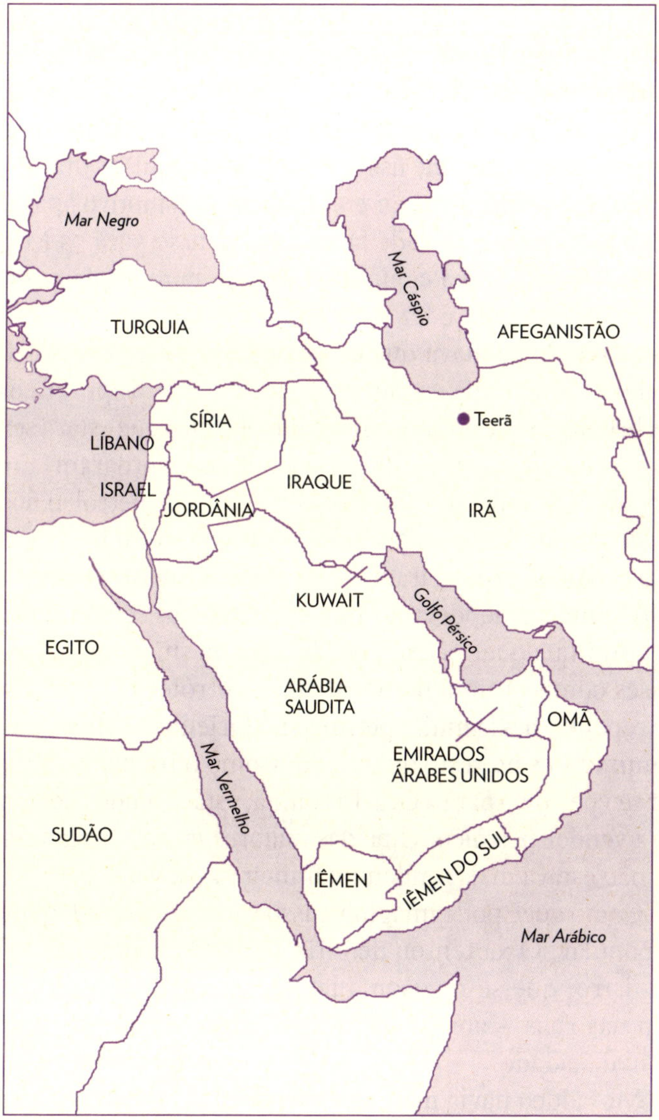
Mar Negro
Mar Cáspio
TURQUIA
AFEGANISTÃO
SÍRIA
Teerã
LÍBANO
IRAQUE
ISRAEL
JORDÂNIA
IRÃ
KUWAIT
Golfo Pérsico
EGITO
ARÁBIA
SAUDITA
OMÃ
EMIRADOS
ÁRABES UNIDOS
Mar Vermelho
SUDÃO
IÊMEN
IÊMEN DO SUL
Mar Arábico

Irã e Iraque

Em 1953, o xá do Irã era chamado Mohammad Reza Shah Pahlavi. Seu primeiro-ministro também era chamado Mohammad – Mohammad Mosaddeq.

Mohammad Mosaddeq era um homem estranho, mas poderoso. Às vezes, ele usava pijama nas reuniões oficiais do estado. Ele tendia a chorar em público, sem motivo aparente. Certa vez, quando teve de fazer um discurso para os Majles, ele ordenou que sua cama fosse levada para a sala onde os Majles se reuniam, e fez seu discurso deitado.

Mosaddeq achava que os iranianos, e não estrangeiros (como a Companhia Anglo-Persa de Petróleo, de propriedade dos britânicos) deveriam controlar o petróleo que estava sendo bombeado do solo iraniano. Os Majles concordaram. Então Mosaddeq assumiu o controle dos campos de petróleo no Irã.

Os britânicos, que gastaram muito dinheiro bombeando esse petróleo, protestaram – mas não conseguiram fazer Mosaddeq mudar de ideia. Então, os britânicos se recusaram a comprar qualquer petróleo do Irã. Ao mesmo tempo, outros países começaram a bombear mais petróleo do que nunca. De repente, havia muito petróleo no Oriente Médio e poucos compradores no resto do mundo. Como o Irã não podia vender seu petróleo para a Grã-Bretanha, estava tendo problemas para vender petróleo. Uma das maiores fontes de riqueza do Irã não estava mais rendendo dinheiro ao país.

Como você pode imaginar, isso tornou Mosaddeq muito impopular. O xá tentou demitir Mosaddeq como primeiro-ministro, que se recusou a ir! Seus apoiadores se revoltaram nas ruas – até que o xá, com medo de sua segurança, fugiu da cidade.

Mosaddeq havia mantido seu poder. Mas não por muito.

Juntos, os Estados Unidos e a Grã-Bretanha planejaram se livrar de Mosaddeq e trazer o xá de volta ao Irã. Mohammad Reza Shah Pahlavi estava disposto a manter um bom relacionamento com a Grã-Bretanha e os Estados Unidos. Ele não queria tirar a indústria do petróleo dos britânicos. Mosaddeq, por outro lado, era muito independente e determinado a manter o petróleo do Irã sob o controle do Irã. (Os Estados Unidos também suspeitavam de que Mosaddeq pudesse ser um pouco amigável demais com a União Soviética, que era outro bom motivo para se livrar dele.)

O plano para se livrar do Mosaddeq foi chamado de *Operação Ajax*. Os americanos e britânicos treinaram soldados iranianos para assumir o governo e enviaram esses soldados para o Irã junto com os *ajudantes* americanos e britânicos. Mosaddeq foi preso, acusado de traição e colocado na cadeia. O xá retornou triunfantemente à capital Teerã, com forças americanas e britânicas prontas para deter qualquer oposição a ele. (Você pode até se perguntar: o que aconteceu com a preocupação americana em não interferir nos assuntos de outros países?)

Embora o xá tivesse o poder de dois grandes países, ele sabia que seu domínio sobre o Irã era instável. Muitos iranianos não gostavam dele porque era muito rico. Durante a década de 1960, Pahlavi continuou a ficar cada vez mais rico com o petróleo que o Irã vendia para o mundo, enquanto as pessoas comuns do Irã não prosperaram muito. E os muçulmanos conservadores do Irã esperavam que ele aprovasse leis rígidas, tornando as leis muçulmanas contra bebida e jogo parte do código legal do Irã.

Em vez disso, Pahlavi se esforçou para tornar o Irã mais moderno – mais ocidental. Ele deu às mulheres no Irã o direito de votar, tentou melhorar as escolas e dar a mais iranianos a chance de obter educação. Em vez de fazer leis religiosas, o xá tentou tornar a religião *menos* poderosa no Irã. Ele mudou o calendário do país, para que não seguisse mais o calendário muçulmano tradicional, e disse a jornais e revistas religiosas que parassem de criticar o governo.

Todas essas mudanças ficaram conhecidas como *Revolução Branca*. A Revolução Branca deveria fortalecer o Irã – mas tornou o xá ainda menos popular entre os muçulmanos religiosos do país. Pahlavi também estava ficando impopular com alguns dos homens e mulheres instruídos do Irã, por causa de seu poder tirânico. Sua polícia secreta, chamada SAVAK, era famosa por sua crueldade. Os membros da SAVAK tinham poder total para prender, torturar e matar qualquer um que se opusesse a essa corporação. Os iranianos que fossem pegos lendo livros proibidos provavelmente seriam torturados e presos.

Esses livros proibidos incluíam escritos de autoria do Ruhollah Khomeini. Ele era um *aiatolá*, um líder religioso islâmico. Os seguidores do aiatolá Khomeini odiavam a Revolução Branca do xá porque era contra as práticas religiosas muçulmanas. Eles acreditavam que Khomeini poderia transformar o Irã em um país verdadeiramente muçulmano – um país livre de ideias ocidentais corruptas e influências estrangeiras.

Pahlavi sempre teve medo do poder de Khomeini de reunir discípulos leais ao seu redor. De fato, ele ordenou que Khomeini fosse preso e exilado vários anos antes. Khomeini tinha ido ao país vizinho do Iraque – inclusive o líder do Iraque, Saddam Hussein, também havia pedido para ele ir embora.

Então Khomeini foi para a França. Lá, ele fez discursos em fitas e os enviou ao Irã, incentivando os iranianos a rejeitar a Revolução Branca antimuçulmana de Pahlavi.

Em 1978, Khomeini havia conseguido convencer os iranianos a se revoltarem contra o xá. Mohammad Reza Shah Pahlavi tentou enviar seus soldados para acabar com os tumultos, mas era tarde demais. Milhões de pessoas foram às ruas, gritando para o xá ir embora. Em janeiro de 1979, o xá fugiu de seu país e foi para o Panamá. A *Revolução Iraniana* acabou por expulsar o xá iraniano.

O aiatolá Khomeini chegou ao Irã duas semanas depois. Seus seguidores o receberam. Agora, eles esperavam, o Irã se tornaria um país verdadeiramente muçulmano. Em pouco tempo, Khomeini conseguiu que seus seguidores o declarassem líder do Irã – por toda a vida. Ele começou a transformar o Irã em uma *teocracia*, um estado governado de acordo com rígidas leis religiosas. As mulheres não podiam mais manter certos empregos reservados aos homens. Todos tinham que se vestir de acordo com a lei muçulmana – cobrindo os tornozelos e os cotovelos. As mulheres também tinham que cobrir os cabelos sempre que saíam. Álcool e jogos de azar eram ilegais em todo o Irã.

Assim que assumiu o poder, Khomeini teve que travar uma guerra – contra seu vizinho, o país do Iraque.

Até 1919, não havia país chamado Iraque. Como parte da Paz de Versalhes, as nações aliadas criaram o Iraque na terra que havia sido tomada dos turco-otomanos. A Grã-Bretanha teve o direito de controlar o Iraque até poder se governar.

A Grã-Bretanha escolheu um rei para o Iraque. Esse rei e seus parentes governaram o novo país até a década de

1950 – quando um grupo de revolucionários decidiu que havia chegado a hora de o Iraque se tornar uma república. Eles lideraram uma revolta, assassinaram o rei do Iraque e anunciaram que o país seria agora uma república. Em 1963, a república iraquiana foi tomada por um partido político chamado Partido Bath, que queria que todos os países árabes se governassem sem qualquer ajuda do Ocidente. Um dos membros do Partido Bath era um jovem chamado Saddam Hussein.

Por muitos anos, o Irã e o Iraque discutiram sobre o controle de um rio chamado Shatt Al-Arab, ou Rio dos Árabes. O Shatt Al-Arab é formado pelo ponto de encontro do Rio Tigre com o Eufrates. Os barcos que navegam no Shatt podem ir direto para o Golfo Pérsico.

Tanto o Irã quanto o Iraque queriam usar o Shatt. Em 1975, o xá do Irã assinou um tratado com Saddam Hussein – que agora fora eleito vice-presidente do Iraque. O tratado concordou que o Shatt Al-Arab seria controlado pelo Irã, não pelo Iraque.

Quando o xá fugiu do Irã e o aiatolá Khomeini assumiu, Saddam Hussein havia se tornado presidente do Iraque. Quando Hussein viu o caos em que o Irã estava, ele achou que o Iraque poderia recuperar o controle do Shatt.

Em 22 de setembro de 1980, o Iraque invadiu o Irã. Os iraquianos esperavam uma guerra curta. Seu exército tinha quase 200 mil soldados. Eles estavam bem preparados com armas e tanques soviéticos, e com armas da China, Alemanha, França e Inglaterra. Até os Estados Unidos concordaram em apoiar o ataque do Iraque contra o Irã e Khomeini. (Os Estados Unidos ainda queriam o xá no Irã!)

Embora os iranianos tenham sido pegos de surpresa, eles reagiram ferozmente! Em vez de terminar de maneira rápida, a Guerra Irã-Iraque se arrastou por oito anos. Os aviões de Saddam Hussein bombardearam os poços de petróleo do Irã. Os aviões de Khomeini bombardearam os poços de petróleo do *Iraque*. Ninguém sabe ao certo, mas talvez 1,5 milhão de pessoas tenham morrido durante os oito anos de luta. E os poços de petróleo e oleodutos de ambos os países foram tão danificados que foram necessários anos após o término da guerra para reconstruí-los.

Em 1988, o Irã e o Iraque concordaram em parar de lutar. Nenhum país venceu. E quem agora controlava o Shatt Al-Arab?

Os iranianos o controlavam – exatamente como haviam feito em 1975, quando o tratado foi assinado, e antes de qualquer luta começar.

A Energia Nuclear nos Estados Unidos e na URSS

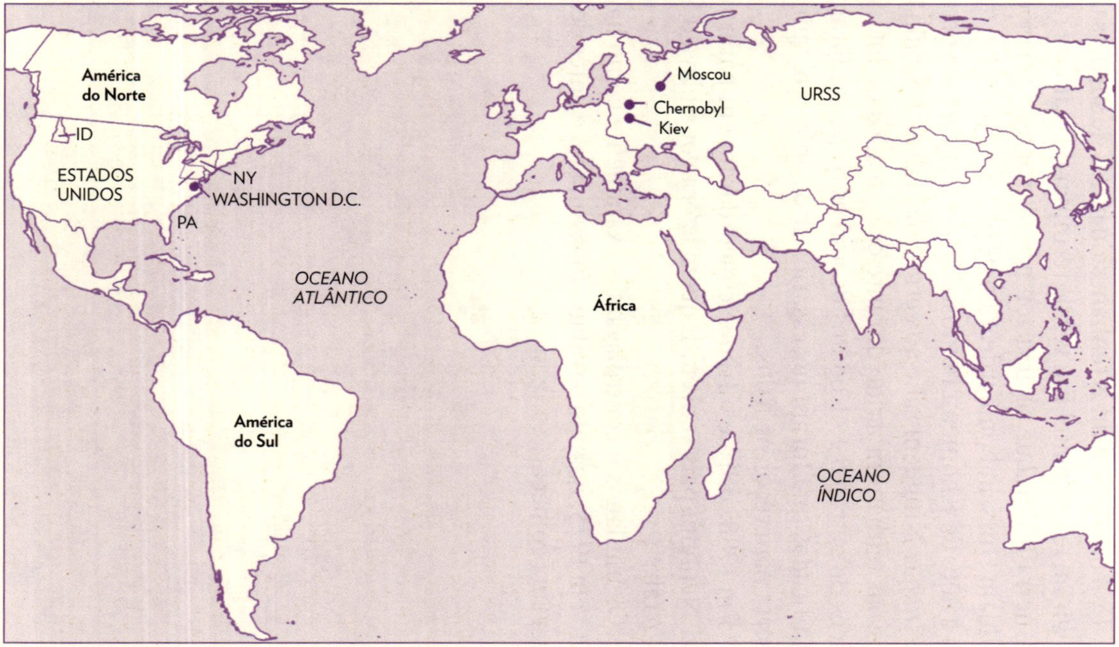

CAPÍTULO

40

OS ANOS 1980 NA URSS

CHERNOBYL E A ENERGIA NUCLEAR

Em 26 de abril de 1986, às 1h30 da manhã, uma explosão sacudiu a cidade russa de Chernobyl, a 130 quilômetros ao norte da cidade de Kiev. Uma usina havia explodido. A bola de fogo da explosão matou trinta pessoas.

Isso pode não parecer um acidente tão ruim. Mas, de fato, 135 mil pessoas estavam em perigo assim que a explosão ocorreu. Outras 400 mil foram informadas de que o acidente poderia prejudicar sua saúde permanentemente. A usina de Chernobyl era uma usina nuclear – e a explosão em seu quarto reator foi o pior desastre nuclear da história.

Para entender o desastre de Chernobyl, precisamos voltar até a década de 1940 e aos cientistas americanos que trabalharam tanto para criar uma bomba atômica antes que a Alemanha pudesse construir uma. Esses cientistas descobriram que uma tremenda quantidade de energia poderia ser liberada quando um átomo era separado. A princípio, toda a pesquisa que os americanos (e os soviéticos) fizeram sobre a *fissão atômica* (divisão de átomos para produzir energia) foi para fabricar armas melhores. Os cientistas queriam tornar as bombas atômicas e os mísseis nucleares mais poderosos e construir submarinos militares que funcionassem com energia nuclear.

Mas então os cientistas começaram a pensar em outras maneiras pelas quais a energia nuclear poderia ser usada.

A energia nuclear poderia, por exemplo, produzir eletricidade? Poderiam carros, luzes, geladeiras e televisões funcionar com energia nuclear? Nesse caso, os países que poderiam usar energia nuclear não precisariam depender tanto de gasolina e petróleo.

Os cientistas descobriram que a energia nuclear *poderia* produzir eletricidade. Em 1951, na cidade de Arco, Idaho, os cientistas conseguiram operar um gerador com energia nuclear. O gerador produziu eletricidade suficiente para acender quatro lâmpadas!

Cientistas e funcionários do governo ficaram muito animados com essas quatro lâmpadas. Eles começaram a sonhar que a energia nuclear poderia ser uma fonte de eletricidade maravilhosamente barata – e começaram a trabalhar na construção de *reatores* maiores e melhores (dispositivos grandes, semelhantes a tubos, onde os átomos eram divididos para produzir energia).

Três anos depois, em 1954, foi aberta a primeira usina nuclear comercial (uma usina que produziria eletricidade, usaria energia nuclear e depois venderia a eletricidade). A usina não produziu energia por mais três anos, até dezembro de 1957. Quando produziu, a energia nuclear ajudou a produzir eletricidade para a cidade de Pittsburgh.

E em 1955, Arco, Idaho – cidade natal das quatro primeiras lâmpadas –, se tornou a primeira cidade a ser movida *inteiramente* por energia nuclear.

Mas a energia nuclear era muito controversa. Alguns cientistas e funcionários do governo acharam que era uma descoberta maravilhosa. A energia nuclear é barata; e como, um dia, as pessoas consumirão todo o petróleo do solo, a energia nuclear parecia uma boa alternativa.

Outros não podiam imaginar que a divisão de átomos produziria algo de bom. Experimentos nucleares produziram a bomba atômica, a arma mais destrutiva da história. Como poderia ser controlado um poder tão devastador?

O presidente dos Estados Unidos, Dwight Eisenhower, sabia que os americanos estavam preocupados com experimentos científicos com energia atômica. Em dezembro de 1953, ele fez um discurso chamado *Átomos para a Paz*. Ele queria garantir a seus ouvintes que a energia atômica era adequada para muito mais do que a fabricação de bombas. Ele havia decidido fazer o discurso na sede das Nações Unidas em Nova York, onde pessoas de todo o mundo podiam ouvi-lo. Ele estava tão preocupado que o discurso estivesse totalmente correto que ele continuou trabalhando até o último minuto – mesmo na viagem de avião para Nova York. Enquanto fazia alterações em cada página, sua secretária datilografava novamente sua palestra. Mas como ela não teve tempo suficiente para terminar de datilografar, o presidente Eisenhower ordenou que seu piloto permanecesse no ar, voando em círculos, por mais trinta minutos. Isso deu à secretária tempo suficiente para terminar de datilografar.

Quando o avião pousou, Eisenhower correu até a ONU para fazer o discurso. Mil e quinhentas pessoas foram ouvi-lo. Ele começou lembrando à plateia de quão perigosas as armas nucleares poderiam ser. Mas, ele disse, a energia atômica poderia ser usada para melhorar a medicina e a agricultura. Poderia fornecer eletricidade a pessoas em países pobres, onde o petróleo e o carvão eram escassos.

O discurso de Eisenhower contou todas as coisas boas que poderiam acontecer se as usinas nucleares fossem construídas. Mas a energia nuclear tem um grande perigo, mesmo que não esteja sendo transformada em bombas. Produz *radioatividade*.

A radioatividade muda a maneira como os átomos funcionam, de modo que eles não se comportam normalmente. Um pouquinho de radioatividade não é perigoso. Se você já fez um raio X, lembrará que, antes que os médicos o coloquem sob a máquina, eles cobrem seu corpo com pesadas placas de chumbo. Isso ocorre porque as máquinas de raio X também são levemente radioativas – e as placas de chumbo protegem você. As placas de chumbo garantem que você seja exposto apenas a uma pequena quantidade de radioatividade, o que não lhe fará mal.

Mas as pessoas que estão muito próximas de uma grande explosão atômica ficam expostas à radioatividade. Seus corpos não funcionam mais corretamente. Em Hiroshima e Nagasaki, muitas pessoas que não foram mortas pelas explosões atômicas morreram vários anos depois. A radioatividade das explosões as levou a desenvolver câncer e outras doenças.

As pessoas temiam que as usinas nucleares também pudessem vazar radioatividade. Temiam que trabalhar nessas plantas, ou morar perto delas, pudesse deixá-las doentes. Quando as usinas nucleares funcionam corretamente, elas são seguras e eficazes.

Mas, quando ocorrem acidentes, as usinas nucleares podem ser perigosas.

Em 28 de março de 1979, ocorreu um acidente na usina nuclear Three Mile Island, na Pensilvânia. Muito cedo, o equipamento da fábrica começou a falhar. Uma bomba que carregava um líquido de refrigeração, para impedir que os reatores esquentassem demais, parou de funcionar.

Nas cinco horas seguintes, mais partes dos reatores pararam de funcionar corretamente. Os cientistas perceberam que a planta estava começando a emitir gases radioativos. Às 9h15 da manhã, as autoridades ligaram para a Casa Branca para dizer ao presidente que a Three Mile Island estava com problemas. Às 11h da manhã, todos os trabalhadores da fábrica foram instruídos a deixar a Three Mile Island para se afastar da radioatividade.

Dois dias depois, os cientistas descobriram que mais radiação vinha de outra parte da planta. O governador da Pensilvânia ordenou que todas as crianças pequenas e mulheres grávidas evacuassem a região a menos de oito quilômetros da fábrica – pois a radiação poderia deixá-las doentes.

Ninguém sabia exatamente quanta radioatividade a Three Mile Island havia produzido. Finalmente, os cientistas conseguiram descobrir que a maioria das pessoas próximas estava exposta apenas a uma pequena quantidade de radiação; um millirem, menos do que o paciente receberia durante um raio X. Ninguém morreu ou ficou doente devido ao acidente em Three Mile Island.

Mas o acidente assustou e irritou as pessoas próximas – e as pessoas que moravam perto de outras usinas nucleares também. Os moradores estavam preocupados porque os operadores da planta não conseguiram descobrir como impedir que a radiação escapasse. Eles ficaram assustados porque os cientistas demoraram tanto tempo para medir a radiação que escapou. Ninguém foi ferido dessa vez – mas e se um acidente maior acontecesse?

Aquele acidente maior aconteceu em Chernobyl. A usina russa não vazou apenas um pouco. Um de seus quatro reatores,

A explosão de Chernobyl
e o símbolo da radiação

onde os átomos eram divididos, explodiu – e gases radioativos saíram com a explosão.

Os gases flutuaram por todo o interior da Rússia. Dessa vez, a radiação era tão forte que 600 mil pessoas foram expostas a níveis perigosos de radioatividade. Eles poderiam desenvolver câncer anos e anos depois, por causa da radiação. Animais próximos deram à luz filhotes deformados. Um repórter de Moscou descreveu um: "Foi-me mostrado um leitão cuja cabeça parecia a de um sapo. Em vez de olhos, havia grandes protuberâncias de pele, sem córnea ou pupila. Esses animais geralmente morrem logo após o nascimento, mas esse sobreviveu."

Pessoas e animais perto de Chernobyl não eram os únicos em perigo. O vento soprou partículas radioativas para toda a Europa. Até na Polônia o leite estava contaminado pela radiação e ninguém podia beber. Em lugares tão distantes quanto a Suécia, renas e ovelhas ficaram doentes com a radiação.

"Pela primeira vez", disse o líder da União Soviética, "enfrentamos a verdadeira força da energia nuclear, fora de controle."

A terra ao redor do reator de Chernobyl que explodiu ainda é radioativa. Por milhares de anos, não será segura para ninguém. Os cientistas decidiram colocar uma enorme concha de metal e concreto sobre o reator em ruínas, para que a radioatividade fosse bloqueada para sempre.

O acidente de Chernobyl não diminuiu o uso da energia nuclear. Em todo o mundo, as usinas nucleares ainda produzem eletricidade. Hoje, quase um quinto da eletricidade do mundo vem de energia nuclear. Enquanto isso, os cientistas tentam garantir que as usinas de energia de seus países estejam seguras e que um acidente como Chernobyl nunca aconteça novamente.

O FIM DA GUERRA FRIA

A Guerra Fria entre a América e a União Soviética afetou quase tudo o que os dois países fizeram, nos anos seguintes à Segunda Guerra Mundial. Ela moldou eventos da corrida espacial à Guerra do Vietnã.

Finalmente, na década de 1980, a Guerra Fria estava chegando ao fim. Os políticos disseram que o relacionamento entre os Estados Unidos e a União Soviética estava finalmente *descongelando.*

Os dois personagens centrais dessa história são o presidente dos Estados Unidos nos anos 1980, Ronald Reagan, e o secretário geral do Partido Comunista, Mikhail Gorbachev. Os dois homens tinham peculiaridades, no mínimo, curiosas. Reagan tinha um apelido estranho: *o Gipper.* Antes de se tornar presidente, Reagan era um ator de Hollywood. Um de seus papéis mais conhecidos foi um herói de futebol chamado George Gipp. Mesmo depois de se tornar presidente, Reagan ainda era chamado de Gipper por causa desse personagem do filme.

Gorbachev não tinha apelido; ele tinha uma marca de nascença de aparência estranha, uma grande mancha roxa na cabeça careca. Nos quadrinhos de jornais da década de 1980, Gorbachev sempre aparece com alguém pintando no topo de sua cabeça!

Esses dois homens são lembrados por seu trabalho em *derreter a Guerra Fria.*

O degelo começou na Rússia. Em 1985, Gorbachev, que se tornara o líder da União Soviética, introduziu um plano chamado *perestroika.* Isso significa *reestruturação econômica* em russo – em outras palavras, mudar a maneira como o governo administra os bancos e é dono de terras. Desde a Revolução Russa, a maioria dos negócios e bancos da União Soviética era de propriedade do governo, administrada e controlada por ele. Sob a perestroika, as pessoas comuns podiam ter mais controle sobre os negócios russos – e até mesmo possuir seus próprios negócios mais uma vez.

Então, Gorbachev introduziu um segundo plano, chamado *glasnost*, que é a forma russa de dizer *abertura*. Sob glasnost, as pessoas na União Soviética receberam maior liberdade de expressão. A glasnost significava que não seria mais crime os jornais publicarem críticas ao governo soviético.

O presidente Reagan acreditava que, como a União Soviética estava mudando, talvez os Estados Unidos pudessem se tornar amigos da URSS e não inimigos. Mas os dois países já eram inimigos havia mais de quarenta anos. Ambos os países ainda tinham armas nucleares, prontas para serem lançadas uma contra a outra. Era difícil acreditar que a ameaça de guerra entre americanos e soviéticos pudesse desaparecer completamente.

O presidente Reagan acreditava que a chave para terminar – e vencer – a Guerra Fria estava na maneira como os dois países lidariam com suas armas.

Reagan e Gorbachev queriam evitar outra guerra mundial. As armas atômicas ficaram ainda mais poderosas e perigosas desde a primeira geração de bombas atômicas, as bombas lançadas pelos Estados Unidos no Japão no final da Segunda Guerra Mundial. No entanto, os dois países estavam com muito medo um do outro para simplesmente se livrarem de todas as suas armas. Reagan pensou: A União Soviética poderia prometer destruir todas as suas armas, desde que os Estados

Unidos o fizessem também. Os Estados Unidos se livrariam de suas bombas atômicas. E então poderia descobrir que a URSS havia mentido e guardara algumas armas. Então os o fizessem também ficariam desamparados.

Os americanos e os soviéticos eram como dois meninos com pistolas de água de frente um para o outro. Ninguém quer ficar encharcado de água. Mas ambos têm certeza de que, se ele abaixar a *sua* primeiro, o outro puxará o gatilho.

Reagan decidiu resolver esse problema, não se livrando de todas as bombas atômicas da América – mas inventando armas novas, maiores e mais poderosas. Ele acreditava que, se a União Soviética soubesse que os Estados Unidos tinham armas mais fortes do que qualquer coisa pertencente aos soviéticos, estes, por sua vez, teriam muito medo de atacar. Essa estratégia foi chamada de *Paz pela Força.* Os Estados Unidos poderiam garantir a paz sendo mais fortes do que qualquer outro país.

E, ao mesmo tempo que Reagan estava construindo as armas mais mortais dos Estados Unidos, para que o país conseguisse a *Paz pela Força*, Reagan e Gorbachev também estavam firmando um acordo para reduzir outros tipos de armas. Esse acordo foi chamado de Tratado das Forças Nucleares de Alcance Intermediário, ou Tratado INF (do inglês *Intermediate-Range Nuclear Forces*), para abreviar. Os dois líderes assinaram esse tratado em 8 de dezembro de 1987. O tratado declarou que os dois países se livrariam de armas de *curto alcance* – armas que só poderiam viajar de 300 a 3.400 milhas. As novas armas da *Paz pela Força* de Reagan não contavam, porque foram projetadas para percorrer distâncias maiores.

Embora isso possa parecer uma maneira estranha de gerar a paz, isso parecia funcionar. Os Estados Unidos ainda tinham armas fortes que poderiam usar para autodefesa – mas também prometeram não usar outras armas para atacar a Rússia. A glasnost, a perestroika e o Tratado INF marcaram o fim da Guerra Fria.

O povo russo comemorou. Eles escreveram peças, poemas, romances e músicas sobre o fim da Guerra Fria. Um cantor russo chamado Boris Grebenshikov escreveu uma música chamada "Silêncio na Rádio" sobre a glasnost. Na música, ele tenta descrever como é maravilhoso para os russos poder dizer a verdade sobre o comunismo e falar livremente com pessoas de todo o mundo:

> É estranho não me sentir um estranho
> Eu sinto que pertenço a aqui
> Sinto que estou esperando há muito tempo
> E agora eu posso lhe contar algumas histórias.

Os americanos também cantaram sobre o fim da Guerra Fria. Em 1987, um cantor americano chamado Billy Joel visitou a União Soviética e fez concertos em Leningrado e Moscou. Ao voltar de sua turnê, ele escreveu uma música chamada Leningrado. A música termina:

> Nós nunca soubemos que amigos tínhamos
> Até chegarmos a Leningrado.

Após quarenta anos da Guerra Fria, o ódio entre americanos e russos finalmente começou a se transformar em amizade.

A China Depois de Mao

CAPÍTULO

41

O COMUNISMO DESMORONA... MAS SOBREVIVE

DEMOCRACIA NA CHINA?

Quando visitávamos a China, o governo comunista do presidente Mao estava no poder. Sob o regime comunista, a China expandiu seu território. Tomou a Ilha de Hainan, ao sul do continente, e depois invadiu e reivindicou a nação ocidental do Tibete como sua.

Mao pretendia fazer da China a nação maior, mais poderosa e mais rica do mundo. Ele achava que a melhor maneira de fazer isso era copiar a União Soviética. Então o governo de Mao disse aos agricultores que eles tinham que juntar suas fazendas em coletivos, assim como os soviéticos. Esses coletivos eram enormes. Alguns tinham 25 mil pessoas, todas cultivando um enorme pedaço de terra! Ninguém nos coletivos possuía sua própria terra, suas próprias casas, seus próprios animais ou mesmo suas próprias ferramentas. Tudo pertencia ao coletivo. E, assim como o governo soviético, o governo de Mao também forçou muitos camponeses a parar de cultivar e, em vez disso, trabalhar na fabricação de aço.

Assim como na Rússia, isso foi desastroso. As colheitas falharam. Os grãos ficaram escassos. Os coletivos não produziam tanta comida quanto as fazendas individuais, porque os agricultores odiavam trabalhar em terras que não lhes pertenciam. Os camponeses que agora trabalhavam nas siderúrgicas não estavam cultivando nenhum alimento – e eles tinham tão pouca experiência na fabricação de aço que a qualidade era muito baixa. Uma fome varreu a China. Trinta milhões de pessoas morreram.

Os outros membros do Partido Comunista Chinês decidiram que era hora de Mao compartilhar parte de seu poder. Sua tentativa de tornar a China uma potência mundial falhou. Mao tinha *perdido a reputação*, e sua era como líder da China parecia condenada ao fim em breve. O secretário-geral do PCC, um homenzinho (com menos de um metro e meio de altura!) Chamado Deng Xiaoping, parecia uma boa opção para substituir Mao.

Deng e os outros líderes do PCC podiam ter achado que era hora de Mao desaparecer da cena política, mas Mao tinha um plano. Ele e seus apoiadores começaram a acusar aqueles que se opunham a ele de ser contra o comunismo e de querer retornar à China aos dias dos imperadores. Eles começaram um boato de que os oponentes de Mao estavam planejando assassiná-lo. Mao usou esse boato como uma desculpa para trazer parte do exército chinês a Pequim para protegê-lo. A parte que ele trouxe tinha mais de 30 mil soldados. Esse foi o maior guarda-costas da história!

Agora Mao estava a salvo de prisão ou assassinato – e ele tinha o controle de um grande exército. Os apoiadores de Mao escreveram e pregaram que os chineses deviam permanecer leais a Mao. Lealdade a Mao significava lealdade ao Partido Comunista Chinês. A China passava por um momento difícil. Mas, se os chineses se unissem a Mao e apoiassem suas políticas, a China entraria em uma nova era – uma era revolucionária e maravilhosa.

Essa *propaganda* (palavras destinadas a convencer as pessoas de algo que não é necessariamente verdadeiro) funcionou. Um grande número de cidadãos chineses concordou e apoiou Mao contra seus oponentes. Com o poder do exército atrás dele, Mao prendeu muitos de seus inimigos e os condenou à morte. Deng Xiaoping foi poupado da morte porque era um velho amigo de Mao. Mas Mao o fez marchar pelas ruas com um boné de burro na cabeça. Depois disso, Deng foi enviado para trabalhar em uma fábrica, lixando as bordas de parafusos inacabados.

O período entre 1966 e a morte de Mao em 1976 ficou conhecido como Revolução Cultural. Cada parte da cultura chinesa – jornais, congregações públicas, teatros, óperas e romances – tinha que elogiar as políticas de Mao e o próprio Mao. As crianças foram incentivadas a ingressar na *Guarda Vermelha*, uma jovem guarda militar que jurava lealdade a Mao. Toda casa na China tinha uma foto de Mao. (Era perigoso não ter!)

Depois que ele morreu, em 1976, Deng Xiaoping deixou sua fábrica de parafusos e voltou para Pequim. Ele reivindicou sua antiga posição como secretário-geral do Partido Comunista e, dessa forma, de líder da China. Deng Xiaoping poderia finalmente fazer algumas mudanças necessárias no país. Deng devolveu algumas das fazendas aos seus proprietários. Ele permitiu que as fábricas parassem de fabricar aço ruim. Ele disse aos camponeses que, se produzissem comida extra, poderiam vendê-la e obter lucro, em vez de entregá-la ao governo.

Sob Deng, a China ficou mais próspera. As pessoas tinham mais para comer, melhores roupas para vestir e uma chance de ganhar dinheiro suficiente para viver bem.

Mas uma coisa na China não mudou. Os chineses ainda não tinham permissão para expressar suas ideias abertamente – na imprensa ou em discursos.

O povo chinês começou a protestar contra isso. Eles queriam não apenas a liberdade de expressão, mas também o direito de participar do governo da China. A China de Deng era mais próspera que a de Mao, mas ainda era administrada por um número muito pequeno de pessoas – e muitas dessas pessoas poderosas eram corruptas, dando favores às pessoas que gostavam e ignorando as que não gostavam.

O maior protesto começou a se formar em 15 de abril de 1989. Milhares de estudantes se uniram na Praça da Paz Celestial, em Pequim. Eles exigiram que a liderança da China mudasse. Queriam ter a chance de participar do governo da China, algo mais próximo da democracia, onde pudessem eleger seus próprios líderes.

Oficiais comunistas foram à praça para conversar com eles e pedir que fossem para casa. Mas os estudantes estavam convencidos de que, se fossem embora, a China continuaria igual. Durante seis semanas, mais de 150 mil estudantes chegaram à Praça da Paz Celestial.

Ficou claro que os estudantes não sairiam de lá a menos que a China lhes desse democracia – ou os dispersassem. Mas o Partido Comunista, como os monarcas de muito tempo atrás, não estava disposto a desistir do poder simplesmente porque as pessoas lhe pediam.

Eles escolheram usar a força.

Em 2 de junho de 1989, o exército chinês alertou a multidão para se dispersar. Ninguém se mexeu. No dia seguinte, 3 de junho, tanques e soldados se aproximaram da praça. Granadas de gás lacrimogêneo foram jogadas na multidão de estudantes, mas eles se recusaram a se mexer. Na verdade, pessoas de toda a praça que viram o que estava acontecendo correram para se juntar a eles.

Então, em 4 de junho, o exército chinês atacou antes que o protesto pudesse se espalhar por toda a cidade. Eles dispararam metralhadoras nos estudantes desarmados. Quando os estudantes uniram os braços e se viraram para o exército, os soldados dirigiram tanques na direção deles.

Mais de mil manifestantes foram mortos na praça. Nas ruas ao redor da praça, soldados mataram mais milhares.

"O exército usou tanques e metralhadoras em qualquer um que jogasse uma pedra ou gritasse um *slogan*", escreveu um estudante que sobreviveu ao ataque, depois de escapar. "Continuamos dizendo às multidões que aquilo era uma demonstração pacífica... Nós sentimos que o movimento democrático patriótico... falharia se os estudantes tentassem se armar."

Agora que você leu a história do século XX, sabe que os exércitos frequentemente atacam seu próprio povo. Mas o massacre de 4 de junho na Praça da Paz Celestial foi diferente – porque ocorreu na televisão. O exército chinês tentou erguer tendas de lona em volta dos corpos dos estudantes e lavar o sangue da Praça da Paz Celestial. Mas era tarde demais. Em todo o mundo, milhões de pessoas já haviam assistido horrorizadas ao exército chinês disparar contra manifestantes desarmados. Em uma das fotos mais famosas daquele dia, um

Um único manifestante chinês enfrentando os tanques do governo

único homem sem armas estava no meio de uma rua, gritando com tanques enquanto eles o atacavam. Os tanques pararam – mas o homem foi preso e levado embora.

O resto do mundo protestou contra a violência do massacre de 4 de junho. Mas, quando acabou, o Partido Comunista ainda controlava a China.

O COMUNISMO DESMORONA

O Partido Comunista Chinês se manteve na China. Mas o Partido Comunista da União Soviética estava começando a mudar. A glasnost e a perestroika estavam causando ondas que atravessavam todos os outros países comunistas da Europa Oriental.

As ondas mais dramáticas foram sentidas na Alemanha.

Você deve se lembrar de que, após a Segunda Guerra Mundial, a Alemanha foi dividida em dois países. A Alemanha Ocidental tinha um governo democrático e a Alemanha Oriental tinha um governo comunista.

A vida na Alemanha Oriental era difícil. Sob o comunismo, as pessoas sofriam. Havia poucos empregos e comida insuficiente. E os alemães orientais não podiam deixar seu país e seguir para o oeste, porque um muro os prendia na metade do país.

Nos anos em que a Alemanha foi dividida, cerca de 10 mil alemães orientais tentaram fugir para a Alemanha Ocidental. Alguns deles conseguiram. Duas famílias voaram sobre o muro em um balão de ar quente! Em 1964, um grupo de berlinenses cavou um túnel de cinquenta metros de uma padaria em Berlim Ocidental até uma edícula em Berlim Oriental. A escavação levou seis meses, mas centenas de pessoas atravessaram

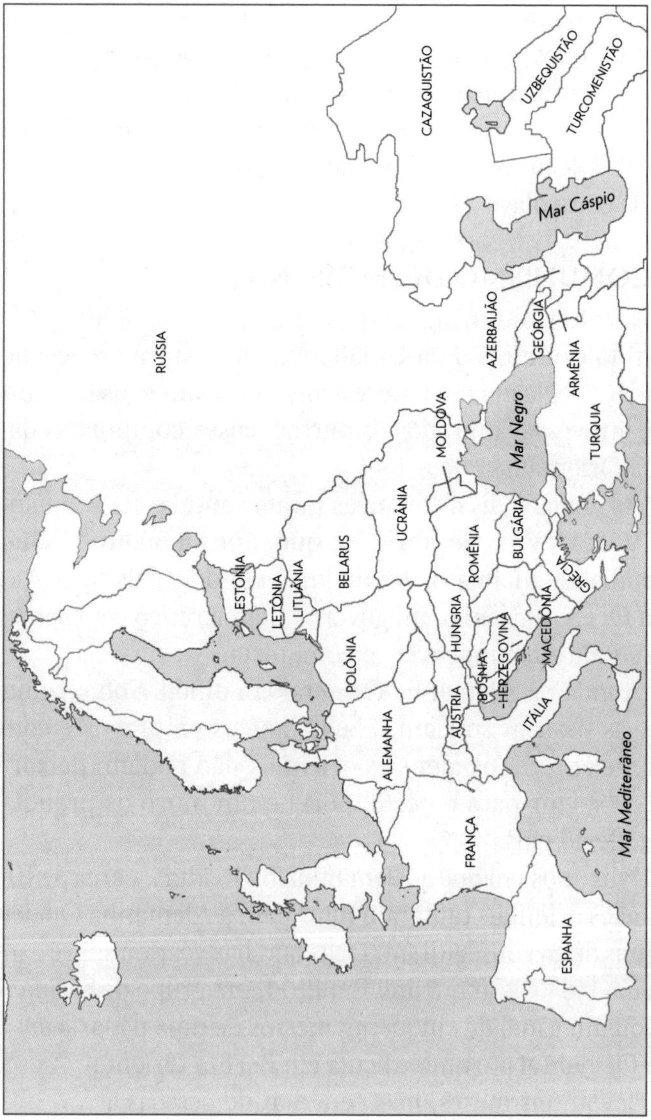

A Alemanha reunificada

a área até a liberdade antes que as autoridades da Alemanha Oriental descobrissem o túnel e o fechassem.

Em setembro de 1989, os alemães orientais começaram a levar a glasnost a sério. Eles começaram a realizar grandes protestos e comícios, insistiram para que o governo comunista da Alemanha Oriental lhes permitisse viajar – para a Alemanha Ocidental ou para qualquer outro lugar do mundo.

Após um mês de protestos, o governo da Alemanha Oriental não pôde mais resistir. Em 9 de novembro de 1989, os portões do Muro de Berlim foram abertos. Alemães orientais atravessaram através deles. Pela primeira vez em muitos anos, os alemães podiam viajar livremente entre as duas Alemanhas.

Os alemães começaram a bater no muro. Eles o martelaram, quebraram com pás, ferramentas e barras de ferro, e levaram pedaços dele. Um homem chamado Andreas Ramos que foi ao muro naquele fim de semana escreveu:

> A fronteira da Alemanha Oriental sempre foi um lugar sério. Guardas armados mantinham você em seu carro, de olho em qualquer tentativa de fuga. Esta noite era um país diferente. Mais de 20 mil alemães orientais e ocidentais estavam reunidos lá em uma grande festa... Todo mundo tinha seus rádios ligados e em todo lugar havia música. As pessoas haviam escalado árvores, sinais, prédios, tudo, para acenar e gritar. [...] Nos dois lados, as torres da guarda estavam vazias e o arame farpado foi empurrado para o lado em grandes pilhas... Do lado da Alemanha Oriental, podíamos ouvir o som de máquinas pesadas. Com uma broca gigante, eles estavam fazendo furos na parede. Toda vez que uma broca passava, todos aplaudiam... Mui-

tos estavam usando martelos para lascar a parede. Havia inúmeros buracos. Em um lugar, uma multidão de soldados da Alemanha Oriental olhou através de um buraco estreito. Estendemos o braço e apertamos as mãos.

Em 11 de novembro, estava claro que mais do que o Muro estava caindo. O domínio comunista sobre a Alemanha Oriental também estava caindo. Em 1990, a Alemanha Oriental e Ocidental foram reunificadas em um país.

Na União Soviética, mais mudanças estavam a caminho. Gorbachev estava tentando mudar seu país.

Lembre-se, a União Soviética era composta da Rússia e de vários países comunistas menores. O próprio Gorbachev era o líder de toda a União Soviética. Um líder russo chamado Boris Yeltsin pensou que as reformas de Gorbachev estavam acontecendo muito lentamente. Ele acreditava que era hora de avançar para uma democracia muito mais rapidamente – e ele tinha muitos seguidores.

Mas outro grupo de poderosos líderes comunistas estava resistindo a todas as mudanças de Gorbachev. Eles não queriam que a União Soviética se tornasse mais aberta ou mais livre.

Em agosto de 1991, oito desses comunistas determinados planejaram um golpe na União Soviética. Eles cercaram a casa de Gorbachev, trancaram suas portas e cortaram suas linhas telefônicas para que ele não pudesse entrar em contato com ninguém do lado de fora. Então eles ordenaram que ele se demitisse. Gorbachev recusou. Assim, os oito conspiradores anunciaram em público que ele estava doente demais para governar o país e que um deles começaria a atuar como líder soviético no lugar de Gorbachev.

Quando Boris Yeltsin ouviu o que estava acontecendo, ele chamou todos os seus seguidores na Rússia para se unirem a ele. Não apenas milhares de russos que queriam democracia se juntaram a Yeltsin – os tanques e soldados que os conspiradores enviaram para prender Yeltsin e tirá-lo do caminho também! Nenhum exército seguiria os conspiradores.

O Partido Comunista havia perdido seu poder de controlar o povo russo. E a Rússia era o maior país da União Soviética.

Os conspiradores desistiram. Um deles se matou! Gorbachev, depois de sair de casa, juntou-se a Boris Yeltsin para decidir o que fazer a seguir. Ele proibiu todas as reuniões do Partido Comunista e ordenou que todos os escritórios do Partido Comunista no país fossem fechados. Nos meses seguintes, os países que foram anexados à União Soviética declararam sua independência um por um: Ucrânia, Lituânia, Letônia, Armênia e todo o resto. Quando acabou, Gorbachev renunciou. Ele não tinha mais União Soviética para governar! Boris Yeltsin serviria como chefe do antigo país da Rússia que não era mais comunista e não fazia mais parte da URSS.

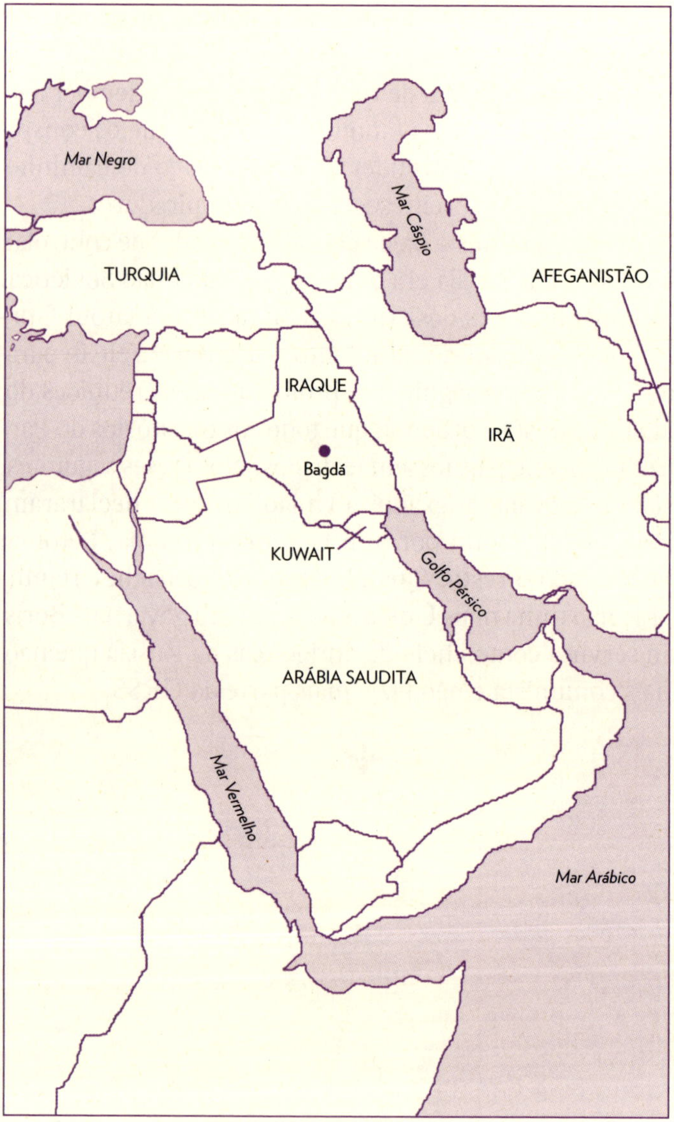

A Guerra no Kuwait

CAPÍTULO

42

O FIM DO SÉCULO XX

A PRIMEIRA GUERRA DO GOLFO PÉRSICO

Em 1991, os Estados Unidos entraram em guerra com o Iraque, em uma guerra que agora chamamos de Primeira Guerra do Golfo Pérsico. Essa guerra poderia não ter acontecido se a Guerra Irã-Iraque (a guerra sem sentido travada entre 1980-1988) não tivesse ocorrido.

Veja como a história se desenrolou. Durante a guerra com o Irã, o Iraque tomou emprestado dinheiro de vários países para comprar armas e pagar seus soldados. Depois que a Guerra Irã-Iraque terminou, o Iraque estava endividado com esses países – e não tinha dinheiro extra para honrar essas dívidas.

Um dos países que emprestara dinheiro ao Iraque era um pequeno país chamado Kuwait. O Kuwait, que fica entre o Iraque e a Arábia Saudita, parece um triângulo com duas arestas bambas. A longa base do triângulo fica ao longo do Golfo Pérsico.

Embora o Kuwait seja um país pequeno, um pouco menor que o estado de Nova Jersey, ele é rico – porque um décimo de todo o petróleo conhecido no mundo está embaixo das areias de seu deserto. Os cidadãos do Kuwait recebem educação gratuita, atendimento gratuito de médicos e hospitais e não pagam imposto de renda.

Em agosto de 1990, os soldados iraquianos obedeceram às ordens de Saddam Hussein de marchar para o Kuwait e invadi-lo. Hussein tinha várias razões para invadir o Kuwait. Por um lado, o Kuwait insistiu que o Iraque pagasse suas dívidas de guerra – e Hussein não podia pagar. Hussein também afirmou que o Kuwait estava retirando petróleo de um pedaço de terra na fronteira Iraque-Kuwait. Ele disse que metade desse petróleo deveria pertencer ao Iraque! Além disso, Hussein disse que o Kuwait estava produzindo mais petróleo do que o permitido pela Opep, e que isso estava tornando o preço do petróleo muito baixo, o que era como tirar dinheiro de outros países que produziam petróleo. E, finalmente, disse Hussein, o Kuwait fazia parte do Iraque de qualquer maneira, e ele estava apenas recuperando o que lhe pertencia.

Essas são as muitas razões diferentes.

Muitos dos soldados que marchavam para o Kuwait também haviam lutado na Guerra Irã-Iraque. Eles eram experientes e fortes, e o Iraque tinha muito mais soldados que o Kuwait. Eles invadiram o pequeno país facilmente. Menos de um dia após a marcha do exército iraquiano através das fronteiras do Kuwait, soldados iraquianos controlavam quase todo o Kuwait.

Imediatamente as Nações Unidas enviaram ao Iraque uma mensagem:

– Você não tinha motivos para invadir o Kuwait!

A ONU anunciou que a alegação de Saddam Hussein de que o Kuwait fazia parte do Iraque era falsa e que o Iraque deveria se retirar do país até 15 de janeiro de 1991.

A data de 15 de janeiro chegou e se foi, mas as forças iraquianas continuaram no Kuwait.

Muitas nações da ONU, incluindo os Estados Unidos, temiam que, se Hussein permanecesse no Kuwait, ele não apenas controlaria o petróleo que as nações ocidentais precisavam, mas também que ele poderia invadir a Arábia Saudita e controlar ainda mais petróleo.

Então, dois dias depois, um grupo de soldados de todo o mundo atacou o Iraque pelo ar. O ataque foi liderado por soldados americanos, mas a Arábia Saudita, Afeganistão, Grã-Bretanha e Egito também enviaram soldados. Ao todo, quase 700 mil soldados de 28 países se juntaram à guerra.

Fábricas e bases militares em todo o Iraque foram bombardeadas. A cidade de Bagdá, capital de Saddam Hussein, foi bombardeada primeiro. Assim como aconteceu com as estradas, para que as tropas não pudessem viajar pelo país, bem como os lugares onde as tropas poderiam obter comida e água.

A ONU também anunciou que nenhum país do mundo poderia enviar nada ao Iraque, exceto alimentos e suprimentos médicos. Ninguém deveria comprar do Iraque. Quase todos os países concordaram em observar esse embargo. Enquanto os soldados iraquianos estivessem no Kuwait, o Iraque não seria capaz de vender ou comprar nada do exterior.

Mas, apesar do bombardeio e do embargo, Hussein se recusou a retirar seus soldados do Kuwait. Então, depois de cinco semanas, a ONU concordou que soldados deveriam invadir o Kuwait por terra para expulsar os iraquianos. No final de fevereiro, soldados de diferentes países da ONU haviam conseguido empurrar as forças iraquianas para fora do Kuwait. O Iraque concordou em parar os combates. Em 11 de abril, o Iraque foi forçado a se retirar inteiramente do Kuwait e a destruir algumas de suas armas. O líder do Iraque, Saddam Hussein, também teve de prometer que nunca tentaria construir armas nucleares para seu exército.

A guerra foi vencida. Mas, apesar da vitória e do acordo, o Kuwait foi destruído. Quando se retiraram, soldados iraquianos incendiaram os poços de petróleo do Kuwait. Esses poços bombeavam o petróleo para fora do solo em um fluxo preto constante. Quando um fluxo de óleo foi aceso, queimou como o pavio de uma lanterna de querosene. Os poços foram transformados em enormes tochas, com centenas de metros de altura, que queimaram por semanas e semanas. Mais de setecentos poços de petróleo foram incendiados no Kuwait. Ao redor deles, a areia ficou tão quente que se transformou em vidro.

Demorou nove meses para apagar todos os incêndios. Enquanto os poços de petróleo queimavam, a fumaça venenosa pairava sobre o Kuwait, causando problemas nos pulmões. Em todo o país, as pessoas sofriam de tosse, falta de ar e tontura. A fumaça transformou o dia em noite. O óleo em chamas subiu no ar, evaporou e voltou como chuva negra. Poças de petróleo jaziam por todo o chão. Algumas das lagoas de petróleo tinham um metro e oitenta de profundidade. Uma névoa de óleo flutuava sobre as folhas e a grama. As ovelhas comeram a grama e morreram. O óleo entupiu os poços de água doce. Nevoeiros de petróleo e chuva negra flutuaram até o norte da Turquia e o leste do Afeganistão.

Os soldados iraquianos também despejaram 11 milhões de barris de petróleo no Golfo Pérsico. Trinta centímetros de óleo jazia em cima da água. Ao longo da costa do Kuwait, pássaros e peixes morriam por causa do óleo na água. Afinal, custaria 700 milhões de dólares para limpar o óleo – e a maior parte ainda permaneceu na água.

Os bombardeios no Iraque também causaram danos. Ao bombardear estradas e suprimentos de comida e água, as forças da ONU colocaram a vida de muitos civis em risco devido à fome e à escassez de água contaminada. E muitos iraquianos que não haviam participado da guerra realmente morreram.

Alguns membros da ONU queriam continuar pressionando; queriam se livrar de Saddam Hussein. Eles argumentaram que Hussein obviamente continuaria iniciando guerras, sem importar o motivo. Mas muitos dos países da coalizão, especialmente outros países árabes, queriam terminar a guerra, agora que o Kuwait estava livre.

E assim Saddam Hussein ficou no poder por um tempo.

ÁFRICA INDEPENDENTE

Entre 1960 e 1975, uma a uma, as nações africanas se libertaram dos últimos laços do domínio colonial. Já aprendemos sobre a União da África do Sul e sobre o Congo (Zaire) e Brazzaville se libertando da Bélgica e da França. Se contássemos a história de todos os países africanos que se declararam livres dos mestres coloniais que os governaram, precisaríamos de um livro totalmente diferente. Mas, se você olhar para um mapa da África, eis o que você verá: entre 1960 e 1964, quase todos os países da África se tornaram oficialmente independentes. Os últimos países a se libertarem foram Angola, na costa oeste da África, e Moçambique, na costa leste, que só escaparam do controle de Portugal em 1975.

Então, em vez de contar todas essas histórias, contaremos duas curtas – uma triste e outra esperançosa. Ambas mostram as maneiras pelas quais a África foi mudada para sempre por seus ocupantes.

Houve muitas histórias tristes no século XX, mas essa primeira é uma das mais tristes. Alguns capítulos atrás, lemos sobre o Congo Belga e suas tentativas de ser independente. A leste do Congo Belga, agora renomeado Zaire, havia uma pequena colônia belga chamada Ruanda-Urundi. Nessa área montanhosa viviam duas tribos diferentes. A primeira tribo, chamada Batutsi, é alta e de pele mais clara, representando apenas quinze por cento da população. A segunda tribo, chamada Bahutu, compõe 85% da população. Eles são muito mais baixos e mais escuros.

Embora existam mais bahutus, os batutsi, ou tutsi, tornaram-se governantes da região por pelo menos seiscentos anos. Os tutsis eram os senhores da região; os bahutus, ou hutus, os serviam, pastoreavam seu gado e cultivavam sua comida.

Quando os diferentes países da África começaram a reivindicar independência, Ruanda-Urundi também reivindicou sua independência da Bélgica. Os belgas disseram que o país só poderia ser independente se organizasse um governo democrático e realizasse eleições.

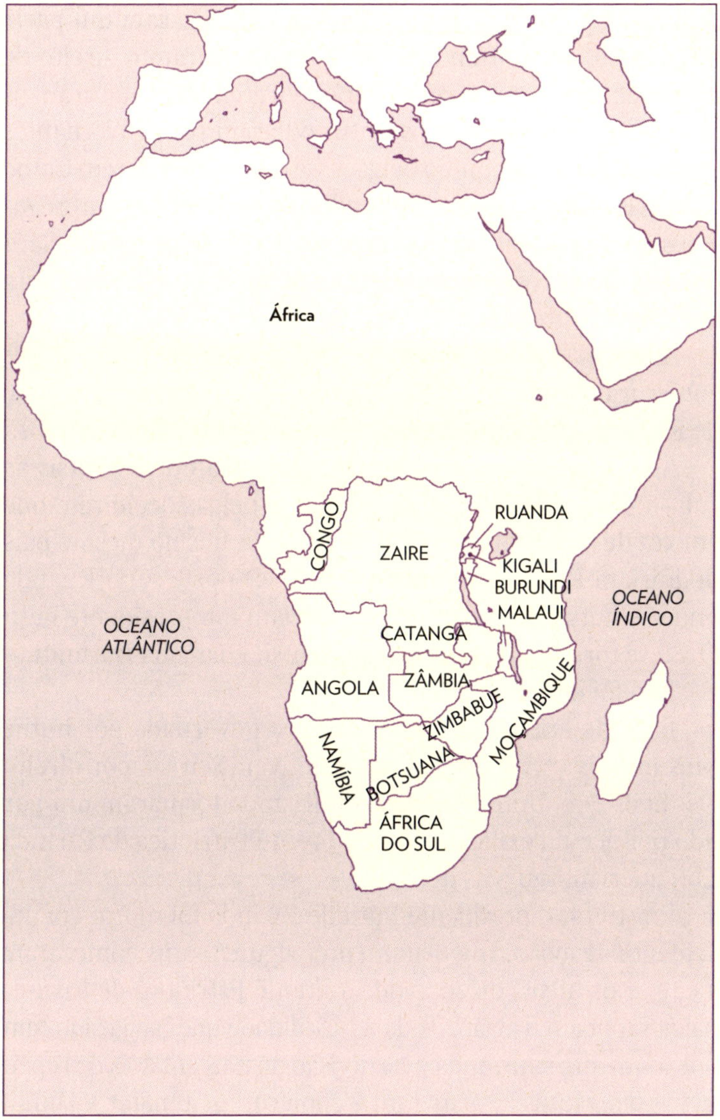

A África independente

Assim, os hutus, que eram maioria, organizaram um partido político, realizaram eleições e reivindicaram o direito de governar seu próprio país e, então, viraram-se e atacaram os tutsis. Durante séculos, os hutus odiaram seus governantes tutsis. Durante o domínio belga, esse ódio se fortaleceu. Como os belgas eram brancos, eles tendiam a dar todos os empregos e posições políticas importantes aos tutsis de pele mais clara. Isso significava que o governo tradicional dos tutsis se tornara ainda mais opressivo.

Agora que os belgas se foram, todo esse ódio vazou. Hutus começaram a matar tutsis. Muitos tutsis fugiram para o sul de Ruanda-Urundi. (Outros correram para países vizinhos.)

Agora, Ruanda-Urundi tinha hutus ao norte e tutsis ao sul – e as duas tribos se odiavam. Os belgas decidiram que, em vez de tentar manter os dois povos juntos no mesmo país, dividiriam Ruanda-Urundi em dois. O norte seria Ruanda, onde os hutus governariam e elegeriam um presidente hutu. O sul se tornaria uma monarquia tutsi, chamada Burundi.

Isso foi em 1962.

Ruanda era agora uma república governada por hutus. Mas muitos tutsis ainda a consideravam seu lar por direito. Os tutsis que foram expulsos de Ruanda formaram um partido político no exílio, chamado Frente Patriótica de Ruanda. Eles queriam seu país de volta.

Em 1994, o presidente hutu de Ruanda foi morto em um acidente de avião. Imediatamente, alguns hutus começaram a culpar os tutsis, dizendo que a Frente Patriótica de Ruanda havia sabotado o avião. Toda a hostilidade que havia sido temporariamente suprimida pela divisão do país em dois de repente voltou. Hutus se armaram e começaram a matar vizinhos tutsis que viveram ao lado deles por anos e anos. Meio milhão de tutsis morreu nas mãos de pessoas que eles conheciam, que moravam perto deles, os convidavam para refeições, brincavam com seus filhos e ajudavam em seus jardins.

Como vingança, os tutsis da Frente Patriótica de Ruanda invadiram Ruanda e começaram a expulsar os hutus de Ruanda. Pelo menos 1 milhão de hutus teve que fugir de Ruanda e morar em campos no Zaire. Na pior parte da fuga, seiscentas pessoas atravessavam a fronteira para o Zaire a cada *minuto*. Com tantas pessoas nos campos, comida e água eram escassas; pessoas morreram de fome, sede e doenças. Dezenas de milhares morreram.

A ocupação europeia piorou a hostilidade entre as tribos, até que se tornou genocídio.

Agora, uma história um pouco mais esperançosa, também no continente africano. Na África do Sul, no mesmo ano em que os hutus e tutsis estavam lutando entre si no centro da África, o primeiro presidente sul-africano negro assumiu o cargo.

Nós lemos sobre a África do Sul e o apartheid. O apartheid – a prática de separar brancos e não brancos em diferentes espaços, ônibus e até bancos nas salas de espera – foi projetado para manter todo o poder de um país em mãos brancas. Lemos sobre as leis injustas, as leis do apartheid que foram estabelecidas após a Segunda Guerra Mundial. Também lemos sobre o início da resistência, como o Congresso Nacional Africano começou a usar as técnicas de resistência não violenta de Gandhi e como isso gerou pouca mudança para a África do Sul por anos e anos e anos.

Por uma questão de fato, o CNA finalmente decidiu que o protesto não violento não iria funcionar. Em vez disso, começaram a detonar bombas e a fazer ameaças. Isso também não funcionou. Os líderes do CNA, incluindo um chamado Nelson Mandela, foram presos por seus atos ilegais.

Mas a agitação na África do Sul começou a atrair finalmente a atenção do resto do mundo. A ONU impôs um embargo a artilharias, para que ninguém pudesse vender armas ou munições para a África do Sul. Em todo o mundo, as pessoas começaram a sugerir que não comprar coisas fabricadas na África do Sul (um *boicote*; você se lembra de ler sobre essa palavra no capítulo sobre a Irlanda?) tornaria a África do Sul mais pobre e forçaria o governo a rejeitar o apartheid.

Em resposta, o governo sul-africano, liderado por P. W. Botha, declarou que a África do Sul estava em estado de emergência – e reprimiu ainda mais as liberdades dos negros sul-africanos. Muitos foram presos. Os jornais foram proibidos

Nelson Mandela

de escrever sobre as prisões e as estações de TV da África do Sul não puderam cobri-las.

Mas o clamor do resto do mundo não parou. Desmond Tutu, um padre anglicano da África do Sul, falou ao resto do mundo sobre os males do apartheid. Em resposta, os Estados Unidos recusaram-se a emprestar dinheiro à África do Sul ou a comprar mercadorias sul-africanas. Outras nações fizeram a mesma coisa.

Em 1989, finalmente, P. W. Botha renunciou. O homem que subiu ao poder depois dele, F. W. de Klerk, finalmente começou a mudar o sistema.

Em 1991, o Parlamento sul-africano revogou as leis do apartheid. F. W. de Klerk ordenou que Nelson Mandela fosse libertado da prisão. Juntos, Mandela e De Klerk tentaram elaborar um plano para a África do Sul. Eles concordaram que deveriam ser realizadas eleições – a primeira *eleição aberta* na história da África do Sul, na qual qualquer candidato, branco ou negro, poderia ser eleito por todos os eleitores.

Em 1994, Nelson Mandela foi eleito o primeiro presidente negro da África do Sul. O arcebispo Tutu tornou-se chefe da Comissão da Verdade e Reconciliação, que começou a revelar os erros cometidos aos negros no passado.

"As mudanças na África do Sul", escreveu um editorial da revista *Commonweal*, "aconteceram em grande medida por causa das pressões morais exercidas no exterior."

A reconstrução da África do Sul continuará por muitos anos. Mas foi uma das poucas vezes na história do século XX em que os países se uniram a fim de promover mudanças para melhor – em vez de um governo tomar o poder e exercê-lo para pior.

POSFÁCIO

Essa história do mundo termina no século XX, não no século XXI; seu capítulo final trata de eventos em 1994.

Em 11 de setembro de 2001, dois aviões americanos, sequestrados por terroristas muçulmanos radicais, colidiram com as torres do World Trade Center, em Nova York. Um terceiro colidiu com o Pentágono. Um quarto, aparentemente indo para Washington D.C., caiu em um campo na Pensilvânia.

Não continuei essa história até 2001 porque não entendo como o 11 de setembro entrará na história. No momento em que escrevo isto, a guerra que o evento gerou ainda está em andamento. O governo que nos levou à guerra ainda está no poder. A reconstrução nos países destruídos por essa guerra está apenas começando. Estes são eventos atuais, não históricos; são atos que ainda não podem ser interpretados. Somente agora podemos interpretar a Segunda Guerra Mundial e, de muitas maneiras, a Guerra do Vietnã ainda escapa à nossa compreensão. Em vez de terminar em 2001 (ou mais tarde), tentei dar o pano de fundo histórico que levou ao caos atual. Se começarmos a entender o pano de fundo desse caos, poderemos entender um pouco mais sobre o próprio caos.

APÊNDICE 1

Abaixo estão os eventos do volume 4 do *História do Mundo*. Após cada verbete está o capítulo em que pode ser encontrado. Verbetes sem número de capítulo não estão incluídos no volume 4, mas estão incluídos como uma ajuda contextual para o seu estudo da história. Se você estiver procurando por eventos específicos no volume 4, verifique o índice (da página 610).

Ano	Evento	Capítulo
1821	*Nova Espanha* declara independência da Espanha e se torna México	20
1830	*Les Trois Glorieuses* (Os Três Dias Gloriosos) na França	7
1831	*A Carbonária* revolta-se contra o domínio austríaco	4
1837	Vitória inicia seu reinado na Inglaterra	
1841	Pedro II se torna imperador do Brasil	13
1845	A praga chega à Irlanda; a fome da batata começa	12
1846	Iowa se torna um estado	16
1848	A jovem Itália se rebela contra a Áustria	4
1848	A República Francesa nomeia Luís Napoleão presidente	7
1848	Karl Marx publica *O Manifesto Comunista*	
1851	Começa a corrida do ouro na Austrália	11
1851	O Palácio de Cristal é construído em Londres para a Grande Exposição	1

UMA CRONOLOGIA DA ERA MODERNA

Ano	Evento	Capítulo
1852	Harriet Beecher Stowe publica *Cabine do Tio Tom*	
1853	Matthew Perry chega ao Japão	2
1853-1856	A Guerra da Crimeia	2
1855	Dost Mohammad Khan assina tratado com a Grã-Bretanha	3
1856	A paz de Paris é assinada, encerrando a Guerra da Crimeia	2
1856-1860	Segunda Guerra do Ópio	
1857	Livingstone escreve *Viagens Missionárias*	3
1857-1858	A Rebelião dos Sipais	1
1859	Charles Darwin publica *A Origem das Espécies*	
1860	Os Taipings marcham em direção a Xangai	4
1861	Vitor Emanuel II é coroado rei da Itália	4
1861	Estados italianos são unidos sob o rei Vitor Emanuel	24
1861-1865	A Guerra Civil Americana	5
1862	Francisco Solano López chega ao poder no Paraguai	6
1863	Dost Mohammad Khan expulsa invasores estrangeiros do Afeganistão	3
1864	O exército Qing retoma Nanquim	4
1864	Prússia e Áustria atacam a Dinamarca	7
1864-1870	A Guerra da Tríplice Aliança	6

Ano	Evento	Capítulo
1865	John Wilkes Booth assassina o presidente dos Estados Unidos Abraham Lincoln	5
1865	Congresso dos Estados Unidos proíbe a escravidão no país	5
1867	O domínio do Canadá se forma	6
1867	É criada a Confederação da Alemanha do Norte	7
1868	O Japão reabre durante a Era Meiji	8
1868-1912	Restauração Meiji	8
1869	A primeira ferrovia transcontinental nos Estados Unidos é concluída	8
1869	O Canal de Suez é aberto	10
1870	A França se torna uma república	7
1870-1871	A Guerra Franco-Prussiana	7
1871-1918	O Segundo Reich	7
1873-1903	Guerra de Achém	9
1876	Revolucionários búlgaros se rebelam contra os turcos	9
1876	Abdul Aziz é assassinado	9
1876	A Batalha de Little Bighorn	16
1876	Alexander Graham Bell submete uma patente para o telefone	
1877	A Revolta Satsuma no Japão	8
1877-1878	As guerras russo-turcas	9
1877-1879	As guerras zulu-britânicas	
1878	Umberto I se torna rei da Itália	24
1878-1880	A Segunda Guerra Afegã	
1879	Thomas Edison inventa a luz elétrica	8
1879	A Guerra do Pacífico começa na América do Sul	10
1880	A polícia prende Ned Kelly	11
1880-1881	A Primeira Guerra dos Bôeres	12
1881	Assassinos matam o czar Alexandre II	14
1882	A Tríplice Aliança se forma	24

Ano	Evento	Capítulo
1883	Os Estados Unidos adotam fusos horários	8
1884	A Conferência de Berlim	11
1886	O Parlamento vota contra o Projeto de Lei de Autogoverno	12
1889	O Brasil é declarado república; Pedro II deixa o Brasil	13
1889	Menelique assume o controle da Etiópia	14
1892	Abas II é nomeado *quediva* do Egito	24
1894	Os armênios se rebelam contra os turco-otomanos	13
1894	Nicolau II se torna czar da Rússia	14
1894-1895	A Guerra Sino-Japonesa	15
1895	A criação da Rodésia	12
1896	A Itália reconhece a independência da Etiópia	14
1898	A guerra hispano-americana começa	15
1899-1902	A Segunda Guerra dos Bôeres	12
1895	Os Jovens Turcos tentam reformar o Império Otomano	13
1900	A Rebelião dos Pugilistas na China	17
1901	É estabelecida a Comunidade da Austrália	
1902	Alfonso XIII é coroado rei da Espanha	27
1903	Os macedônios se declaram independentes do domínio turco	18
1903	Phan Boi Chau forma Duy Tan Hoi – Sociedade de Restauração	19
1903	Os irmãos Wright fazem o primeiro voo motorizado e controlado	
1904-1905	A guerra russo-japonesa	17
1905	Católicos irlandeses formam Sinn Féin	22
1906	O primeiro Majles começa após a rebelião liberal	18
1908	Imperatriz Cixi morre	19
1908	Phan Boi Chau deixa o Japão	19
1910	Revolução Mexicana começa	20
1911	O fim da dinastia Qing	19
1911	Deli se torna a capital da Índia	22

Ano	Evento	Capítulo
1912	Sun Yixian foge para o Cantão	25
1912	O *Titanic* naufraga	
1912	O Arizona se torna um estado	16
1912	A Primeira Guerra dos Bálcãs	18
1912	Sun Yixian forma o Kuomintang	25
1913	A Segunda Guerra dos Bálcãs	18
1914	Primeira Guerra Mundial começa	18, 20
1914	A Rússia entra na Primeira Guerra Mundial	21
1914	O Egito se torna um protetorado britânico	24
1915	A Itália se junta às Forças Aliadas	24
1915	Um submarino alemão afunda o *Lusitânia*	20
1916	Raspútin é morto	21
1916	Revolta da Páscoa na Irlanda	22
1916	Yuan Shikai morre	25
1917	Os Estados Unidos ingressam na Primeira Guerra Mundial	20, 21
1917	Kerensky assume o governo provisório da Rússia	21
1917	Revolução Bolchevique	21
917	Os bolcheviques se renomeiam Partido Comunista	21
1917	Amade Fuade torna-se sultão do Egito	24
1918	A Alemanha se rende às potências aliadas	21
1918	A Alemanha assina o armistício para encerrar os combates da Primeira Guerra Mundial	21
1918	Família Románov é assassinada	21
1918	A Grã-Bretanha concede às mulheres o direito de votar	21
1918	O Exército Branco se forma	23
1918	Deputados egípcios visitam a Inglaterra na Wafd	24
1918-1921	Guerra civil russa	23
1919	Sinn Féin cria a Assembleia Irlandesa	22

Ano	Evento	Capítulo
1919	O Tratado de Versalhes é assinado	23
1919	A Liga das Nações se forma	23
1919	Massacre de Amritsar na Índia	22
1919	O partido fascista é formado na Itália	24
1920	O Congresso dos Estados Unidos concede às mulheres o direito de votar	21
1921	Sinn Féin e Grã-Bretanha chegam a um acordo de paz	22
1921	Mohandas Karamchand Gandhi é eleito chefe do Partido do Congresso	22
1921	O Partido Comunista Chinês é formado	25
1922	Mussolini marcha para Roma	24
1922	Michael Collins é assassinado durante a Guerra Civil Irlandesa	22
1922	Lenin sofre derrame; Stalin assume o controle da Rússia	23
1922	A Grã-Bretanha concede independência ao Egito	24
1923	Chiang Kai-Shek inicia a academia militar de Kuomintang	25
1923	O Estado Livre Irlandês começa a se autogovernar	22
1923	Itália fica sob controle dos fascistas	24
1924	Lenin morre; Petrogrado é renomeada para Leningrado	23
1924	Henry Puyi deixa a China	25
1925	Sun Yixian morre	25
1926	O imperador Hirohito ascende ao trono japonês	25
1926	Mao Zedong e membros do PCC se rebelam contra o Kuomintang	25
1928	Kuomintang assume o controle do governo da China	25
1929	A queda da bolsa de Wall Street	26
1930	Gandhi lidera milhares na Marcha do Sal	22
1930-1960	Gulag russo em operação	23
1931	O Japão se retira da Liga das Nações	25
1932-1933	A fome na Rússia mata até 5 milhões de pessoas	23

Ano	Evento	Capítulo
1933	Franklin Roosevelt torna-se presidente	26
1933	Hitler toma o poder na Alemanha	26
1934-1935	A longa marcha de Mao Zedong	25
1936	Berlim abriga as Olimpíadas; Jesse Owens ganha quatro medalhas de ouro	28
1936-1939	Guerra civil espanhola	27
1937	Os japoneses capturam Xangai e Pequim	28
1938	Kristallnacht	28
1939	A Alemanha invade a Polônia; começa a Segunda Guerra Mundial	27
1939	O general Franco toma o controle da Espanha	27
1940	O Japão se junta às potências do Eixo	28
1940	A evacuação de Dunquerque	29
1941	Estados Unidos entram na Segunda Guerra Mundial depois que o Japão bombardeia Pearl Harbor	28
1942	A Batalha de Midway	28
1943	Tropas italianas no norte da África se rendem	29
1943	Juan Perón lidera uma revolta na Argentina	34
1944	Dia D: soldados aliados desembarcam na Normandia	29
1945	Seis milhões de judeus foram mortos no Holocausto	28
1945	A fundação das Nações Unidas	29
1945	Os Estados Unidos lançam bombas atômicas em Hiroshima e Nagasaki	29
1945	A Segunda Guerra Mundial termina oficialmente	29
1946-1954	Guerra sobre o controle francês da Indochina	33
1947	Índia e Paquistão ganham a independência da Grã-Bretanha	30
1947-1948	A Palestina é dividida	30
1948	Israel se torna um país	30
1948	O Plano Marshall	31

Ano	Evento	Capítulo
1948	Mohandas Karamchand Gandhi é assassinado	30
1948	O Partido Nacional chega ao poder na África do Sul	32
1949	O Partido Comunista assume o controle da China	32
1950-1953	Guerra da Coreia	33
1952	Eva *Evita* Perón morre	34
1952	Gamal Abdel Nasser chega ao poder	31
1953	Mohammad Reza Shah Pahlavi recupera o controle do Irã	39
1954	Brown contra o Conselho de Educação	36
1954	Os franceses renunciam ao Vietnã	33
1954	Os EUA testam bombas atômicas no Pacífico	29
1955	Forças armadas se rebelam contra o presidente argentino Perón	34
1955	Boicote ao ônibus em Montgomery, no Alabama	36
1956	Lumumba solicita ao governo belga a liberdade do Congo	34
1956	Crise de Suez	31
1957	A União Soviética lança o *Sputnik*	35
1957	John F. Kennedy ganha o prêmio Pulitzer de Perfis de Coragem	36
1959	A Revolução de Cuba coloca Fidel Castro no poder	35
1960	O Congo conquista a independência da Bélgica	34
1960	Nigéria e Zaire se tornam independentes	34
1961	O Muro de Berlim é construído	31
1961	O cosmonauta russo, Yuri Gagarin, é o primeiro homem a orbitar a Terra	35
1962	Crise dos mísseis em Cuba	35
1962-1966	Protestos pelos direitos civis	36
1962	Ruanda-Urundi é dividido em Ruanda e Burundi	42
1963	John F. Kennedy é assassinado	36
1964-1975	Guerra do Vietnã	37
1965	EUA entram na Guerra do Vietnã	37

Ano	Evento	Capítulo
1966	Início da Revolução Cultural na China	
1967	Guerra dos Seis Dias	37
1967-1970	Guerra civil na Nigéria	
1968	Martin Luther King Jr. é assassinado	36
1968	Tropas soviéticas invadem a Tchecoslováquia	38
1969	Astronautas americanos andam na Lua	35
1969	O ERI começa a fazer campanha por uma Irlanda unida	38
1969	Arpanet, o antecessor da Internet, é criada	
1971	Bangladesh se torna independente	39
1972	Setembro Negro faz reféns nas Olimpíadas	38
1973	Estados Unidos assinam tratado para se retirar do Vietnã	37
1973	Guerra do Yom Kippur	37
1973-1974	A Opep aumenta os preços do petróleo; resultando em escassez de combustível	37
1975	Moçambique fica livre do controle português	42
1975	General Franco morre na Espanha e termina a ditadura	
1976	Mao Zedong morre	41
1978	Begin e Sadat ganham o prêmio Nobel da Paz	37
1978	Grupo rebelde assassina rei do Afeganistão	38
1979	Xá do Irã deposto	39
1979	URSS invade o Afeganistão	38
1979	Acidente nuclear em Three Mile Island	40
1980-1988	Guerra do Irã-Iraque	39
1982	Israel invade o Líbano	
1983	Governo argentino derrubado em favor da democracia	
1984	Indira Gandhi assassinada	39
1984	Vazamento de gás na fábrica em Bhopal, na Índia	39
1985	Gorbachev torna-se líder da URSS	40

Ano	Evento	Capítulo
1986	Desastre nuclear de Chernobyl	40
1986	O ônibus espacial *Challenger* explode durante a decolagem	
1987	EUA e URSS assinam o Tratado INF	40
1987	Buraco na camada de ozônio confirmado	
1989	Massacre na Praça da Paz Celestial	41
1989	Muro de Berlim cai	41
1989	Ceausescué deposto na Romênia	
1990	O Iraque invade o Kuwait	42
1990	Tim Berners-Lee cria a World Wide Web	
1990	Alemanha Oriental e Ocidental são reunificadas	41
1991	Nelson Mandela é libertado da prisão	42
1991	Gorbachev renuncia; Partido Comunista é proibido na URSS	41
1991	Os Estados Unidos entram em guerra com o Iraque	42
1994	O genocídio começa em Ruanda	42
1994	Nelson Mandela é eleito o primeiro presidente negro da África do Sul	42
2001	Terroristas atacam o World Trade Center em Nova York e o Pentágono em Washington D.C.	posfácio

APÊNDICE 2

Uma Lista dos Mapas do Volume 4

A GEOGRAFIA DA ERA MODERNA

APÊNDICE 3

Um Guia de Pronúncia dos Povos, Locais e Eventos do Volume 4

Adowa – ádoua
Amade Fuade – amád fuád
Amritsar – amritzár
Andrew Carnegie – andriu karneji
Annam – anám
Anwar el-Sadat – ánuár elsadát
Appomattox – apomátõx
Arco, Idaho – árcô, aidaro
Bahadur Xá – bahadôr chá
Bao Dai – bou diê
Battenberg – bátenbêrg
Chiang Kai-Shek – xiang kiechék
Dáil Éireann – diel airien
daimiôs – diemiô
Deng Xiaoping – déng choupingdung
Diederick de Beer – didrik dê bir
Dongbei – dongbai
Duy Tan Hoi – dui tán hói
Durrani – dûrãni
Dwight Eisenhower – duait aizenháuer
Edo – áido
Éire – áier
Gojong – kojaung
Guangxu – guãngchú
Guinevere – guínevêr
Guizhou – guaijô
Hendrik Willem van Loon – êndrik vilém vãn lun
Huaxian – uáxaun
Il Duce – il dukê
Ioseb Dzhugashvili – ióseb iúgâchvíli
Jallianwala Bagh – jálinvála bág
Jawaharlal Nehru – javahárlul néru
Jiangxi – jiãngsi

A PRONÚNCIA DOS NOMES DA ERA MODERNA

Knesset – knésit

Kristallnacht – kristálnákt

Luftwaffe – luftváfa

Menachem Begin – meinákim baigin

Nathuram Vinayak Godse – natúrãm vináiék gódsã

Ngo Dinh Diem – nô din diaim

Paz de Vereeniging – pách de fãrrêniging

Phan Boi Chau – fá bói chou

Qaid-e-Azam – káideiazám

Qing – ching

Reich – ráik

Reichstag – ráikshtag

Ruhollah Khomeini – rujólã kômaini

Shaanxi – chanchi

Shewa – chouã

Sieg Heil – sig háil

Sinn Féin – chin fáin

Somme – sãm

Teufique – taufik

Tjoet NyakDien – kut niakdién

Wuqi – wochee

Yangtzé – iãngzi

Yom Ha'atz'ma'ut. – ióm átzmáhut

Yongan – ióngdjin

Zhu De – jú di

ÍNDICE

Nota: os números em negrito indicam páginas com figuras.

A HISTÓRIA DO MUNDO: VOLUME 4

L

Q

R

S

V

W

Y

Z